Monika Prem · Lebenserinnerungen – Lebenseinsichten

Mein besonderer Dank gilt meinem Sohn Boris und meiner Enkelin Mara für die Korrekturarbeiten.

Monika Prem

Lebens-
erinnerungen –
Lebens-
einsichten

Fortsetzung von „Erste Kinderjahre – Zweiter Weltkrieg"

Bibliografische Information der Deutschen Nationalbibliothek: Die Deutsche Nationalbibliothek verzeichnet diese Publikation in der Deutschen Nationalbibliografie; detail-
lierte bibliografische Daten sind im Internet über dnb.dnb.de abrufbar.

1. Auflage (2024)
Copyright © 2024 Boris Prem (boris.prem@gmx.de)
Lektorat und Korrektur: Boris Prem
Zweitkorrektur: Mara Prem
Fotos: Hermine Maier, Monika Prem
Coverabbildung: Wohnhaus der Familie Prem in Moosach bei Grafing (Alter Pfarrhof); links
Alter Wirt (1970)
Rückseite: Monika und Manfred Maier am Schwarzsee in den Kitzbühler Alpen (Tirol) in der
Kriegszeit
Verlag: BoD • Books on Demand GmbH, In de Tarpen 42, 22848 Norderstedt
Druck: Libri Plureos GmbH, Friedensallee 273, 22763 Hamburg
ISBN 978-3-7597-7543-6

Monika Prem

1939
Geboren in Hamburg,
Kriegsjahre mit der Familie in Tirol,
Vater in Russland vermisst

1945
Rückkehr nach München,
Grundschule, ab der dritten Klasse
Rudolf Steiner Schule, München

1956
Mittlere Reife, für zwei Semester Besuch
der Fachschule für Schaufenstergestaltung,
München

1957
Zweijährige Fotolehre mit Gesellenprüfung
vor der Industrie- und Handelskammer,
München

1959
Studium am Institut für Bildjournalismus,
München

1961
Bekanntschaft mit dem
Kunstmaler Heimrad Prem (Gruppe SPUR);
freiberufliche Tätigkeit als Bildjournalistin,
Veröffentlichungen von Fotos in der SZ und
in anderen Zeitungen

1964
Heirat mit Heimrad Prem, sieben Kinder,
fünfundzwanzig Enkelkinder,
sehr lange Berufspause

1978
Tod des Ehemanns

ab 2002
Autobiographische Aufsätze:
ein Krankenhausaufenthalt,
Reisen in die USA und nach Russland

2006
Einige veröffentlichte Aufsätze in einer
Oster-Anthologie im Verlag
Haag+Herrchen, Frankfurt am Main

2007
Veröffentlichung des Buches
„Aufbruch zur bewährten Familie mit
Zukunft. Mündige Eltern erziehen ihre
Kinder zu mündigen Erwachsenen",
Literareon Verlag, München

2013
Herausgabe der „Tagebuchnotizen"
von Heimrad Prem, Hirmer Verlag, München

2020
Veröffentlichung des Buches „Erste Kinderjahre –
Zweiter Weltkrieg", Verlagshaus Schlosser,
Kirchheim bei München (jetzt BoD, Norderstedt)

Die Schulzeit beendete Manfred nach der zehnten Klasse in der Rudolf Steiner Schule in München mit der Mittleren Reife. Seine Stärken waren Chemie und Physik. Bei seiner Suche nach einem Beruf stieß er auf die „Chemieschule Dr. Erwin Elhardt" in München. Die Ausbildung dauerte vier Semester; nachdem er diese erfolgreich abgeschlossen hatte, bekam er eine Anstellung als Chemotechniker in einem Chemiewerk.

Mittlerweile war der Atomreaktor in Garching erbaut und 1957 eingeweiht worden. Der Forschungsreaktor gehörte zur Technischen Hochschule in München. Manfreds Drang nach beruflicher Veränderung war groß, und er bewarb sich in Garching bei dem Atomphysiker Dr. Nils Bohr. Er bekam die Stelle und war darüber überglücklich. Von Herrn Dr. Bohr, dem Begründer der Quantentheorie, konnte er viel lernen und so arbeitete er einige Jahre im Atomei.

Aber noch etwas anderes packte meinen Bruder, und das war das Fernweh: Amerika war das Zauberwort. Einer der Auslöser war wohl der Umstand, dass unsere Tante Lotte aus Hamburg 1953/54 mit ihrem Mann und den drei Kindern nach Kanada ausgewandert war. Viele Menschen verließen zu dieser Zeit ihre Heimat, um in der Fremde ihr Glück zu suchen. Neben den USA war Kanada eines der bevorzugten Länder.

Mein Bruder war zwanzig Jahre alt, kündigte seinen Arbeitsplatz im Atomei und heuerte auf einem Frachtschiff an, wo er durch Arbeit seine Überfahrt bezahlen konnte. Er überquerte den Atlantik und erreichte nach drei Wochen das Land der unbegrenzten Möglichkeiten. Er ging nach Kanada, wo er bei seiner Tante und deren Familie wohnen konnte. Die Familie hatte ein schönes, großes Haus erworben und Land genug, um Gewächshäuser aufzustellen und Kakteen zu züchten, was sich zu einem gewinnbringenden Geschäft entwickelte. Lotte war nicht nur geschäftstüchtig, sondern auch talentiert, konnte Menschen gewinnen, was ihr und ihrem Mann Alfred dazu verhalf, in relativ kurzer Zeit einen ordentlichen Lebensstandard zu etablieren. Beide waren Gärtner und Blumenbinder und hatten vor dem Krieg ein gut gehendes Blumengeschäft an der Alster in Hamburg.

Während im Nachkriegsdeutschland noch Schutt weggeräumt wurde und nach und nach die zerbombten Städte wieder ein Gesicht bekamen, suchten viele Auswanderer in der Neuen Welt ihr Glück und hofften es auch zu finden.

Mein Bruder kehrte wieder in die Heimat zurück, aber mit der Absicht, in Kürze wieder aufzubrechen. Da geschah etwas sehr Erfreuliches: Er lernte seine spätere Frau Ingelore kennen. Bald konnte er sie auch für die Anthroposophie begeistern, mit der er sich schon lange beschäftigte. Sie hatten nun eine gemeinsame Basis, da auch Ingelore sich eingehend mit dem neuen Gedankengut befasste. Sie machte eine Ausbildung zur Heilpädagogin, um später für seelenpflegebedürftige Kinder tätig zu sein.

Manfred reiste nochmal per Schiff in die Staaten, lernte auf seinen Reisen gut Englisch sprechen und kam wieder zurück nach Deutschland. Im März 1964 heirateten Manfred und Ingelore. Einige Jahre später gingen sie für immer in die Vereinigten Staaten von Amerika.

Für Mutti war es wieder ein Abschied – und wieder ein schwerer. Nun ging ihr einziger Sohn weit weg in die Fremde, also ins Ungewisse.

Im Jahr 1974, dem Jahr ihrer Gründung, traten Manfred und Ingelore einer auf dem anthroposophischen Gedankengut Rudolf Steiners basierenden Camphill-Gemeinschaft bei. Beide nahmen regen Anteil am Aufbau der Einrichtung, die im Staate Pennsylvania entstand.

Menschen mit unterschiedlichsten Behinderungen wurden dort auf die vielfältigste Art betreut und unterrichtet. Manfred lebte mit seiner Frau im Camphill Village Beaver Run. Es entstanden nach und nach noch andere Plätze wie Camphill Village Copage. Namen wie Karl König und Karl Pietzner tauchen in diesen Einrichtungen immer wieder auf. Heute können junge Menschen dort das sogenannte Internationale soziale Jahr absolvieren. Sie werden in Heilpädagogik unterrichtet und erlernen das Arbeiten mit seelenpflegebedürftigen Menschen.

Wie sich alles im Leben fügt, wurde Mutti später von ihrer Schwester eingeladen, sie in Kanada zu besuchen. Dort würde sie auch ihrem Sohn und ihrer Schwiegertochter näher sein.

So flog sie alle paar Jahre nach Kanada, und als sich Manfred und seine Frau gut etabliert hatten, wurde sie auch von ihrem Sohn und ihrer Schwiegertochter eingeladen. Wie schon zu Beginn meiner Aufzeichnungen erwähnt, war auch meine Mutter mit der Lehre Rudolf Steiners vertraut, und da ergab sich eine wunderbare Harmonie zwischen ihr und ihrer Schwiegertochter und ihrem Sohn.

Mein Weg war ein ganz anderer, aber davon später.

Der Kontakt zu unseren Großeltern wurde immer seltener. Wir hörten, dass Opa im Krankenhaus lag, und auch Oma hatte viele gesundheitliche Probleme. Beide starben in kurzem Abstand hintereinander. Opa zuerst, dann Oma. Sie wurden keine achtzig Jahre alt. Beide bleiben mir in herzlicher und dankbarer Erinnerung.

Meine Mutter gab das Fotogeschäft in Sendling auf. Als ich achtzehn Jahre alt war, zog Mutti mit mir und Manfred nach Schwabing in die Barer Straße 86.

Das Reisen hatte Mutti schon immer sehr geliebt, was für ihren Beruf von großem Vorteil war. Sie unternahm Reisen nach Italien und Griechenland, besuchte die alten Kulturstätten, und die Farbdiapositive, die dabei entstanden, bot sie verschiedenen Verlagen an und konnte viel von dem Material erfolgreich verkaufen. Auch auf Messen hat sie sich weiter fotografisch betätigt und machte ausschließlich Außenaufnahmen – was ihr auch für die Reisen nach Kanada und in die USA sehr nützlich war. Für diese Sechs-mal-sechs-Dias benützte sie ihre Rolleiflex-Kamera.

Wir sind im Jahr 1957; nun hatten wir wieder eine schöne Etagenwohnung im dritten Stockwerk. Eine richtige Küche, groß genug, um darin auch zu essen, ein Badezimmer mit getrennter Toilette und einen Balkon. Meinen Bruder sah ich nur selten, er war viel unterwegs, und nach einiger Zeit, nachdem er Deutschland mit seiner Frau verlassen hatte, lebte er in jenem für mich unglaublich fernen und fremden Land Amerika.

Ich verließ die Rudolf Steiner Schule nach der elften Klasse, und meine schönen Epochenhefte mit vielen Bildern und farbigen Texten habe ich noch heute. Anschließend besuchte ich für ein Jahr die Fachschule für Schaufenstergestaltung in der Brienner Straße. Sie hätte zwei Jahre gedauert, und das Dekorieren, Basteln und Malen machte mir auch Spaß. Besonders mochte ich das mit Feder und Tusche zu erlernende Schriftenzeichnen. Den Weg dorthin durch den kleinen Park und über den Königsplatz ging ich zu Fuß und fand ihn immer schön. Mein Kinderfahrrad hatte ich nicht mehr. Es war mir zu klein geworden, und wir haben es weggegeben. Nach dem Unterricht saß ich manchmal mit einigen Mitschülern auf den hohen Stufen zwischen den Säulen der Glyptothek im Sonnenschein, wir plauderten und waren sorglos, so lange, bis die nächste Pflicht uns rief.

Plötzlich zeigte sich das, was ich schon längere Zeit verspürte, dass ich mich doch sehr zur Fotografie hingezogen fühlte. Mutti hatte ich immer wieder im Geschäft geholfen, auch zu Messen hat sie mich mitgenommen. So schenkte sie mir eines Tages eine Mittelformat-Kamera, eine Rolleicord, die Vorläuferin der Rolleiflex. Sie sah auch aus wie diese, hatte ein rechteckiges Gehäuse, also die Form eines Quaders, und war eine zweiäugige Spiegelreflexkamera. Sehr einfach, sehr überschaubar, nichts Überflüssiges. Wie man die Belichtungszeit einstellt, die Blende und den Auslöser bedient, hatte Mutti mir schon erklärt. Einen Drahtauslöser und einen Belichtungsmesser, den Sixtomat, bekam ich auch. Mutti meinte, die Belichtungszeit könne ich nicht immer schätzen, sondern müsse sie messen. Der Sechs-mal-sechs-Zentimeter-Rollfilm, mit dem man zwölf Aufnahmen machen konnte, verlangte ein gezieltes und sparsames Fotografieren. Noch einige Filter steckten in einer schönen, hellbraunen Ledertasche mit Gurt zum Umhängen, in der meine ganze Ausrüstung verstaut war.

Ich lief durch die Gegend und war begeistert von den ungeahnten Möglichkeiten, die sich mir auftaten. Ich empfand, es war geradezu eine Offenbarung. Mein Zimmer wurde geteilt, und hinter dicken Vorhängen verbarg sich meine Dunkelkammer.

Noch nachtragend möchte ich erwähnen, dass meine Mutter folgende Idee hatte: Nachdem ich die Fachschule für Schaufenstergestaltung vorzeitig, das heißt nach einem statt nach zwei Jahren, verließ, hat mich meine Mutter offiziell bei sich als Fotolehrling eingestellt. Eine verkürzte Lehre von zwei Jahren Dauer war möglich, da ich über achtzehn Jahre alt war. Meine Mutter hatte die Meisterprüfung, durfte also Lehrlinge ausbilden. Ich habe regelmäßig die Berufsschule in der Pranckhstraße besucht und nach zwei Jahren vor der Industrie- und Handelskammer die Gesellenprüfung erfolgreich abgelegt.

Mutti dachte, nun hätte ich einen Beruf und könnte mich in einem Fotogeschäft anstellen lassen. Aber danach stand mir der Sinn nicht. Mutti hatte noch einen Einfall und wandte sich an eine Werbeagentur, wo auch Fotografen gebraucht wurden. Dahin ging sie eines Tages mit mir. Vielleicht würde man mich als Praktikantin oder Ähnliches einstellen. Meine Mutter redete alles Mögliche mit dem Chef, ich aber schwieg oder sprach nur dann, wenn man mir eine Frage stellte.

Im Stillen hoffte ich, dass daraus nichts werden würde. So war es dann auch.

Ich wollte etwas anderes, fotografieren und vielleicht auch schreiben. Freiberuflich arbeiten, das war mein Traum. Tag und Nacht unterwegs sein. Nun besuchte ich alle möglichen Orte und es boten sich mir unendliche Möglichkeiten. Die Kamera immer um den Hals hängend und schussbereit. Ich ging zum Zirkus, ins Kinderheim, in Schulen, auf Bauplätze; wo ich überall herumlief, ist kaum zu berichten. München war noch mit dem Wiederaufbau nach der Zerstörung des Krieges beschäftigt. Es gab noch Brandmauern und

Arbeiter in Baracken. Das waren wunderbare Motive. Nachts entwickelte ich die Filme und vergrößerte Bilder.

Ich fragte bei der Süddeutschen Zeitung in der Sendlinger Straße nach und erhielt die Auskunft, dass ich mich an Frau Barbara Bondi wenden soll. Sie wäre zuständig für die Seite „Gesellschaft und Familie", die damals „Die Frau" hieß, im Jahr 1960.

Frau Bondi empfing mich freundlich und war bereit, meine Fotos anzusehen. Sie wählte etliche aus und das befeuerte mich weiterzumachen. Es erschienen in loser Folge einige meiner Fotos im Feuilleton.

Eines Tages erfuhr ich wie durch ein Wunder, dass es am Kurfürstenplatz unweit unserer Wohnung eine Schule gab mit dem Namen „Institut für Bildjournalismus" und der Leiter hieß Hans Schreiner. Das war es, was ich suchte. Das monatliche Schulgeld von 95 D-Mark, sagte Mutti, könne sie nicht aufbringen. Ich hätte auch schon die mir vom Staate zustehende Erziehungsbeihilfe für die Schaufenstergestaltungsschule erhalten.

Nein, in diese Schule musste ich gehen. Sollte mein Traum am Gelde scheitern? Das glaubte ich nicht. Ich schrieb einen Brief an die zuständige Behörde und erklärte, dass ich mir bewusst geworden wäre, dass ich mich geirrt hatte und nun meine eigentliche Berufung gefunden hätte. Mit noch einigen freundlichen Worten beendete ich das Schreiben. Wie lange ich wartete, weiß ich nicht, aber schließlich bekam ich Antwort. Ein Sachbearbeiter schrieb, dass ich meinen Anspruch als Kriegshalbwaise bereits bekommen hätte, aber man würde nur diesmal eine ganz große Ausnahme machen und mir das Schulgeld noch einmal gewähren. Vor Freude tanzte ich den ganzen Tag durch die Wohnung, und das bei AFN-Musik aus dem Radio.

Der Sachbearbeiter läutete eines Tages bei uns. Ich war sogar zu Hause und erstaunt, als er mich bat, mit ihm eine kleine Autofahrt zu unternehmen. Mein Brief schien ihm gefallen zu haben und ich dachte, ich dürfe nicht undankbar sein, und willigte in seinen Vorschlag ein. Wir fuhren in München herum, er steuerte sein Auto kreuz und quer durch die Stadt. Der Autoverkehr war zu dieser Zeit noch sehr überschaubar. Das Auto war modern, nicht wie Opas alter Hanomag. Er sprach dies und das, vielleicht wollte er mich kennenlernen oder fand mich nett oder auch hübsch, das weiß ich nicht. Er brachte mich ein wenig zögerlich, aber doch wohlbehalten wieder nach Hause.

Eines Tages packte ich in einen leeren Fotokarton in der Größe von 18 mal 24 Zentimetern meine besten Fotos, steckte diese in den Matschsack und eilte damit zum Kurfürstenplatz. Fräulein Goerts, die Mitarbeiterin von Hans Schreiner, öffnete mir die Türe. Sie sagte, ich solle warten, Herr Schreiner unterrichte gerade. Die Dame verschwand wieder im Büro. Ich hatte Herzklopfen und wartete. Der mir sehr bekannte Geruch von Fixiernatron und Entwickleremulsion lag in der Luft. Es war eine große Wohnung mit hohen Wänden und aus einem Zimmer hörte ich ganz schwach die Stimme eines Mannes. Aber dann auf einmal entstand in dem Raum eine Unruhe. Stühle wurden gerückt, Stimmen wurden hörbar, die Türe wurde aufgerissen und die ersten Schüler kamen heraus.

Niemand beachtete mich, als ich mich dem Zimmer näherte, an die Türe klopfte und nach Aufforderung den Raum betrat. Einige Schüler bewegten sich sitzend oder stehend neben einem großen, runden Tisch. Ein Herr, etwa Mitte fünfzig, saß ihnen gegenüber und schaute mich an. Was ich sagte, oder eher stammelte, weiß ich nicht. Auf jeden Fall blätterte ich meine Fotos aus der Schachtel auf den Tisch. Herr Schreiner sah sie durch, was wenige Minuten dauerte, sah mich wieder an und sagte: „Ich nehme Sie!" Er gab mir die Hand und verließ den Raum. Er drehte sich noch einmal um und meinte: „Gehen Sie zu Fräulein Goerts ins Büro und melden Sie sich an. Morgen sind Sie um acht Uhr hier, da ist Unterrichtsbeginn." Innerlich machte ich einen Luftsprung und war überglücklich. Fräulein Goerts empfing mich und meinte, welches Glück ich hätte, nachdem das Semester bereits begonnen hätte und Herr Schreiner würde sehr genau überlegen, wen er nähme. In einem Semester wären normalerweise nur zwölf Studierende. Ich dachte: Bin ich nun wohl die Dreizehnte?

Mein Glück hielt unvermindert auf dem Nachhauseweg an. Ich lief mehr, als ich ging, und als ich zu nahe an die Straße kam und eine Radlerin ganz dicht an mir vorbeifuhr, schrie sie mich an, dass ich gefälligst nicht auf dem Bürgersteig herumtanzen solle. Was sie noch sagte, verstand ich nicht mehr. Aber meine Freude konnte auch das nicht trüben, vielleicht hatte die Frau ja auch recht. Aber nun fiel mir das Schulgeld ein, das ich jetzt sehr schnell benötigte und das mir ja vom Staat fest zugesagt worden war. Nun ging ich langsamer und dachte, dass Mutti das ja wisse, aber nun war die Sache mit dem Geld real geworden, da ich angenommen worden war. Meine Mutter freute sich ehrlich und ich spürte es und sah es ihr an. Sie meinte, dass sie mir das Schulgeld so lange vorschießen würde, bis es vom Amt käme. Dafür dankte ich ihr und ich dachte, irgendwie hält sie mich vielleicht für begabt.

Manchmal spürte ich, dass ich sie ein wenig an Papa erinnerte. Es war nicht nur die Art und Weise, wie ich Fotografie auffasste, sondern auch meine Freude am Malen und vielleicht auch einiges an meinem Wesen. Mutti sagte das nie, aber ich merkte es trotzdem. An Manfred war es eher sein Interesse an Naturwissenschaft, was sie auch schätzte und an ihm mochte.

Hans Schreiner war Mutti ein Begriff, da er auf derselben Fotoschule war wie meine Eltern. Als Lehrer und auch als Schüler, aber Genaueres wusste auch sie nicht.

Am nächsten Morgen stieg ich pünktlich kurz vor acht Uhr die vielen Treppen zum „Institut für Bildjournalismus" hinauf. Ich glaube, es war die dritte Etage eines schönen, alten Hauses mit blank gebohnerten Holztreppen und großen Fenstern. Die 95 DM Schulgeld hatte ich mit einem Federmäppchen und einem Schreibheft in den Matchsack gesteckt. Die Kamera trug ich extra.

Meine Klassenkameraden vom ersten Semester saßen schon im Zimmer und schauten mich an und ich sie. Aber da kam schon Herr Schreiner herein, stellte mich ohne viel Kommentare als neue Schülerin den Mitschülern vor und meinte, ich solle einfach mitmachen, das sei, da wäre er sich sicher, kein Problem. Wenn ich eine Frage hätte, solle ich mich einfach melden. Dabei schaute er mich freundlich an. Die nun beginnenden Ausführungen kann ich natürlich nicht mehr im Detail wiedergeben. Im Großen und Ganzen ging es darum, einem angehenden Bildjournalisten, heute nennt man ihn Fotojournalisten, der das erste Semester besucht, Folgendes zu erklären: den Umgang mit Licht und Schatten, Gegenlicht, starken Sonnenschein, trübes Wetter, Schärfe, Unschärfe, Hintergrund, Vordergrund, Tiefenschärfe. Die technischen Daten waren für jeden erlernbar. Aber durch Herrn Schreiners Worte klang immer wieder etwas hindurch: das Unerlernbare. Begabung war Voraussetzung. Geistesgegenwart, den richtigen Moment erfassen, keine Scheu vor Menschen oder Situationen zu haben, war Bedingung. Bei Tag und Nacht, bei Regen und Schnee immer bereit, auf Achse zu sein, war eine Selbstverständlichkeit. So sah die Zukunft für den angehenden Pressefotografen aus.

Herr Schreiner flößte, wie ich bemerkte, allen Schülern viel Respekt und Achtung ein. Was ich hier hörte und erlebte, beeindruckte mich nachhaltig.

Am Ende des Unterrichts ging ich zu Fräulein Goerts ins Büro, um mein Schulgeld für den jetzigen Monat zu bezahlen. Sie sagte, sie würde nur für den halben Monat Schulgeld berechnen, da ich ja später gekommen sei. Herr Schreiner sei damit auch einverstanden. Ich war erfreut und bedankte mich und dachte an Mutti, wie froh sie darüber sein würde.

Neben den Mitschülern lernte ich den Schulbetrieb nun gründlich kennen. Es war noch ein Mann im Haus, das war Herr Luy Briechle, der die beiden Dunkelkammern betreute. Hier musste es geordnet zugehen. Immerhin waren viele Chemikalien, teure Vergrößerungsapparate, rote Fotolampen, Rollfilmentwicklungsbehälter und die verschiedensten Gradationen von lichtempfindlichen Papieren zu überwachen. Herr Briechle, selbst Fotograf, erschien mir immer gut gelaunt, machte witzige Bemerkungen, flirtete mit den Mädels und lief hin und her, was nach Dringlichkeit aussah. Die Plätze in den Dunkelkammern waren hochbegehrt, und nur eine exakte Zeiteinteilung, die Luy vornahm – die meisten Schüler duzten ihn –, ermöglichte es, dass jeder Schüler, der in der Dunkelkammer arbeiten wollte, die ihm genau abgesteckte Zeit auch einhielt. Da hatte ich wirklich Glück, dass ich meine Dunkelkammer zu Hause hatte.

Die Schule war wie für mich gemacht. Wir bekamen von Herrn Schreiner unterschiedliche Themen gestellt aus allen möglichen Bereichen und dann mussten wir uns auf den Weg machen. Man begann zu überlegen, zu organisieren, wie, wo und wann man seine Aufnahmen machen konnte. Viele Faktoren spielten hinein. Telefonnummern suchen, Anrufe, Adressen und Zeit ausmachen. Ich bevorzugte es, direkt dorthin zu gehen, wo ich mir erhoffte, Aufnahmen machen zu können.

Die Themenwahl war sehr umfangreich und wir bekamen eine Woche Zeit, um ein Thema zu bearbeiten. Da wir ausschließlich in Schwarzweiß fotografierten, worüber ich sehr froh war, hatte man wenig Schwierigkeiten mit den Lichtverhältnissen und bei der Dunkelkammerarbeit hatte man viel Spielraum. Da habe ich viel experimentiert und Dinge ausprobiert. Z.B. Weichzeichnung konnte man erzeugen, indem man einen dünnen Seidenstrumpf vor das Objektiv des Vergrößerungsapparates spannte. Oder auch partiell das Foto länger belichtete oder mit der Hand oder mithilfe einer Schablone abhielt, damit Teile des Fotos dunkler wurden oder heller blieben. Außerdem erlaubten die unterschiedlichen Gradationen des Fotopapiers ungeahnte Möglichkeiten. Diese reichten von weich, spezial, normal, hart bis extrahart. Zu dieser Zeit sah mein Leben so aus: vormittags Unterricht, nachmittags fotografieren, und die Nächte, zumindest halbe Nächte, verbrachte ich in der Dunkelkammer. Da diese nur durch einen großen, dicken Vorhang von meinem Schlafzimmer, also von meinem Bett, getrennt war, konnte ich schnell, wenn mich die Müdigkeit überwältigte in dieses schlüpfen.

Für die Auswahl der Themen war manchmal Fräulein Goerts verantwortlich, ansonsten Herr Schreiner. Aber da Fräulein Goerts, wie mir schien, auch einen geschulten Blick hatte, durfte sie die Aufnahmen, die wir auf Rollfilmen in der Größe sechs mal sechs Zentimeter machten und anschließend auf Kontaktbogen kopierten, begutachten und besprechen. Die Zusammenarbeit der beiden musste reibungslos vor sich gehen. Wir waren etwa 48 Schüler, verteilt auf vier Semester. Also über mir gab es noch drei Semester. Zurück zu den Kontaktbögen, die Herr Schreiner oder Fräulein Goerts mit jedem Einzelnen besprachen: wie das Thema erfasst und bearbeitet wurde, wie aussagekräftig die Fotos waren, wie die Licht- und Schattenführung gelungen ist und gewiss noch mehr. Die besten Kontakte, sollte man dann auf 18-mal-24-Papiere vergrößern.

Eines der Themen, an das ich mich erinnern kann, lautete: Gastarbeiter auf dem Bau. Da gelangen mir sehr gute Aufnahmen. Ich ging in die Baracken, wo die Arbeiter Brotzeitpausen machten und Bier tranken. Andere arbeiteten im Freien, schauten mich interessiert an, lachten oder machten Witze. Ich verstand wenig, ihre Deutschkenntnisse waren noch gering. Ein anderes Thema war Kinderheim. Eines suchte ich mir aus dem Telefonbuch und fuhr dorthin. Die Heimleiterin begrüßte mich herzlich und ließ mich ungestört fotografieren. Mich rührte der Anblick der vielen Babys und Kleinkinder. Sie schauten mich neugierig an, und meine Fotos, die ich hier machte, fanden bei Herrn Schreiner wieder großen Anklang. Manchmal spürte ich, dass ich bei ihm ein besonderes Wohlwollen genoss. Es war, als ob er ein Talent in mir sah. Viele dieser Fotos landeten im Feuilleton der SZ und erschienen auch in loser Folge von Zeit zu Zeit in anderen Zeitungen.

Meine Mitschüler lernte ich allmählich kennen und bemerkte, wie international besetzt das Institut war. Jemand erzählte mir, dass diese Art von Schule einmalig sei. Es war glaube ich David Blumenthal, ein Jude. Heide Stolz lernte ich dort kennen, freundete mich mit ihr an, bewunderte sie, weil sie nicht nur ausgefallen aussah, sondern auch so fotografierte. Sie ging zum Schuttberg, wo der Schutt des Zweiten Weltkrieges aufgeschüttet worden war und später der Olympiaberg daraus entstanden ist. Aber hier lagen noch viele Gesteinsbrocken, Ziegelsteine und anderes noch nicht Verwestes herum. Auch Timofej und Natascha, das russische Paar, hatten sich aus dem, was sie fanden, in unmittelbarer Nähe ihre orthodoxe Kirche gebaut. Wir sind im Jahr 1960 und das Kriegsende liegt fünfzehn Jahre zurück. Heide konstruierte ihre Fotos regelrecht, und zwar im Stil des Surrealismus. Sie benutzte hochempfindliche Filme und da ergaben sich grobkörnige Vergrößerungen. Das steigerte die Wirkung. Manchmal besuchte ich sie in ihrer großen Wohnung in der Trogerstraße in Bogenhausen. Heide stammte aus Kupferzell, einer Kleinstadt unweit von Stuttgart. Sie hatte noch eine Schwester namens Kunigunde, und ihre Eltern besaßen eine Apotheke am Marktplatz von Kupferzell.

Einige Schüler waren aus Ungarn, so auch Szoka Kuske Reginji, die meine Freundschaft zu gewinnen suchte. Sie hatte bereits zwei kleine Töchter, war von ihrem Mann geschieden und beinahe ein Jahr jünger als ich. Was mich verwunderte, war, wie sie es schaffte, mit zwei kleinen Kindern noch eine Schule zu besuchen. Sie hatte ein schweres, verworrenes Leben hinter sich, das mit dem Ungarnkrieg, dem großen Aufstand vor wenigen Jahren, zusammenhing. Nach ihrer Flucht nach Deutschland kam auch Reginji aus dem Krieg zurück. Sie nannte ihren geschiedenen Mann nur mit Nachnamen. Ihre beiden Töchter ließ sie von verschiedenen Frauen betreuen oder sie waren zur Betreuung in einer Einrichtung.

Durch Heide und Szoka erlebte ich eine Welt, die ich nicht kannte, die aber doch Spannung bei mir erzeugte. Ich kam mir immer sehr naiv vor, aber Heide, die mein Jahrgang war, hatte Lebenserfahrung in verschiedenen Bereichen. Das äußerte sich nicht nur in ihrer Lebensart, sondern auch in der Weise, wie sie sich in ihren Ansichten äußerte.

Während ich keine Sekunde daran zweifelte, dass meine Berufswahl mit allem Drum und Dran die einzig richtige war, gab es einige Schüler, die das bei sich zu hinterfragen begannen. Einer meinte, er würde später etwas anderes machen. Dieser Beruf erforderte den vollen Einsatz und eine Portion Glück bräuchte man auch und darum wäre ihm die Sache zu unsicher. Er war ein netter Kerl, lachte gern und kam vom Land. Jemand sagte, es sei auch viel Unsicherheit im Spiel, letztendlich schafften es nur die Besten und die Konkurrenz sei groß. Ein Mädchen sagte, dass ich es im Blut hätte, weil meine Eltern Fotografen seien. Mit den Schülern der anderen Semester hatte ich weniger Kontakt, aber sie waren die Fortgeschrittenen; einige steckten voller Ehrgeiz und hatten große Pläne, was die Zukunft betraf.

Wir erhielten auch Unterricht von Menschen, die in Zeitungsverlagen arbeiteten und gelegentlich in unserer Schule auftauchten, um uns in die Strategie des Pressewesens einzuweihen. Einmal war es ein Herr, einmal eine Dame; aber was sie erzählten, ist mir nicht mehr im Detail bewusst. Es war für uns natürlich wichtig, über den allgemeinen Journalismus und über die Abläufe in einer Zeitungsredaktion Bescheid zu wissen. Auch rechtliche Fragen wurden erklärt. Bei diesem Unterricht sollten alle Schüler, auch die der höheren Semester, anwesend sein.

Eines Tages, wie immer ging ich voller Elan zur Schule, mein Weg war nicht weit. Ich stieg die Treppen hinauf und hörte, dass von oben Stimmen kamen, und war erstaunt, dass offenbar im Flur gesprochen wurde. Ein seltsames Gefühl beschlich mich und ich beschleunigte meine Schritte und sah den ersten Schüler. Die anderen, die noch da waren, hatten betroffene Gesichter. Einer sagte: „Herr Schreiner ist tot." Ich stand da wie erstarrt. Ich hörte leises Sprechen, aber verstand die Worte nicht. Die Wohnungstüre war weit offen. Ich sah Luy Briechle, wie er mit jemandem flüsterte. Auch die Bürotüre stand offen und Fräulein Goerts sah ich mit gesenktem Kopf vor dem Fenster stehen und hörte ihr leises Weinen. Sie tat mir unendlich leid.

Seltsam, ein Traum war zu Ende, sicher auch für andere, für mich war nun eine kurze, aber schöne Zeit vorbei.

Ein halbes Jahr wurde der Unterricht von Frau Goerts und Herrn Briechle noch fortgesetzt und dann wurde das Institut für Bildjournalismus für immer geschlossen.

Einige der Absolventen wie Stefan Moses und Barbara Niggl waren bereits bei der Süddeutschen Zeitung als freie Fotografen beschäftigt. Andere wurden, wie auch Luy Briechle, als Kameramann beim Bayerischen Rundfunk unter Vertrag genommen.

Die meisten versuchten bei Zeitungen, auch in ihrer Heimat, Anstellungen zu bekommen. Die Zeit war günstig und der Ruf unserer Schule war so gut. Die Zuständigen wussten, dass Absolventen, die hier studiert hatten, Pressefotografen waren, die den Beruf von Grund auf gelernt hatten und das nötige Know-how besaßen.

Ich bewarb mich nirgends und lief einfach weiter mit meiner Kamera durch das Land und bekam unversehens Aufträge. Ob nun in der Steiner Schule oder in einer Schule mit behinderten Kindern. Ob nun dort oder bei der Zeitung – immer wieder interessierte man sich für meine Fotos.

Eines Tages hatte ich den Einfall, nach Wien zu reisen, um dort eine Freundin zu besuchen, die ich aus meinen Kindertagen und aus Tirol kannte. Auch nach einer geeigneten Fotoschule wollte ich mich umsehen. Irgendwie wusste ich, dass mehr Reiselust dahinter stand als sinnvolles Tun. Ich war ja nun zwanzig Jahre alt und war der Meinung, dass mein fotografischer Blick ausreichend geschult war. Meine Freundin Wetti traf ich zwar, aber meine Rückkehr nach München fand nach wenigen Tagen statt.

Meine Freundin Heide traf ich in Schwabing wieder und sie fotografierte weiterhin am Schuttberg in ihrem surrealistischen Stil.

Die Kunstakademie war nicht weit von unserer Wohnung entfernt und dahin führten mich meine Schritte einige Male. Ich vermutete dort würde ich ausgefallene Typen treffen, also Künstler, und so war es dann auch. Es war nicht schwer, sie anzusprechen, und sie ließen sich ohne langes Zögern fotografieren und waren immer nett.

Es war merkwürdig – oder auch ganz normal –, dass mich die Akademie und die dort herumlaufenden Menschen geradezu anzogen. Ich habe die breiten Treppen und die weißen

Wände und das Tageslicht, aus unterschiedlichen Seiten einfallend, wegen der großen Fenster als ausgesprochen fotogen empfunden. Einmal machte ich mit einer jungen Frau Modeaufnahmen, und diese freute sich über die Bilder, die ich ihr schenkte. Sie war mit einem Griechen verheiratet und hatte einen fünfjährigen Sohn, der wegen der Contergan-Katastrophe an einer Hand nur zwei Finger hatte.

Mit dem kleinen Spiraki spielte ich sehr oft. Er konnte nicht genug bekommen, wenn ich mit ihm durch unsere Wohnung und über den Flur rannte. Dann versteckte ich mich ganz schnell und er kreischte vor Vergnügen, wenn er mich fand. Sobald seine Mutter ihn holte, wehrte er sich mit Händen und Füße, aber das half ihm nichts, er musste mit. Ich versprach ihm, dass er wiederkommen dürfe, was nicht schwer war, denn er wohnte gleich neben uns. Aber nach wenigen Jahren war der Spaß vorbei, denn ich zog weg. Aber davor ereignete sich noch Entscheidendes.

Heide Stolz schlenderte durch Schwabing in Männerhemden und einem ungewöhnlichen Haarschnitt. Ich kam mir immer noch kindlich und naiv vor neben ihr. Sie erzählte mir von Malern, die beim Weinbauer in der Gastwirtschaft säßen und einer wäre dabei, der hieße Kunzelmann und wohne in einem Keller. Sie könnte mir zeigen, wo genau. Irgendwie fühlte ich, dass sich für mich nun eine Welt erschließen würde, die spannend und auch ziemlich abenteuerlich wäre.

Nun wollte ich Kunzelmann auch kennenlernen und ging in die Bauerstraße und klopfte an sein Kellerfenster. Mit Vornamen hieß er Dieter und war ein rothaariger, bärtiger Lockenkopf. Er erschien an seinem Fenster und sagte, ich solle an der anderen Hausseite durch die Haustüre gehen und dann die Kellertreppe hinab und dort fände ich ihn.

Er lebte hier unten zwischen unendlichen Regalen von Büchern, las Marx und Engels und wollte die Revolution vorbereiteten. Zum Fotografieren war nicht nur das Ambiente höchst faszinierend, sondern auch der Mensch selbst, der hier hauste. Dieser ließ mich sich ungestört fotografieren, bis ich wieder fortging. Gesprochen haben wir nicht viel, zumindest ich. Er war sicher der Meinung, dass ich seinen Gedankengängen ohnehin hätte nicht folgen können. Als ich die Kellertreppe emporstieg und die Haustüre ins Schloss fiel, war ich froh, aber auch seltsam berührt von dem Leben dieses seltsamen Eremiten.

Es gab noch jemand in Schwabing, der in der Adalbertstraße im Keller lebte, Karl Heinz Scheffel hieß und sein Spitzname lautete Spitz. Er war im Gegensatz zu Kunzelmann kein Intellektueller, sondern durch und durch ein Naturbursche. In den warmen Jahreszeiten wanderte er zu Fuß kreuz und quer durch Griechenland, und das mehrmals, viele Jahre lang. Auch ihn habe ich besucht und fotografiert. Er war ein Typ mit starken Backenknochen und ein wenig schrägen Augen und hatte einen sehr sportlichen Körperbau. Etwa zweimal war ich dort, bis ich bemerkte, dass er Alkohol trank, und das mit der Zeit, wie ich erfuhr, immer mehr. Da wollte ich nicht mehr zu ihm gehen.

Ich las nicht viel, aber momentan war ich erfasst von der Paris-Welle und auch von Büchern, die gerade Mode waren. Ein ungarischer Autor mit Namen Gabor von Vaszary hat das Buch „Monpti" verfasst und das las ich mit solchem Entzücken, dass ich schnell begriff, dass ich nach Paris reisen müsste. Geld hatte ich nicht viel, aber genug. Von einer Bekannten, die im Trampen Erfahrung hatte, erfuhr ich, dass man per Anhalter sehr schnell ans Ziel käme und das ganz ohne Geld.

Meiner Mutter unterbreitete ich meinen Plan und sie war nicht sehr erfreut und meinte, das käme zu teuer und überhaupt könnte Gefahr lauern – und so Ähnliches. Ich beruhigte sie, war doch mein Entschluss zu fest, und ich meinte, dass ich mit meinem Geld gewiss auskäme.

Der Sommer hatte begonnen, mein Matchsack war bepackt mit dem Notwendigsten, aber das Wichtigste war natürlich die Kamera und ausreichend Filmmaterial. Oh Paris, was für ein Traum, welchen fantastischen Motiven würde ich dort begegnen.

Ich hatte mich erkundigt, wie ich zur West-Autobahn in Richtung Frankreich gelangen könnte und wanderte in aller Frühe los. Meine Last war leicht und meine Seele in Hochform. Ich streckte winkend meinen Arm den heranfahrenden Autos entgegen und schnell hielt jemand an und nahm mich mit. Irgendwo wurde ich wieder abgesetzt und kam dann schnell wieder weiter. Sollte ich heute Abend schon in Paris sein? Je näher ich Frankreich kam, umso wichtiger würden meine französischen Sprachkenntnisse werden. Ein sicheres Gefühl sagte mir, dass ich in manches Auto nicht einsteigen soll. Ich vertraute dieser Eingebung und gelangte tatsächlich bis zum Abend an mein Ziel.

Die Auberge de la Jeunesse, also die Jugendherberge, fand ich nach einigem Suchen und wurde von einem freundlichen Herbergsvater empfangen. Es war bereits Abend, aber bis zum nächsten Tag warten, um meine Traumstadt zu erkunden, das wollte ich nicht. Mein Gepäck durfte ich unterstellen. Ich erfuhr, dass die Herberge um Mitternacht geschlossen werden würde und ich dann nicht mehr hereinkäme. Das war mir egal. Also wanderte ich los in Richtung Montmartre, aber nicht ohne Kamera. Mit der Überzeugung, dass mir all das begegnen würde, was ich in dem Roman gelesen hatte. Und dass die Wirklichkeit das Fantastische noch um einiges übertreffen würde.

Ich ging unter der Metro entlang, während diese ratternd sehr hoch über mir auf Geleisen dahinfuhr. Schon das war eine Sensation. Nachdem es dunkel geworden war und all die kleinen Geschäfte mit den beleuchteten Auslagen, an denen ich vorüberging, mit den hübschesten Dingen der Welt glänzten, ergriff mich der ganze Zauber dieser Stadt. Freilich konnte ich mir nichts kaufen, aber das war auch nicht mein Begehr. Die Ausstrahlung und die Atmosphäre, die ich geradezu in mich hineinsog, war mir genug.

Mein Blick wanderte in das Innere eines Hauses und da entdeckte ich in einem kleinen Häuschen sitzend die Concierge. Sie war für die Menschen, die hier lebten und hier ein und aus gingen, eine wichtige Person, die vieles wusste, manches verschwieg und Hilfe und Orientierung für die Bewohner war. So oder ähnlich stand es in meinem Buch.

Die französische Sprache liebte ich und nun konnte ich sie anwenden und mich bis in den Künstlerstadtteil durchfragen. Ich hatte sie auch in der Schule gerne, was auch mit meiner charmanten Lehrerin zu tun hatte. Sie hieß Madame Pronnet. Unterwegs traf ich Jugendliche, die auch nachts herumstrichen und in einer Jugendherberge wohnten und teilweise Deutsche waren.

Wir redeten ein wenig und da einige schon länger hier waren, konnten sie mir Ratschläge geben, die sie für wichtig hielten. Ich wollte vor allem das erkunden, was ich in meiner Fantasie so plastisch vor meinem geistigen Auge sah.

Allmählich begann ich Müdigkeit zu empfinden, aber zur Herberge zurückzugehen war nicht möglich, da sie geschlossen hatte und erst morgens um sechs Uhr wieder öffnen würde. So lief ich weiter einem Straßenschild nach, immer umgeben von dem Zauber dieser Traumstadt. Nun kam noch Hunger hinzu, aber wo und wie sollte ich den stillen? Ein Stückchen Brot hatte ich noch in der Rocktasche gefunden und das aß ich mit Bedacht. Die Zeit schritt voran, die gebogenen Straßenlaternen erloschen nach und nach, die Jugendlichen waren verschwunden und ich ging und ging. Niemand war da, den ich hätte fragen können, eine Uhr besaß ich nicht und mein Entschluss, diese Nacht noch den Montmartre zu erreichen sank ein wenig. Die Nacht war warm und immer noch begegnete ich Menschen, die wie Schatten auf dem Boulevard in die eine oder in die andere Richtung im Dunkeln verschwanden.

Plötzlich lag er vor mir, ins Morgengrauen gehüllt, ganz still, beinahe menschenleer: der Montmartre. Ich war hellwach geworden. Da waren sie wieder, die kleinen Lampen, von denen nur mehr wenige brannten. Ein Café, vor dem zusammengeklappte Stühle an der Wand lehnten, war noch geschlossen und lag an einer sich nach oben schlängelnden Straße. Mein Hunger war riesig, aber alle Müdigkeit war verschwunden. Ich sah einen bärtigen Mann, der anscheinend einen Pinsel mit einem Tuch ausputzte. Allerlei Kram lag um ihn herum. Auch Farben zum Malen entdeckte ich zwischen Papierrollen auf dem Boden liegen. Ich schaute zu ihm und er lächelte mich an. Ich hob meine Kamera in die Höhe und der Maler näherte sich mir. Er sagte etwas und ich sprach in meinem holperigen Französisch, dass ich Deutsche sei. Er lachte wieder und sagte: „Oh, Allemande!" Ich entgegnete: „Oui", und entfernte mich. Ich drehte mich noch einmal um und er lachte hinter mir her.

Endlich fand ich eine Bäckerei, die gerade von einer Frau aufgesperrt wurde, und als ich durch die Türe ging, kam mir der Duft von frischem Weißbrot entgegen. Da lagen sie nun in allen Größen, die unterschiedlichen Brötchen. Die Dame in einer weißen Schürze fragte mich, was ich wollte. Nun stotterte ich wieder, was das Billigste sei, das sie mir anbieten könne.

Sie merkte schnell, dass ich Deutsche war, und gab mir einen Croissant. Ich bezahlte, sie sah mich so freundlich an und steckte dann noch ein zweites Gebäck in eine Tüte und reichte sie mir.

Ich dachte, ich müsse es nehmen und bezahlen. Aber die Frau schüttelte den Kopf und lächelte und ich verstand, dass sie es mir schenken wollte. Ich sagte „Merci" und „Au revoir". Sie lachte, während sie grüßte, und ich ging.

Ich lief über Kopfsteinpflaster eine kleine Gasse hinauf, während ich versuchte, das eine Brötchen mit Bedacht zu essen. Nun wurde mir klar, warum dieser Stadtteil Montmartre hieß: Es war wirklich ein Berg, auf dem man auf- und abwärts steigen konnte. Nur das Wort „martre" konnte ich nicht entschlüsseln.

Es begannen Menschen von allen Seiten die kleinen Geschäfte zu besuchen. Manche Frauen trugen mehrere Taschen am Arm und hatten schon eingekauft. Es waren so viele Türen nebeneinander, und dahinter, dachte ich, würden die feinsten Dinge liegen. Plötzlich stand ich vor Obst-, Salat- und Gemüsebergen, während die Marktverkäufer mit lauter Stimme ihre Ware feilboten. Nun fand ich den Platz, wo sich die Maler aufhielten und hier roch es nach Farbe und Öl. Da standen sie, die Künstler an ihren Staffeleien, umgeben von Farbtöpfen, Papierrollen, Pinseln, Spachteln und Eimern, entweder mit Wasser oder mit Lösungsmittel gefüllt. Ein Maler, der mit einem schwarzen Pullover bekleidet war und eine Hose trug, die mit Farbe bekleckst war, malte gerade an einem Bild. Andere Maler standen beieinander und schwatzten, während sie aus Tuben Farben auf Paletten drückten.

Ich stand nur da und guckte, aber nicht nur das, sondern ich fotografierte auch, aber doch vorsichtig. Das erregte trotzdem ein wenig Aufmerksamkeit; da kam ein Maler auf mich zu und fragte, ob er mich malen dürfe. Den Satz verstand ich sofort und antwortete, dass ich zu wenig Geld hätte. „Oh, d'Allemagne!" „Oui", war meine kurze Antwort. Er sagte etwas von gratis; er wollte also kein Geld dafür haben. Ich zögerte, aber der Gedanke, ein von mir gemaltes Portrait mit nach Hause zu bringen, war doch verlockend. Ich sagte: „Merci!", und ging mit ihm zu dem Platz, wo er seine Sachen hatte. Er lächelte und drehte mich in die richtige Position, während ich auf einem Hocker saß. Ich fühlte mich am Ziel meiner Reise angekommen; selbst im Mittelpunkt, umgeben vom Zauber des Montmartre. Einige Leute schauten uns zu, andere gingen vorbei. Als der Maler mir das Bild zeigte, war ich ein wenig überrascht, da ich mich anders sah, aber ich fand es doch schön. Er fragte noch dies und das, nannte seinen Namen, fragte nach meinem und wollte mich noch ein wenig festhalten. Das Bild rollte er zusammen, da er nun wusste, dass ich noch lange unterwegs sein würde und es schwer zu transportieren wäre. Er gab es mir und lächelte dabei, aber diesmal sah das Lächeln traurig aus. Ich nahm die Rolle, dankte und ging.

Ich lief nun abwärts, ging eine Straße weiter und gelangte an eine riesige, hohe Treppe. Ganz oben am Ende stand eine Kirche. Ich stieg ein Stück hinauf und setzte mich auf eine Stufe. Aus der Tüte zog ich das zweite Gebäckstück und begann auch dieses mit Hochgenuss, dennoch nicht zu schnell, zu essen. Damit musste ich satt werden. Zum Trinken würde ich einen Brunnen finden, dessen war ich mir sicher.

Nun stieg ich die Treppe vollends hoch und erfuhr, dass es die Kirche Sacré-Cœur war, vor der ich stand. Ich erinnerte mich an den Namen, den ich schon gehört hatte und übersetzt „Heiliges Herz" bedeutet. Später erfuhr ich, dass die Basilika in einem orientalischen Stil erbaut worden war. Nun war es die Aussicht von hier oben über die ganze Stadt, die schöner nicht hätte sein können. All die kleinen und großen Häuser mit Türmchen und Erkern und dazwischen die kleinen Vorgärten. Einige Autos, so groß wie Spielzeug, standen oder fuhren zwischen den Häusern umher. Die Ateliers der Maler unter den Dächern mit großen Fenstern erblickte ich und dachte: Dort leben sie, die Maler, die tagsüber auf dem Place du Tertre malen und vielleicht in der Nacht in ihrem Atelier weiterarbeiten. Gerne hätte ich einmal ein Atelier mit dem Künstler, umgeben von der ihm eigenen Atmosphäre, besucht.

Aber nun fiel mir plötzlich die Auberge de la Jeunesse ein und dass ich dorthin, wo meine Sachen wie Kulturbeutel und Nachthemd waren, zurückgehen müsse. Ich war übernächtigt, aber doch nicht richtig müde. Sollte ich nun den Montmartre verlassen? Ich fotografierte nur, was mir lohnend erschien, also nicht zu viel. Die Filme mussten reichen für eine Zeitspanne von etwa vier Wochen.

Langsam ging ich die lange Treppe hinab und erblickte junge Frauen in farblich hübschen Kleidern, die mit mehreren Kindern im Kreise spielten. Die Kinder jauchzten, die Frauen lachten und dann gingen sie mit den Kleinen auf einen nahegelegenen großen Sandspielplatz. Die Kinder stürzten sich in den Sand und die Gouvernanten, hier nennt man sie „Bonnes", begannen mit ihnen zu spielen. Der Anblick war so reizend, dass ich ein Foto machen musste.

Ich dachte an meine eigenen frühen Kinderjahre und mir wurde bewusst, dass ich nun, als Jugendliche, nicht mehr wie damals so selbstvergessen leben konnte. Ich holte einen Zettel aus der Jackentasche und auf dem stand die Adresse der Jugendherberge. Nun ging ich die Treppe ganz hinab und machte mich auf den Weg. Es war schätzungsweise elf Uhr und es roch bereits nach gekochten oder gebratenen Speisen. Die Türen der kleinen Restaurants standen offen und ein Koch in weißer, aber ein wenig fleckiger Schürze lief zwischen Tischen und Stühlen und dem Herd hin und her.

Ich schlängelte mich an Menschen vorbei und blickte noch einmal zum Platz, wo die Maler waren, hinauf, aber den, der mich gemalt hatte, sah ich nicht. Ich versuchte den Weg zu finden, den ich gekommen war und mein aufgerolltes Portrait hielt ich fest in der Hand und war vorsichtig genug, um damit an niemanden anzustoßen. Ich gelangte nach einigem Suchen dorthin, wohin ich wollte, und als ich schließlich am Hause meines Bleibens ankam, zeigte mir der Herbergsvater, wo mein Matschsack lag. Er machte noch eine Bemerkung, die, soweit ich sie verstand, mit meinem nächtlichen Wegbleiben zu tun hatte. Dann zeigte er mir einen der Mädchenschlafräume. Dort suchte ich mir ein noch nicht berührtes Bett. Ein Schlafsack aus weißem Stoff und eine Wolldecke lagen darauf und ich war es zufrieden. Meine Rolle mit der Zeichnung legte ich neben das Kopfkissen. Im Waschraum trank ich zunächst ausgiebig Wasser, bevor ich hinunter in den Aufenthaltsraum ging. Dort saßen verteilt überall Jugendliche und Wortfetzen verschiedener Sprachen drangen an mein Ohr. Einige Deutsche waren da, zu denen gesellte ich mich. Die üblichen Fragen, woher ich komme, was ich mache, per Anhalter aus München und mit großer Profi-Kamera, das fand manch einer toll. Ein Mädchen meinte: „Oh, per Autostopp, das ist fantastisch, aber meine Eltern würden das niemals erlauben!"

Nun trieb ich mich täglich in der Stadt herum, oft nicht mehr alleine, sondern mit einem Mädchen, mit der ich mich zusammentat und die wie ich gerne zu Fuß ging. Alles, was teuer war, mieden wir. Dazu gehörten auch die Metro und Sehenswürdigkeiten, die nur für Geld zu besichtigen waren. Den Eiffelturm empfand ich auch von außen als sehr beeindruckend. Auf den Louvre wollte ich auch verzichten, aber die Mona Lisa kannte ich auch so sehr gut.

In der Fachschule für Schaufenstergestaltung hatte ich einmal einen Eiffelturm aus dickem Karton gebastelt und auch bemalt. Er sollte als Blickfang in einem Schaufenster Verwendung finden. Dann stand er jahrelang in meinem Zimmer herum. Durch einen Umzug wurde er wahrscheinlich entsorgt. Ich dachte, also war ich damals schon frankophil!

Was mir am meisten gefiel, war, mit den französisch sprechenden Gleichaltrigen, die wir an allen Ecken trafen, zu radebrechen, was bewirkte, dass wir die Sprache immer besser verstanden. Aber nicht nur das, sondern ich getraute mich auch zu sprechen, was meine Erinnerung an den Französischunterricht, den ich in der Schule erhielt und den ich gerne mochte, auslöste. Ich las jedes Schild und alles Gedruckte, was mir vor die Augen kam; meine neue Freundin störte das nicht. Sie hatte einen kleinen französischen Sprachführer bei sich.

Wenn wir Hunger hatten, kauften wir uns in einer Patisserie einen Croissant. Das war eben Frankreich, aber ich mochte das ungewohnte Gebäck bald sehr gerne.

Manche Tage war ich wieder alleine unterwegs, was das Kennenlernen der Stadt beinahe erleichterte. Der Montmartre wirkte nach wie vor wie ein Magnet auf mich und faszinierte mich immer wieder aufs Neue. Einen Flohmarkt, der ständig stattfand und der geradezu kurios war wegen der Dinge, die es dort alle gab, besuchte ich mehrmals. Aber gekauft habe ich nichts, das hätte mich nur unnötig belastet.

An der Seine, wo sich die Clochards herumtrieben, am Ufer saßen oder schliefen oder zu mehreren herumstanden, gelang es mir, doch einige Fotos zu machen und das Typische einzufangen. Natürlich musste ich vorsichtig sein, vor allem wegen der Kamera, denn am Abend trieb sich auch anderes zwielichtiges Volk gerne an den düsteren Plätzen der Seine herum.

Bei all meinen Unternehmungen wusste ich mich immer von Gott beschützt. Dieses Bewusstsein der Geborgenheit, das mich, denke ich, durch meine ganze Kindheit und auch später begleitet hat, wurde mir auch hier wieder zur Gewissheit.

Das Quartier Latin, das Stadtviertel der Studenten, den Boulevard Haussmann, den Montparnasse lernte ich kennen, aber es wäre müßig, all das zu beschreiben, was jeder Mensch, der Paris besucht, auch im Glanz der sechziger Jahre oder bereits früher kennengelernt hat oder später kennenlernen wird.

Es soll noch erwähnt werden, dass ich bei einer meiner nächsten Reisen die Schwester der Frau meines Bruders namens Heide mit viel Überredungskünsten dazu brachte, gemeinsam mit mir per Tramp nach Paris zu fahren. Wir machten es tatsächlich und landeten in derselben, mir bekannten Jugendherberge. Aber außer der Tatsache, dass wir, als unser Geld knapp wurde, die Idee hatten, als Boulevard-Artisten aufzutreten, erinnere ich mich an die gemeinsame Zeit mit Heide in Paris nur mehr ganz schemenhaft. Aber in Wahrheit nicht mal mehr daran. Nur noch, dass Heide mit ihrer kleinen Flöte spielen sollte und ich wollte dazu Step tanzen. Letztendlich scheiterte unser Straßenauftritt an unserer zu geringen Entschlossenheit. Soweit meine Erinnerung zurückreicht, bestand unser täglich Brot beinahe vorwiegend aus Baguettes mit Apfelmus, was in der Jugendherberge reichlich angeboten wurde.

Weit besser erinnert sich Heide an unsere gemeinsame Reise. Hier ihr Bericht, den sie mir Ende April 2024 zukommen hat lassen:

1. Sommer 1959: Auto-Stop nach Paris mit-
gefahren mit einem Fahrer der 160 auf der Auto-
Bahn fuhr - wir wollten froh, abends in der Jugendherberge aussteigen zu können - eine Schule für
den Sommer umfunktioniert, ein sehr netter Herbergsvater, ein großer Schlafsaal und Jugendliche
aus aller Welt. Um 22ʰ mußte man spätestens -
"zu Hause" sein, sonst gab es die Möglichkeit mit
Hilfe von kräftigen Jungs über die Mauer zu klettern.
Gleich nach unserer Ankunft machten wir davon
Gebrauch und ließen uns den Weg zum Montmartre
zeigen. 2 Straßen weiter waren wir schon umringt
von einer Horde Algerier und keine 50m weiter von
3 Polizeiautos voll mit Flics die uns befahlen, die
Hände über dem Kopf an eine Hauswand zu stellen.
Monika erklärte ihnen unsere Unschuld, doch wurden wir alle erstmal ins nächste Revier gefahren. Nachdem die "bösen Buben" versorgt waren, fragte man
uns, wo wir denn hin wollten, Montmartre war Monikas
Antwort und genau dorthin wurden wir chauffiert!!
Die Szene war für mich ungeheuer abenteuerlich,
denn ich war erst 17 und noch ein rechtes Kind.
Nachdem wir doch ziemlich häufig angesprochen
wurden, während wir die vielen Künstler und ihre
Werke betrachteten und auch aufgefordert wurden
mit ins Atelier zu kommen, fragte Monika, ob wir
auch morgen früh willkommen wären, worauf wir
die Namen u. Adressen ausgehändigt bekamen. Wir
fanden auch wirklich unsere Arbeiter vom Abend
zuvor und sie waren sehr freundlich mit uns und
nicht zudringlich. Monika machte überall Fotos,
was ja auch ihr eigentlicher Anlass dieser Reise war

Am Sonntag war der Eintritt im Louvre frei und so konnten wir uns stundenlang dort aufhalten. Unser ständiger Hunger begleitete uns 3 Wochen lang, denn wir hatten viel zu wenig Geld (dabei und überhaupt) also fragten wir den nächstbesten Jungen, ob er uns zum Essen einladen würde, was er auch pflichtbewußt tat, indem er beim nächsten Marché Brot, Käse und Tomaten einkaufte und sich mit uns auf die Stufen von Sacre Cour niederließ. Es war Gottseidank ein Deutscher, so konnte ich auch etwas Konversation haben.

In der JH war einem Jungen Geld geklaut worden also beschlossen wir alle eine ganze Nacht Wache zu bleiben, um den Dieb zu überraschen. Wir verbrachten die Nacht fröhlich, doch der Übeltäter ließ sich nicht blicken.

Nach 2 Wochen wurde es uns in der JH und der Stadt langweilig und wir wollten unbedingt ans Meer, der Atlantik war ungefähr 300 km entfernt, weshalb wir uns im Dunkeln an die Straße stellten, doch weil wir beide Jeans anhatten hielt man uns für Jungens und kein Auto hielt. — Im Gebüsch zogen wir uns Röcke an und schon das nächste Auto nahm uns mit. Wir kämpften mit dem Schlaf, so fuhr der Fahrer auf eine Seitenstraße hielt an und kam auf die andere Seite des Autos. Wir hatten ein paar Sekunden schreckliche Angst, doch er klappte nur unsere Sitze nach unten, so daß wir schlafen konnten. Wieviel Vertrauen hatten wir doch in unsere Schutzengel!!! Als der Fahrer uns bis Nantes gefahren hatte, wurde es schon langsam hell

2. Er schenkte uns ein paar Ölsardinendosen, denn er war von Beruf Lieferant für den Einzelhandel und sein ganzer Gepäckraum war voll bepackt von Fischdosen. Jetzt war unser Tisch für die nächsten Tage reich gedeckt. Der Strand am Atlantik war nicht so, wie wir es uns gewünscht hätten – und die JH auch nicht, also war die Sehnsucht nach Paris wieder erwacht und wir standen wieder winkend an der Straße. Ein nettes Ehepaar nahm uns mit und versorgte uns sogar noch mit belegten Broten. Es gab an der Autobahn immer wieder Jungs, die schon ein paar Stunden auf ein haltendes Auto hofften, also mußten sie sich ins Gebüsch stellen und wenn uns jemand mitnehmen wollte, fragten wir ganz unschuldig, ob ein Dritter auch noch mitfahren dürfte; er durfte!

* Wieder in Paris angekommen, durften wir gratis in unserer JH wohnen und bekamen auch noch jeden Morgen Baguettes mit Belag. Ich lernte einen netten spanischen Studenten kennen, mit dem ich mich nur auf Englisch verständigen konnte – wir hatten später noch einige Zeit Briefwechsel und Juan, den ich damals schon in München bei meiner Lehrstelle kennen gelernt hatte, konnte mir später, nachdem ich mich im Dolmetscherinstitut für Spanisch angemeldet hatte, bei meinen Briefen behilflich sein.

* Hier kommst Du liebe Monika, unsere Odyssee

mit dem Telegramm und dem vorgetäuschten Autounfall und der Gehirnerschütterung und der ganzen Aufregung, die wir meiner Familie und meinen Arbeitskollegen verursacht haben, selber erzählen. Die Vorwürfe hielten sich aber Gottseidank in Grenzen, weil alle Welt froh war, daß wir heil wieder in München angekommen waren mit genau 20 Pfennig für die Straßenbahn in der Tasche und einem schlechten Gewissen obendrein.

Bei unseren täglichen Streifzügen durch die Stadt wurden wir einmal kostenlos auf Scherenschnitt-papier ausgeschnitten, was dem Künstler ziemlich gut gelungen war. Ein anderes Mal "besuchten" wir die Clochards unter den Seinebrücken, was mich unglaublich erschüttert hat denn ich hatte solch eine Armut noch nie gesehen. Du hast überall Fotos gemacht und hattest auch immer deine schwere Fotoausrüstung geschleppt. Ich trottete meistens hinter Dir her, denn ich hatte nur meine Sinne, die ich betätigen konnte, wobei ich außer merci und aurevoir kein Französisch konnte. Doch ist mir die Stimmung und sind mir die Bilder und die Menschen unheimlich präsent und wenn ich noch länger mich zurück erinnere, werden immer mehr Details lebendig.

Nochmal versuchte ich es, mit einer Freundin per Autostopp zu reisen, und das war Heide, die ich vom Institut für Bildjournalismus her kannte. Als wir auf einem Zeltplatz nächtigten und nur für kurze Zeit bleiben wollten, sagte sie, dass das Peranhalterfahren nichts für sie sei. Sie hatte sich entschlossen, jemanden zu besuchen, der nicht weit entfernt lebte. Sie meinte auch, zu diesem Lebensstil gehöre eine bestimmte Mentalität. Heide stammte aus wohlhabendem Hause, was wohl auch ein Grund war.

Bei meiner alleinigen Reise, der ersten also, als Nachtrag, machte ich mich, Paris verlassend, auf den Weg zur Autobahn Richtung Süden: Marseille, auch eine Traumstadt, wollte ich kennenlernen. Von dieser Hafenstadt mit all dem Schönen und Schaurigen hatte ich eine höchst bunte Vorstellung. Meine Habseligkeiten hatte ich schnell zusammengepackt, dem sehr gnädigen Herbergsvater so viel bezahlt, wie er verlangte, und ihm Lebewohl gesagt.

Es dauerte nicht lange und ein Lastauto hielt und der Fahrer meinte, Marseille wäre ohnehin sein Ziel und er würde mich mitnehmen. Zunächst zögerte ich, aber der Gedanke, am Abend, wie der Fahrer versicherte, Marseille zu erreichen, ließ mich einsteigen. Ich saß vorne neben dem Fahrer und meine französischen Sprachkenntnisse amüsierten ihn.

Die Adresse der Auberge de la Jeunesse schien ich zu haben, woher auch immer und so konnte ich nach unserer Ankunft in Marseille dem freundlichen Brummifahrer nur danken und Adieu sagen. Vergnügt landete ich dort, wohin ich wollte und bekam etwas zu essen und ein Bett zum Schlafen.

Am nächsten Tag durchstreifte ich das Hafenviertel und alles war neu und faszinierend. Ein Hafen am Meer mit Segelbooten, Ruderbooten, großen Schiffen und den bunt gekleideten, aber auch manchem ärmlich aussehenden Südfranzosen. Matrosen in blaue Hosen gekleidet standen herum und lachten mich an. Es roch nach Fisch, aber auch nach Unrat, an manchen Stellen sogar nach Fäkalien. Die Luft, die Atmosphäre, die Menschen – oder was war das Besondere, was das Leben von Paris unterschied? Viele Leute sahen südländisch aus, wie ich das aus Italien kannte. In Rom und Neapel war ich als Sechzehnjährige mit meiner Mutter und meinem Bruder gewesen.

Was ließ die Südfranzosen neben den dunkleren Haaren und der bronzefarbenen Haut anders erscheinen? Bei näherem Zuhören nahm ich wahr, dass die typisch pariserische schnelle und so geschmeidige Sprechweise hier ganz anderes klang. Es mischten sich ein wenig spanische oder auch italienische Klänge in das Französische.

Ich lief kreuz und quer durch die Stadt, die Kamera immer schussbereit. Dabei geriet ich in ein Viertel, in dem ich mich beinahe erschrocken umsah, so heruntergekommen und ärmlich wirkte es auf mich. Aber zum Fotografieren ein Traum! Ein kleines Mädchen, so süß, bekleidet mit einem schmutzigen, hellen Kleidchen, saß auf dem Boden in einem Hauseingang. Rechts und links bröckelte der Putz aus der Wand. Ich fotografierte das Kind und da tauchte seine Mutter auf, die etwas skeptisch dreinsah, sich aber trotzdem auch fotografieren ließ. Damals waren Kameras viel seltener als heute, aber vielleicht gerade deshalb hatten die Menschen mehr Ehrfurcht davor. Ich ging weiter und sah einen Mann hinter einem Fenster ohne

Scheibe, der sich mit beiden Händen an die Gitterstäbe klammerte. Ich dachte an einen Gefangenen, der eingesperrt war, so erschreckend sah er aus. Ich fotografierte ihn und es gelangen mir noch andere Fotos – welch ein Glück, dass ich sie machen konnte. In einem solchen Quartier, das spürte ich deutlich, ist es nicht ganz ungefährlich sich aufzuhalten. Aber meine Leidenschaft, die Fotografie, schreckte nicht so leicht vor etwas zurück.

Mein abenteuerliches Leben, das ich jetzt führte, so empfand ich es immer öfter, würde nicht mehr allzu lange währen. Wie viel Zeit würde mir noch bleiben zu dieser ungetrübten Freiheit?

Ich musste zurück, das wusste ich; wie geht es Mutti? Ich wünschte, sie hätte sich nicht zu viele Sorgen um mich gemacht. Meine Karte hat sie hoffentlich aus Paris erhalten.

Marseille hatte ich durchstreift und dieses südfranzösische Flair genossen. Meine belichteten Filme, und das waren alle, die ich bei mir hatte, verstaute ich gut in meinem Matchsack. Morgen würde ich versuchen, Deutschland zu erreichen. Ja, die Strecke ist länger als die von Paris aus. Ich werde Autofahrer finden, die mich mitnehmen, aber es könnte sein, dass es weniger sind, als ich gewohnt war.

Die Herberge lag schon hinter mir und ich marschierte in Richtung Nordautobahn. Nun stand ich am Rand der Straße und wartete.

Es war noch früher Vormittag, aber ich verspürte nun das erste Mal, dass Peranhalterfahren doch deprimierend sein konnte. Vielleicht war es auch das letzte Mal in meinem Leben, dass ich auf diese Art reiste. Es war einige Zeit vergangen, da näherte sich ein rotes wie mir schien, sportliches Auto und hielt an. Ein Mann öffnete die Beifahrertüre und ich wollte fragen, wie weit ich mitfahren könne. Er lächelte zwar, aber ein seltsames Lächeln und ich spürte in mir einen Widerstand, der mich vom Einsteigen abhielt. Ich sagte „Non, merci!" oder Ähnliches, aber er wollte das nicht verstehen und schaute mich beinahe drohend an. Ich entfernte mich ein wenig und Gott sei Dank raste er davon.

Die Chance, weiterzukommen, war nun vertan, trotzdem war ich erleichtert und wartete wieder. Ich wäre auch mit einem Lastauto zufrieden gewesen, aber ein solches kam auch nicht.

Die Zeit wurde mir lang, aber ich musste ausharren. Was wäre, wenn niemand käme? Leider war auch kein anderer Tramper da. Ich fühlte plötzlich so etwas wie Einsamkeit. Aber dann, welches Glück, hielt ein Auto an, in dem ein Ehepaar saß. Sie waren nett und bedauerten mich wegen meiner Lage. Sie würden mich mitnehmen, sogar ein großes Stück Richtung Norden. Nach Deutschland würden sie aber nicht fahren. Der Mann meinte, von Paris aus wäre es leichter, in Richtung Osten mitgenommen zu werden

Beide waren redselig und fragten dies und das. Als es auf Mittag zuging, wollten sie ein Gasthaus suchen. Ich hingegen musste schnell weiterkommen und das Angebot, mit ihnen essen zu gehen, wollte ich ausschlagen. Ob ich nicht hungrig sei, fragte die Dame, und das konnte ich durchaus nicht verneinen. Wir verließen die Autobahn und fanden eine Gaststätte und speisten vorzüglich. Der Herr verstand meine Lage und ich konnte noch viele Stunden auf dem Rücksitz mitfahren. Wir plauderten weiter und mein Beruf als Fotojournalistin gefiel ihnen. Der Abschied kam, sie brachten mich zu einem Halt, den sie für meine Weiterfahrt als günstig erachteten.

Wieder ein Abschied und nun stand ich wieder auf der Straße und wartete.

Wie ich meine Heimreise noch am selben Tag geschafft habe, ist mir nicht mehr in Erinnerung, nur eines weiß ich, dass es zur sehr späten Abendstunde war und dass mich meine liebe Mutti überglücklich in die Arme schloss. Was hat sie sich wohl meinetwegen für Sorgen gemacht! Am nächsten Tag erzählte ich ausführlich und detailgetreu meine spannenden Reiseerlebnisse. Mein Bruder war wie so oft nicht da. Er war wieder, wie schon einige Male, auf den Wellen des Atlantiks zwischen Europa und Amerika.

Nach einem Tiefschlaf von vielen Stunden wollte ich nichts Dringenderes, als mein Filmmaterial so schnell wie möglich entwickeln. Nachdem ich in meiner Dunkelkammer an mehreren Tagen oder Nächten diese langwierige Arbeit erledigt hatte und danach auch wieder mit viel Zeitaufwand die Kontaktbögen ausgearbeitet hatte, brauche ich zu diesem Thema nicht mehr viel schreiben, da ich darüber ausgiebig im Zusammenhang mit meinem Besuch des Instituts für Bildjournalismus berichtet habe.

Mutti erzählte mir, dass sie vorhabe, ihre Eltern, die in Bremen leben, nach Bayern zu holen, weil ihre Eltern doch schon in einem fortgeschrittenen Alter wären und es besser sei, sie in ihrer Nähe zu wissen. Vielleicht eine gute Idee, meinte ich, aber mehr wusste ich dazu nicht zu sagen. Aber in dem Alter, in dem ich war, macht man sich wenig Gedanken über solche Dinge, und so war es auch bei mir.

Mutti kannte eine Frau, oder war es sogar eine gute Bekannte, die ein Haus in Tutzing am Starnberger See besaß, und bei der fragte sie nach, ob sie ihre Eltern in Pension aufnehmen würde.

Nach einiger Zeit lebten Oma und Opa in Tutzing, wo sie in einem schönen Haus am See ihren Lebensabend verbringen sollten. Die Altersrente von Opa war üppig genug, um die Kosten für beide zu decken. Da Oma mit siebzig Jahren begann, Anzeichen von Demenz zu entwickeln, war Opa froh, dass sie nun keine Hausarbeit mehr, bei der sie immer wieder Fehler machte, zu erledigen hatte. Sie bekamen Vollpension, und wenn Opa wegen irgendeiner Ungereimtheit, die Oma gelegentlich machte, wütend wurde, so reagierte Oma zwar empfindlich, aber sie vergaß es schnell.

Opa war Schiffsbauingenieur gewesen, war ein guter Rechner und auch sonst sehr gescheit.

Als ich die Großeltern in ihrer Idylle besuchte, freute sich Oma, und Opa saß mit einigen Freunden beim Skatspiel, schaute mich an und lachte. Er machte einige Bemerkungen und meinte, das Skatspiel sei so schwierig, dass ich es gewiss nicht begreifen würde; seine Skatbrüder grinsten.

Ich sagte nichts, sondern wandte mich an Oma und forderte sie zu einem Spaziergang auf. Sie hakte mich unter und plauderte davon, wie schön es hier sei und wie nett alle wären. Sie fragte nach ihrer Tochter und ich sagte ihr, dass Mutti sie schon einige Male besucht hätte und gewiss bald wieder kommen würde. Nun war sie zufrieden.

Meine Mutter traf Vorsorge und mietete im Nordfriedhof eine Grabstätte. So konnte sie sorglos der Zukunft zumindest in dieser Frage, was ihre Eltern betraf, entgegensehen. Sie hatte ja die alleinige Verantwortung für Vater und Mutter. Ihre Schwester Lotte lebte in Kanada, und ihren Bruder, der in Kassel zu Hause war und zu dem sie ein eher kühles Verhältnis hatte und der auch gesundheitlich sehr belastet war, wollte sie nicht in ihre Entscheidung einweihen. Freilich teilte sie es ihm dann später mit und er war es zufrieden. Mein Onkel Karl ist nicht sehr alt geworden, meiner Erinnerung nach ist er mit neunundsechzig Jahren gestorben.

Da meine Mutter immer sehr selbstständig war und daran gewohnt war, alleine Dinge zu entscheiden, hatte sie nun auch wieder ganz souverän gehandelt.

Mutti hatte die Grabstätte über die Friedhofsverwaltung erworben und nun wollte sie auch einen Grabstein aufstellen lassen. Da Steinmetze gerade neben Friedhöfen ihre Werkstätten haben, besuchte Mutti einen von ihnen und suchte sich einen Grabstein aus. Sie ließ den Namen meines Vaters und sein Geburtsdatum eingravieren. Gewiss hat es sie ein wenig bedrückt oder auch traurig gemacht, denn einen Todestag konnte sie nicht angeben. Der Stein wurde zum Friedhof transportiert und am Grab aufgestellt.

Zu Hause machte ich mich ans Vergrößern der Fotos, die mir gut genug erschienen, und das waren etliche. Honorar für Fotos, die veröffentlicht worden waren, hatte ich in meiner Abwesenheit auch bekommen, sagte Mutti. Darüber waren wir beide froh.

Heide traf ich und wir gingen durch Schwabing und ich sprach von meiner Trampreise und sie erzählte von einer Gruppe von Künstlern, die sie im Weinbauer in der Fendtstraße getroffen hatte. Ein typisch bayerisches Lokal in Altschwabing und nicht zu teuer, sogar recht billig. Sie sagte, das seien Maler, nur einer von ihnen nicht, und das sei Kunzelmann, der doch im Keller in der Bauerstraße lebt. Die anderen drei wären auf der Kunstakademie gewesen und hätten eine Künstlergruppe gegründet, die sich SPUR nannte. Heide meinte noch, dass ich doch so gerne in die Akademie gegangen wäre und auch Typen dort fand, die ich fotografieren wollte.

Wir gingen noch eine kleine Wegstrecke zusammen, dann trennten wir uns, da jede ein anderes Ziel hatte. Ich liebte diesen Stadtteil, vielleicht weil er mir so vertraut war aus meiner Schulzeit, aber auch wegen der Menschen, die hier herumliefen und weil viele von ihnen ein bisschen verrückt aussahen.

Heide wohnte in Bogenhausen und hatte eine Wohnung gemietet für sich alleine, obwohl dort, wie sie mir mal erzählt hatte, auch oft Freunde übernachteten. Die Wohnung war groß, auch die Zimmerdecken waren sehr hoch und das Haus war sehr schön und sehr alt.

Ich dachte, dass ich noch lange bei meiner Mutter wohnen würde.

Als ich wieder einmal, gewiss mit meiner Kamera, unterwegs war, geriet ich – ich weiß nicht, wie – ins Schwabinger Nest, ein kleines Café in der Leopoldstraße. Hier saßen auch immer mal Kollegen aus dem Institut für Bildjournalismus und gerade dort waren mir einmal sehr gute Fotos gelungen. Heute war von denen keiner da, aber dafür einige Maler und es stellte sich heraus, dass drei von ihnen zu der Gruppe SPUR gehörten. Sie lachten und redeten durcheinander und behandelten mich so, als ob ich ihnen keine Unbekannte wäre. Ich dachte, dass Heide dahinterstecken würde.

Ich trank etwas und erinnere mich sogar, dass einer von den Männern mein Glas bezahlt hat.

Ich war bald wieder weg und machte mich auf den Weg nach Hause.

Kunzelmann aus dem Keller war nicht dabei, dachte ich, aber am Nebentisch saßen auch Kerle und anscheinend kannten sie einander.

Zu Hause begann ich Fotos zu vergrößern, um sie zur Bildagentur der SZ zu bringen. Ganz sicher würde Frau Bondi die Bilder anschauen und welche aussuchen. Frau Bondi war immer erfreut, wenn ich zu ihr kam.

Plötzlich hatte ich die Idee, einmal durch Deutschland zu fahren und in den verschiedenen Städten, in denen sich Zeitungsredaktionen befanden, vorbeizuschauen und Fotomaterial anzubieten. Aber wie sollte ich reisen? Ich hatte ja eine Last, mehrere Schachteln mit 18 mal 24 Zentimetern großen Schwarz-Weiß-Fotos.

Eines Tages war ich wieder einmal in der Troger Straße in der Wohnung von Heide Stolz. Ich läutete und irgendjemand, den ich schon einmal flüchtig gesehen hatte, öffnete mir die Türe. Im Zimmer von Heide, die auch da war, saßen Leute, eine Person lag auf einem Diwan. Sie sprachen, lachten und rauchten Zigaretten. Jemand fragte, ob ich eine Zigarette wolle, aber da ich noch nie geraucht hatte, lehnte ich ab. Jemand lachte auf und ich merkte, dass es nach Alkohol roch und viele Gläser und Flaschen herumstanden. Ich spürte irgendwie den Wunsch, wieder zu gehen, als ein Bärtiger auf mich zukam und mich etwas fragte. Vielleicht, ob ich mit Heide befreundet sei und auch Fotografin wäre. Seine Sprache war nicht münchnerisch, aber doch bayrisch und mir fielen meine Großeltern ein. Er sah mich ernst, aber freundlich an. Irgendwie spürte ich, dass er sich unterschied von den trinkenden und rauchenden Leuten rings umher. Ich hatte eigentlich vor, zu gehen, aber nun zögerte ich. Wir standen beide da, bevor ich mich in Richtung Türe bewegte. Der Mann sagte, dass er auch gehen müsse, und rief ein „Auf Wiedersehen!" in die Runde. Ich verabschiedete mich in Richtung Heide und verließ die Wohnung und lief die Treppe hinab. Der Bärtige folgte mir und fragte, als ich vor dem Haus stand, ob er mich mit dem Auto heimbringen dürfe. Es wäre doch schon spät und dunkel.

Ich wollte ablehnen, hatte ja schon Erfahrungen mit Burschen, wegen meiner ausgiebigen Tanzabende und Faschingsbälle und auch mit dem Anbandeln.

Der Mensch stand da und wartete. Er war so zurückhaltend und ich empfand, dass Wärme von ihm ausging und etwas, das ich Aufrichtigkeit nennen möchte. Er zeigte mir, wo sein VW-Bus stand und wir gingen zu dem roten Bus und er öffnete die Türe und ich stieg ein. Was er mich fragte und was er mir erzählte und was ich sprach, ist mir natürlich nicht im Gedächtnis geblieben. Merkwürdig, meinen Namen wusste er und als ich ihn nach seinem Namen fragte, sagte er, dass er Heimrad hieße. Ich wunderte mich über diesen seltenen Namen und fragte ihn, warum seine Eltern ihn so genannt hätten. Er sagte, dass seine Mutter den Namen im Kalender gefunden hätte und zwar am 27. Mai, an dem Tag, an dem er geboren wurde. Ich dachte, was für ein ausgefallener Name. Er fuhr mich bis zu dem Haus, einem fünfstöckigen Gebäude, in dem ich wohnte. Zuvor hatte er mich nach meiner Adresse gefragt, die ich ihm nach meiner Erinnerung ein wenig zögerlich gab. In der Barer Straße angekommen, lief er ums Auto herum und öffnete die Türe. Ich stieg aus und da sah er mich so offenherzig an, dass ich richtig rot wurde. Nichts Heimtückisches lag in seinem Blick. Er gab mir die Hand und ich klingelte und hoffte, dass meine Mutter zu Hause sein würde. Meinen Hausschlüssel schien ich vergessen zu haben. Als ich die Treppen in das dritte Stockwerk hinaufstieg, über- legte ich, weshalb Heimrad mich nicht nach meiner Telefonnummer gefragt hat. Vielleicht hat er kein Telefon. Aber wo ich wohne, das wusste er nun.

Meine Mutter las in einem Buch, sie liebte Literatur und ich sagte ihr, dass ich bei Heide war. Sie kannte meine Freundin.

Ich ging ins Bett und dachte über den Abend nach und über den Mann, den ich kennenge- lernt hatte. Was war es, was mich schwer einschlafen ließ? Würde ich ihn wiedersehen? Ich hoffte es irgendwie, zweifelte aber, ob ich oder auch er es wollte.

Tags darauf und viele weitere Tage verbrachte ich in der Dunkelkammer mit Arbeiten ver- schiedenster Art und ehrlich gesagt liebte ich dieses Handwerk über die Maßen: das Entste- hen eines Fotos, wie es so langsam im Entwicklerbad sichtbar wird, die Konturen und die Kontraste sich allmählich deutlicher zeigen und von Licht und Schatten beherrscht werden.

Die in Marseille gemachten Fotos in dem elenden Armenviertel ließen mich beinahe er- schaudern. Hier erscheint der krank aussehende Mann, wie er sich an den Stäben des Fens- ters festklammert.

Die Kinderbilder und die der Frauen erschienen mir in ihrer Armut sehr berührend. Es lag ein Liebreiz darin, mit welcher Unbekümmertheit die Mütter mit ihren Kindern umgingen. Das hat mich stark beeindruckt. Welch eine natürliche Mütterlichkeit strahlen diese südländischen Frauen aus!

Im Hafen hatte ich wenig fotografiert, aber doch in einigen Aufnahmen das Treiben, das ich hier erlebte, also das typische Hafenmilieu, eingefangen. Aber mehr beobachtend, gefiel mir diese Atmosphäre mit dem Geruch, der in der Luft lag. Dazu passten die kreischenden Möwen, die in großer Anzahl sich dort niederließen, wo Essbares jeder Art zu finden war.

Das Gepäck der Schiffsreisenden bestand aus gefüllten Säcken, riesigen Militärrucksäcken bis zu schicken Lederkoffern, die reiche Reisende in feiner Garderobe bei sich führten. Men- schen von schneeweißer bis dunkelbrauner Hautfarbe waren überall zu sehen.

So eine Reise übers Meer wünschte ich mir nicht unbedingt, was mich am meisten abhal- ten würde, wäre das lange Ausharren auf beengtem Raum. Dass ich zur Seekrankheit neige, hatte ich schon erfahren, speziell auf dem Oktoberfest. Im Rotor, einer runden Trommel, die sich immer schneller dreht, bis sich der Boden langsam nach unten senkt. Nun bleibt man mit dem Rücken an der Wand kleben. Einmal kann ich das genießen. Bei der zweiten Runde wird mir sehr übel. Mein Bruder ist da zu bewundern, weder mehrere Rotorfahrten noch See-reisen können ihm etwas anhaben, letztere gehören mittlerweile zu seinem Leben.

Meine Mutter sah ich momentan nicht oft; sie war viel mit Außenaufnahmen und anderen Aufträgen beschäftigt, was ihr ermöglichte, ihren Lebensunterhalt zu bestreiten. Hinzu kam die Kriegswitwenrente. Durch ihren nicht aufwendigen Lebensstil konnte sie ihre geliebten Reisen machen und ihrem ungebrochenen Interesse an alter Kunst und Kultur nachgehen. Da boten sich natürlich Italien und Griechenland als die bevorzugten Reiseziele an. Sie hatte Be-kannte und Freunde, die ihre Interessen teilten und so ergab sich immer wieder eine Rei-sebegleitung. Was sonst in ihrem Leben und Herzen vor sich ging, weiß ich nicht, aber das letztendlich weiß man von niemandem.

Ihre ausgiebigen Reisen nach Kanada zu ihrer Schwester und deren Familie und die Reisen in die USA zu ihrem Sohn und ihrer Schwiegertochter waren immer ein großes Erlebnis für sie.

Eines Tages klingelte es an der Haustür, ich drückte den Türöffner – und wer kam die Treppe herauf und stand plötzlich vor mir? Heimrad Prem! Ich war verdattert und sagte nichts. Er blieb an der Türe stehen, und was er in etwa sagte oder fragte, war Folgendes: Er wolle eine kleine Spazierfahrt mit mir machen und ob ich dazu Lust hätte. Wir siezten uns und das fand ich gut. Ich war mir nicht sicher, ob ich darauf eingehen sollte, aber etwas in mir wollte es. Ich müsse mir noch den Mantel anziehen und dann können wir gehen, sagte ich. Er wartete geduldig vor der Türe, ich zog mir Schuhe und Mantel an, vergaß auch den Hausschlüssel nicht mitzunehmen und wir stiegen die Treppen hinab.

Nun saß ich wieder in dem roten Kleinbus neben ihm. Es roch nach Farbe, aber den Ge-ruch mochte ich. Fragen, warum es so riecht, das wollte ich nicht. Herr Prem sagte, wir kön-nen zum Fürstenrieder Park fahren, aber eher sei es ein Wald, da müsste er sich verschiede-nes Holz holen. Er brauche es in seinem Atelier oder auch für Rahmen und den Rest zum Ein-heizen. Nun wurde ich neugierig und fragte doch etwas. Ja, er sei Maler, sagte er. Darum roch es so nach Farbe. Was nun in mir vorging, ist schwer erklärbar. Schon ganz früh oder in früher Jugend hatte ich eine Ahnung, dass ich einmal einem Maler angehören würde. Nun er-zählte ich, dass ich im Schwabinger Nest einigen Typen begegnet war, einige von ihnen seien auch Maler und würden einer Gruppe angehören, die sich SPUR nennt. Herr Prem lachte und sagte: „Ach, die SPUR, Monika, haben Sie schon kennengelernt, ja, zu denen gehöre ich auch." Nun war mein Interesse erwacht und mir schien, dass er das bemerkt hat. Aber ge-sagt habe ich nichts.

Wir waren am Wald angekommen und nachdem ich das Auto verlassen hatte, setzte ich mich auf einen Baumstumpf und schaute mich um. Der Wald war schön, Pfaffenschwendt kam mir in den Sinn und wie oft wir im Wald gewesen waren. Herr Prem hatte eine kleine Säge aus dem Auto geholt und setzte sich einige Meter von mir entfernt nieder. Er saß da, sah mich von der Seite an, ich war verlegen, aber trotzdem war da etwas Vertrautes, das mich berührte.

Er stand auf, um Holz zu sammeln, und begann, mit seiner Säge hier und dort etwas abzusägen. Ich war froh, dass er sich ein wenig entfernte. Seltsamerweise hatte ich heute die Kamera nicht dabei.

Eine Stimme in meinem Inneren sagte, dass ich etwas lieb Gewonnenes werde aufgeben müssen und etwas Neues würde beginnen. Ich ahnte, was es war, aber mein Inneres kämpfte gegen diesen Gedanken.

Herr Prem kam zurück mit allerlei Holzstücken, die er mit einem Messer noch bearbeiten wollte.

Etwas später lud er die Holzteile, nachdem er die Schiebetüre geöffnet hatte, ins Auto ein und wir fuhren los.

Er sprach von einer gerichtlichen Anhörung und einem Prozess, der entstehen könnte und dass die ganze Gruppe daran beteiligt sei. Ich war sehr ahnungslos in solchen Dingen, aber ich spürte, dass er innerlich aufgewühlt war und es war mir, als ob ich etwas Tröstendes sagen sollte. Es war spannend, was ich da hörte und dachte, der Mensch wirkt so sanft, was seine Sprechweise und seine Stimme noch verstärkte. Was denn die Maler angestellt hätten, fragte ich neugierig und er entgegnete ein wenig ausweichend, dass sie als Gruppe auch gemeinsame Aktionen machen würden und da hätten sie gelästert gegen die katholische Kirche. Ich sagte, dass ich nicht katholisch sei, aber an Gott glauben würde. Herr Prem sprach weiter, aber auch andere nicht erlaubte Schriften hätten sie verbreitet. Er tat mir fast leid, da er wieder nicht gerne Genaueres sagen wollte. Aber ich fragte auch nichts mehr. Ich dachte, wie wohl sein Zimmer, in dem er malte, aussehen würde und wie seine Bilder. Als ob er meine Gedanken erraten hätte, fragte er, ob ich einmal zu ihm kommen möchte. Ich gab nicht gleich eine Antwort und wusste auch keine. Er merkte das und meinte, ich hätte Zeit, mir das zu überlegen, aber wir könnten uns auch woanders treffen. Oder, sagte ich, er könne zu mir kommen, dann könne er auch meine Mutter kennenlernen. Dann müsste er mir sagen, wann er käme, denn Mutti sei viel weg. Meinen Vater erwähnte er auch, aber ich sagte ihm, dass er im Krieg gefallen sei.

Dass ich mit Fotografieren und Dunkelkammerarbeit beschäftigt sei und auch ab und zu Fotos in Zeitungen veröffentlicht würden, wusste er bereits. Dass ich mit Heide Stolz in derselben Fotoschule war, war ihm auch bekannt.

Ich sagte, dass ich meinen Beruf sehr lieben würde, aber es war mir, als ob sein Interesse daran nicht sehr groß sei. Plötzlich empfand ich, dass dieses Bekenntnis nun nicht mehr wichtig sei.

Er fragte, ob ich etwas essen wolle, er würde mich in ein Lokal einladen. Ich hätte nicht viel Hunger, meinte ich und müsse auch bald heim. Wir fuhren in die Stadt zurück und sprachen kaum. In meinem Herzen und in meinem Hirn bewegte sich einiges. Wir erreichten Schwabing und Herr Prem hielt vor einem Wirtshaus. Es war der Weinbauer, den ich ein wenig kannte. Er suchte einen Tisch, der klein war und in einer Ecke stand. Herr Prem sah umher und meinte, hier würden manchmal Freunde von ihm sitzen, aber heute sähe er niemanden. Die Speisekarte lag auf dem Tisch und ich hatte Durst und dachte an eine Limonade. Die Bedienung kam und er bestellte ein Essen und ein Bier und für mich das Getränk. Ich aß auch irgendetwas, wahrscheinlich ohne Fleisch. Nun saßen wir schweigend ganz nahe nebeneinander. Plötzlich, als er mich voller Interesse ansah, nahm er meine Hand und sagte: Sie sind sehr schön, wollen wir nicht ‚du' zueinander sagen?" Ich spürte, dass ich errötete, das mochte ich gar nicht, aber er tat, als bemerke er es nicht und sah mich bittend an. Sein Blick verwirrte mich, aber ich sagte „Ja!" und dass ich seinen Vornamen sehr schön fände. Er nahm meinen Kopf in beide Hände und gab mir einen Kuss auf den Mund. Ich weiß nicht, was ich fühlte, aber nun schwiegen wir wieder. Er blickte mich immer wieder an. Es war Abend geworden, und nachdem Heimrad mich heimgebracht hatte, traf ich Mutti zu Hause an. Sie sah zufrieden aus und wir plauderten das Übliche und ich sagte, dass ich müde sei und ins Bett gehen wollte. Mutti war etwas verdutzt, aber sie sagte nichts.

Als ich im Bett lag, bewegte ich viele Gedanken in meinem Kopf und in meinem Herzen. Ein merkwürdig aufwühlendes Gefühl bemächtigte sich meiner.

Meine davor liegenden Bekanntschaften, die meist aus meinen Tanzabenden oder Faschingsfesten stammten, waren auch mit allerlei Liebeleien verbunden. Hatten sich aber nach mehr oder weniger kurzer Zeit in Wohlgefallen aufgelöst. Aber ich hatte auch mit Kummer zu kämpfen. Das war wegen eines Musikstudenten, der mich verließ. Ein anderer, eigentlich ein netter Junge, hat meinetwegen leiden müssen. Es wäre müßig, diese Geschichten zu erzählen. Jeder kennt sie, jeder erlebt sie.

Nun schien etwas geschehen zu sein, das von anderer Qualität war. Mein Glaube sagte mir, dass man es deutlich fühlt, wer zu einem gehört und Beziehungen, die ein Irrtum sind, gehen wieder zu Ende. Natürlich bleiben wir nicht von schmerzlichen Erlebnissen in Liebesdingen verschont; das heißt, Gott kann uns Enttäuschungen nicht ersparen. Und soll es auch nicht, da wir lernen müssen, nicht eigenmächtig zu handeln, sondern Gott bitten sollen, durch ihn Entscheidungen zu fällen.

Als ich meine Mutter wieder sah, drängte es mich, ihr von Heimrad zu erzählen. Ich war zwar ein wenig verunsichert, wie ich beginnen sollte, aber es musste sein, das war mir klar.

Die kommenden Tage traf ich Mutti immer wieder an und wollte ihr von meinen Erlebnissen erzählen. Stattdessen schob ich es Tag für Tag vor mir her. Als wir zusammen am Frühstückstisch saßen, rückte ich ein wenig ungeschickt mit der Sprache heraus. Ich sagte, dass er Maler sei, einer Künstlergruppe angehören würde; die vier Leute würden auch verschiedene Aktionen machen und das fände ich ganz toll.

Meine Mutter betrachtete mich ein wenig argwöhnisch, aber ich berichtete trotzdem weiter und dass sich die Gruppe „SPUR" nennen würde. Zunächst sagte sie nichts, aber trotz ihres skeptischen Blickes sagte ich, dass die SPUR-Leute auch schon mit der Polizei wegen Religionsbeschimpfung und anderer Sachen eine Strafe bekommen hätten. Ich fände das alles spannend und aufregend. Nun sagte Mutti mit erschrockenem Gesichtsausdruck etwas, das mich überraschte. Ich solle den Maler doch mal einladen, damit sie ihn kennenlernen könne.

Ich war erstaunt und erleichtert zugleich. Wir plauderten noch über weiß Gott was alles und dass ich ihn fragen solle, ob er die Bekanntschaft meiner Mutter machen wolle. Meine Mutti ist doch eine kluge Frau, dachte ich, bevor wir uns trennten.

Ich war innerlich erleichtert und dachte, ob Mutti ihn auch nett finden würde und das hoffte ich sehr. Die grün-grauen Augen, der Bart, sein kräftiger Körper, was ich so mochte, wie würde Mutti das finden?

Es waren einige Tage vergangen und Heimrad meldete sich nicht. Was war geschehen? Ich überlegte, ob ich die Ursache wäre oder ob er keine Zeit oder keine Lust hätte, sich zu melden.

Er hatte kein Telefon und musste in eine Telefonzelle gehen, um zu telefonieren. Wo er wohnte, wusste ich nicht.

Ich war zu fahrig, um meine Fotoarbeiten auszuführen, auch hätte ich nichts unternommen, um ihn zu treffen. Vielleicht war mein Beruf, der mir bisher über alles ging, doch wichtiger als seine Bekanntschaft. Seltsamerweise verließ mich ein wenig die Arbeitslust, die sonst ungebrochen war. Heide Stolz rief mich an, wie schon einige Male, und fragte, ob sie Fotos von mir auf dem Schuttberg machen dürfe. Ich sagte mit dem Gedanken zu, das brächte mir Zerstreuung. Sie hatte allerlei Garderobe und andere Utensilien mitgebracht. Nachdem ich mich mit einem Teil dekoriert hatte, setzte ich mich in Position zwischen Sand und Felsen und entdeckte noch andere Freunde von Heide, die auf dem großen Terrain zwischen Hügeln und Gesteinsbrocken herumstanden. Ich kannte wenige. Heide inszenierte ihre Fotos bis ins Detail und – zugegeben – sie war eine sehr begabte Fotografin.

Nachdem Heide mit mir genügend Fotos gemacht hatte, wollte ich sofort heim. Der Weg war weit; ich benützte die Straßenbahn, die in der Nähe, aber doch ein Stück entfernt vorbeifuhr, aber nicht nach Schwabing. Um dorthin zu gelangen, musste ich noch einmal umsteigen.

Zu Hause angelangt, überfiel mich eine seltsame Traurigkeit. Meine Mutter war nicht da und darüber war ich froh. Ich bereitete mir ein Abendessen, aber obwohl ich Hunger hatte, schmeckte es mir nicht besonders. Vielleicht würde Mutti den Rest, wenn sie später heimkäme, aufessen. Ich ging ins Bett, bevor sie zurückkehrte.

Einige Tage später, ziemlich früh, läutete das Telefon und wirklich, es war Heimrad! Es fiel mir noch schwer, ihn mit diesem Namen zu nennen. Er erzählte mir, dass wegen des SPUR-Prozesses alle fünf Mitglieder in so viel Arbeit verstrickt seien, da sie sich alle auf den Prozess vorbereiten müssten, was mit viel Aufwand verbunden sei. Darum hätte er sich nicht gemeldet, aber er würde mich gerne wieder treffen. Wenn ich es wolle, könnte ich auch zum Prozess mitkommen und vielleicht einige Fotos machen. Ja, auf den Prozess würde ich unbedingt mitwollen und dass ich fotografieren dürfte, das sei ja toll. Ich war so überrascht über seine Worte. Er dachte gewiss, dass ich wenig Ahnung von gerichtlichen Sachen habe, was ja auch stimmte. Heimrad meinte noch, aber vorher könnten wir uns doch noch sehen, denn der Prozess sei erst in zehn Tagen. Meine Freude ließ ich mir nicht anmerken, was am Telefon nicht so schwer ist.

Mir fiel ein, dass meine Mutter ihn doch kennenlernen wollte und das sagte ich ihm auch. Er zauderte zunächst ein wenig, aber antwortete doch mit den Worten: Ja, das sei ihm recht, und wann solle er kommen. Ich würde Mutti fragen, erwiderte ich, und er solle morgen anrufen, dann wüsste ich den Zeitpunkt. An einem der nächsten Abende sei es günstig. Er verabschiedete sich sehr lieb und legte den Hörer auf die Gabel. Meine Freude war groß, aber sein Besuch machte mich auch ein wenig nachdenklich. Sein Termin bei Gericht und wie Mutti die Sache auffassen würde bekümmerte mich ein wenig.

Meine Freude war stärker und ich wollte mir keine Gedanken mehr machen. Ich steppte ein bisschen in der Wohnung herum, dann begann ich aufzuräumen, auch in der Küche. Ich wollte, dass Mutti eine ordentliche Wohnung vorfindet.

Der Termin stand fest und der Besuch fand an einem Abend statt. Mutti hatte ein Essen vorbereitet und Heimrad Prem erschien ziemlich pünktlich. Er hatte ein Hemd mit feiner Musterung und eine graue Hose an, die ganz neu aussah. Wie nun das Zusammensein verlief, ist mir nicht in jedem Detail im Gedächtnis geblieben. Aber Mutti plauderte über Kunst und Kultur, ein Thema, in dem sie sich auskannte, ganz vortrefflich mit Heimrad. Ich war froh darüber, dass die Stimmung so gut war. Auch das Thema SPUR-Prozess kam zur Sprache und Heimrad verstand es, darüber so selbstverständlich zu reden und meinte, dass eben Maler nicht nur malen würden, sondern auch mit verschiedenen Aktionen für ihre Publicity zu sorgen hätten. Mich schaute er zwischendurch immer wieder an. Der Abend war beendet und meine Mutter war offensichtlich zufrieden.

Er rief nächsten Morgen wieder an und sagte, dass ich eine sehr nette und gebildete Mutter hätte. Er äußerte auch den Wunsch, dass ich nun mal sein Atelier anschauen sollte, wobei er mir auch Bilder zeigen würde.

Ich war jetzt so zufrieden und wollte mir mit einem Besuch in seinem Atelier noch ein bisschen Zeit lassen. Es war wie ein Traum oder wie eine Vorsehung, dass ich einen Maler getroffen habe. Wie lange ist es her, dass ich zu ahnen begann, dass es ein Künstler wäre, der mein Schicksal bestimmen würde? Aber spürte ich nicht auch eine leichte Bangigkeit in meinem Herzen?

Einmal, ich war etwa siebzehn Jahr alt, hat mich ein Maler in einem Farbengeschäft angesprochen. Er wartete so lange vor der Türe, bis ich herauskam und fragte mich, ob er mich malen dürfe. Ich antwortete nicht sofort, aber dann sagte ich zu und dachte, dann bekäme ich wieder ein Bild wie damals von dem Maler in Paris. Als ich zum vereinbarten Zeitpunkt in dem Atelier erschien, hatte der Mensch schon eine aufgespannte Leinwand auf der Staffelei stehen. Während er mir einige Anweisungen gab, blickte er mich mit seinen großen, blauen Augen so an, wie eben Künstler beim Malen ihr Modell ansehen. Irgendwie fühlte ich mich nicht wohl. Er begann zu malen und sah abwechselnd mich und dann die Leinwand an. Plötzlich kam er zu mir und versuchte, meinen Pullover, den ich trug, ein wenig von meiner Schulter herabzuziehen. Seine Hände und seine Nähe waren mir zuwider, und ich wollte nur weg. Er versuchte mich mit flehenden Worten daran zu hindern, aber das gelang ihm nicht und ich verließ fluchtartig das Atelier.

Was ich zu der Zeit als merkwürdig empfand, ja, was mir unerklärlich erschien, war, dass ich keine Ambition mehr verspürte, mit der Kamera loszurennen oder mich in die Dunkelkammer zu stürzen. Was begann da vor sich zu gehen?

Aber meine Reisen durch Frankreich, an die ich mich vermehrt erinnerte, auch an manch schwierige Situation, verklärten sich nun in der Rückschau umso mehr. Es war in Marseille gewesen, als es mir klar vor die Seele trat, dass diese unbekümmerte Lebensform bald zu Ende gehen würde. Der schon vergessene Gedanke hatte mich nun wieder eingeholt.

Ich sann weiter über meine Erlebnisse nach und erinnerte mich, dass ich, nachdem ich Marseille verlassen hatte und an der Côte d'Azur noch eine Zeit lang herumtrampte, nach Aix-en-Provence, Nizza, Cannes, Cassis und Fréjus gelangte. Hier in Fréjus, eine kleine, entzückende Stadt, fand ich es so hübsch, dass ich einige Tage bleiben wollte. Noch dazu, da ich einen Schlafplatz in einem großen Zelt, das zu einer Jugendherberge gehörte, ergattern konnte. Tagsüber lief ich am Strand umher, genoss das Meer und die Sonne, und wenn es ein wenig kühler wurde, durchstreifte ich die verwinkelten Gassen mit den hellen Häusern, von denen manche buckelige Wände hatten. Die Zeit schien ich vergessen zu haben und es begann zu dunkeln und wurde spät und ich befürchtete, dass die Jugendherberge schon geschlossen haben könnte und ich voraussichtlich die Nacht im Freien würde zubringen müssen. Ich musste zugeben, dass ich es geradezu darauf ankommen lassen wollte. Damals war mir das schon in Paris passiert, aber es war meine erste Nacht in Frankreich gewesen, und die wollte ich nicht im Bett verbringen.

Die Zeit wird irgendwie vorübergehen, dachte ich. Ich wanderte durch schwach erleuchtete Straßen des kleinen Städtchens und blieb an einem großen Platz stehen. Ich sah zum Himmel, und was ich nun erblickte, war so schön, klar und unendlich, wie ein Sternenhimmel nur sein konnte. Als ich so staunend dastand, bemerkte ich, dass sich jemand dicht ganz vorsichtig neben mich stellte. Eine Stimme sagte: „Bonsoir!" Es war ein Junge, den ich schon in der Jugendherberge gesehen hatte. Er stellte gleich fest, dass wir heute nicht mehr in die Herberge hineinkämen. Er machte noch einige Bemerkungen, die ich nicht ganz verstand und er meinte, zu zweit wäre die Nacht weniger langweilig. Das fand ich auch, und so trieben wir uns weiterhin in dem Städtchen herum. Die Lichter, die allmählich weniger wurden, erloschen nach und nach. Der Junge war Franzose und ein charmanter Kerl, der mich zum Lachen brachte mit seinen witzigen Gedankenspielen. Er hatte stets neue Einfälle und ich dachte, was für ein netter und lustiger Bursche. Er war aber trotzdem nicht aufdringlich und wusste sich zu benehmen. Wir lachten über alles, was es auch war, und schwatzten unsinniges Zeug und kicherten wieder drauflos. Wir alberten so lange herum, bis am sehr frühen Morgen die Sonne aufging, die sich in den Wellen des Meeres spiegelte. Beide verspürten wir nun große Müdigkeit und auch den Wunsch nach etwas Essbarem. Frühstück bot die Jugendherberge an, aber nicht vor sieben Uhr. Das bedeutete also zu warten, da es erst vier Uhr dreißig war. Den Namen des Jungen weiß ich nicht mehr, aber vielleicht hieß er Marcel. Es tut auch nichts zur Sache, denn er reiste ab und ich verließ auch die Mittelmeerküste und danach begegneten wir uns nie wieder.

Meine Erinnerungen zogen weiter an mir vorüber und mögen lückenhaft sein. Aber ich weiß, dass ich auch den Atlantik noch erleben wollte und dazu musste ich in die Bretagne reisen. Im Zusammenhang mit welcher Trampreise es war, konnte ich auch nach längerem Nachsinnen nicht herausfinden. Aber das Erleben der Atlantikküste mit den großen, wuchtigen Wellen hat mich nachhaltig beeindruckt. Welch ein Unterschied zu dem beinahe lieblichen Mittelmeer!

Wie lange habe ich in der Bretagne einmal gestanden und auf ein Auto gewartet! War es nicht schon einmal so gewesen? Endlich kam ein Auto und das darin sitzende Ehepaar nahm mich mit.

Ich ließ mich noch einige Zeit von meinen Erinnerungen innerlich treiben.

Das Telefon klingelte, und wie aus einem Traum erwacht lief ich zum Hörer. Das schwarze, schwere Teil hielt ich in der Hand, und eine Dame wollte meine Mutter sprechen. Es handelte sich um eine geschäftliche Angelegenheit. Ich bat die Anruferin, später oder morgen anzurufen, aber ich würde es ausrichten.

Gleich darauf klingelte das Telefon wieder. Ich riss den Hörer von der Gabel und eine mir bekannte Stimme sagte: „Monika, was machst du?" Ich antwortete, dass ich nichts mache, aber über meine Frankreichreisen nachgedacht hätte. „Oh, die würden mich auch interessieren, willst du mir davon erzählen?" Ich antwortete irgendetwas, aber Heimrad fragte gleich weiter, ob ich endlich sein Atelier und seine neu gemalten Bilder sehen wollte. Wie gerne ich das wollte, sagte ich nicht, denn er meinte morgen könnte er mich abholen und wir würden zu ihm fahren. Ich fragte, wann das sein soll und er meinte, so am Vormittag um etwa zehn Uhr.

Er kam mit seinem VW-Bus und als wir nebeneinander saßen, sagte er wie beiläufig, dass das Auto nicht ihm alleine gehöre, sondern allen Mitgliedern der SPUR, aber er sei der Einzige, der einen Führerschein besäße und deshalb fahren dürfe. Dazu nickte ich nur und sagte ihm, dass ich am liebsten zu Fuß gehe. Ja, meinte er einen Spaziergang würde er gerne mit mir machen. Wir könnten an der Isar wandern, da würde er in der Nähe wohnen. Aber nun stände der SPUR-Prozess vor der Türe und da müsste er sich innerlich darauf vorbereiten.

Sein Atelier befand sich in einem Hinterhaus in der Klenzestraße.

Wir gingen durch einen schmalen Hof, an einigen eisernen Mülltonnen vorbei und dann standen wir vor einer hölzernen, alten Haustüre. Heimrad ging voran, und ich empfand ein leichtes Herzklopfen. Er zog die Schlüssel aus der Hosentasche, sperrte auf, und wir stiegen drei knarzende Treppen hinauf. Wir standen vor der Wohnungstüre, die er aufschloss, und wir traten in einen dunklen Flur, wo es alt oder nach Essen roch. Als Heimrad nach einigen Metern eine Türe rechter Hand öffnete, kam mir der Geruch von Farben entgegen, den ich so mochte. Wir betraten das Atelier, das groß war und eine hohe Decke hatte und ein breites, hohes Fenster. Ich trat ein und Heimrad lachte, als er in mein überraschtes Gesicht sah. Hier fand ich das, was ich in Paris schon hinter den Fenstern der Ateliers der Maler vermutet hatte. Aber hier war es real und keine Illusion. Die Atmosphäre, das Geheimnisvolle, das der Kunst innewohnt – und mittendrin der Mann, der nichts anderes als Maler sein konnte.

Überall standen Farbtöpfe, Blechdosen, dicke Tuben, Pinsel in allen Längen und Breiten, Spachteln, an denen Farbe klebte. Auf einer großen Holzstaffelei, an der ein getrocknetes Farbgemisch klebte, stand ein Bild, an dem er vermutlich gerade arbeitete. Aber nicht nur an den Wänden hingen Bilder, halbfertige lagen herum oder standen auf dem Boden. Keilrahmen und aufgerollte Leinwand befand sich hinter einem kleinen Tisch. Hier schien das Gegenwart geworden zu sein, was ich schon lange Zeit zuvor geahnt hatte. Ich war sehr überrascht, denn was für Heimrad ganz normal war, wurde für mich zur Offenbarung.

Er sah mich an und sagte, er habe außer diesem Raum noch ein Zimmer, anschließend an das Atelier. Die beiden Zimmer auf dem Flur links gegenüber bewohnte eine alte Dame, die Frau Schön hieß, und das Zimmer rechts davon gehöre einem jungen Mädchen, das er selten zu sehen bekam. Auf dem Flur sei auch die Toilette, aber Badezimmer gäbe es nicht.

Das kenne ich, sagte ich, aus der Zeit, als ich mit meiner Mutter und meinem Bruder in der Plinganserstraße wohnte. Heimrad wusste, dass ich in bescheidenen Verhältnissen aufgewachsen war, was ja auch stimmte. Später sagte er mal, dass er sogar froh darüber sei. Reiche Frauen seien verschwenderisch und verwöhnt, meinte er.

Die Bilder, die ich betrachtete, machten auf mich einen Eindruck, den ich heute, nach vielen Jahren, nicht mehr klar definieren kann, aber was ich sicher wusste, war, dass ein Mensch sie gemalt haben muss, dem die Malerei alles bedeutete.

Wir betraten das andere Zimmer, und das war die Küche, das Wohnzimmer und das Schlafzimmer in einem. Aus dem hohen Fenster blickte man in den Hof, durch den wir gekommen waren. Heimrad fragte, ob ich etwas trinken wollte, und dabei bemerkte ich, dass sein Bart gestutzt war. Es lag irgendwie eine Spannung in der Luft, die ich mir zwar nicht erklären konnte, aber eigentlich wusste ich doch, was sie bedeutete. Heimrad stellte Kekse auf den eckigen Tisch, holte zwei Tassen aus einem Regal und erhitzte Wasser auf einem Kocher, dessen beide Gasflammen von einer Propangas-Flasche gespeist wurden. Es gab eine Art Kräutertee, und während ich auf dem Bett saß, spürte ich, wie mich ein Gefühl durchströmte, das auch ihm nicht verborgen blieb.

Heimrad setzte sich neben mich und blickte mich voller Zärtlichkeit an. Wir tranken Tee und aßen Kekse. Während er meine Hand in seiner kräftigen Hand festhielt, flüsterte er mir ins Ohr, wie ich ihm gefiele, wie schön ich sei und vieles mehr. Dann schwiegen wir, aber sein erwartungsvoller Blick verriet mir, dass es ein Zurück nicht mehr gäbe. Er umfing mich mit beiden Armen und küsste mich leidenschaftlich wohin auch immer. Wir lagen auf dem breiten Bett und ich wehrte mich nicht und eine Zärtlichkeit erfasste mich und es geschah das, was geschehen musste.

Ab jetzt sahen wir uns beinahe täglich, er rief mich an und holte mich ab. Wir gingen Hand in Hand an der Isar spazieren. Ich lernte seine Kunstfreunde, die Mitglieder der Gruppe SPUR kennen, und nachdem ich nun meist bei den Treffen dabei war, galt ich offiziell als seine Freundin. Es waren drei Maler und ein Bildhauer. Der Fünfte war Kunzelmann, der Intellektuelle, dem Politik mehr bedeutete als die Kunst.

Sie sprachen, wie ich hörte, über die bevorstehende Gerichtsverhandlung und erörterten Fragen, die sich dazu ergaben. Es ging lautstark zu, es wurde provoziert, gelacht und zwischendurch redete der eine oder andere wieder über Kunst, was mit dem SPUR-Prozess durchaus auch zu tun hatte.

Der Prozess stand vor der Türe und diesen Tag mitzuerleben, das würde spannend werden. Toll war, dass ich auch fotografieren durfte.

Im Gerichtsgebäude an der Parcelli-Straße wurde an einem Vormittag der Prozess eröffnet.

Die drei Künstler Helmut Sturm, Heimrad Prem und Hans Peter Zimmer sowie Dieter Kunzelmann saßen auf der Anklagebank. Lothar Fischer war nicht dabei. Für das Image eines zukünftigen Kunstprofessors wohl auch die bessere Entscheidung. Die Anklageschrift wurde verlesen; die vier Angeklagten waren guter Dinge und Kunzelmann trug durch seine spitze Zunge und Schlagfertigkeit dazu bei, dass der Prozess für das Publikum höchst amüsant wurde. Für den Richter und dessen Mitarbeiter bedeutete dieser Störfaktor immer wieder peinliches Eingreifen. Es sind reichlich Publikationen über die Gruppe SPUR in der Presse und anderswo veröffentlicht worden und da konnte jedermann sich über den Verlauf und den Ausgang des Prozesses informieren.

Es gab noch andere Künstler, die sich aus der Zeit in der Münchner Akademie kannten und die ich allmählich kennenlernte. Eines schien allen gemeinsam zu sein: dass sie der Kunst alle anderen Interessen unterordneten. Kunzelmann, der mehr an den Staat zersetzenden Fragen interessiert war, verließ etwa nach einem Jahr die SPUR. Er ging zur Kommune 1 nach Berlin, um dort die Revolution vorzubereiten.

Die ungebrochene Lust am Diskutieren hatte ich nun kennengelernt und es war mir klar geworden, mit welcher Begeisterung und grenzenloser Redelust die Themen oft sehr kontrovers betrachtet wurden. Standen die Maler bei Heimrad im Atelier, so waren meist die Bilder, die an den Wänden hingen oder daran lehnten, das Thema. Was ich verstand, waren Gedankensplitter, aber ich war doch erstaunt, wie unermüdlich geredet, manches verworfen und wieder neue Aspekte entwickelt wurden.

Wenn wir alleine waren, widmete sich Heimrad ganz mir, er lud mich ins Gasthaus ein, wir schlenderten durch die Stadt und waren zärtlich und verliebt. Heimrad erzählte lustige Geschichten von seinen Eltern, seiner Schwester, und er sagte, bald würde ich seine Familie kennenlernen.

Trotzdem würde die Kunst immer den ersten Platz in seinem Leben einnehmen. Das sagte er mir ganz ehrlich und wollte mich nicht in Ungewissheit darüber lassen. Ich hatte es sogar deutlich gefühlt, trotzdem rührte mich seine Aufrichtigkeit und ich empfand mich ihm in dem Moment sehr zugetan. Das, dachte ich, sei für die Welt doch viel wichtiger, und hätte ich überhaupt das Recht, mich vor die Kunst zu stellen.

Heimrad hatte schon andere Freundinnen vor mir gehabt, aber sich wieder von ihnen getrennt. Hingen die Trennungen mit seiner Leidenschaft für die Kunst zusammen? Aber es war ja mehr, es war Berufung, es war die Erfüllung seines Lebens.

Meine Mutter sah ich seltener, und als ich sie dann doch in ihrer Wohnung antraf, musste ich ihr mein neues Leben erzählen. Gott sei Dank war Heimrad schon zu Besuch gewesen, sodass sie ihn kannte. So war es nicht allzu schwer, die Neuigkeiten zu berichten. Auch vom Prozess der Gruppe SPUR erzählte ich. Außerdem war Mutti taktvoll und erfahren genug, um mir nicht unnötige Geständnisse abzutrotzen.

Dass ich eventuell bald ausziehen würde, habe ich nicht erwähnt. Heimrad hatte es nur einmal angedeutet.

Wie war mein Leben anders geworden! Die Fotos vom Prozess wollte ich bald ausarbeiten. Aber die große Lust von früher war dem neuen Leben gewichen. Wir besuchten Ausstellungen und gingen zu Vernissagen, wo ich Kunstfreunde, Sammler, Galeristen und wieder Künstler traf. Es war ein Zauber, der mich ergriff, ob nun bei Vernissagen oder bei Besuchen in den Ateliers und Wohnungen der Künstler, ob bei den SPUR-Mitgliedern und deren Frauen. Ich lernte viele Menschen kennen, vorwiegend bei Ausstellungseröffnungen. Heimrad stellte mich denen vor, die er kannte, und ich verspürte sogar einen gewissen Stolz, mit dem er das machte. Nach den Vernissagen besuchten wir Lokale und dort traf man sich wieder.

Freilich, die unermüdlichen Diskussionen zu Hause waren manchmal schwer zu ertragen und selbst wurde man dabei kaum bemerkt. Es gab noch andere Künstler, die später auch eine Gruppe bildeten und uns besuchten, wann immer sie wollten. Heimrad passte das nicht immer, aber die Zeit des großen Aufbruchs in neue Welten mittels der Kunst war gekommen und da durfte nicht das Privatleben zu Gunsten der Kunst zu wichtig genommen werden.

Auch die Frau von Lothar Fischer hatte mit dieser Situation zu kämpfen, die Frau von Helmut Sturm hingegen weniger, da sie selbst Malerin war. Die Frau von Zimmer war intellektuell begabt und nahm gelegentlich an den Gesprächen teil, obwohl die Maler lieber unter sich waren und keine Störung von außen wollten.

Waren wir alleine, war Heimrad zärtlich, nett und witzig, erzählte von früher, aus der Zeit in der Akademie, von seinem Leben in der Oberpfalz, von der harten Lehrzeit und von seinem Vater, der zu oft ins Wirtshaus ging und mit dem Fahrrad, mit Farbeimern und dem Streichwerkzeug an der Lenkstange, zur Arbeit fuhr. Seine Mutter war Straßenbahnschaffnerin in Berlin gewesen und trat in Gasthäusern zur Unterhaltung der Gäste auf. Seine Schwester war sieben Jahre jünger als er und wollte von ihm die Bauernmalerei erlernen, um Möbelstücke zu bemalen.

Dass er die Aufnahmeprüfung in die Kunstakademie bestanden hatte, war ein Riesenglück, sagte er, sonst wäre vielleicht etwas Schlimmes passiert. Diese Worte trafen mich, aber er sagte weiter nichts, und ich fragte auch nicht, sondern vergaß es wieder.

Eines Tages fragte er mich, ob ich nicht zu ihm ziehen wolle. Das überraschte mich und ich zögerte mit einer Antwort, auch dachte ich, ob Mutti darüber nicht traurig sein würde. Mein Bruder war ohnehin nicht mehr bei ihr und dann wäre auch ich noch weg. Aber irgendwann müsste es doch sein. Ich meinte, dann käme ich mir wie eine verheiratete Frau vor. Über die Ehe hatte ich mir noch nicht viele Gedanken gemacht. Das hatte Heimrad schon bemerkt, aber es sei ihm lieber so.

Ich erwähnte, dass ich ohne Vater aufgewachsen sei, aber einige Jahre bei meinen Groß-eltern gelebt hätte und beide sehr gut zu uns waren und Opa mochte ich besonders gern. Heimrad sagte, dass er fünf Jahre bei einer Tante in Waffenbrunn, in der Nähe von Roding, gelebt habe, als seine Eltern in Berlin waren. Die Zwillingsmädchen Lina und Resi, seine Cousinen, die fünf Jahre älter als er waren, hatten auf ihn aufgepasst. Erst später, als er wieder in Roding war, sei seine Schwester geboren worden. Wegen des Krieges habe der Schulunterricht häufig in einem Wirtshaus stattgefunden.

Plötzlich lachten wir beide laut auf über diese teilweise kuriosen Lebensgeschichten. Er nahm mich in seine kräftigen Arme, hob mich hoch und drehte mich im Kreise herum, bis mir fast schwindelig wurde.

Da läutete es stark an der Haustüre, ich erschrak, er ordnete schnell Hemd und Hose und ging, um zu öffnen. Draußen stand einer der Künstler, welcher auch immer, und ich hörte, wie schon mehrmals, dass der Name Rembrandt fiel, wie Heimrad von den Kollegen genannt wurde. Den Namen hatte er bekommen, weil er dafür bekannt war, dass er eine Zeit lang im Stil von Rembrandt gemalt hatte. Die beiden Männer blieben im Atelier stehen, worüber ich froh war, denn ich dachte, dass ich zu unordentlich aussehe. Außerdem waren sie schon mittendrin in einer Diskussion. Die Sprechweise war mir nicht ganz unbekannt, aber Heimrad würde mir später erzählen, wer es war.

Die meisten kannte ich ja schon.

Ich machte mir ein Brot, und Heimrad schaute kurz zur Türe herein und sah mich mit einem entschuldigenden Blick an. Der andere redete einfach weiter, ohne sofort eine Reaktion von Heimrad zu erwarten. Der Redestrom floss dahin, mal langsamer, aber meist schnell, und unbemerkt waren einige Stunden vergangen.

Das würde also in Zukunft immer so sein; ich bemühte mich, Verständnis aufzubringen, ob ich aber, wenn ich hier leben würde, das wirklich immer ertragen könnte, wusste ich nicht. Noch wäre es möglich gewesen, einfach nach Hause zu gehen. Merkwürdig war, dass ich es nicht tat, etwas musste mich festhalten. Die Stimmen der beiden Männer waren laut genug, um alles zu hören. Wie war es möglich, dass man mit solcher Vehemenz und Ausdauer um die Welt der Kunst kreisen konnte. Es war so viel Kraft und Überzeugung in alledem, was sie sprachen, dass ich einfach diese ungeheure Bedeutung der Kunst begreifen musste. Ich beschloss zu bleiben und sei es für immer.

Es wurde später und später; ich ging ins Bett und schlief sofort ein. Plötzlich fühlte ich, dass sich das Bett ganz sachte bewegte und Heimrad unter die Decke kroch. Ich war so müde, dass ich nur weiterschlafen wollte und Heimrad, denke ich, wollte das auch.

Eines Tages schlug Heimrad vor, seine Schwester Ossi in Laim zu besuchen. Ich war erstaunt, dass sie, obwohl sie sieben Jahre jünger war als er, schon einen Sohn hatte, ein Baby von neun Monaten. Ihr Mann, Walter, war Elektriker und sie selbst war Friseuse und hatte hellblondes Haar.

Die Eltern von Heimrad sollte ich auch kennenlernen und dazu mussten wir in die Oberpfalz fahren.

Der Ort hieß Roding, lag an dem Fluss Regen, und Heimrad wurde dort geboren. Die Eltern empfingen uns in einer gewissen Erwartungshaltung und sprachen viel und laut, was in dem oberpfälzischen Dialekt noch stärker klang als bei Heimrad, der durch die Akademiezeit schon einiges von seinem Dialekt abgelegt hatte. Ich wurde neugierig beäugt, als Heimrad betonte, dass ich Hamburgerin wäre, also eine richtige Städterin aus einer Großstadt, die in Norddeutschland liegt. Sie fragten allerlei, und Heimrad schien es zu gefallen, dass ich zwar knapp, aber klug antwortete. Viktor machte Witze und Oma hatte sich fein gekleidet und sah aus wie eine Dame aus der Stadt. Aber dieses gegenseitige Gefühl der Fremdheit war nicht so einfach wegzuzaubern. Vielleicht sahen sie in mir schon die zukünftige Schwiegertochter. Heimrad wirkte aufgeräumt und glücklich und meinte, wir könnten einen Spaziergang machen; dadurch würde ich seinen Heimatort kennenlernen. Zum Abendessen, sagte er, wären wir wieder zurück.

Wir durchstreiften die Ortschaft, gelangten an den Regen, wo das gegenüberliegende grüne Ufer in einem schönen Licht erschien, während Heimrad die Orte seiner Kindheit aufsuchte und mir die Spielplätze zeigte, auf denen er sich mit seinen Freunden getroffen hatte. Aber eigentlich, meinte er, war er am liebsten zu Hause geblieben, um zu malen oder zu zeichnen. Die Eltern schickten ihn zwar nach draußen, aber wenn er folgte, dann nur widerwillig.

Ich staunte darüber, dass er schon als Knabe so stark verspürt hatte, dass die Malerei ihm so viel bedeuten würde. Ich wollte noch einiges mehr erfahren. Da seine Augen so leuchteten, merkte ich, dass die Kunst wahrhaft seine Mission war. Wir gingen noch zur Kirche, aber sie war leider zugesperrt. Heimrad traf unterwegs den einen oder anderen Bekannten von früher und jedem stellte er mich vor. Manchmal spürte ich eine gewisse Bewunderung von deren Seite. Wir übernachteten in einem kleinen Häuschen, das zu dem großen Wohnhaus der Eltern dazugehörte. Carola hatte darin schon die Betten hergerichtet, und ein Fernsehapparat stand auch auf dem Tisch. Heimrad wusste, dass ich Fernsehen ablehnte, was er sogar begrüßte.

Aber heute, sagte er lachend, würden wir mal fernsehen. Er lebte auch ohne Fernseher, und ich hatte ein solches Gerät zum ersten Mal vor einigen Jahren bei Bekannten gesehen.

Am nächsten Tag waren Viktor und Carola schon beim Frühstücken, als wir eintraten und sie uns freundlich einen Guten Morgen wünschten. Sie fragten, was wir essen möchten, aber es stand schon alles auf dem Tisch. Heimrad wollte heute wieder zurückfahren; mir schien, als würde er es im Hause seiner Kindheit nicht lange aushalten. Später sagte er, dass er durch die Akademie, die Künstler, das Leben in der Großstadt ein anderer geworden sei. Die Enge und Kleinbürgerlichkeit der Vergangenheit würden nicht mehr in sein Leben gehören. Ich wäre gerne noch geblieben, einerseits wegen der schönen Landschaft, aber auch um noch andere Familienmitglieder oder Freunde kennenzulernen. Heimrad versprach mir, dass wir sicher wieder kommen würden. Kurz und gut, am Abend waren wir wieder in München.

Ich lernte auch Gönner und Kunstsammler der Gruppe SPUR kennen und dazu gehörte das Ehepaar Bleicher, die uns einige Male in ihr Haus in der Walhallastraße in Nymphenburg einluden, und zu Weihnachten bekamen wir mehrmals einen großen Esskorb mit den feinsten

Leckereien. Aber auch Gesundes war dabei. Dafür sorgte Frau Bleicher. Sie hatten zwei Töchter, Eva und Susi, die ich später kennenlernte, als wir die Familie in ihrem Haus in Italien besuchten. In Reuth in Oberbayern hatte die Familie auch ein Haus. Dort durften die Maler der SPUR ein Zimmer künstlerisch gestalten und ebenso einige Möbelstücke.

All die Ereignisse rund um die SPUR sind reichlich dokumentiert in Büchern, Katalogen, Heften und Zeitschriften von vielen unterschiedlichen Menschen. Sehr mannigfaltig sind die schriftlichen Zeugnisse der Künstler selbst. Auch weitere Gruppenbildungen wurden angedacht und auch teilweise verwirklicht. Nachdem all das reichlich bekannt ist und dokumentiert wurde, erübrigt es sich, mehr als das hier Niedergeschriebene zu berichten.

In den sechziger Jahren wurden die Mitglieder der Gruppe von einigen Mäzenen sehr geschätzt, also von Menschen, die sich Künstlern gegenüber gönnerhaft zeigten. Diese waren es auch, die Bilder kauften, und ihre finanzielle Unterstützung war ein großer Segen für die Maler, besonders für uns, da sie die wirtschaftliche Grundlage unseres Lebens darstellte. Viele unserer Förderer hatten gerade deshalb für Künstler ein Faible, weil deren Lebensstil einen Kontrast zu ihrer eigenen, teilweise recht bürgerlichen und sorglosen Existenz darstellte.

Was mir eines Tages in den Sinn kam, als ich wieder für einige Tage bei meiner Mutter war, war etwas, das ich doch seit längerer Zeit vorhatte, und es drängte mich immer mehr, es zu machen. Ich hatte den Wunsch, noch einmal, und sicher würde es das letzte Mal sein, eine Trampreise durch Deutschland zu unternehmen. Ich wollte Städte besuchen, in denen es Zeitungsredaktionen gab, um dort meine Fotos zu präsentieren und hoffentlich auch welche zu verkaufen. Diesen Plan Heimrad zu unterbreiten würde sehr schwierig sein. Wie sollte ich beginnen? Aber es musste sein, das wusste ich. Es war ein Plan für den Heimrad keine Notwendigkeit erkennen würde, dessen war ich mir sicher.

Es war nicht eine wieder erwachte Tramperleidenschaft bei mir ausgebrochen; das wollte ich ihm gleich sagen. Ich würde ein allerletztes Mal versuchen, Fotos in Redaktionen anzubieten.

Wann sollte ich es ihm sagen? Wenn er mich anrufen würde und unter anderem fragen würde, wann ich wieder zu ihm käme? Nein, das ging nicht, ich muss es ihm direkt sagen. Was wäre, wenn er es mir verböte? Das konnte er gar nicht, ich war frei. Ich schämte mich dieses Gedankens und dachte nur, hoffentlich lässt er mich ziehen.

Ich wartete beinahe ungeduldig, bis er mich anrief, aber seltsamerweise dauerte das länger, als ich gehofft hatte. Er wolle wieder eine Ausstellungseröffnung mit mir besuchen, das war sein erster Satz. Darüber freute ich mich, denn Vernissagen liebte ich mittlerweile über alles. Bei der Gelegenheit könnte ich ihm meine Reisepläne unterbreiten. Das wäre eine gute Gelegenheit.

Ich zog ein hübsches Kleid an und machte mir aus meinen dicken braunen Haaren eine Hochfrisur. Er holte mich ab und wir fuhren mit dem Auto zu dem Kunstmuseum, wo die Vernissage stattfand. Heimrad war so fröhlich, dass ich ihn fragte, ob ihm ein Bild gut gelungen sei. Er lachte und meinte: „Du kennst mich ja schon ganz schön gut", und er lachte wieder.

Meinen Plan wollte ich schnell loswerden und erklärte ihm mein Vorhaben. Er verstand, wie mir schien, oder hörte er ungenau zu, zunächst nur wenig, von dem, was ich sagte. Dass ich schnell wieder zurückkäme, schickte ich erklärend dazu. Nun dämmerte es ihm und er schwieg einen Moment. Dann sortierte er seine Gedanken und blickte mich ernst an. Er meinte, er wolle darüber nachdenken. Wir waren am Ziel, gingen durch eine breite Türe und wurden von vielen Menschen empfangen. An den Wänden hingen die Gemälde, Skulpturen standen auf Podesten verteilt in den Räumen. Heimrad begrüßte Freunde oder Bekannte. Denen, die mich nicht kannten, wurde ich vorgestellt oder umgekehrt. Es wurde gelacht, viel geredet, die Kunstwerke betrachtet, und nachdem die meisten Menschen die Räume verlassen hatten, ging man in das vereinbarte Lokal. Für Heimrad war es wichtig, mit Kunstinteressierten ins Gespräch zu kommen, um deren Aufmerksamkeit zu wecken, sie ins Atelier einzuladen, was dann im besten Fall zu einem Kauf führte: „Wenn du, meinte er, bei den Besuchen dieser Leute dabei wärest, so würde vielleicht eher ein Bild gekauft werden." Heimrad sagte noch, dass die Malerei das Einzige wäre, was er wirklich könne, und er sei überzeugt, dass es nichts anderes gäbe, das ihm so sehr Erfüllung schenken würde. In diesem Moment spürte ich eine innige Zuneigung zu ihm; weshalb das so war, konnte ich mir selbst schwer erklären. Für ihn käme nichts anderes in Frage: Kunstlehrer könne er nicht werden, denn Kunst für das Lehramt zu studieren, sei nur denen möglich, die das Abitur vorweisen könnten. Auch würde seine Liebe zur Malerei vielleicht sogar leiden, wenn das Leben bequemer würde. Nein, ein bequemes Leben, das wollte ich auch nicht.

Bei der nächsten sich mir bietenden Gelegenheit nahm ich meinen Mut zusammen und legte ihm meinen Reiseplan vor. Er schaute mich mit einem Blick an als wolle er sagen, du bist ja ein drolliges Geschöpf. Dann sagte er fest, wenn ich das unbedingt wolle, so solle ich ruhig fahren. Er sagte es so hart, dass ich beinahe zurückrudern wollte. Wie lange würde ich wegbleiben, meinte er noch. Höchstens eine Woche, es wäre nur Hamburg zu besuchen, da wären einige Verlage. In Frankfurt ebenso, und ansonsten wüsste ich nicht, wo es sich noch lohnen würde. Alles andere müsste sich unerwarteterweise ergeben. „Ich bin früher auch getrampt, sogar mit einem anderen Maler zusammen, bis nach Schweden", sagte er. „Aber es war schwer für uns beide, du wirst es leichter haben." Ich umarmte ihn und dankte ihm in meinem Herzen. Er blieb ernst, und ich sprach weiter von meiner großen Tramperfahrung und dass ich nicht in jedes Auto einsteigen würde. Er muss mich wirklich sehr lieb haben, das fühlte ich. Wie ich mit den schweren Fototaschen zur Autobahn kommen würde, wollte er noch wissen. Das wusste ich auch nicht: „Ich nehme nur so viele mit, wie ich schleppen kann." „Ich werde dich mit dem Auto zu einem guten Platz bringen." Ich hatte plötzlich die Empfindung, als sei es eine Prüfung, und zwar für ihn und für mich. Aber das sagte ich nicht.

Tags darauf packte ich meinen Matchsack gut voll mit Fotomaterial. Meine eigenen Sachen hatten nur wenig Platz. Das war auch nicht nötig, denn mein Glück, dass Heimrad nicht böse war, wiegte schwerer. Ich würde in Jugendherbergen übernachten, deren Adressen hätte ich, und so schnell wie möglich wieder zurück sein, beteuerte ich. Er blieb im Auto sitzen, während ich am Straßenrand stand und winkte. Mein Matchsack war wirklich schwerer als früher.

Es dauerte nicht lange, ein Wagen hielt und ich war weg. Ganz kurz sah ich noch Heimrad und ich winkte. Der Fahrer fuhr Gott sei Dank eine große Strecke, sodass ich heute schon ein gutes Stück durch Deutschland zurücklegen würde. Der Mann redete dies und das und fragte einiges. Ich erklärte ihm den Grund meiner Reise und das schien er interessant zu finden.

Menschen, die jemanden mitnehmen, wollen sich natürlich auch unterhalten. Der Herr sagte, er sei Geschäftsreisender, was ich ihm glaubte; er wirkte ehrlich. Wenn wir schwiegen, hatte ich Zeit zum Nachdenken und fühlte deutlich, dass es ganz anders war als bei meinen Frankreichabenteuern. Ich war nicht mehr der Teenager, der ahnungslos in die Welt hinaus wollte, vor nichts zurückschreckte und sich vor niemandem verantworten musste. Gut, dass es das letzte Mal sein würde. So schön meine Reisen auch waren, sie waren vorbei und das für immer.

Ich erreichte Hamburg, wurde in die Redaktionen gelassen, ob es nun „Die Zeit", „Die Welt" oder sonst ein Blatt war, egal. Aber wichtig war, dass aus meinem Sortiment Fotos ausgesucht wurden. In Frankfurt war es wohl die „FAZ" oder auch die „Frankfurter Rundschau," ansonsten war es genauso wie in Hamburg. Die Redakteure fanden es amüsant oder waren überrascht, dass ich einfach unangemeldet in den Redaktionen erschien. Aber meine Schwarz-Weiß-Bilder waren überzeugend genug, und sie respektierten den Grund meines Kommens.

Ich übernachtete in Jugendherbergen, wo ich mehrere Jugendliche traf. Ich ließ mich mit einigen von ihnen in Gespräche ein und empfand wieder das Nichtgebundensein früherer Zeiten. Aber es war nicht mehr so wie damals, das Sichalleinefühlen war manchmal auch traurig.

Mein Matschsack war leichter geworden, ich dachte an Heimrad und hoffte, am nächsten Tag die Rückkehr antreten zu können. Mittlerweile waren vier Tage vergangen, und mit einigen nicht nennenswerten Verzögerungen war ich nach sechs Tagen auf meiner Heimreise. Die Mitfahrgelegenheiten waren gut, da ich ja Hauptstädte besuchte, zwischen denen ausreichend Autoverkehr stattfindet. Am Tag meiner Heimreise kam ich zu sehr später Stunde in München an und ging in die Barer Straße, wo ich meine Sachen ablegte, aber meine Mutter nicht antraf.

Am folgenden Tag würde ich zu Heimrad fahren. Ich war frisch und munter, zog mir etwas Hübsches an und ging zu ihm. Er war zu Hause und kein Künstler war zu Besuch. Er begrüßte mich lachend, packte mich und drückte mich an sich. So fest, dass ich kreischte. Ich fragte, was er gemacht habe während meiner Abwesenheit. „Immer gemalt", sagte er. Ob er keine Sehnsucht nach mir gehabt hätte? „Nein, dazu hatte ich doch keine Zeit." Ich war beleidigt und warf mich aufs Bett. Er kam, zog mich an sich, lachte wieder und meinte, wir werden zum Essen gehen und dabei könnte ich ihm alles erzählen, was ich erlebt hätte. Am Abend würden wir noch tanzen gehen; er wusste, dass ich Tanz über alles liebte. Er fragte noch, ob ich Erfolg mit dem Anbieten der Fotos gehabt hätte. „Das wird sich erst herausstellen", entgegnete ich.

Nach dem Essen gingen wir spazieren, wieder an der Isar, denn wir hatten Zeit, da ein Tanzlokal oder besser ein richtig wilder Tanzschuppen wie das „Big Apple" erst später am Abend öffnen würde. Wir liefen nicht nach Schwabing ins Nest oder zum Weinbauer, wo Heimrad gewiss einige Kollegen angetroffen hätte. Dann wäre er von ihnen nicht mehr losgekommen, ich kannte das. Er sah das ein und so bummelten wir einfach noch im Englischen Garten herum und landeten in einem Café am Chinesischen Turm.

Endlich war es Abend, „Big Apple" war offen und der laute Rock 'n' Roll drang nach draußen und an unsere Ohren. Wir waren zeitig dran und auf der Tanzfläche war noch Platz. Ich war wie immer bei diesem Sound ganz aus dem Häuschen. Heimrad machte mit und wir bewegten uns ausgelassen in rasantem Tempo über die Tanzfläche. Ich hätte noch lange Zeit durchgehalten, aber Heimrad musste schließlich etwas trinken.

Mit sechzehn Jahren hatte ich damit begonnen, am Faschingsdienstag am Marienplatz in München bei Rock 'n' Roll von Bill Haley oder Elvis Presley stundenlang ohne Pause zu tanzen.

Der Sound dröhnte ringsherum aus den Lautsprechern und das feuerte mich an, bis ich außer Atem war, aber das dauerte. Weshalb die Tanzleidenschaft mich so stark erfasste, wer weiß das, es lag mir einfach im Blut.

Eines Tages sagte Heimrad mit einem seltsam ruhigen Tonfall, dass er sich gedacht hat, dass wir Ringe kaufen sollten. Es war schon wahr, dass ich keinen Schmuck am Hals und an den Fingern trug. Ich fragte ihn, ob er fände, dass ich zu schmucklos sei, aber nein, meinte er, ganz im Gegenteil. In der Nähe vom Karlsplatz gab es das bekannte Schmuckgeschäft mit Namen „Christ". Dorthin lenkten wir unsere Schritte und dann standen wir unversehens zwischen all dem glitzernden Gold, Silber und anderen Schmuckstücken. Ich fühlte mich beinahe unbehaglich in dieser ungewohnten Welt der Reichen. Ein Herr, sehr streng gescheitelt, stand unerwartet neben uns und fragte, was wir wünschten. Ich schwieg, aber Heimrad getraute sich und fragte nach Fingerringen, also wir beide wollten jeder einen Ring. Wir gingen dorthin, wo die goldenen Ringe hinter Glasscheiben lagen, und er zeigte uns die Verlobungs- und Eheringe. Er maß unsere Ringfinger der linken Hand und brachte verschiedene Modelle. Ich flüsterte Heimrad zu, dass ich einen ganz schlichten Ring möchte. Das wollte er auch, da waren wir uns also einig. Die schlichtesten nahmen wir. Als der Verkäufer Heimrads Ring auf den Tisch legte und dann den meinen, passte dieser genau in seinen Ring. Das fanden wir schön. Heimrad zahlte, ohne dass er mir sagte, wie viel es war. Ich fragte auch nicht. Die Ringe bekamen wir in zwei kleinen, runden Döschen, die von außen kleine, eingravierte Muster hatten.

Unterwegs kreisten meine Gedanken um meine Zukunft. Wollte Heimrad mich heiraten? Was würde in meinem Leben anders werden? Sehr viel, dachte ich. Heimrad schwieg, aber meinte plötzlich: „Wann willst du, dass wir uns verloben?" Ich war verlegen und hatte auch keine rechte Idee. Er sagte: „Wenn wir verlobt sind, musst du bei mir wohnen." So waren wir also einen Tag später verlobt und ich freute mich über mein hübsches Ringlein an meiner linken Hand. Ich schaute es immer wieder an und überlegte, was mit dem Ring alles neu in meinem Leben werden würde. Beim Malen nahm Heimrad seinen Ring vom Finger, weil dieser sonst leicht Farbspritzer hätte abbekommen können.

Wie sollte ich es Mutti sagen, dass ich bald ausziehen würde? Das war nun der letzte Schritt, mein altes Leben zu beenden. Die Trampreisen hatten bereits unwiderruflich ihr Ende gefunden. Meine Dunkelkammer müsste ich auflösen. Die Zuflucht zu Mutti wäre so einfach nicht mehr möglich.

Ich fuhr zu meiner Mutter mit dem Gedanken, ihr all die Neuigkeiten zu berichten. Ich fand sie aufgeregt in der Wohnung hin und her laufen. Was war los? So war sie doch sonst nicht.

„Meiner Mutter geht es sehr schlecht, sie liegt im Krankenhaus und der Arzt sagte, man muss mit dem Schlimmsten rechnen", sagte sie. Sie hatte mich erreichen wollen, aber nicht gewusst wie. Am Tag zuvor war sie in der Klinik in Starnberg gewesen. Ihr Vater, mein Opa, sei auch dort gewesen. Auch er sei in großer Sorge. Mutti wollte gerade Opa anrufen, um Näheres zu erfahren.

Meine Oma hatte ich Gott sei Dank noch in Tutzing besucht, aber in letzter Zeit nicht mehr. Bei unseren Spaziergängen am Seeufer war sie so heiter. Aber ihr Leben war in letzter Zeit doch schwerer geworden als es früher war. Wenn sie sterben wird, dachte ich, ist sie bei Gott. Dort wird alles Schwere von ihr abfallen. Dann würde ich nur mehr einen Opa haben.

Meine Großeltern väterlicherseits waren schon einige Jahre tot. Das waren schöne Jahre bei ihnen gewesen, für meinen Bruder und für mich.

Ich war in meine Gedanken vertieft und schreckte erst auf, als Mutti sagte, sie müsse schnell zum Zug eilen, der nach Starnberg fährt. Opa würde in der Klinik auf sie warten. Beim Hinausgehen sagte sie noch, ich solle unbedingt in der Wohnung bleiben, sodass sie mich anrufen könne. „Soll ich mitkommen?", fragte ich. „Nein, bleibe hier." Die Türe fiel kurz darauf ins Schloss.

Was war nun für mich zu tun? Meine Dunkelkammer sah wie immer aus. Wie viele Wochen hatte ich nicht mehr darin gearbeitet? Würde ich je wieder Bilder vergrößern? Vielleicht könnte ich Heimrad bitten, mir in der Ecke seines Ateliers ein kleines Labor einzurichten. Hätte ich aber auch Zeit, darin zu arbeiten? Solche und ähnliche Fragen trieben mich um. Ich dachte wieder an Oma. Sie trug immer einen Hut, Handschuhe und einen hellen Mantel, worin sie sehr fein aussah.

Ich könnte heute früh ins Bett gehen, aber vorher, vermutete ich, würde sicher Heimrad noch anrufen. Dann könnte ich ihm alles berichten. Kannte er Oma? Ich glaubte es nicht, aber Opa, daran erinnerte ich mich, hatte er einmal getroffen.

Das Telefon schrillte, ich riss den Hörer ans Ohr, und Muttis zitternde Stimme sagte leise: „Oma ist gestorben." Sie stöhnte ein wenig, aber ich schwieg. Dann kam Opa an den Apparat, sagte etwas und dass Oma in einigen Tagen in München beerdigt würde. Ja, im Nordfriedhof im neuen Grab. Gut, dass Mutti alles in weiser Voraussicht geregelt hatte.

Ich habe wirklich eine tüchtige und gescheite Mutter, dachte ich. Morgen würden Opa und Mutti den Sarg kaufen und alles Nötige vorbereiten. Er meinte, ich könne da ruhig mithelfen, etwa Karten schreiben und Trauergäste einladen. Das versprach ich Opa und man solle mir sagen, wem ich schreiben soll.

Die Beerdigung fand statt, Mutti hatte in der Christengemeinschaft einen Pfarrer für die Trauerrede gefunden, Bekannte und Freunde eingeladen, Heimrad war auch dabei, und nach der Grabrede gingen wir in ein Gasthaus.

Opa lebte weiterhin in Tutzing, war gesund und spielte mit seinen Freunden immer noch Skat. Er starb einige Jahre später, und seine Beerdigung wurde so begangen wie die von Oma. Mit Oma und Opa, die die meiste Zeit ihres Lebens in Bremen gelebt hatten, war ich nicht so oft zusammen gewesen, nun jedoch, da sie gestorben waren, erinnerte ich mich doch an manches, was ich mit ihnen erlebt hatte.

Meine Mutter, mein Bruder und ich hatten sie in den Sommerferien in Bremen besucht, bevor wir auf die Insel Sylt reisten. Wenn ein Mensch tot ist, dachte ich, sieht man alles Gute an ihm, er bekommt einen neuen Glanz.

Ich blieb einige Tage bei Mutti, Heimrad hatte dafür Verständnis. So konnte ich ihr ein wenig beistehen und ihr bei diesem und jenem helfen.

Der Tod war mir von Kindheit an vertraut. Wenn in den Bauernfamilien in Pfaffenschwendt jemand starb, so wurde er drei Tage aufgebahrt; brennende Kerzen und Blumen standen um ihn herum. Auch wir Kinder durften in das Zimmer, wo der Tote lag. Ich empfand eine heilige Scheu vor dem Verstorbenen, der friedlich auf seinem Bett lag. Sein Gesicht war ganz hell, und die weißen Hände lagen gefaltet auf seinem Bauch.

Eines Nachts hatte ich einen furchtbaren Traum. Er war so schlimm, dass er mir sehr genau im Gedächtnis geblieben ist. Ein Mann ging oder schwebte in einem großen Haus von einem Zimmer ins nächste. Die Räume waren von farbigem Licht durchflutet. Dieser Geist war mir entsetzlich unheimlich, als er an einen Tisch ging, um den mehrere Kinder auf Stühlen saßen. Er trat zu jedem Kind, lächelte es an oder berührte es und dann verschwand er wieder. Ich erwachte und war von Angst ergriffen. Was war das? Was hat es zu bedeuten? Ich wusste, dass der Mann Heimrad war, aber die Kinder, wer waren sie? Ich lief den ganzen Tag bedrückt herum mit einer Vorahnung, die mich tief im Herzen traf. Sollte ich den Traum Heimrad erzählen, bestimmt würde er mich auslachen, dessen war ich mir sicher.

Mutti sagte, nun müsse sie noch ans Grab, Blumen einpflanzen, aber das würde sie später machen. Denn sie hätte auch noch andere Arbeiten zu erledigen. Von meinem Traum sagte ich nichts. Nach Omas Tod hatte Mutti Opa, da er nun alleine war, öfter besucht, was er dankbar annahm. Einmal, bevor er starb, war auch ich noch bei ihm. Nun waren meine Großeltern alle tot.

Heimrad rief an und fragte, ob ich zu ihm kommen würde. Ich erschrak beinahe und war mir nicht sicher, ob ich das tun sollte. Er war guter Dinge und sagte, dass ein Kunstinteressierter an einigen seiner Bilder Gefallen gefunden hätte und er hoffe, dass er eines kaufen würde. Am Nachmittag würde der Herr kommen und bis dahin solle ich bei ihm sein. Ich sagte, er brauche mich nicht abzuholen, ich würde mit der Straßenbahn fahren. Heimrad scherzte noch am Telefon und war, wie mir schien, ausgesprochen gut gelaunt. Nachmittags erschien ich. Er empfing mich mit Kuchen und Kakao. Dieser starke, kräftige Mensch, der so gesund war, würde doch, dachte ich nun, sehr lange leben. Er war so übermütig und herzlich, dass ich meinen Traum beinahe vergaß. Wir aßen und tranken, als es plötzlich an der Haustüre läutete. Heimrad lief zur Türe, wenig später standen beide Männer im Atelier. Heimrad rief mich und stellte mich dem Herrn als seine Verlobte vor. Der Herr trug einen Anzug und eine Krawatte mit zweifarbigen Karos. Er lächelte mich an. Heimrad hatte einige Bilder an die Wände gelehnt, und der Herr sollte sie betrachten und vor allen Dingen eines kaufen. Beide redeten über Kunst im Allgemeinen und über die Bilder an der Wand. Zwischendurch sah der Herr zu mir herüber. Ich hoffte dringend, dass ein Bild gekauft würde, Heimrad wäre tagelang glücklich. Es dauerte noch einige Zeit, aber dann plötzlich, als ich wieder im anderen Zimmer war, hörte ich, als ich an der Türe stand, dass der Verkauf geglückt war. Ich war so froh, wie würde Heimrad jubeln! Wenn ich Heimrad jetzt den Traum erzählen würde, wäre vielleicht seine gute Stimmung dahin. Strahlend kam er herein mit dem Geld, das er mir zeigte, während er sagte, dass es 1000 DM seien. Ich begann von meinem Traum zu reden, er lachte nur, packte mich und gab mir einen so anhaltend festen Kuss auf den Mund, dass ich mich zwar wehrte, aber vergebens, gegen seine Kraft war ich machtlos. Er wollte nur, dass ich den Mund halte. Als ich endlich frei war, lachte er wieder und sagte: „Hast du wieder einen Traum gehabt? Ich kenne dich schon. Ziehe dich schnell an, wir gehen heute ganz fein essen." „Nein", sagte ich, „erst musst du meinen Traum anhören." Er zog Schuhe und Jacke an und lief ins Atelier. Von dort rief er, dass ich mich beeilen solle, er wäre bereit zu gehen.

Ich ärgerte mich und wollte ihm den Traum unterwegs erzählen. Während er wartend an der Wohnungstüre stand, zog ich den Mantel an. Wir gingen die Treppen hinunter und über den grauen Hof. Heimrad sagte, dass er, seit er den Kunstpreis der Jugend bekommen hatte, und das sei schon vor längerer Zeit gewesen, nur mehr eine kleine Papierarbeit verkauft hätte. Aber heute wäre wirklich ein Glückstag und den sollten wir feiern: „Wenn der Mann das Bild nicht gekauft hätte, könnten wir morgen nichts mehr zu essen kaufen", sagte er. Und nach unserem Gasthausbesuch könnten wir noch ins Kino gehen, meinte er und drückte mich an sich. Sollte ich die Stimmung wegen meines Traumes verderben? Ich freute mich nun mit ihm und dachte, welches Glück war mir hold, dass ich ihm begegnet bin.

Am nächsten Morgen läutete es an unserer Türe. Wir waren beide so müde, dass wir fast nicht fähig waren aufzustehen. Es läutete kräftiger und Heimrad meinte: „Das ist bestimmt ein Künstler." Er riss sich hoch, packte Hose und Hemd und während er hineinschlüpfte, rannte er los, um zu öffnen.

Gleich darauf hörte ich die Stimme und die Worte eines Malers der Gruppe SPUR. Nun würde sie losgehen, die Diskussion, und so war es dann auch. Beide blieben im Atelier, und ich kannte das, es wurde geredet und geredet. Was für Künstler, dachte ich, so ein Leben! Denen würde niemals langweilig werden. Aber ist so ein Leben auch mein Traum?

Hier im Wohnschlafzimmer war alles Notwendige vorhanden; am Spülbecken konnte ich mich waschen, auf dem Kocher konnte ich Wasser erhitzen, Essbares sowie einige Teller und

Tassen standen auf dem Regal. Ein weißer Radio mit Plattenspieler war auch da. Zur Toilette allerdings musste ich durchs Atelier gehen, da ich war froh, wenn ich es nicht eilig hatte.

Mutti hatte ich mittlerweile über meinen Auszug unterrichtet. Sie meinte, dass sie geahnt hatte, dass es eines Tages dazu käme. Was sie ein wenig bedauerte, war, dass ich anscheinend auch mit der Fotografie brechen musste. „Nicht ganz", meinte ich, „aber das wird sich entscheiden." Honorare für veröffentlichte Fotos würde ich ja weiterhin bekommen, aber auch das wäre eines Tages zu Ende.

Hatte meine Mutter in ihrem Leben nicht sehr viel Schmerzliches verkraften müssen, ohne dass sie das aus der Bahn geworfen hatte? So eine tapfere Frau, dachte ich.

Mutti meinte, sie könnte einen Untermieter für eines der Zimmer nehmen, das würde ihre eigene Miete verringern. Ich war froh, dass sie gleich praktisch dachte wie meist in ihrem Leben. Ich wusste, sie würde in Zukunft noch viele Male nach Kanada und in die USA reisen.

Als ich meine Sachen zusammengepackt hatte, einiges ließ ich noch zurück, holte Heimrad mich mit dem Auto ab; ich schaute zurück, aber bald war die mir vertraute Gegend, die ich liebte, nicht mehr zu sehen. Meine frühen Jugendjahre verschwanden vor meinen Augen. Wenig später waren wir im Atelier mit dem immer während den Geruch nach Ölfarben angekommen.

Eines Tages meinte Heimrad, dass wir einen Kühlschrank bräuchten, da wir nun mehr an Lebensmitteln benötigten und überhaupt würden wir nun einen richtigen Haushalt führen. Ich wollte eigentlich weiter ohne Kühlschrank leben, aber Heimrad wandte sich an meine Mutter, und die beiden waren sich schnell einig. Ernst Kirchhoff, ein guter Bekannter von Heimrad, der in der Ludwigstraße ein exklusives Möbelgeschäft mit dem Namen „Casa" besaß, lieferte uns einen Kühlschrank ins Haus. Ernst wurde mit einem Bild bezahlt, dass er sich aus mehreren Werken aussuchen durfte. Ich sah Herrn Kirchhoff zum ersten Mal und erschrak beinahe bei seinem Anblick. Er schaute mich neugierig an, und sein Blick irritierte mich, da seine Augen nicht koordiniert zu sein schienen. Ein Auge war größer als das andere und blickte starr vor sich hin. Mir fiel Manfred ein und dessen Glasauge. Sollte Herr Kirchhoff ein Glasauge haben wie mein Bruder? Aber Manfred sah viel gewöhnlicher damit aus. War vielleicht der zweite Weltkrieg daran schuld? Als Kirchhoff fort war, bestätigte mir Heimrad meine Vermutung.

Der oben erwähnte weiße Radio mit Plattenspieler der Firma „Braun", der in den fünfziger und sechziger Jahren ein schickes und begehrtes Teil war, war auch mit einem Bild bezahlt worden. Künstler, dachte ich, können froh sein, wenn sie viele gute Freunde haben, die auch Geld besitzen.

Nun sollte ich also in diesem einen Raum kochen, essen, Musik hören, schlafen, mich waschen; so war es eben mit dem echten Künstlerleben, wie ich es mir vorgestellt und eigentlich erträumt hatte. Ich spürte, Heimrad wollte eine Hausfrau aus mir machen, ob er das wohl schaffen würde? Ich hatte bis jetzt wenig Interesse am Haushalten gezeigt, aber das wusste Heimrad, und ich hoffte auf seine Nachsicht. Er wollte das ein bisschen anschieben und eines Tages brachte er mir ein Geschenk mit, und das war ein Kochbuch. Es war dick und schwer. In dem Buch musste die gesamte Kochkunst aufgeschrieben worden sein, dachte ich. Es hatte einen gelben Buchdeckel, auf dem ein grüner Kochtopf, eine Pfannenschaufel, ein Kochlöffel und ein Nudelholz abgebildet waren. Also alles, was eine richtige Hausfrau braucht. Der Titel war schlicht und einfach: „Das neue große Kochbuch". Ich habe es heute noch, aber die vielen Jahre haben es arg mitgenommen.

Ich blätterte darin herum, während ich mir die vielen Fotos von lauter leckeren Gerichten ansah. Da wir nur einen Gaskocher mit zwei Flammen hatten und kaum Töpfe und Geschirr auf dem Regal standen, würde ich zunächst nur ganz Einfaches kochen können. Ich war mir sicher, Mutti würde mir noch weiteres Kochgeschirr geben, mitsamt einigen Tipps.

Heimrad liebte die Gerichte seiner oberpfälzischen Heimat. Kurzum, was seine Mutter gekocht hatte. Das waren die „Weiße Suppe" und Lunge mit Knödel und einiges mehr.

Allmählich stellte ihn aber auch das, was ich aus dem Kochbuch zauberte, einigermaßen zufrieden. Mir machte das Kochen plötzlich Spaß und ich lernte dazu. Ich liebte Salat, und so gab es manchen Streit, da Heimrad argumentierte, dass man davon nicht satt werden könne. Aber von Salat, meinte er, würde ich wenigstens nicht dick werden.

Zwischendurch gingen wir auch ins Gasthaus. In das alte Münchner Wirtshaus, in dem wir schon einige Male gewesen waren, einige hundert Meter von unserem Atelier entfernt. Dort bestellte er dann seine Lieblingsgerichte. Es war dort billig, einfach und gut.

Heimrad sagte mir eines Tages, dass einige der Gruppe SPUR eine Italienreise geplant hätten und die würde in nächster Zeit stattfinden.

Es war das Jahr 1962, und in diesem Jahr würden wir in Venedig Paolo Marinotti, den Mailänder Millionär, Mäzen und Kunstfreund treffen, der sehr an den Kunstwerken der Gruppe SPUR, aber auch an den Frauen der SPUR-Künstler interessiert war. Marinotti hatte die Gruppe SPUR über den Maler Asger Jorn und den Galeristen Otto van de Loo kennengelernt. Mit Lothar und Christel Fischer fuhren wir also eines Tages mit dem VW-Bus nach Venedig.

Diese wenigen Sätze sollten meiner Meinung nach fürs Erste zum Thema Venedig und Marinotti genügen. Alle die Ereignisse und Reisen dorthin, die Auseinandersetzungen auch mit den anderen Künstlergruppen sind ausgiebig von vielen Zeitgenossen, aber auch von Nachgeborenen auf vielfältige Weise dokumentiert worden.

Ein Buch mit dem Titel „Heimrad Prem", in dem viele Abbildungen und Textbeiträge enthalten sind, brachten 1995 Pia Dornacher und Margarethe Jochimsen im Prestel Verlag heraus. Der von mir herausgegebene Titel „Heimrad Prem: Tagebuchnotizen 1963-1967" erschien im Hirmer Verlag.

Als Heimrad und ich mit Christel und Lothar Italien verließen und durch Österreich reisten, begann ich mich plötzlich sehr unwohl zu fühlen und ein starker Brechreiz nötigte Heimrad anzuhalten. Ich sprang aus dem Auto und atmete die gesunde Bergluft ein. Ein wenig besser wurde mir, aber beim weiterfahren wurde es wieder schlimm. Was war das nur? Welche Krankheit mochte das sein? Heimrad hielt an, und ich war dafür dankbar, dass er einen Spaziergang vorschlug. Die Fischers waren nicht ganz einverstanden, stiegen dann aber auch aus dem Auto aus. Wir beide wanderten auf einem steinigen Weg über einen Hügel, der von einem Bächlein umsäumt war. Plötzlich sagte Heimrad, nachdem er eine Weile geschwiegen hatte, er glaube zu ahnen, was der Grund meiner Übelkeit sein könnte. Er sagte es irgendwie leise und stockend, dass es bei Frauen eine Schwangerschaft bedeuten könne. Nachdem ich keine Ahnung hatte, fand ich merkwürdig, dass er das beinahe mit einem heiteren Gesichtsausdruck sagte. Ich war nicht nur verblüfft und überrascht, sondern der Gedanke, ein Kind zu bekommen war für mich so neu, dass ich mir nichts zu sagen getraute. Heimrad schwieg wie vorhin und blickte um sich. Sollte ich Mutter werden? Heimrad drehte sich plötzlich zu mir um und umarmte mich. Ich war so froh, dass er so gut war.

Wir wanderten, noch ganz erfüllt von unserem Geheimnis, weiter und schwiegen beide.

Da erblickten wir ein kleines Haus, das sich vor einem Bergrücken befand und offensichtlich unbewohnt war. Ganz nahe rauschte ein Wasserfall. Wie traumhaft schön war es hier! Wir suchten nach dem Besitzer des Hauses, aber die Fischers warteten vielleicht schon auf uns. Zum Glück trafen wir Frau Mühlbauer, eine kräftige Bäuerin, der das Häuschen gehörte. Sie sagte unter anderem: „Ich wollte es schon abtragen lassen, aber wenn Sie es unbedingt wollen, können Sie es haben. Es war mal eine Erzgräberhütte." Ich verstand ihren Dialekt gut, das verdankte ich meinen Kinderjahren in Tirol. Heimrad lief zu den Fischers hinunter, die auch spazieren waren, aber ihre Geduld war nun offenbar zu Ende. Heimrad schnaufte, weil er den Berg nun hochlaufen musste, und sagte zu der Bäuerin: „Wir kommen so bald wie möglich wieder" und erkundigte sich noch nach dem Preis. Sie meinte: „So etwa 5000 DM." „Wir werden Ihnen schreiben", sagte Heimrad, „Es warten Freunde am Auto auf uns und wir müssen zurück nach München." Die Adresse wurde eiligst auf ein Papier geschrieben, das Heimrad in seiner Jackentasche fand. Wir dankten Frau Mühlbauer und waren weg.

Die Autofahrt ging weiter, und das Ehepaar Fischer war hörbar ungnädig, nachdem noch einige Male meinetwegen angehalten werden musste. Heimrad kannte die tieferen Gründe der Fischers, die darin lagen, wie Heimrad mir später sagte, dass ihr Kinderwunsch bis jetzt unerfüllt geblieben sei.

Im Herbst desselben Jahres sollte Heimrad im Speisesaal der Villa von Herrn und Frau Marinotti in Mailand ein sehr großes Wandbild gestalten. Er fuhr zur vereinbarten Zeit nach Italien und schuf ein 10 m langes Gemälde in Öl auf Leinwand, auf dem ein Reiter zu sehen war. Der Titel lautete „Nur Kampf stärkt mich".

Heimrad wollte nicht zu lange wegbleiben, während das Kindchen in meinem Bauch heranwuchs. Wir schrieben uns Liebesbriefe, aber auch unsere unterschiedlichen Lebenssituationen hatten die Briefe zum Inhalt. Heimrad war froh, dass es mir körperlich gut ging und die Übelkeit und die Brechattacken vorüber waren.

Er schrieb, dass wir, wenn er zurückgekommen sein würde, nach Österreich fahren müssten, um das Häuschen zu kaufen. Dort gab es kein fließendes Wasser und keinen Strom. Ja, das würde abenteuerlich werden! Aber der Wasserfall war da. Der Luxus und das reiche, protzige Leben in der Villa von Marinottis, das war es nicht, was mir gefiel.

Heimrad sagte, die Reichen sind es von denen die Künstler leben. Auch wenn sie diese nicht beneiden würden. Arme kaufen keine Bilder. Wir würden nun eine Familie und da bräuchten wir ein Haus und dazu benötigten wir Geld, meinte Heimrad, bevor er nach Italien reiste.

Heimrad hatte Gott sei Dank das raumfüllende Wandgemälde nach einigen Wochen erfolgreich beendet. Paolo Marinotti war zufrieden und mehr noch, er lobte es überschwänglich und bezahlte dafür 10.000 DM.

Nach Heimrads Rückkehr fuhren wir gleich nach Österreich ins Salzburger Land nach Fusch zu Frau Mühlbauer, um den Kauf des Häuschens zu tätigen. Wir würden also ein ganz schlichtes und bescheidenes, beinahe armes Leben in Zukunft führen. In einer Berghütte ohne Wasser und ohne Strom.

Wir bekamen das Haus nun auch von Innen zu sehen und wir beide waren entzückt. Die kleinen Fenster, der Holzboden aus Brettern, die niedrige Zimmerdecke. Im Parterre war ein großer Raum; der reichte zum Malen aus und würde Heimrads Atelier werden. Eine knarzende Treppe führte nach oben und an deren Ende lag das Plumpsklo. Das war das Stockwerk, über dem sich nur mehr das Dach befand. Öffnete man rechter Hand die Türe, gelangte man in eine kleine Küche. Ein etwas größeres Zimmer, also das Wohnschlafzimmer, lag daneben. Rechts davon befand sich noch ein sehr kleiner Raum, der das Kinderzimmer werden sollte. Ein Kinderbett, das dort hinein passen sollte, würde Heimrad selbst bauen. In dem Wohnschlafraum stand ein runder, gusseiserner Ofen, der angeheizt eine behagliche Wärme ausstrahlen würde. Im nahen Sägewerk würde genügend Holz abfallen, das wir holen dürften. In den kalten Jahreszeiten würden in dieser Gebirgslandschaft die Temperaturen schnell unter Null Grad sinken.

All diese Gedanken bewegten uns. Auch für unser Kind müsste es doch gut sein, in dieser idyllischen Bergwelt aufzuwachsen. Wir hatten beide, ich zumindest in den ersten Jahren, auf dem Lande gelebt.

Frau Mühlbauer meinte, den Strom könnten wir von dem Besitzer des Sägewerkes bekommen. Er wäre ein Verwandter von ihr und sie würde mit ihm reden. Wasser könne man mit Hilfe eines Schlauches aus dem Bach, einem Seitenarm des Wasserfalles, ans Haus leiten. Das Haus war nun unser Besitz, und mit dem VW-Bus fuhren wir gut gelaunt zurück nach München.

Da war plötzlich noch was anderes, das Heimrad beschäftigte. Er bemerkte, dass wir vom Kinderkriegen eigentlich keinerlei Ahnung hätten. Ich noch weniger als er. Das, woran er sich erinnerte, waren die meist abenteuerlichen Geschichten, die seine Mutter, die zwei Kinder geboren hatte, und seine Schwester, die bis jetzt ein Kind zur Welt gebracht hatte, dramatisch zu formulieren verstanden. Von schlimmen Schmerzen und lautem Schreien war die Rede. Ich müsste zur Geburt vielleicht sogar ins Krankenhaus, meinte Heimrad. Das würde ich absolut nicht wollen, sagte ich. Aber eine Hausgeburt mit einer Hebamme, das sei in unserem Zimmer kaum denkbar, entgegnete er. Das Thema ließen wir wieder fallen, da uns dazu nichts mehr einfiel.

Mir fiel dann doch etwas ein, das nur indirekt passte. In der Fuggerstraße in München, wo wir einige Jahre bei den Großeltern gewohnt hatten, gab es eine Spielkameradin und die durfte immer wieder mal ihre kleine Schwester im Kinderwagen mit in unseren Hof nehmen. Manchmal kam ihre Mutter und sah nach dem Rechten. Ich war etwa neun Jahre alt und so ein Kindchen, auf das ich aufpassen sollte, wünschte ich mir auch. Nun war es aber so: Ich wollte es nur dann, wenn niemand sich einmischen würde und ich ganz alleine das Kind aus dem Wagen herausnehmen durfte und wieder hineinlegen, so wie es mir beliebte.

Als ich diese Geschichte Heimrad erzählt hatte, lachte er laut und meinte, vielleicht würdest du wirklich eine gute Mutter werden. Dessen war ich mir sicher, denn eine schlechte Mutter konnte ich mir gar nicht richtig vorstellen.

Als wir zu Hause ankamen, standen schon zwei Künstler im Hof und warteten auf uns. Heimrad sagte, er habe ja nicht wissen können, wie lange wir brauchen würden, und dann machten sie noch einige flapsige Bemerkungen wegen unseres Häuschens. Die Diskussionen begannen schon auf der Treppe. Heimrad konnte mit Mühe die Türe aufsperren. Da kam Frau Schön aus ihrer Küche und sagte sehr deutlich, die Leute sollen sich gefälligst leiser verhalten, und daraufhin verschwand sie wieder.

Ich legte mich aufs Bett unseres einzigen Zimmers und während ich die Stimmen der Männer durcheinanderreden hörte, fühlte ich mit Heimrad, der, ohne eine kleine Pause zu machen, gleich wieder in Diskussionen verwickelt wurde.

Während ich vor mich hin döste, fiel mir unsere Kunstreise nach Wien ein, die die Gruppe SPUR Anfang 1962 gemeinsam unternommen hatte. Zu der Zeit wurde mir beim Autofahren noch nicht schlecht. Es waren die üblichen Debatten im Gange, die Dieter Kunzelmann immer wieder mit seinen respektlosen und frechen Reden unterbrach. Er als Nichtkünstler konnte es sich leisten, nicht nur die Kunst sondern auch die Künstler mit dreisten Sprüchen herauszufordern. Heimrad und ich mussten lachen, weil wir einfach diesen Witzbold mochten und seine Schlagfertigkeit bewunderten. Aber einige im Bus sahen es ein bisschen anders und fanden es oft störend, weil Dieters meist politisches oder anarchistisches Gedankengut nicht in ihr Konzept passte. Sturm freilich, der oft sehr wortgewaltig war, konnte auch treffend herausgeben. Darin schätzte ich Heimrad, dass er niemals einen Menschen ausgrenzte oder ihn als nicht zu sich passend empfand.

Maria und Helmut Sturm hatten unlängst einen Sohn bekommen, dem sie den Namen Andreas gaben. Heide Stolz, inzwischen Heide Lausen, hatte ich kurz zuvor erfahren, war auch schwanger, was mich sehr freute; es werden also überall Kinder zur Welt kommen.

Was mich aber beunruhigte, war wieder ein Traum. Ich denke, dass ich nicht abergläubisch bin, aber es war ähnlich wie vor einiger Zeit, und Heimrad spielte wieder die Hauptrolle: Von allen Seiten zogen farbige Lichter und Bänder durch eine leere große Wohnung. Ein

Geist schwebte von Raum zu Raum, war aber immer nur von der Seite oder von hinten zu sehen. Plötzlich war er verschwunden, und ich erwachte. Ich war wieder deprimiert. Aber was bedeutete das? Ich war mir sicher, dass der Traum wieder mit Heimrad zu tun hatte. Sollte ich nochmal versuchen, ihm diesen Traum zu erzählen? Nein, er würde es wieder nicht wollen, und so musste ich mein Erlebnis für mich behalten.

Ich war mittlerweile nahe daran einzuschlafen, als Heimrad zwar vorsichtig die Türe öffnete, aber sich dann mit aller Wucht so heftig neben mich ins Bett schmiss, dass die Matratze bebte. Dann tat es ihm leid, dass ich so erschrocken zusammenzuckte, und er versuchte mich zu trösten und es so wieder gutzumachen.

Am Morgen, wir frühstückten gerade, sagte Heimrad: „Ich bin froh, wenn wir in Fusch wohnen, dann komme ich wenigstens wieder zum Malen." Es wurde ihm allmählich auch zu viel mit den nicht endenden Diskussionen. Ich verstand es, aber meinte dann: „Ich glaube, dass du dich dann doch wieder nach den Malern und den Auseinandersetzungen sehnst." Da wollte er mir doch nicht widersprechen.

Heute war Heimrad weg, und ich war in Gedanken mit dem Kindchen beschäftigt. Mutti hatte mir weiße Schafwolle gebracht, woraus ich eine Babydecke häkeln wollte. Eigentlich strickte ich lieber, was mich meine Oma gelehrt hatte. Aber Mutti meinte, für eine Decke wäre es von Vorteil und ginge auch schneller, wenn ich es mit Häkeln versuchen würde. Sie hatte recht, und nach einigem Hin und Her begann ich mit der Häkelarbeit.

Für einen Stubenwagen wollte mich Mutti finanziell unterstützen, ebenso für die noch benötigte Babybekleidung. Ich war froh, dass meine Mutter sich gut mit Heimrad verstand und sich auch um eine Akzeptanz seiner Kunst bemühte. Als Anthroposophin hatte sie, da die Gedankenwelt Rudolf Steiners in ihr lebte, in vielen Dingen natürlich andere Vorstellungen.

Heimrad war immer an jedem Menschen interessiert, was ich bewunderte und auch lernen wollte. Mir fehlte diese Toleranz. Auch für die Anthroposophie war er plötzlich aufgeschlossen. Für mich wollte ich versuchen, sie allmählich hinter mir zu lassen. Wie stark doch mütterliches Vorbild an einem klebt! An Gott alleine wollte ich glauben.

Als Heimrad aus der Stadt zurückkehrte, schmunzelte er, als er mich beim Häkeln der Decke erwischte. Ich erzählte, dass Mutti da war und uns noch andere Babysachen kaufen würde. Er drückte mir ein Buch in die Hand und meinte, das sollten wir lesen. Wir hätten doch kürzlich über das Thema gesprochen und der Inhalt des Buches könnte unserer Ahnungslosigkeit auf die Sprünge helfen. Der Autor war Engländer und hieß Dick Read. Der Titel des Buches lautete: „Mutterwerden ohne Schmerz". Das handelte also vom Gebären von Kindern, genauer von der natürlichen, sanften Geburt. Heimrad staunte, dass es das anscheinend gab. Teilweise las ich es alleine, teilweise auch zusammen oder ich las Heimrad vor und jeder von uns fand etwas anderes spannend.

Auf Vernissagen und anderen Zusammenkünften, die direkt oder indirekt mit Kunst zu tun hatten und die wir nach wie vor besuchten, war meine Schwangerschaft nun für jedermann sichtbar. Einige wussten es, dafür hatte Heimrad gesorgt, andere nahmen es, mit welchen Gedanken oder Empfindungen auch immer, aber hoffentlich mit Wohlwollen hin.

Viele der Künstler und Künstlerinnen und deren Freunde oder Ehepartner hatte ich mittlerweile kennengelernt. Ein großer Freund der Gruppe SPUR wurde Asger Jorn aus Dänemark. Pinot Gallizio war meiner Erinnerung nach Italiener und Antonio Saura kam aus Spanien. Beide trafen sich auch mit den SPUR-Künstlern, und wieder wurden heiße Diskussionen geführt. Einige Mäzene waren sicher auch darunter. Nach den Vernissagen ging es ins Hofbräuhaus oder in ein anderes Lokal. Wie schon oben erwähnt, ist die Chronologie des Kunstgeschehens der damaligen Zeit dank einer Reihe von Publikationen unterschiedlicher Autoren leicht rekonstruierbar.

Heimrad hatte die Idee, dass wir Weihnachten bei seinen Eltern verbringen könnten. Was sollte ich dagegen haben? Nein, ich freute mich sogar. Mein Eindruck war eher dieser, dass Heimrad immer dann, wenn es um die Frage ging, nach Roding zu fahren, in eine angespannte Gemütsverfassung geriet. Er wusste, dass ich davon frei war, und so beschlossen wir, die Fahrt zu unternehmen. Ich dachte auch an meine Mutter, aber diese hatte schon den Plan gefasst, zusammen mit einer Bekannten einige Tage in einer kultivierten Umgebung Vorträgen beizuwohnen und auf diese Weise besinnliche Weihnachtstage zu verbringen. So war Mutti also nicht alleine, und mein Bruder und seine Verlobte, von denen ich ohnehin nie wusste, wo sie steckten, hatten bestimmt auch schon Weihnachten und Silvester verplant.

Die Tage bei den zukünftigen Schwiegereltern, zumindest hielten sie sich bereits für diese, waren heiter und kurzweilig. Viktor ließ keine Gelegenheit aus, Humoriges von sich zu geben, was Carola nicht immer gefiel. Manches war ihr einfach unangenehm. Gleichwohl, auch sie erzählte ausgiebig von Verwandten, Nachbarn und von Begebenheiten, die sich in und um Roding ereignet hatten. Heimrad wollte noch einiges wissen, was mit Haus und Hof zu tun hatte. Zum Übernachten bekamen wir wieder das kleine Häuschen, das ein wenig zurück im Hof lag. Es war kalt, aber der eiserne Ofen war gut beheizt, sodass es richtig gemütlich wurde.

Nachdem Heimrads Mutter ihn mit seinen Leibgerichten versorgt hatte, die mir auch sehr gut schmeckten, drängte er schnell wieder zum Aufbruch. Es war ein herzlicher Abschied mit allen guten Wünschen für den zukünftigen Enkel. Viktor meinte lachend: „Das es fei ja a Bua werd!"

Nach Weihnachten kauften wir mit Muttis Unterstützung einen Stubenwagen. Er war so schön, dass ich ihn kaum beschreiben kann. Er hatte die Form wie ein rundes, großes Ei, das aus geflochtenem Naturmaterial besteht. Den Himmel bildeten einige biegbare runde Holzstäbe, die Mutti und ich mit rosa Seidenstoff bespannten. Die vier Räder waren einfach runde Holzscheiben. Ein Bettchen lag auch im Inneren des Wagens. Ich stellte mir jetzt das Ganze so schön und lebendig vor.

Nachdem die Räder schlicht und einfach hölzern waren, bekam ich Lust, sie zu bemalen. Heimrad gab mir Farben und Pinsel, und ich malte wie gewohnt einfach drauflos. Heimrad war auch hier großzügig wie immer, und ich malte in Etappen die Räder an. Jedes wurde anders, eher abstrakt als naturalistisch, mir gefielen sie auch. Ich hatte ja immer gerne gemalt, was ich teilweise der Steiner Schule verdanke. Nicht nur in den Epochenheften hatte ich fleißig gemalt, der Umgang mit Farben war für mich so selbstverständlich, dass ich alle Überschriften verzierte und sich meine Malereien in allen Heften niederschlugen.

Die Waldorfbewegung und deren Kunstverständnis fand natürlich nicht gerade Heimrads Sympathie, aber auch da zeigte er zumindest nicht totale Ablehnung. Vor einiger Zeit hatte er mit meinem Bruder Manfred und mit Ingelore das Goetheanum in Dornach in der Schweiz besucht. Architektonisch fand Heimrad den Anthroposophentempel durchaus interessant. Nie hat er etwas in Bausch und Bogen abgelehnt, sondern immer überlegt, was für ihn neu ist und sein Wissen bereichern könnte. Eine erstaunliche Eigenschaft fand ich.

Wir empfanden uns einfach nicht als Spießbürger, sondern als Nonkonformisten, und ich wollte absolut kein bürgerliches Leben führen. Wir waren ärmer als die, welche Bilder kaufen konnten. Unsere Ansichten über Kindererziehung und Ehe sollten sich auch unterscheiden von denen, die mit Kunst nichts zu tun hatten. Dass wir noch nicht verheiratet waren, passte auch in unser Weltbild. Heimrad war froh, dass ich ihn nicht dazu drängte. Dieses Thema hatten wir noch nicht einmal angesprochen.

War ich mittlerweile nicht doch sehr selbstbewusst geworden? Das fragte ich mich gelegentlich. Aber musste ich bei meiner Wesensart, anders sein zu wollen und anders als die anderen leben zu wollen, nicht aufpassen, dass meine Gesinnung nicht in Dünkelhaftigkeit ausartete?

Der Winter brachte Eis und Schnee, und ich liebte es rauszugehen, und wenn wir zusammen spazieren gingen, sagte Heimrad, ich soll aufpassen, dass ich nicht ausrutsche, das könnte für das Baby gefährlich werden. Wir gingen untergehakt wie ein Ehepaar, und Heimrad hielt mich fest an sich gedrückt. Es schien mir, dass er sich auf unser Kindchen freute, denn eine kleine Privatklinik hatte er auch schon ausfindig gemacht.

So verging der Februar 1963, und mein Umfang wuchs und meine rote Kordsamtweste, die ich über den Kopf ziehen konnte, war ganz ausgefüllt von meinem Bauch. Wir hatten erfahren, dass wir dann, wenn ich starke Schmerzen in gleichmäßigen Abständen bekomme, in die Klinik gehen müssen.

Ich hatte das Gefühl, dass Heimrad sich mehr Gedanken machte als ich. Ob nun über die Literatur oder vom Hörensagen, es hatten sich ihm schon einige Schauergeschichten zu diesem Thema in seinem Gedächtnis festgesetzt. Ich war da sorgloser, hatte das Buch von Dick Read teilweise gelesen, und dort stand, dass man, sofern man einige Dinge beherzigt, eine undramatische Geburt erwarten dürfe. Ich sagte das auch Heimrad, und wir versuchten, einigermaßen gelassen dem großen Ereignis entgegenzusehen. Das ließ auch nicht mehr lange auf sich warten.

Tief in der Nacht wurde ich durch heftige Schmerzen geweckt. Heimrad sprang aus dem Bett und begann sich schon anzuziehen. Dann waren die Schmerzen wieder weg, und ich wollte weiterschlafen. Aber nun kamen noch stärkere Schmerzen, und Heimrad zog mir die Decke weg und befahl mir aufzustehen. Ich erhob mich mühsam und stand auf meinen Beinen, als wieder heftige Schmerzen meinen Unterleib schüttelten. „Das sind Wehen!", sagte Heimrad. „Wir müssen in die Klinik." Meine Kleider lagen herum, ich zog mich schnell an, Heimrad aß noch etwas, ergriff die vorbereitete Tasche, und ich verzehrte beim Weggehen noch eine Scheibe Brot.

Wir verließen das Haus, während ein schöner frischer Märztag, ein richtiger Vorfrühlingstag, uns empfing. „Wir werden zu Fuß zur Klinik gehen", meinte Heimrad, dann würden die Wehen häufiger kommen. Wir überquerten die Isar, um zur Reis-Klinik in der Möhlstraße, gelegen im Stadtteil Bogenhausen, zu gelangen. Es kamen wirklich regelmäßig weitere Wehen, und jedes Mal musste ich stehen bleiben, bis sie vorüber war. Ich hielt diese Schmerzen schon für sehr stark und dachte, das könnte ich wohl eine Zeit lang gut aushalten. Über Eröffnungs- und Presswehen hatte ich in meinem klugen Buch einiges gelesen, es mir aber nicht so genau gemerkt.

Wir gelangten nach dieser schönen Morgenwanderung, während die Isar links von uns vorbeiplätscherte, zur Reis-Klinik. Im Eingangsbereich empfing uns eine Dame, die nach meinem Namen fragte. Heimrad sagte Prem, aber die Dame mit dem scharfen Blick bohrte weiter und wollte meinen Namen wissen. Ich sagte, dass ich Maier hieße, Monika Maier. „Gut, Fräulein Maier, kommen Sie gleich mit!" Wir konnten uns gerade noch verabschieden, wobei Heimrad noch beim Hinausgehen meine Tasche in Händen hielt. Schnell kehrte er um, gab mir meine Sachen, winkte, und die fremde Person befahl mir mitzukommen. Nun sah ich eine Klinik von Innen, alles war hier weiß, auch die Menschen, die an uns vorbeiliefen, waren weiß. Hier herrschte Eile in den breiten, langen, öden Fluren. Plötzlich hielten wir vor einer Türe, und die Dame sagte, dass ich durch diese gehen soll und alles Weitere würde ich erfahren. Mein Herz klopfte, die Unbekannte drehte sich um und verschwand. Hinter der Türe waren Geräusche zu hören, und dann wurde von innen geöffnet. Wieder jemand, aber freundlich mit einem Lächeln im Gesicht und den Worten: „Grüß Gott, ich bin die Hebamme", ich glaube sie sagte „Helga". „Kommen Sie herein." Meine Wehen kamen noch in unregelmäßigen Abständen, waren aber stärker geworden. Helga brachte mich in eine Kabine, wo ich mich entkleiden und das Nachthemd anziehen sollte. Sie wollte, nachdem ich mich auf ein Bett gelegt hatte, einen Einlauf machen. Helga war vielleicht vierzig Jahr alt, mütterlich und lieb. Nachdem ich nun dauernd auf die Toilette musste, begannen die Wehen kräftiger und auch schmerzhafter zu werden. „Das Kind ist noch weit oben", sagte Helga, „es kann noch lange dauern." Das war der Moment, wo ich begann mich deprimiert und verlassen zu fühlen. Die Hebamme hörte mit einem kleinen, hölzernen Gerät meinen Bauch ab und sagte: „Dem Kind geht es gut." Sie fügte noch einige tröstende Worte hinzu, und das machte mir wieder Mut. Die Wehen wurden stärker, welche die Hebamme mir, indem sie mir den unteren Teil des Rückens massierte, ein wenig zu erleichtern versuchte. Sie sagte zwischendurch: „Sie sind durch Dick Read vorbereitet." Aber alles, was ich da gelesen hatte, war durch meine Schmerzen erstickt worden. Ich dachte an Heimrad und nahm an, dass er nochmal ins Bett gegangen sein wird und nicht ahnt, wie sehr ich leide. Ob ich etwas gegen die Schmerzen bekommen habe, weiß ich nicht, aber ich wäre bereit gewesen, alles zu schlucken. In den Wehenpausen, die ständig kürzer wurden, schlief ich vor Erschöpfung ständig ein.

Es war wohl später Vormittag, und ich war froh, dass die Hebamme nun bei mir blieb, mir Zuversicht gab und mich weiterhin am Rückenende massierte, während ich stöhnte und glaubte, die Schmerzen nicht länger ertragen zu können. Plötzlich überkam mich der Drang, etwas wie eine Riesenkugel aus meinem Unterleib herauszupressen. Helga sagte: „Nun kommen die Presswehen." Sie holte eine Schwester und beide hielten mich fest. Wie befohlen presste ich bei jeder Wehe, so gut mir das gelang, das Kind nach unten. Helga jubelte: „Das Köpfchen kommt, bitte nicht in die Augen pressen, sondern nach unten!" Noch ein, zwei Wehen. Ich nahm meine letzte Kraft zusammen, und das Kind war geboren. Ein unglaublicher Moment: „Ein Junge!", rief Helga, wickelte das Kind in Tücher und legte es mir in die Arme. Wie süß er war, ein so schönes Kind! Das fand auch Helga. Seine Haut fühlte sich so samtweich und zart an! Es war Montag, der vierte März 1963.

Alle Schmerzen waren verschwunden. Wie wird Heimrad sich freuen! Gott sei Dank musste er diese Stunden nicht miterleben, das wäre für ihn furchtbar gewesen. Die Tatsache, dass es ein Junge ist, wird seine Freude noch steigern. Ich war erschöpft, schlief ein, und der kleine Markus, so würde er heißen, lag neben mir, bis die Hebamme kam und ihn mir wegnahm. Das war schlimm. Aber sie brachte ihn wieder und meinte, ob sie meinen Mann anrufen solle. Wir haben kein Telefon, erwiderte ich, aber er würde auch so kommen. Ich schlief wieder ein, mit einem glücklichen Gefühl im Herzen. Als ich aus dem Halbschlaf erwachte, vernahm ich mir bekannte Männerstimmen. Ich schlug die Augen auf, und da standen Heimrad und Helmut Sturm neben meinem Bett. Beide lachten, Heimrad küsste mich, dann sagte er: „Was für eine schöner Bub!"

Ich wollte nicht zu lange hier bleiben, weil Markus immer wieder weggebracht wurde. Mutti besuchte mich und veranlasste, dass ich schnell nach Hause durfte.

In dem Zimmer, das ich bekommen hatte, lag übrigens eine Frau, die schwer erkrankt war. Ärzte und Schwestern liefen ein und aus. Ich war überzeugt davon, dass ich in diesen Raum gelegt wurde, weil ich unverheiratet war.

Das Stillen tat am Anfang weh, aber ich lernte es, und Markus wurde satt.

Mit dem VW-Bus holte mich Heimrad ab. Markus war warm eingewickelt und hatte die Mütze auf, die ich für ihn gestrickt hatte. Darunter hatte er noch ein feines Seidenmützchen auf seinem Köpfchen, das Mutti gekauft hatte.

Wie anders würde unser Leben in Zukunft aussehen, besonders das meinige! Ein exakt gegliederter Tagesablauf und beinahe ständige Anwesenheit bei dem Kind.

Es beschlich mich während dieses neuen Glückes ein leises Gefühl, das ich mir als Depression erklärte. Ich hoffte, dass es nicht lange anhalten würde. Heimrad war glücklich, und Markus brav und zufrieden. Er schrie nur, wenn er Hunger hatte.

Aber was wird nachts sein, wenn unser Sohn schreit und Heimrad nicht schlafen kann? Das Problem sah Heimrad auch, aber ein Ausweg war nicht in Sicht.

Mein Wickeltisch war der kleine Platz vor unserem Braun-Plattenspieler. Heimrad überlegte, denn es wäre ihm lieber gewesen, wenn das Wickeln in einem anderen Raum stattgefunden hätte. Nur, diesen Raum gab es nicht.

Diese radikale Lebensveränderung hatte viele gute Seiten, eine davon war, dass wir, besonders was mich betraf, nun sehr strukturiert leben mussten. Alles drehte sich um unser allerliebstes Kind, das jeden Tag ein bisschen hübscher wurde. Als er einige Wochen alt war und uns fragend ansah, waren wir entzückt von seinen schönen, großen blauen Augen.

Heimrad meinte, malen müsse er trotzdem, denn nun bräuchten wir mehr Geld. Einen Kinderwagen hatten wir geschenkt bekommen; in den legte ich Markus und wanderte mit ihm in den Isarauen, also am Ufer der Isar entlang. Nun hatte Heimrad Ruhe zum Malen, vorausgesetzt es kamen keine Besucher. Meist kamen sie aber doch, und mit ihnen war die Ruhe wieder dahin.

Unsere Wohnverhältnisse gestalteten sich jetzt doch schwierig, was Heimrad veranlasste, meine Mutter zu fragen, ob wir nicht für einige Zeit bei ihr wohnen könnten. Sie erlaubte es. Das Glück war, dass sie sich mit Heimrad gut verstand, und so bekamen wir mein Mädchenzimmer. Die Dunkelkammer war schon weggeräumt worden, und ein Doppelbett hatte leicht Platz. In dem kleinen Zimmer daneben, das früher Manfreds Zimmer war, stand auch noch ein Bett, und der schöne Stubenwagen, der daneben stand, gehörte Markus. Wenn er darin lag, schaute er oft in den hellen, rosa Seidenhimmel, der je nach Lichteinfall unterschiedlich schimmerte. Er hatte auch ein Stoffpüppchen, das er immer, wenn er nach ihm griff, gut festhielt und genau betrachtete. Nachts, wenn Markus schrie, ging ich zu ihm und legte mich neben ihn in das Bett. So konnte ich ihn zu mir nehmen und ihn im Liegen stillen.

Heimrad konnte es nicht ertragen, wenn er im Schlaf gestört wurde. Da gab es dann Streit zwischen uns, und den wollte ich nicht. Ins Atelier musste er natürlich jeden Tag fahren, und wenn es sich ergab, kam er abends wieder. Malte er die Nacht durch, legte er sich dort schlafen.

Freilich war für mich das Leben ganz angenehm, Mutti freute sich über ihren Enkel, ich hatte ein Badezimmer und eine kleine Babywanne für Markus, gekochtes Essen gab es auch meistens. Musste ich aus dem Haus, so passte Mutti auf Markus auf.

Heimrad bekam seine Mahlzeit, wenn er kam, und das war meistens am Abend. Er packte Markus, freute sich über sein Söhnchen, hob ihn in die Luft und veranstaltete allerlei Spiele mit ihm. Markus kreischte, war mittlerweile über sechs Wochen alt, bekam ein blondes Lockenköpfchen und strahlte uns mit seinen blauen Augen an.

Trotz dieses Glückes war doch ein Schatten zwischen mir und Heimrad, denn diese aufgrund der Wohnverhältnisse entstandene räumliche Trennung war doch irgendwie unbefriedigend. Freilich hier lebte ich beinahe luxuriös; meine Mutti kümmerte sich um alles, aber ein lang anhaltender Zustand konnte es nicht bleiben.

An eine eigene Wohnung war gar nicht zu denken, und Heimrad und ich mussten uns eben mit der Situation abfinden. Meine Mutter wollte es auch nicht zu lange dulden. Immer mal kam ihre Schwester aus Kanada zu Besuch, ebenso mein Bruder mit seiner Frau und vielleicht noch andere Gäste.

Was für ein Vollblutmaler musste Heimrad sein! Von keinem einzigen Bild, das er malte, wusste er, ob er es je verkaufen würde. Ich ahnte es eigentlich immer, dass er ein ganz Großer seiner Zunft war. Das hatte natürlich seinen Preis. Als erstes kam immer die Kunst, dann die Familie. Für die Kunst lebte er, für sie würde er auch sterben. Wenn ich ihm beim Malen zusah, fühlte ich die rückhaltlose Hingabe und das völlige Aufgehen in der Malerei. Nun hatten wir ein Kind, was wäre wenn es mehr würden?

Es gab wieder Ausstellungseröffnungen. Heimrad sagte, er wolle mit mir in eine Vernissage gehen, umarmte mich und meinte so nebenbei: „Du bist so schlank und schön wie vorher." Aber es war nicht wie vorher, diese Unbekümmertheit war von mir gewichen. Ich hatte Verantwortung für ein Kind.

Ein Mann, dachte ich, fühlt da anders. Ich fragte Mutti, was sie meinte, ob ich gehen könnte, ich würde bald wieder heimkommen. Ich liebte das Ausgehen, die Freunde und Bekannten wieder zu treffen. Markus kannte ja Omi schon gut und war mit ihr vertraut. Ich gab dem Kind noch zu trinken, und Heimrad drängte schon und wir verließen die Wohnung.

Von allen Seiten wurde ich begrüßt, die Frauen fragten dies und das, wie es dem Jungen gehe, wie es mir gehe. Heimrad wurde auch zu seinem Sohn gratuliert, er strahlte, erzählte Geschichten und war froh, wenn auch ein Interessent dabei war, der sich für seine Malerei interessierte. Als Maler muss man sich überall dort blicken lassen, wo Galeristen auftauchen, Kunstexperten im weitesten Sinne, Kunstliebhaberinnen; meist sind es Frauen, die nicht nur die Werke bestaunen, sondern auch deren Schöpfer bewundern und sich gerne mit deren Aura umgeben. Ich wollte eventuell früher heimgehen, vielleicht vermisste mich Markus vor dem Einschlafen, außerdem war er wieder hungrig. Ich sagte Heimrad, dass er ruhig noch bleiben könne. Er sagte nichts. Später würde man noch in ein Gasthaus gehen. Das war immer so.

Meine Freundin Heide Lausen hatte im Februar eine Tochter geboren, sie hieß Lea und wurde bald drei Monate alt. Heide und Uwe hatten in der Theresienstraße eine Wohnung gemietet, und so hatte ich es von der Barer Straße aus nicht weit zu ihnen. Als Heimrad einmal gerade keinen Maltag hatte, was selten vorkam, auf dem Sofa lag und sich mit Markus beschäftigte, ergriff ich die Gelegenheit, die neue Wohnung meiner alten Freundin aufzusuchen. Ich versprach, bald wieder zurückzukommen.

Ich betrat die fremde Wohnung, nachdem mir jemand, den ich nicht kannte, die Türe geöffnet hatte. Ich erfuhr, dass Heide nicht da war, und ob Uwe anwesend wäre, konnte mir der Fremde nicht sagen. Ich wolle Lea sehen, sagte ich, worauf man mich in das Zimmer führte, in dem das Baby lag. Eine helle Deckenbeleuchtung schien in das Kinderbett mit Gitterstäben rundherum. Ich ging zu ihr, sie war so süß, und als sie mich sah, fing sie an, ihre Händchen und Beinchen zu bewegen. Sie sah mich staunend an, verzog ihr Gesichtchen und wollte weinen. Als ich mich nun zu ihr herabbeugte und mit ihr sprach, begann sie ein wenig zu lächeln.

Es berührte mich ganz seltsam, dass das Kindchen in einem Gitterbett ohne Seidenhimmel lag und unter einer hellen Lampe, die von der Zimmerdecke strahlte. Ein Wickeltisch stand an der anderen Wand, und darauf lag eine Babyflasche. Vor dem Zimmer hörte ich Schritte, ging hinaus und fragte die Person, die erneut aufgetaucht war, wann Heide zurückkäme. Sie wusste es nicht, sagte nur, dass Heide beruflich zu tun habe und am Schuttberg Fotos machen würde.

Lea lächelte mich an und begann, mit ihren Beinchen heftig zu strampeln. Innerlich war ich bewegt und hoffte, Heide würde bald kommen. Wo ist jemand, der sich um die Kleine kümmern würde, wenn sie weint? Ich ging an mehreren Türen vorbei den Flur entlang und klopfte schließlich an irgendeine. Ich hörte, dass sich jemand im Zimmer der Türe näherte und sie öffnete. Es war eine unausgeschlafen aussehende Frau. Ich sagte, wer ich bin, und fragte, ob jemand sich um Lea kümmern würde, sie sei so alleine. Das täte sie, meinte die Frau und schloss wieder die Türe.

Ich verließ die Wohnung in Gedanken an das soeben Erlebte und einer gewissen Betroffenheit im Herzen. War es möglich, dass man mit einem Kind weiterhin berufstätig sein konnte, ohne dass das Kind einen Schaden davontragen würde? Plötzlich nahm ich wahr und ich spürte es deutlich, dass sich zwischen Heide und mir ein Keil geschoben hatte.

Als ich in die Stube trat, spielte unser süßes Baby mit seinem Papa, der ihn auf dem Arm herumtrug und dabei im Zimmer umherlief. Markus strahlte und lachte vor Vergnügen. Aber hungrig, meinte sein Papa, wäre er auch. „Ich war ja nicht lange weg", sagte ich, aber mehr erzählte ich nicht. Markus gab ich zu trinken. und danach schlief er ein. Nun fragte ich Heimrad, ob er glaubt, dass eine Frau, wenn sie ein Kind hat, berufstätig sein könnte. Warum ich das fragen würde, meinte er. Ich sagte, dass Heide nicht zu Hause war, weil sie zum Fotografieren unterwegs sei. Er antwortete lakonisch, dass nicht alle Frauen so mütterlich wären wie ich, sondern eben anders wären. Und Heide wäre eben so eine.

Heimrad gefiel es auch gut bei Omi und er fing an, das bequemere Leben zu genießen. Aber sein Atelier länger als einen Tag zu ignorieren, wäre unmöglich gewesen.

Ich wollte Markus taufen lassen, und Mutti war natürlich auch sehr dafür. Heimrad war skeptisch, was zu Meinungsverschiedenheit zwischen uns führte. Mein Argument, das für die Taufe sprach, war mager und lautete, dass ich den Religionsunterricht der Christengemeinschaft besucht hätte. Heimrad gab nach, er kannte mich gut genug, um zu wissen, dass ich in diesem Punkt nicht locker lassen würde. Die Taufe wurde also in der Christengemeinschaft vollzogen, mit vielen Gästen, zwei Taufpaten und Geschenken.

Als Heimrad eines Tages in die Barer Straße kam, lautete seine Botschaft, dass die junge Frau, die neben der Wohnung von Frau Schön in der Klenzestraße wohnte, bald ausziehen würde. Er hatte schon mit dem Hausbesitzer gesprochen und wir würden die beiden Räume bekommen.

So stand mir mit dem Kind wieder ein Umzug bevor, es musste sein, daran war kein Zweifel. Die Miete würde auch höher sein, aber Heimrad meinte, Benzin werde er weniger brauchen, da die Hin-und-Herfahrerei wegfiele.

Wir waren also wieder in der Wohnung, in der es kein Badezimmer gab; die Toilette mussten wir auch wieder mit Frau Schön teilen. Von den beiden neuen Räumen sollte eines Markus bekommen, und das andere würde unser Schlafzimmer werden. Heimrad tröstete mich mit den Worten, dass wir das Häuschen in Österreich auch noch hätten. Wir würden es heuer noch einrichten und dann würden wir dort einziehen. Es war klar, dass Heimrad ohne seine Kunstfreunde nicht längere Zeit leben konnte. Also würde ich oft allein mit Markus dort sein. Nun, dann würde ich mit ihm zum Wasserfall gehen und er würde früh die schöne Natur, die frische Luft und die schöne Bergwelt kennenlernen. Die Möbel, meinte Heimrad, würde er selbst bauen. Was wir sonst noch bräuchten, würden wir gebraucht, also billig kaufen oder geschenkt bekommen. Einen Schrank hatte er bereits aus Roding geholt. Den, meinte er, würde er noch bemalen, weil er so unschön sei. Ich freute mich angesichts dieser Zukunftsaussichten und für mich begann die Zukunft sich zu verklären. Das Lieblingsbuch meiner Kindheit, „Heidi" von Johanna Spyri fiel mir ein, so oder so ähnlich würden wir dann leben.

Es gab aber noch ein anderes bevorstehendes Ereignis, das mich innerlich beschäftigte: die Biennale in Venedig, jene legendäre, sehr bekannte Kunstmesse, die im Juni 1963 stattfinden würde. Zu dieser einmaligen Kunstmesse solle die ganze Gruppe SPUR mit Frauen erscheinen, wie Marinotti sich vernehmen ließ. Mit einem Baby in Venedig? Das wollte ich absolut nicht. Heimrad sah das ein und schlug vor, meine Mutter mitzunehmen, da sie doch in Caorle an der Adria, wo sie schon öfter beruflich tätig gewesen war, Kontakt zu einem Hotel habe. Reisen war ohnehin eine Sache, die ihr zusprach, und ich würde dann immerhin zwei Tage in der von mir sehr geliebten Stadt Venedig verweilen können. Mit Heimrad würde ich durch die verwinkelten Gässchen flanieren, am Canal Grande in ein kleines Straßencafé gehen und am Abend würden wir das Fest der Künstler und derer, die sich an der Kunst berauschen, besuchen. Markus würde ich in guten Händen wissen, seine Omi würde ihm die Nuckelflasche und ein wenig Obstbrei geben und sich mit aller Hingabe um ihn kümmern.

Abends tauchten wir dann tatsächlich unter all den Schönen, den Malern und den Reichen auf. Von allen Seiten wurde uns zugelächelt, von vielen wurden wir begrüßt, von Paolo Marinotti zusammen umarmt. Die uns nicht kannten, hatten schnell herausgefunden, wer zu wem gehörte. Ich hatte meinen schönsten Rock an, die schwarzen Pumps, die einzigen, die ich besaß, und eine aufwendige Frisur hatte ich auch hinbekommen. Heimrad war ausgelassen, wozu er sicher mehrere Gründe hatte. Einer davon war der, dass auch er zu den ausstellenden Malern gehörte, so wie die anderen SPUR-Künstler. Die Männer standen vor den Bildern, diskutierten, amüsierten sich und lachten.

Die Frauen verglichen sich untereinander und dachten: Welche mag wohl die Schönste sein? Viel Aufwand wurde mit Schminke und Puder getrieben. Heimrad flüsterte mir zu, er könne diese Visagen, die allein durch kosmetische Kniffe schön erschienen, nicht leiden.

Plötzlich wurden alle in einen Saal gerufen, wo wir auf den aufgestellten Stuhlreihen Platz nehmen sollten. Verschiedene Herren aus der Kulturwelt, bekleidet mit teuren Anzügen, begannen ihre Reden zu halten. Einige Pressefotografen sprangen mit gezückter Kamera hierhin und dorthin.

Paolo Marinotti verteilte in alle Richtungen seinen Charme und sprach auch zum Thema Kunst einige Sätze, die er nicht nur auf italienisch, sondern mit deutschem Vokabular vermischt geistreich und gestikulierend zum Besten gab.

Wir speisten in den nobelsten Restaurants im Herzen von Venedig, bezahlt hat das alles Marinotti, einschließlich der Hotelzimmer. In wenigen Tagen würde der ganze Zauber vorbei sein. Ich musste nach Caorle, was Heimrad nicht gerade mit Wohlwollen quittierte. Ich war die einzige SPUR-Frau mit einem Baby; der Sohn von Sturms war schon über ein Jahr alt und wurde von seiner Oma zu Hause betreut. Wir fuhren nach Caorle, von wo aus wir einen oder zwei Tage später wieder nach Venedig mussten, um die anderen SPUR-Mitglieder für die Rückfahrt nach München abzuholen.

Markus streckte uns seine Ärmchen entgegen, und seine blauen Äuglein strahlten wie zwei Sterne. Mutti lobte ihn überschwänglich. Heimrad herzte ihn, aber er musste bald wieder zurück, um seinen Verpflichtungen nachzukommen. Ich wusste warum: Solche Veranstaltungen wie die in Venedig sind für Künstler existenziell wichtig. Besonders für solche, die von der Kunst leben müssen.

Markus lag wieder in seinem Autobettchen, der Motor des VW-Busses knatterte, aber Markus störte das nicht, er schlief ruhig und fest. Wir wollten natürlich in Fusch Pause machen, um nach unserem Häuschen zu sehen. Mutti würden wir es zeigen, wobei wir hofften, dass die, welche außerdem im Auto saßen, diese Unterbrechung nicht vereiteln würden. „Vielleicht wird auch euch unser Besitz interessieren", meinte Heimrad scherzhaft. „Wenn es nicht zu lange dauert", bemerkte einer.

Wir waren in Fusch, wir stiegen aus dem Auto aus und gingen die Anhöhe hinauf. Die Luft war warm, die Berge standen erhaben vor uns, und das Häuschen war so putzig klein vor den hohen schroffen Felsen. Wir hörten das Rauschen des Wasserfalles, während wir die Treppe im hinteren Teil der Erzgräberhütte emporstiegen. Hier würden wir bald wohnen! Welche Idylle!

Markus lag auf meinem Arm. Als wir die knarzende Türe öffneten, um ins erste Stübchen zu gelangen, schlug er die Augen auf. Ich drückte ihn an mich. Die SPUR-Ehepaare, die auch mitgekommen waren, machten diese und jene Bemerkung, teils wohlwollend, aber nun war von Überraschtsein bis Skepsis alles zu hören. Meiner Vorfreude tat das keinen Abbruch. Heimrad wollte schnell wieder weg. Er habe es so oder ähnlich erwartet, meinte er mir beim Hinabgehen von der Anhöhe. Es tat mir sehr leid, dass er doch betreten war, was mir während der Weiterfahrt nach München, die beinahe schweigend verlief, bewusst wurde.

Als wir wieder zu Hause waren, sprachen wir noch lange über die letzten Tage. Ich merkte, wie sensibel Heimrad war, er hatte ein feines Gespür dafür, was aus Beweggründen der

Menschlichkeit geschah. So lobte er Mutti ausdrücklich wegen ihrer Bereitschaft, Markus zu versorgen.

Heimrad selbst hatte in puncto Fürsorge, die ihm zuteil wurde, ein Defizit erlitten, ausgelöst durch die frühe Trennung von seiner Mutter. Diese hatte ihn als noch sehr kleines Kind zu einer ihrer Schwestern nach Waffenbrunn gebracht, ein Dorf eine Wegstunde von Roding entfernt, wo er bis zum Schuleintritt blieb. Zum Glück hatte er in den beiden um fünf Jahre älteren Cousinen, Zwillingen, Spielgefährtinnen, die ihn gleichzeitig auch betreuen sollten. Auch gab es noch eine ältere Schwester. Die Mutter der drei Mädchen war mit der Haus- und Gartenarbeit ausreichend beschäftigt. Über den Vater weiß ich nichts.

Die Eltern von Heimrad waren für die Zeit nach Berlin gezogen, um dort zu leben und zu arbeiten. Carola liebte die Großstadt und das pulsierende Leben, das sie dort umgab. Erst zur Einschulung ihres Kindes kehrten die beiden zurück in ihre Oberpfälzer Heimat. Heimrad blieb ein Einzelkind, bis er sieben Jahre alt war und seine Schwester geboren wurde.

Noch im Sommer begann Heimrad das Häuschen in Fusch annähernd bewohnbar zu machen. Als es anfing Herbst zu werden, wurde der VW-Bus mit Babysachen gefüllt, mit Federbetten, Matratzen Bettbezügen, Handtüchern und was uns sonst noch als notwendig erschien; freilich waren wir da oft unterschiedlicher Meinung. Die beiden Omas sorgten außerdem für Dinge, die sie für einen vernünftigen Hausstand für unerlässlich hielten.

Zu dieser Zeit waren Deutschland und Österreich noch durch die Landesgrenze voneinander getrennt. Also mussten wir mit Sack und Pack durch den Zoll. Einer der Grenzbeamten kam auf uns zu und blickte durch die Autoscheiben. Während Heimrad nun das Autofenster herunterkurbelte, flüsterte er mir zu, dass ich mit dem Grenzer reden solle, so würde uns die Weiterfahrt eher gewährt werden. Ich hielt Markus, der die fremden Männer neugierig ansah, an die Scheibe und erklärte den Beamten, inzwischen waren es zwei, dass wir eine Hütte im Salzburger Land hätten und deshalb das volle Auto und die vielen Sachen. Es kam noch ein dritter Mann hinzu, vielleicht aus Neugierde oder aus Langeweile. Heimrad musterten sie ebenfalls. Die Babysachen, die herumhingen, belustigten sie und – sie ließen uns durch. Nun hatten sie Gesprächsstoff, und wir konnten frohgemut unsere Fahrt fortsetzten. Heimrad meinte scherzend, die problemlose Grenzüberfahrt sei gewiss zumindest teilweise mir zu verdanken.

Wir passierten natürlich noch einige Male die deutsch-österreichische Grenze, aber von nun ab ohne Schwierigkeiten, denn den Grenzern waren wir keine Unbekannten mehr. Sie lachten schon, als sie uns kommen sahen.

Heimrad hatte ein sehr stabiles Kinderbett für Markus, ein sehr rustikales Teil, und ein größeres Bett für uns beide gebaut. Um diese wichtigen Vorarbeiten zu leisten, fuhr er einige Male alleine nach Fusch. In Zell am See oder in Bruck besorgte er Werkzeug und all das Notwendigste, was man für einen Hausstand braucht. Töpfe, Tassen, Teller und Besteck hatte er bereits aus München mitgenommen. Er machte sich Listen, schrieb auf, was noch fehlte. Zum

Kochen fand er einen kleinen Elektroherd mit zwei Herdplatten, den man auf ein Regal stellen konnte.

Im Herbst des Jahres 1963 zogen wir mit Kind und frohen Herzens in die schöne Bergwelt, nicht weit vom Großglockner entfernt.

Als erstes kümmerte ich mich um das Bettchen von Markus, in das er sich nach langer Autofahrt zunächst zögernd, dann aber doch hineinlegen ließ. Er schaute interessiert um sich, bemerkte also gleich, dass Veränderungen vor sich gegangen waren, was Heimrad auch lobend erwähnte und er meinte, Markus sei ein kluger Bub. Als Zudecke diente ihm der rotschwarze Schlafsack, den ich aus dicker Schafwolle gestrickt hatte. Zuvor steckte ich ihn in den naturfarbenen Wollschlafsack, den mir Mutti gekauft hatte, und er mochte ihn besonders gerne. Er wurde vorne zugebunden, wodurch zwei Wollbändchen herabhingen, mit denen Markus allzu gerne spielte. Das liebte er und wir fanden es so süß.

Heimrad hatte schon Brot, Butter, Käse, Kaffee und einiges mehr eingekauft. Zum Glück gab es in Fusch ein Geschäft, dass ausreichend Lebensmittel anbot, sodass Heimrad nicht immer in die entfernteren Ortschaften fahren musste.

Frau Mühlbauer, zu der man ein Stück den Berg hinabgehen musste, verkaufte uns die Milch. Dort holte ich beinahe täglich in einer Metallkanne mit festem, schwerem Deckel etwa zwei Liter. Ich liebte es, durch die würzige Bergluft zu gehen, was ich manchmal noch schöner fand, wenn ich Markus warm eingepackt mitnehmen durfte.

Der untere große Raum unseres Häuschens wurde Heimrads Atelier. Zunächst hatte er nur zum Aquarellieren und zum Zeichnen Material mitnehmen können. Er äußerte mehrmals, dass er hier mehr Zeit und Ruhe zum Arbeiten hätte als in München, wo ihn die Kollegen dauernd belästigen würden. Die Besorgungen, die immer wieder anstanden, waren ihm eine willkommene Abwechslung. Ebenso der Besuch eines Cafés, der gelegentlich damit verbunden war.

Holz kaufte Heimrad, sofern er eines brauchte, im Sägewerk. Just bei der Gelegenheit kam ihm der Einfall, ein richtig schweres, großes Schachbrett zu bauen. Die dazu gehörenden Figuren schnitzte er aus hartem Holz. Ich staunte über sein Talent. Heimrad betonte, dass er Handwerker und kein Intellektueller sei, falls ich das nicht schon wüsste. Das Brett und die Figuren habe ich heute noch. Sehr oft haben wir damit leider nicht gespielt, doch hat das Spiel die Blicke von Liebhabern rustikaler Handwerkskunst wiederholt auf sich gezogen.

Ich fand es erstaunlich, dass ich nun wieder in den Bergen lebte, wie in meiner frühen Kindheit. Die Kriegsjahre in Pfaffenschwendt tauchten in meinen Gedanken und in meiner Erinnerung auf. Damals war ich ein Kind, nun hatte ich selber eines. Heimrad äußerte, wir könnten doch mal dorthin fahren. Ich zögerte, wusste ich doch, es würde nicht mehr die Welt von damals sein. In Kilometern gemessen war die Entfernung von Fusch nach Pfaffenschwendt nicht groß, ersteres allerdings gehörte zum Salzburger Land, letzteres zu Tirol. Österreich ist eben wirklich klein.

Etwas anderes bewegte mein Gemüt seit mehreren Tagen, und zwar aus einem handfesten Grund. Ich hatte das sichere Gefühl, dass ich wieder schwanger war. Wie würde es Heimrad aufnehmen? Ich sagte es ihm bald. Er reagierte ruhig und nicht allzu überrascht und meinte nur, dann wäre Markus wenigstens kein Einzelkind. Aber aufgrund seines ausgeprägten Verantwortungsbewusstseins machte er sich doch Gedanken wegen der steigenden Lebenshaltungskosten und seines unsicheren Einkommens. Ich beruhigte ihn mit den Worten, dass ich weder einen Arzt aufsuchen noch zur Entbindung in ein Krankenhaus gehen würde. Von einer entfernten Verwandten hatte ich gehört, dass es Hebammen gibt, in deren Haus Frauen ihre Kinder gebären könnten, was viel billiger käme. Er lachte und erinnerte mich daran, dass wir noch nicht verheiratet wären.

Ein weißes Hochzeitskleid bräuchte ich auch nicht. Heimrad drückte mich an sich und lachte wieder, während er halb zu sich, halb zu mir sagte: „Was für ein Juwelchen habe ich denn da erwischt!" Er meinte, wenn wir die Ehe nicht bald schlössen, würden wir keine Zeit mehr dazu haben und er wünsche geordnete Verhältnisse. Das leuchtete mir ein und wir beschlossen, er würde sich, sobald wir wieder in München wären, darum kümmern. Leider hatte ich von Formalitäten kaum eine Ahnung. Ein Formular auszufüllen brachte mich schier zur Verzweiflung. Heimrad erledigte das im Handumdrehen. Es war bewundernswert. Er meinte, meine Scheu vor Formularen sei der Steiner Schule zu verdanken, womit er sicher nicht unrecht hatte.

Er erwartete, gepaart mit einer leichten Unsicherheit, den Verkauf eines Bildes, aber dazu musste er in München anwesend sein. Anerkennung bekam er oft, aber einen Käufer für ein Bild zu finden, das erforderte eine eigene Strategie. Manchmal ging es ganz leicht, und er war froh, wenn ich dabei war. Innere Kämpfe begleiteten ihn sein Leben lang. Wer konnte sie ermessen außer er selber? Ein wirklich gutes Bild zu malen erforderte einen Kampf, den Heimrad immer wieder ausfechten musste. Ich bemerkte es, auch er sprach es aus. Es konnte nicht angehen, dass er mit Rücksicht auf die Fuscher Verhältnisse fortan nurmehr Zeichnungen machen würde. Er musste wieder auf Leinwand malen!

Im Augenblick steckten wir einen Großteil unseres Geldes in das Häuschen, aber Heimrad musste auch darüber hinaus Geld verdienen. War es klug, in diese Idylle zu investieren? Manchmal zweifelten wir daran. War es unüberlegt gewesen oder gar eine Laune? Das Geld, das er von Marinotti bekommen hatte, schmolz dahin. Viertausend DM waren vielleicht noch vorhanden.

Hier in Fusch gab es zwar eine Menge Arbeit, aber – ohne die Stadt und die anderen Maler – keine Aussicht auf Einkommen. Die Treffen, Ausstellungsbesuche, das Atelier, das pulsierende Stadtleben, auf all das konnte und wollte Heimrad nur zeitlich begrenzt verzichten. Ich verstand das und kannte die beiden Seelen, die in seiner Brust schlugen. Die Kunst war die große Macht in seinem Leben, die ihn quälte, ihm aber auch Glück und Erfolg bescherte. Die zweite Seele in seiner Brust hatte ein Sehnen nach Rückkehr zu ursprünglichem Leben und hätte wohl vermocht, ihn von dem mit der Kunst verbundenen Kampf zu befreien, wäre die unausweichliche Folge nicht eine Konfrontation mit Alltagssorgen gewesen, wie sie infolge auftretender Geldnöte nicht ausbleiben konnten.

Heimrad las gerne Schriftsteller des 19. und 20. Jahrhunderts – die berühmten wie auch die weniger bekannten. Lesen bedeutete für ihn Entspannung schlechthin. Es war die Sprache der Literatur, die ihn fesselte und zu eigener Kreativität inspirierte. Einige Autoren kann ich benennen: H. Hesse,

A. Schnitzler, H. Böll, C.F. Meyer, H. Miller und andere. Die Russen wie Dostojewskij und Tolstoi nicht zu vergessen.

Es war Herbst geworden, die Berge jenseits des Tales lagen dunkel vor unseren Augen. Die nachmittäglichen Sonnenstrahlen brachen sich an den Gipfeln der gegenüber liegenden Bergkette, was bewirkte, dass unser Häuschen bereits um 16 Uhr tief im Schatten lag.

Heimrad spielte mit Markus, schmiss ihn in die Luft, Markus kreischte und ich zitterte. Was ich immer mehr zu begreifen begann, war die Tatsache, dass ein Kind das Leben strukturell und emotional von Grund auf verändern kann. Nicht nur das, regelrecht umkrempeln.

Es war Ende Oktober, ein kalter Wind pfiff ums Haus, es knarzte im Gebälk, mit Mühe bekamen wir das Zimmer warm. Markus steckte in seinem dicken Wollschlafsack und schaute uns groß an. Geschneit hatte es auch schon, aber die Sonne hatte den Schnee wieder weggetaut; den Winter hier zu verbringen, das, entschied Heimrad, wäre unmöglich. Er würde bei den zu erwartenden Schneeverhältnissen nicht einmal mehr mit dem Auto die Anhöhe hinauffahren können.

Also wieder ein Aufbruch, eine Autofahrt über die Landesgrenze nach München. Wir wollten im Frühling des nächsten Jahres, wenn Eis und Schnee dahingeschmolzen sein würden, wieder in unsere nun schon liebgewonnene Idylle zurückkehren.

Mutti lud uns zu ihrem Geburtstag am ersten November ein und beide, sie und Markus, strahlten sich an.

Wir wohnten nicht bei meiner Mutter, sondern wieder in den beiden dazugemieteten Räumen in der Klenzestraße 81.

Markus saß in dem geschenkten Sportkinderwagen, während ich mit ihm durch die Isarauen spazierte und er das rauschende fließende Gewässer beobachtete. Er liebte es, wenn wir ganz nahe an der Brücke standen und der Fluss, auf Grund des Gefälles schäumend und spritzend, herabstürzte. Er schaute zu den Wassern, dann wieder zu mir, als ob er sagen wollte: „Wie findest du, Mama, denn das?"

Der Winter breitete sein weißes Kleid über alle Dächer, Parks und Plätze aus, bis es wieder Frühjahr wurde und es uns wieder in die Berge zog. Von allen Seiten bekam ich Babysachen geschenkt, freilich nicht immer wirklich Brauchbares. Angesichts des zweiten Kindes, das ich erwartete, wollte ich doch vieles aufheben.

Heimrad hatte Gott sei Dank durch Kunstverkäufe einiges verdient, sodass er doch zuversichtlich in die Zukunft sah.

An einem sonnigen Tag, einem Frühlingstag kamen wir in Fusch an. Rings um das Häuschen lagen noch Schneehaufen in den Mulden, und Wasserbäche ergossen sich aus den Bergen herab ins Tal.

Der Wasserfall schien uns gewaltiger zu sein als im Herbst.

Markus war nun ein Jahr alt, krabbelte im Haus auf dem Boden herum und zog sich an den Stühlen hoch. Wenn ich zur Türe hinausging, krabbelte er hinter mir her und schrie, wenn ich hinter der Türe verschwand. Die neben der kleine Kochecke befindliche Türe, die nach unten führte, musste ich immer schnell wieder schließen, denn die Treppe, die steil hinabführte, könnte für Markus gefährlich werden.

Zu seinem Geburtstag bekam Markus ein Spielzeugauto, einen VW-Käfer und den hielt er immer fest in seiner Hand. Heimrad hatte ihn gekauft. Ich hatte ihm ein Bilderbuch geschenkt, das ihn, wenn wir es anschauten, vollkommen in Beschlag nahm. Er zeigte mit seinen Fingerchen auf die Bilder und wir staunten, mit wie viel Aufmerksamkeit er alles genau ansah. Heimrad bemerkte, er wisse erst jetzt, was man von einem Kind alles lernen könne. Ja, da hatte er wohl recht. Wenn wir das Buch am Abend anschauten, war Heimrad meist auch dabei und freute sich an diesem kleinen Glück, das den Augenblick erhellte, aber doch nur für kurze Zeit Bestand haben würde. Eltern sind wie Pioniere, die all das erst herausfinden müssen, was ihre Kinder ihnen an Rätseln aufgeben.

Die viele Arbeit, die hier in Fusch noch anstand, brachte Heimrad auf die Idee, seinen Vater Viktor kommen zu lassen, damit dieser ihm helfe. Heimrad schrieb einen Brief an ihn mit der Bitte, einige Wochen zu uns zu kommen, um bei der Arbeit fürs Häuschen mitzuhelfen. Viktor war ein erfahrener und tüchtiger Handwerker. Er sagte zu, und eines Tages brach Heimrad auf, um ihn in Roding abzuholen. Als Heimrad den Berg hinunterfuhr, winkte ich mit Markus' kleinem Arm, Heimrad drehte sich noch um, dann entschwand das Auto unseren Blicken. Markus schaute mich mit großen Augen fragend an. Ich dachte, was so ein kleines Kind doch schon für wache Sinne hat!

So blieb ich für einige Tage mit Markus alleine, aber Gott würde uns beschützen. Ein stabiles Schloss hatte Heimrad an der Haustüre befestigt.

Wir hatten auch in Fusch einen Kinderwagen geschenkt bekommen, ein schweres, altmodisches Teil. Auf diesen holprigen, steinigen Wegen war es mühsam, ihn fortzubewegen. So trug ich Markus auf dem Arm bis zum Wasserfall und über die schmale Holzbrücke die Anhöhe hinauf. Er schaute neugierig um sich, lachte und freute sich über die farbigen Blätter, die der Herbst des Vorjahres übrig gelassen hatte und die wie Federn von den Bäumen fielen. So ein Frühlingstag inmitten der Bergwelt, dachte ich, was für eine Freude für mich und das Kind! Auf dem Rückweg blieb ich auf der Brücke stehen und betrachtete die Wassermassen, die uns entgegenkamen und über die Felsen in die Tiefe stürzten. Manchmal trafen mich oder Markus einige Spritzer, weshalb Markus mich überrascht ansah. Ich lachte, nun wusste er, dass es nicht schlimm sei. Ich erklärte ihm, was ein Wasserfall ist und woher das viele Wasser käme. Er hörte mir aufmerksam zu, und ich begriff, dass ein Kind nie zu klein sein konnte, um Wissen aufzunehmen. Ich konstatierte für mich, dass sich auf diese Weise nicht nur die Sprechfähigkeit entwickeln würde, sondern auch das Interesse an den Vorgängen in der Natur. Markus würde ein kluger Mensch werden. Aber davon war Heimrad bereits überzeugt.

Zunächst gab es im Häuschen keinen Wasseranschluss. Oberhalb vom Häuschen war ein kleiner Bach, ein Seitenarm des größeren Baches, der als Wasserfall ins Tal stürzte. Über einen Schlauch, der etwa 20 m lang war, hatte Heimrad das Wasser ins Häuschen geleitet. Das heißt, da, wo die Treppe nach oben führte, war eine Art Vorraum ohne Dach, wo wir nun unser Wasser holen konnten. Ein dicker Stecken oder ein Kochlöffel steckte im Schlauchende und das lag in einer Schüssel. Ich brauchte natürlich oft Wasser. Nicht nur zum Trinken und Kochen, auch zum Abspülen, für Markus beim Wickeln und zum Waschen der Wäsche. Aber für so ein köstliches Gebirgswasser musste ich eben einige Arbeit auf mich nehmen. Zum Waschen der Wäsche hatte Mutti mir eine Waschkugel, die sogenannte Kommune geschenkt. Nachdem ich die Wäsche eingelegt, das heiße Wasser und das Waschpulver eingefüllt und einige Male die Kugel hin und her gedreht haben würde, sollte die Wäsche sauber sein. Danach musste ich nochmal Wasser herbeischleppen, um alles zu spülen. Eine zeitintensive Arbeit, wenn man bedenkt, dass nun das Aufhängen noch folgte.

Einige Schnüre hatte Heimrad in dem kleinen umzäunten Garten, der links vom Haus lag, mittels mehrerer Stöcke aufgespannt. Ich war also den ganzen Tag mit Hausarbeiten beschäftigt. Wir fristeten also ein Dasein, das der Begriff archaisch am besten trifft. Doch hatte dieses arbeitsreiche, aus heutiger Sicht beinahe entbehrungsreiche Leben für mich seinen Reiz. Wer es nachvollziehen kann, der wird es tun. Manche Arbeit konnte ich nur machen, wenn Markus schlief.

Auf der buckligen Wiese vor dem Haus grasten die Kühe von Frau Mühlbauer, schauten herum oder die eine oder andere legte sich zum Wiederkäuen ins Gras. Die Kuhfladen, die sie hinterließen, versuchte ich zu umgehen, um nicht hineinzutappen. Markus betrachtete die Kühe eher mit Skepsis, während ich ihm erzählte, dass die Milch, mit der ich seinen Brei zubereitete, von ihnen stammen würde.

Markus würde kein Draufgänger werden, dachte ich nach allem, was ich an ihm beobachtet hatte, sondern einer, der seine Umwelt mit Bedacht und mit Zurückhaltung erforscht. Darüber war ich froh, denn so, wir wir jetzt lebten, würde er andernfalls gegen die vielen unvorhersehbaren Gefahren nicht gewappnet sein.

Die zweite Nacht war vorüber und heute würde Heimrad gewiss mit seinem Vater kommen. Sie würden Werkzeug und andere Sachen mitbringen, die Heimrads Mutter noch ins Auto würde gepackt haben.

Es war noch früh am Morgen, und Markus schlief fest in seinem schönen, rustikalen Gitterbettchen. Er sah so süß aus mit seinen blonden Engelslöckchen und den nach oben gestreckten Ärmchen. Es war Frühlingsanfang, aber während der Nacht war es sehr kalt geworden. Das Feuer im Ofen war bis auf einen Rest Glut erloschen. Darum beeilte ich mich, von dem Holz, das unter der Treppe gestapelt lag, welches zu holen. Ich musste mehrmals laufen, denn es sollte für den ganzen Tag und möglichst über die Nacht reichen.

Wirklich, noch am selben Tag sah ich Heimrad mit Viktor den Berg herauffahren. Ich packte Markus, setzte ihm schnell die Mütze auf, lief die Treppe hinab und den beiden, die noch im Auto saßen, entgegen. Heimrad küsste uns beide, Markus lachte, er freute sich über seinen Papa. Viktor begrüßte mich und seinen Enkel mit scherzhaften Worten in dem Dialekt, den ich aus der Oberpfalz kannte. Die unglaublich blauen Augen in seinem von Sonne und Wind gegerbten Gesicht waren mir sogleich wieder aufgefallen.

Markus schaute seinen Opa mit großen Augen an, dann seinen Papa und dann mich. Opa gegenüber blieb er zurückhaltend, dieser aber meinte: „Wir werden uns schon kennenlernen!" Ich spürte, dass Viktor ein Mensch war, der ein Herz auch für Kinder hatte.

Viktor schaute sich unsere Wohnverhältnisse von allen Seiten, also gründlich an und konstatierte, dass es hier eine Menge Arbeit gäbe. Die beiden Männer sprachen miteinander, lachten immer mal wieder und dabei versuchte Heimrad seinem Vater auch klar zu machen, dass er demnächst wieder nach München fahren müsse, da eine Menge Arbeit dort auf ihn warte. Opa würde dableiben und sollte fleißig arbeiten, während ich ja auch viel zu tun hatte. Heimrad würde also wieder einmal längere Zeit fort sein. Aber das war mein Los und würde es in Zukunft bleiben.

Übermorgen würde Heimrad nach München fahren und etwa in einer Woche wieder kommen.

Die Milch holte ich inzwischen ohne Markus mitzunehmen, da er mir vor allem auch wegen der neuerlichen Schwangerschaft zu schwer geworden war. Heimrad kaufte noch reichlich Lebensmittel für eine Woche. Für den Fall, dass etwas ausgeht, meinte er, würde er mir genügend Geld dalassen, um im Dorfladen das Fehlende nachzukaufen.

Er wollte mir noch etwas sagen, was seinen Vater betraf. Dabei sah er, wie ich fand, sehr ernst aus. Sein Vater neige leider dazu, wenn sich die Gelegenheit biete, ins Wirtshaus zu gehen. Mit den Gästen würde er ins Gespräch kommen, er würde Witze und Anekdoten erzählen, dabei ein Bier nach dem anderen trinken und schließlich hoffnungslos betrunken sein. Heimrad erzählte das nicht so gerne, es handelte sich ja um seinen Vater.

In Fusch gab es ein kleines Wirtshaus, und diese Tatsache bereitete Heimrad Sorgen. Heimrad sagte, wenn sein Vater nur einmal dorthin ginge, müsse er ihn sofort abholen und nach Roding zurückbringen. Heimrad beruhigte mich aber auch. Er sei sich sicher, dass in dieser ersten Woche keine Gefahr bestünde, da Viktor reichlich mit Arbeit eingedeckt war.

Wir besaßen weder ein Telefon noch sonst eine Möglichkeit, Botschaften zu empfangen oder zu versenden, also blieb uns nur das Briefeschreiben. Wie lange würde ein Brief von München nach Fusch unterwegs sein? Das konnte uns niemand sagen.

Papa musste also wieder nach München. Ich umarmte ihn mit Markus zusammen und Markus drückte sein Köpfchen fest an ihn, was sein Papa lächelnd und mit Rührung erwiderte. Heimrad eilte die Treppe hinab, drehte sich noch einmal um und verschwand im Auto.

Viktor lachte. Dann überlegte er, mit welcher Arbeit er beginnen solle. Ich musste bald ein Mittagessen auf den Tisch bringen, das Opa schmeckte und das Markus auch schon mitessen konnte.

Die Woche verging. Opa war fleißig, Markus wuchs, saß schon neben dem Ofen auf dem Töpfchen, das auf einer Holzkiste mit großem Deckel stand. Von dem konnte er nicht aufstehen, auch nahm ihn sein neues Spielzeug gebührend in Anspruch. Falls er sein Häufchen ins Töpfchen gemacht hatte, lobte ich ihn über die Maßen. So lernte er, dass es etwas sehr Erfreuliches war, was er vollbracht hatte.

Nach dem Essen brachte ich ihn ins Bettchen, was er sich meistens gefallen ließ. Manchmal wehrte er sich gegen den Mittagsschlaf, was mich auf den Gedanken brachte, er könnte befürchten, etwas zu versäumen. Letztendlich jedoch siegte seine Müdigkeit. Ich bemerkte immer mehr, dass Regelmäßigkeit und ein geordneter Tagesablauf, also ein strenger Rhythmus die Bewältigung der Aufgaben erleichterte. Hier in Fusch gab es Gott sei Dank nur wenig Ablenkung, sodass meist alles nach Plan erledigt werden konnte. Wenn Markus schlief, fand ich Zeit für die Arbeiten, die ansonsten liegen bleiben würden.

Ich liebte dieses aufs Wesentliche reduzierte Leben, das ohne unnötige Technik auskam. Auch Markus gewöhnte sich an dieses Leben, was aber nicht bedeuten musste, dass er sich auch später nicht für Technik interessieren würde.

Opa musste ordentlich essen und war auch nicht wählerisch oder anspruchsvoll. Das eine oder andere Gericht hat er mir beigebracht, wie zum Beispiel das Backen von Pfannkuchen. Markus hatte seine Scheu vor ihm verloren und schaute immer hinterher, wenn er den Raum verließ.

Viktor schlief in Heimrads Arbeitszimmer unterhalb unseres Wohnschlafzimmers. Opa erzählte manchmal von seinem sehr langen Krankenhausaufenthalt in einer Münchner Klinik: Er hatte einen metallenen Fremdkörper im Fuß, der ihn jahrelang quälte, ohne dass es gelang, ihn zu entfernen oder die Wunde zur Heilung zu bringen. Viktor nützte diese Zeit und lernte eine Fremdsprache. Wegen seines Beines, das ihn immer noch plagte, wickelte er am Abend Tücher um den Fuß herum. Diese waren schon ganz, ganz dunkel. Manchmal wusch er sie mit Seife und Wasser aus.

Vor dem Einschlafen betete ich am Bettchen von Markus. Was er dabei empfand, konnte ich nicht wissen, aber er war ganz leise, sah mich manchmal sehr ernst an und hörte aufmerksam zu. Das, was ich betete, dachte ich mir aus, begann mich allmählich aber auch an alte Gebete aus meinen Kinderjahren zu erinnern.

Nach einer Woche kam Heimrad zurück und brachte einen Kühlschrank mit, den er günstig erworben hatte. Mit seinem Vater trug er ihn die knarzende Treppe hinauf und versuchte, ihn anzuschließen. Er arbeitete lange Zeit und probierte alles Mögliche aus, um das Gerät zum Laufen zu bringen. Aber leider vergebens, nichts half, der Kühlschrank war und blieb stumm. Heimrad war verstimmt und meinte, diese Arbeit hätte er sich sparen können.

Opa lobte er wegen seines Fleißes, war darüber erfreut, dass er so viel geschafft hatte und ich mit ihm gut auskam. Viktor wollte noch einmal versuchen, den Kühlschrank in Gang zu setzten, aber ohne Erfolg. Es tat mir leid, aber Heimrad war nicht ganz so enttäuscht, denn in München hatte er ein Bild verkaufen können, was wichtiger war, als ein funktionierender Kühlschrank.

Er spielte mit Markus auf unserem Bett, beide lachten und Markus flog wieder einige Male durch die Luft. Wenn er wieder auf der Decke saß, lachte er mich an oder auch Opa, der zuschaute und sich amüsierte.

Heimrad sagte, dass er morgen wieder nach München müsse, die Pflicht rufe. Nun waren Markus und ich mit seinem Vater einige Wochen alleine. Markus sah sich noch einige Male um. Er vermisste seinen Papa.

Die Tage verliefen in einem Gleichmaß. Vormittags die Milch holen, kochen, zu Mittag essen, nach dem Mittagessen Markus hinlegen. Das Wetter war milde, Sonne und Wolken wechselten sich ab am hellblauen Himmel. Mein Bauch wurde dicker, während Markus mir schwerer wurde und draußen auf der Wiese zu krabbeln versuchte. Er war vorsichtig, schaute das Gras und dann mich an. Ich trug ihn bis zum Wasserfall, den er immer wieder mit Freude bestaunte.

Nachdem Opa mehrere Wochen tüchtig gearbeitet hatte und auch mir immer wieder zur Hand gegangen war, ahnte ich, dass er gerne einmal ins Dorf gehen würde. Die Warnung von Heimrad hatte ich nicht vergessen. Sollte ich sie ihm sagen? Ich war draußen im Garten mit Wäsche, mit Markus und mit allerlei anderem beschäftigt. Als ich wieder ins Haus ging, war es ganz still. Ich rief nach Viktor, aber er war verschwunden.

Einige Stunden später kam er zurück, roch nach Alkohol und begab sich sofort zu Bett. Ich fühlte irgendwie Mitleid mit ihm. War es denn so schwer für ihn, ohne Alkohol zu leben? Am nächsten Tag war er früh wach und gleich wieder bei der Arbeit. Er war aufgeräumt und nett wie zuvor und nahm mir auch manche Arbeit im Haushalt ab. Es war als wäre nichts gewesen. Nun dachte ich, alles sei wieder gut. Sollte ich den Vorfall Heimrad trotzdem mitteilen? Besser wohl, ich tue es nicht. Er würde zu heftig reagieren. Diese Sorge um seinen Vater belastete Heimrad auch so schon genug.

Nun sollte Markus gebadet werden, was einige Umstände verursachte. Eine kleine Kinderbadewanne hatte ich und die stellte ich auf die Holzkiste neben dem Ofen. Einen großen Topf, in dem das Wasser heiß wurde, hatte Viktor schon auf diesen gestellt. Viktor freute sich, Markus patschte mit seinen Händchen in das Wasser, und wir bekamen die Spritzer ab. Viktor lachte. Während Markus abgetrocknet und wieder angezogen wurde, trieb Viktor weiter seinen Schabernack, half aber auch eifrig mit, denn er hatte sichtlich seinen Spaß dabei.

Eine gewisse Unruhe überkam mich plötzlich wegen der bevorstehenden zweiten Geburt. Gott sei Dank kam eines Tages von Heimrad ein Brief, sehr lieb, mit den Worten, dass wir vor der Geburt des zweiten Kindes heiraten sollten.

Das Kind würde nach meiner Berechnung Juli-August zur Welt kommen, was bedeutete, dass wir nur mehr etwa zweieinhalb Monate hier bleiben konnten, da ich ja die Hebamme auch erst suchen musste.

Zuvor kam aber noch in anderer Form etwas Neues auf mich zu: Besucher kündigten sich an. Jeder wollte wissen, wie wir lebten, manche wollten auch mithelfen, nachdem sie gehört hatten, dass unser Alltag ohne Komfort bewältigt werden musste. Heimrad jedoch schrieb, dass ich mit den Gästen warten solle, bis er wieder in Fusch sei. In der Enge des Häuschens könnten wir nicht zu viele Menschen gleichzeitig beherbergen. Auch wollte er zuvor seinen Vater nach Roding zurückbringen.

Viktor arbeitete weiter an dem Vorraum, der nun auch ein Dach hatte. Die Treppe wackelte nicht mehr und der Fußboden in Heimrads Atelier war ausgebessert. Das übrig gebliebene Holz hatte er mit der Axt zu Brennholz zerkleinert, sodass wir jetzt reichlich davon hatten.

Viktor sah müde aus, vielleicht hatte er Heimweh und vermisste seine Frau Carola. Oder waren es Schmerzen, die ihm sein Fuß immer wieder bereitete. Er klagte nicht, aber ich merkte, dass er unter etwas litt. Nur spärlich gab er mir Auskunft.

Der Vormittag war beinahe herum, kein Geräusch war zu hören außer Markus, der am Boden saß und mit seinen Holzklötzchen spielte.

Aber wo war Viktor? Zuerst rief ich ihn im Haus, dann draußen. Er war nirgends zu sehen. Also war er wieder ins Dorf und ins Wirtshaus gegangen! Diesmal musste ich es Heimrad mitteilen. Schade, ich bedauerte es. Es blieb mir nichts anderes übrig als zu warten, bis mein Schwiegervater zurückkäme. Markus spürte meine Nervosität, das fühlte ich.

Am Nachmittag sah ich, wie Viktor sich dem Haus näherte. Er ging langsam und wankte sichtlich.

Ich lief ihm mit Markus auf dem Arm entgegen, um von ihm eine Erklärung zu bekommen. Sein Blick war seltsam gläsern. Er ging an mir vorbei und sofort in das Atelier, wo er sich ins Bett legte. Ein Mittagessen lehnte er ab. Einige Tage vergingen, bis Heimrad die Information erhielt und dann auch sehr bald kam. Viktor war wieder nüchtern, lustig und arbeitsam wie meistens.

Heimrad übernahm Markus und ich durfte, was ich mir schon lange wünschte, eine Bergtour machen. Viktor begleitete mich, für ihn auch eine willkommene Abwechslung. Der Tag war schön und hell, alles duftete nach Frühling. Gleich hinter dem Haus wanderten wir los. Ich war ein wenig langsamer als für gewöhnlich, aber Viktor hatte dafür Verständnis. Den Namen des Berges habe ich nicht mehr im Gedächtnis, aber die Hütte, in die wir einkehrten, schon. Sie heißt Gleiwitzer Hütte. Der Tag war so unbeschwert, welch ein Vergnügen! Nur der Gedanke, ob Markus mich nicht vermissen würde, kam mir doch einige Male in den Sinn. So wie ich Heimrad kannte, würden beide den Tag einfach genießen.

Wenige Tage später mussten Markus und ich uns von Opa verabschieden. Markus machte wieder große Augen, und ein wenig Wehmut lag schließlich doch in Viktors Blick. Heimrad dankte seinem Vater und gab ihm auch Geld für seinen Fleiß. Er war zunächst ärgerlich über seinen Vater gewesen, aber dann auch froh, dass er immerhin lange ohne Alkohol durchgehalten hatte. Auf der Autofahrt zurück nach Roding wird Heimrad seinem Vater ernsthaft ins Gewissen gesprochen haben, obwohl er natürlich wusste, dass man bei diesem Laster kaum an die Vernunft appellieren kann. Bei Heimrad hatte das schlechte Beispiel seines Vaters bewirkt, dass er frühzeitig eine große Abneigung gegen unmäßigen Alkoholgenuss entwickelte.

Nun war ich mit Markus wieder alleine, aber nicht sehr lange, denn als erste Besucherin kam meine Mutter und drückte Markus an ihr Herz. Leider hatten wir kein Bett und kein Zimmer für sie, aber in Fusch gab es eine kleine Pension. Mutti brachte einen Kindersitz mit, den man an dem langen Holztisch befestigen konnte. Dahinein wurde Markus ab jetzt zu den Mahlzeiten gesetzt.

Im Laufe der nächsten Wochen besuchten uns noch Manfred mit Ingelore. Sie wollten wohl bald wieder in die USA oder nach Kanada zurückreisen. So genau weiß ich das nicht und habe es auch nie erfahren. Wenn sie in München waren, lebten sie in der Wohnung meiner Mutter. Ihre Hochzeit, zu der sie uns einluden, sollte noch vor ihrer Abreise gefeiert werden.

Auch wir würden bald wieder in München leben, ich spürte es, es gab gar keinen Zweifel daran, in der Großstadt mit ihrem Lärm und den Autoauspuffgasen. Alles ist Einstellungssache, beruhigte ich mich, wie hatte ich mich einst in der Großstadt so uneingeschränkt wohlgefühlt! Heimrad fand es nicht so schlimm: Die vielen Autofahrten zwischen München und Fusch kamen ihn nicht nur sehr teuer, sondern kosteten auch viel Zeit. So argumentierte er einige Male. Das Standesamt für unsere bevorstehende Hochzeit hatte er bereits ausfindig gemacht. Es lag nicht im Gärtnerplatzviertel, zu dem die Klenzestraße gehört, in der er nach wie vor sein Atelier hatte und auch wohnte, sondern in einem Nachbarviertel, wenn nicht gar in der Au. Ich würde also im selben Jahr wie mein Bruder heiraten.

Wir waren wieder in München. Heimrad war ganz in seinem Element und konnte wieder ohne große Unterbrechungen malen. Er sei gerade in guter Verfassung, was das Malen betreffe. Diese Phase wollte er möglichst ungestört ausnützen. Wer weiß, wie lange sie anhalten würde?

Das Kochen auf der kleinen Kochplatte in seiner Wohnung solle ich möglichst seinlassen, wir würden, meinte er, lieber ins Gasthaus gehen. Das würde Markus auch gefallen.

Für einige Tage, bat er mich, bei meiner Mutter zu wohnen, was aus verschiedenen Gründen besser wäre. Ich hätte genügend Zeit für Markus und meine Mutter ihre Freude.

So ist das Leben, wenn man ein Genie (oder klingt das zu hochtrabend?) als zukünftigen Ehemann hat. Das ist der Preis, aber hätte ich es anders gewollt? Einen Mann, der morgens das Haus verlässt, abends zurückkehrt? Ein Tag gleicht dem anderen, keine unerwarteten, nur berechenbaren Abläufe? *Mein* Leben allerdings zwang mich zur Regelmäßigkeit. Heimrad hatte das längst erkannt, fand es auch gut so, aber das galt in diesem Maße eben nur für mich. Er bewunderte es beinahe, wie ein Kind das Leben der Mutter in den Griff bekommt.

Genialität sei nicht berechenbar, meinte er, sie packt einen Menschen, wann es ihr gefällt.

Die Hochzeit meines Bruders und seiner Frau fand im März 1964 statt. Die Trauung wurde in der Christengemeinschaft in München von einem Pfarrer vollzogen. Die Hochzeitsfeier fand mit einigen Verwandten und Freunden in der Wohnung von Frau Pretzer, der Mutter der Braut, statt. Der Mann von Frau Pretzer war schon gestorben.

Bald stand den beiden wieder die Rückkehr nach Amerika bevor. Die Zeit bis zu ihrer Abreise nutzten sie für Treffen mit guten Freunden, mit denen sie sich über ihr anthroposophisches Gedankengut austauschen konnten.

Ich war bei Heimrad im Atelier, den Farbgeruch hatte ich lange vermisst. Ihm beim Malen zuzusehen war für mich, obwohl sein Vorgehen immer dasselbe blieb, ein faszinierendes Erlebnis. Wenn er das Gemalte begutachtete, wandte er den Kopf hin und her, um es aus den unterschiedlichsten Perspektiven zu sichten. Er hantierte mit Spachteln und Pinseln, oder Stofffetzen, manchmal auch anderen Werkstoffen, die er ins Bild mit hineinbaute. Farbe tropfte überall, aus kleinen und großen Dosen.

Am Abend gingen wir wie ein Liebespaar über einige Umwege so lange spazieren, bis wir unser Wirtshaus erreicht hatten. Heimrad wollte, wie meist, Lunge mit Knödel essen.

Als wir wieder auf der Straße waren, zog Heimrad sein Portemonnaie aus der Hosentasche und gab mir einen 50-DM-Schein mit den Worten, ich solle mir dafür das Hochzeitskleid kaufen. Hierzu gab es keinen Kommentar. Er begleitete mich noch zu der Straßenbahnhaltestelle am Sendlinger Tor, zog mich an sich, wir küssten uns, er ließ mich wieder los und verschwand. Spät am Abend kehrte ich in die Barer Straße zu Mutti und Markus zurück.

Markus schlief schon, als ich bei Mutti ankam. Mutti meinte, wie brav Markus gewesen sei. Nur beim Zubettbringen habe er geweint. Ja, das war mir klar, da habe er meine Abwesenheit am meisten gespürt und deshalb protestiert. Aber, so meinte meine Mutter, der Tag sei auch anstrengend gewesen. Ich versicherte ihr, morgen den ganzen Tag hier zu bleiben. Wie würde es werden, wenn wir bald zwei Kinder haben? In der Klenzestraße konnten wir nicht länger wohnen. Ja, es gab noch Fusch. Aber würden wir mit dem neuen Kind, einem winzigen Baby, dort leben können?

Am nächsten Tag war einer meiner ersten Gedanken, was für ein Hochzeitskleid mir wegen meines dicken Bauches wohl noch stehen und passen würde. Vor einiger Zeit hatte mir Paolo Marinotti ein sehr schönes, schwarzes Kleid, das ganz aus Spitze gearbeitet war, geschenkt. Ich hatte es mir aus verschiedenen Kleidern aussuchen dürfen. Irgendwann würde ich wieder schlank sein, hoffte ich.

Ich verbrachte mit Markus die Zeit bis zu seinem Mittagsschlaf und dann machte ich mich auf den Weg zum Brenningmeyer, einem billigen Kaufhaus im Zentrum von München, das mittlerweile C&A heißt. Ein Kleid für nur *einen* Tag? Aber vielleicht könnte ich es mit Gürtel nach der Geburt des Kindes auch noch tragen. Ich sah mich in der Kleiderabteilung um und hatte mich schnell entschieden für ein weites, schwarzes Kleid. Ja, schwarz war schön und keineswegs zu düster. Also, noch ein wenig Schmuck. Ich wählte aus einem Korb gleich neben der Kleiderabteilung eine rote Rose aus Seidenstoff, die ich am Saum des Kleides befestigen würde. Ich hatte rote Sandalen mit hohen Absätzen zu Hause, die wären dazu passend. Das Geld würde reichen. Ich eilte zur Kasse und dachte dabei an Markus, der vielleicht schon aufgewacht war, aber Mutti war ja bei ihm. Der Karlsplatz war schnell erreicht, die Tram würde hoffentlich auch bald kommen. Markus war bereits wach und strahlte, als ich ihn auf den Arm nahm. Von seiner Omi hatte er sich heute nicht aus dem Bett nehmen lassen.

Die erforderlichen Formalitäten hatte Heimrad erledigt, und es wurde uns mitgeteilt, dass unsere Hochzeit am 29. Mai 1964 stattfinden würde, falls uns dieser Termin recht wäre. Das war er, zumal er zwei Tage nach Heimrads Geburtstag lag.

Nun stand uns die Arbeit bevor, die Gäste einzuladen, ohne dass wir jemanden vergessen durften. Heimrad behauptete, ein schlechtes Gedächtnis zu haben. Er notierte alle Namen seiner Verwandten, Freunde und mit ihm befreundeten Künstler. Die Einladungen wurden alle per Post verschickt, was viel Arbeit und ein großer zeitlicher Aufwand war. Einige, wie Lothar Fischer, hatten zwar ein Telefon, aber es sollte einheitlich sein und jeder wurde gleich behandelt. Heimrad klagte, dass die Hochzeitsvorbereitungen zu viel Zeit in Anspruch nähmen und er diese lieber fürs Malen nutzen würde.

Nach getaner Arbeit hatten wir zu nichts anderem mehr Lust. So kam uns die Idee, uns Anekdoten aus unserem Leben zu erzählen.

Ich begann mit der Geschichte von meinem Sturz von einem Schuppendach. Dieser hatte sich, ich war etwa fünf Jahre alt, mitten im Winter in Tirol ereignet. Ich fiel direkt auf den Kopf. Ich hatte mit einer Kehrichtschaufel Schnee vom Dach schaufeln wollen und dabei das Übergewicht bekommen. Als ich auf dem Boden im Schnee saß, drehte sich die Welt um mich herum im Kreis. Ich blieb so lange sitzen, bis das Drehen aufhörte, dann ging ich nach Hause. Ob ich Mutti mein Erlebnis erzählt habe, weiß ich nicht. Das Kreisen des Zaunes, der Bäume vor meinen Augen fand ich beinahe schön.

Das belustigte Heimrad nun doch und er meinte, dass die Geschichte genau zu mir passen würde. Ich hätte noch eine auf Lager, sagte ich, aber nun wollte er etwas erzählen.

In den Kriegsjahren waren in Roding die Soldaten in den Schulen untergebracht worden, sodass die Schulkinder auf Wirtshäuser ausweichen mussten. In dem Wirtshaus, in dem Heimrad Schulunterricht hatte, bestand der Speiseraum aus verwinkelten Nischen, in denen die Tische standen. Der Lehrer und die Kinder passten natürlich nicht an einen Tisch, sodass die Kinder sich auf mehrere Tische verteilen mussten. Für den Lehrer war es nun schwer, die Übersicht zu behalten. Das freute die Kinder und einige von ihnen krochen unter den Tischen herum, um mal hier, mal dort vor dem verdutzten Lehrer wieder aufzutauchen.

Ich stellte mir die Lage des Lehrers sehr plastisch vor, was bewirkte, dass ich mich vor Lachen bog und nicht mehr zuhören konnte. Auch Heimrad musste sich vor Lachen biegen, sodass er nicht mehr weiterreden konnte.

Nun kam ich wieder dran und meinte, was nun käme, hätte beinahe traurig geendet. Heimrad schaute ernst drein, aber ich hatte schon begonnen: „Mit Mutti und Manfred machte ich Urlaub in Reith im Winkel. Eines Tages beschlossen wir, zum Baden an einen Fluss zu gehen. Es war ein warmer, schöner Sommertag und wir, Manfred und ich, liefen barfuß entlang einer Wiese auf einem schmalen Weg. Mutti lief voraus. Plötzlich trat ich auf etwas und spürte einen schmerzhaften Stich in der einen Fußsohle. Ich jammerte und Manfred rief nach

Mutti, die sich umdrehte und uns etwas zurief. Wir waren gerade am Ziel angekommen. Mutti breitete die Decke auf einer Wiese aus und ging hinter ein Gebüsch, um sich den Badeanzug anzuziehen. Nun vollzog sich etwas in mir", Heimrad sah mich erwartungsvoll an, „was schwer zu erklären ist. Es begann sich um mich herum die Welt zu drehen, mich ergriff eine Angst und ich dachte nur, hoffentlich kommt Mutti zurück, bevor ich sterben werde. Mutti kam und wurde blass. Mein Gesicht und mein Körper waren übersät mit roten und blauen Flecken. Manfred stammelte etwas von dem Stich vorhin, Mutti packte mich, Manfred nahm die Sachen und wir rannten zurück in die Pension. An das, was nun folgte, habe ich keine Erinnerung. Als ich wie aus einem sehr tiefen und langen Schlaf erwachte, lag ich im Bett, blickte erstaunt um mich und sah Mutti neben dem Bett stehen. Wie erleichtert muss sie gewesen sein! Sie sagte, dass sie mir Milch zu trinken gegeben hätte und dann wäre ich in diesen tiefen Schlaf gefallen. Die Flecken im Gesicht und am Körper waren nun verschwunden.

Heimrad zog mich an sich, sein Blick war so lieb, als ob er Gott danken wolle dafür, dass er mich damals in meiner Kindheit am Leben gelassen hat.

Der Tag unserer Vermählung rückte näher. Markus bekam ein weißes Sommerhütchen, das ihm so gut stand. Mein schwarzes Kleid mit der Rose am Saum bewunderte Heimrad sogar und meinte grinsend: „Ein Glück, dass du frei von kleinbürgerlichen Vorstellungen bist, die Gäste werden es schlucken."

Nun kam der Tag unserer Hochzeit, der 29. Mai 1964. Alles was Rang und Namen hatte erschien. Das Standesamt war gut gefüllt. Die Herren erschienen in feiner Garderobe, viele ließen ihre Blicke umherschweifen. Meine Mutter fotografierte, so bekamen die Hochzeitsgäste später ein Andenken.

Heimrad trug einen dunklen Anzug mit Krawatte, und Markus saß in seinem Kinderwagen neben uns und machte große Augen. Er merkte, dass etwas Besonderes im Gange war, und versuchte mich im Blick zu behalten. Was wäre, wenn er unter dem Zeremoniell aufstehen oder lärmen würde? Ich konnte ihn nicht auf den Schoß nehmen, da ich einen Blumenstrauß in der Hand hielt, außerdem wäre es gegen jede Vorschrift gewesen. Wenn doch ein Fauxpas passieren würde, dachte ich, wäre das gar nicht so schlimm; ich kannte Heimrad, er hatte immer schon einen Faible für unvorhergesehene Ereignisse. Und Markus, der würde von dem Hochzeitszeremoniell so in Beschlag genommen werden, dass ihm nicht einfiele, Radau zu machen. Und wenn, dann würde Mutti sich sofort auf ihn stürzen.

Unsere Trauzeugen waren mein Bruder Manfred Maier und Paolo Marinotti, der italienische Millionär und Kunstmäzen.

Als der Standesbeamte seine letzten Worte gesprochen hatte und wir uns das Jawort gegeben hatten, war der offizielle Teil der Trauung zu Ende. Der Standesbeamte und seine weibliche Beisitzerin gratulierten uns mit Handschlag, während Markus mit einem gerührten Lächeln bedacht wurde. Auch sein Bravsein wurde allgemein gelobt. Nun begann das Umarmen und Händeschütteln. Von allen Seiten kamen Freunde und Bekannte auf uns zu und wünschten uns all das, was man Frischvermählten auf der ganzen Welt wünscht, also alles erdenkliche Gute. Manche Gäste kannten wir nur flüchtig.

Markus wurde von fremden Leuten hochgehoben, mit süßen, liebreichen Worten bedacht, was er sich gerade so gefallen ließ. Er war nicht ein Kind, das mit jedermann gleich anbandelte.

Eine kirchliche Trauung gab es anschließend nicht. Der Katholizismus, wie er ihn in seiner Kindheit erlebt hatte, hatte sich in Heimrads Seele nicht so nachhaltig eingegraben, dass er die Eheschließung damit absegnen wollte. Meine der Gedankenwelt der Christengemeinschaft, einem kultischen Beiwerk der Anthroposophie, verpflichtete religiöse Erziehung von Seiten meiner Mutter hatte in mir keinen so überzeugenden Eindruck hinterlassen, dass es für mich einen Grund gegeben hätte, mich in dieser Kirche trauen zu lassen; Heimrad hätte da ohnehin nicht mitgemacht.

Viele Jahre später kam ich zum wahren Glauben an Jesus Christus. Dank dem Himmel, dass wir damals vor halbherzigen Entscheidungen bewahrt geblieben sind.

Marinotti hatte ein mit Blumen geschmücktes, sehr nobles Auto mit Chauffeur gemietet. Winkend traten wir die Fahrt durch München zur Barer Straße an. Die beiden Trauzeugen fuhren mit uns in die Wohnung meiner Mutter, wo es einen kleinen, feinen Imbiss mit leckeren Drinks gab.

Ab Mittag waren unsere Gäste ins Fraunhofer eingeladen. Ein echtes bayerisches Wirtshaus in der Au, das heute jungen angehenden Kabarettisten ein Forum bietet, um ihr Talent zu erproben – jungen Menschen, die sich die ersten Sporen in ihrer Muttersprache, also auf Bayrisch, Österreichisch oder auf Schweizerisch verdienen wollen.

Heimrad hatte das ganze Lokal reservieren lassen, damit auch nicht angesagte Gäste noch Platz fänden. Die geladenen Gäste waren: Viktor und Carola Prem, die Eltern von Heimrad, Heimrads Schwester Ossi mit Ehemann Walter Schmid und ihrem Sohn Walterlein. Die beiden Cousinen von Heimrad, Linerl und Reserl, bei denen Heimrad frühe Kinderjahre verbracht hatte. Meine Mutter, Manfred und Ingelore, Maria Semel, eine Lettin und Freundin meiner Mutter, das Ehepaar Emil Meier, gute Bekannte meiner Mutter und Schrebergartenbesitzer in Freimann, meine Freundin Heide Lausen mit ihrer Freundin Ilija Bergh, Pianistin aus Dänemark, der Dichter Wilhelm Deinert, der Maler Karl Schlamminger mit seiner Frau Nasrin, eine Perserin und auch Künstlerin, Heide, die Schwester von Ingelore, mit Mann Juan de la Ossa, einem Spanier. Es erschienen noch weitere Gäste, die ich aber nicht zu benennen vermag, da zu viele Jahre seitdem ins Land gegangen sind. Die Schlammingers machten Musik und sangen Lieder, Carola gab einige Sketsche zum Besten, Ilija Bergh spielte am Klavier Klassik und Jazz. Es wurde fein gegessen, viel geredet, viel gelacht, was bis zum Abendbrot und danach noch anhielt.

Nun war der Moment gekommen, wo mir klar wurde, dass man mit einem Kind nicht mehr so unbeschwert dahinleben kann. Markus bäumte sich auf, schrie und weinte und hatte genug. Beinahe den ganzen Tag war er vorbildlich gewesen, aber nun reichte es ihm. Ich drückte ihn an mich und verabschiedete mich in Eile mit Danksagung von den Feiernden. Ich rief

Heimrad zu, er könne bleiben, so lange er wolle und solle auch die Geschenke nicht vergessen.

Markus war schon am Einschlafen, als ich mit ihm auf dem Arm in unser Atelier rannte. Dort legte ich ihn ins große Bett ganz an die Wand. Dem schlafenden Kind wechselte ich noch die Windeln.

Ich legte mich daneben und war glücklich über den gelungenen Tag.

Irgendwann kam Heimrad zurück, roch nach Alkohol, zumindest ein bisschen, aber ich war klug genug, nichts zu sagen. Dann lag er neben mir und was er noch murmelte klang nach Hochzeitsnacht. Aber plötzlich redete er irgendwie daraufslos, machte mir Vorhaltungen, und es schien mir, als gerieten wir tatsächlich in eine handfeste Auseinandersetzung. Er beschuldigte mich, dass ich zu jemandem seiner Rodinger Verwandtschaft nicht freundlich genug gewesen wäre. Ich wollte unbedingt verhindern, dass Markus wach wurde, und sagte in gedämpftem Tonfall zu ihm: „Nachdem Menschen eingeladen waren, die ich zum ersten Mal sah, weiß ich natürlich nicht, um wen es sich handelt. Aber morgen können wir die Sache eingehend besprechen." Ich wollte unbedingt keinen größeren Streit vom Zaun brechen und sagte nichts mehr. Heimrad war Gott sei Dank auch sehr müde, sodass er keine weiteren Äußerungen, die ihn noch mehr in Wut gebracht hätten, von sich gab.

Am nächsten Morgen weckte uns Markus mit Gebrabbel. Dabei saß er aufrecht im Bett und schwenkte sein Didituch hin und her. Sein Schnuller war weg. Ich begann, ihn zu suchen, denn Markus war unerbittlich, wenn dieses Teil fehlte.

Wir waren ausgeschlafen und der Streit vom Vorabend war vergessen. Heimrad hatte leichtes Kopfweh, welches der gestrige Alkoholgenuss ausgelöst haben musste, wie er meinte. Er sagte noch, dass er Alkohol möglichst meiden müsse.

Ich beeilte mich nun, für Markus das Fläschchen herzurichten und anschließend das Frühstück für uns. Heimrad zog Markus zu sich, der noch im Schlafsack steckte, und wollte ihm die Flasche geben. So konnte ich mich waschen und anziehen. Mein Bauch war so dick, dass er Heimrad zu der Bemerkung veranlasste, dass aus seiner Sicht, also aus der Sicht des Künstlers oder des Bildhauers, mein Anblick doch einen nicht uninteressanten ästhetischen Reiz habe. Aber ihm sei doch lieber, wenn ich schlank bin. Markus schrie, weil er nicht erlauben wollte, dass man sich während seiner Fütterung unterhielt.

Heimrad wollte sich heute unbedingt ungestört der Malerei widmen, was in der letzten Zeit durch zu viele familiäre Ereignisse nicht möglich gewesen war. Hier wären Markus und ich heute nur im Wege, also würden wir zu meiner Mutter fahren.

Hoffentlich kommen keine Künstler zu Besuch, meinte Heimrad, er wolle ungestört sein, während er seiner wahren Mission nachginge. Wir lachten über diese pathetische Rede, während ich meine Sachen zusammenpackte. Ich könne mit Markus mit der Tram fahren, sagte ich, was Heimrad absolut nicht wollte; also brachte er uns beide mit dem Auto in die Barer Strasse.

Unterwegs scherzte er mit den Worten, dass ich mir endlich merken sollte, dass mein und auch Markus' Familienname nun Prem lauten würde. Ich hatte tatsächlich Mühe, mich daran zu gewöhnen, dass ich nun von „Fräulein Maier" zu „Frau Prem" avanciert war. Für den Mann ändert sich durch die Eheschließung anscheinend nichts, zumindest nichts, was der staatlichen Verwaltung unterliegt.

Nun war es an der Zeit, eine Hebamme für die Geburt unseres zweiten Kindes zu suchen. Manfreds Frau Ingelore hatte eine Schwester mit Namen Heide, und diese hatte im Frühling ihre Tochter Tanja zur Welt gebracht. An sie wandte ich mich, und sie verwies mich an eine Hebamme in Pasing, sagte mir aber, dass diese, wenn das Kind in den Sommerferien zur Welt kommen würde, im Urlaub und somit nicht zu erreichen wäre. Im Notfall gäbe es noch eine Hebamme in Olching, an die ich mich wenden könne. Die für diese Information erforderlichen Telefonate führte ich bei Mutti, während sie mit Markus spielte oder mit ihm auf dem Spielplatz war. Sie liebte es, mit ihm alleine unterwegs zu sein.

Auch die Hebamme in Olching war telefonisch zu erreichen, und sie sagte, wenn es soweit sei, dass die Wehentätigkeit begonnen hat, solle ich kommen. Über 30 km zu fahren wegen der Geburt, dass würde Heimrad nicht gerade erfreuen, aber mit den im Vergleich mit einer Krankenhausgeburt wesentlich geringeren Kosten würde er natürlich zufrieden sein. Aber was wird sein, wenn das Auto gerade dann kaputt geht, wenn wir es so dringend brauchen? Dieser Gedanke beschlich mich, was mir reichlich töricht erschien. Ich hoffte, Heimrad würde am Abend kommen, dann könnte ich ihm die Neuigkeiten erzählen. Aber würde er heute nicht bis spät in die Nacht hinein malen? Das würde bedeuten, dass er im Atelier übernachten wird. Wenn das Malen völlig von ihm Besitz ergriff, dann war ein Aufhören nur noch möglich, wenn ihn die Müdigkeit gnadenlos dazu zwang. Immer gegen den Zeitgeist anmalen zu müssen, das kostet viel Kraft.

Mit einem zweiten Kind müssten wir unbedingt bei Mutti wohnen, was ich ihr schon angedeutet hatte. Ab Frühling des kommenden Jahres würden wir dann ganz sicher wieder in Fusch wohnen. Wie viele Tage würde ich dort mit beiden Kindern alleine leben müssen? Das ging mir durch den Kopf und noch anderes.

Bei Mutti schlief ich zusammen mit Markus in dem kleinen Zimmer, in welchem sich über dem Bett ein Bücherregal befand, was mich dazu motivierte, mir die Autoren und die Titel anzusehen.

Ich stieß auf den Namen Boris Pasternak und erstaunte über diesen sehr seltenen und schönen Namen. Ja, dachte ich, so soll das neue Kind heißen. Heimrad wollte ich den Namen vorschlagen, den er sicher mit Wohlwollen aufnehmen würde. Er liebte alles Ausgefallene und Einmalige. Was aber wäre, wenn es ein Mädchen würde? Ich hoffte, dass mir dann schon rechtzeitig der passende Name einfallen würde.

Am Tage darauf erschien Heimrad, war aber ziemlich erschöpft. Der Grund waren die vielen Stunden in denen er ohne Unterbrechung gemalt hatte. Aber er war guter Laune, hatte Hunger, begann mit Markus zu schäkern, warf ihn in die Luft, und Markus jauchzte. Mutti bereitete in der Küche das Essen zu. Heimrad begrüßte sie zuvorkommend, was mich auch in gute Stimmung versetzte. Ich war immer froh, wenn im Familienkreis so einigermaßen Harmonie herrschte.

Heimrad blieb über Nacht, er wollte sich ausschlafen, was er meinte verdient zu haben. Dass unser nächstes Kind in Olching zur Welt kommen würde, akzeptierte er wegen des günstigen Preises. „Wie lange es noch dauern würde", fragte er beiläufig. Ich nahm an, nach meinem Gefühl zu schließen, zirka noch vier Wochen. „Genaueres könne ich nicht sagen", meinte ich. „Bei Frauen zählen nur die Gefühle", bemerkte er.

Er kannte das ja schon: Wenn die Wehen beginnen, müssen wir losfahren. Es wäre besser, sagte ich zu Heimrad, er würde die letzten Julitage hier bei Mutti übernachten. Sie würde sich Zeit nehmen und sich ganz Markus widmen.

Heute ist der vierte August, und Heimrad und ich spazieren an diesem lauen Augustabend an dem Ufer der Amper in Olching hin und her. Die Abendsonne spiegelt sich in den kleinen Wellen, während es allmählich zu dämmern beginnt. Meine Wehen sind kräftiger geworden, was uns dazu bewegt, uns dem Haus der Hebamme zu nähern. Sobald eine Wehe kommt, muss ich stehen bleiben und so lange warten, bis sie vorüber ist, dann gehen wir weiter.

Heimrad liest das Namensschild: „Karras". Er läutet, und dann steht die Frau vor uns und bekommt beinahe einen Schreck. Sie sagt: „Oh Gott, jetzt kommen Sie auch noch. Ich hatte heute schon vier Entbindungen." Mir wurde beinahe übel, und Heimrad blickte verdattert drein. Dann bat sie uns lachend einzutreten und meinte, wir sollten es ihr nicht übel nehmen. Unser Kind würde ja auch nicht sofort kommen, sodass sie sich noch ein wenig ausruhen könne. Heimrad und ich schauten uns an, was die Hebamme als Abschied deutete. Dann umarmte er mich mit beinahe sorgenvoller Miene, verließ aber ohne mich das Haus.

Frau Karras nahm meine Tasche, stieg die Treppe hinauf und öffnete eine Türe, die in einen kleinen Raum führte. Ich folgte ihr. „Ziehen Sie bitte ihr Nachthemd an und legen Sie sich auf dieses Bett." Sie erkundigte sich nach der Intensität der Wehen und den ungefähren zeitlichen Abständen. Dann untersuchte sie mich und meinte, es wäre alles in Ordnung, aber einige Stunden könne es bis zur Geburt noch dauern. Wir befanden uns im Entbindungszimmer, in dem noch ein zweites Bett stand.

Die Hebamme legte sich in das andere Bett und meinte, wenn die Wehen sehr stark würden, solle ich sie einfach wecken. Ich dachte, wären wir erst morgen gekommen, so hätte Frau Karras ausschlafen können. Was wäre, wenn nun *noch* eine Frau mit Wehen kommt? Ein furchtbarer Gedanke!

Ich hoffte, Heimrad würde in die Barer Straße fahren, um bei Markus zu sein und Mutti zu entlasten. Ob Markus wohl am Abend einschlafen wird, ohne dass ich dabei bin? Solche Gedanken gingen mir durch den Kopf – unterbrochen durch die immer stärker werdenden und in immer kürzeren Abständen erfolgenden Wehen.

Bevor ich noch dazu kam, die Hebamme zu wecken, ging plötzlich die Türe auf und eine Frau trat in den Raum, die mich fragte, wie es mir gehe, und sagte, dass sie die Mitarbeiterin von Frau Karras sei. Während sie mir einen Einlauf machte, erwachte die Hebamme aus ihrem Schlaf, für den sie sich bedankte. Die Uhr stand bereits kurz vor Mitternacht. Mehrmals rannte ich auf die Toilette und die Wehentätigkeit wurde nun so heftig, dass Frau Karras ihre Vorbereitungen traf. Die Mitarbeiterin holte eine Babybadewanne aus Metall herein, die mit heißem Wasser gefüllt war. Ich fühlte den Drang zum Pressen, die beiden Frauen standen rechts und links neben dem Bett, hielten mich fest, warteten eine neue Wehe ab und Frau Karras befahl mir, fest in die Wehe hineinzupressen. Das wiederholte sich einige Male. Diesmal wollte ich vermeiden, verstärkt in die Augen hinein zu pressen, was ich bei meiner ersten Geburt getan hatte mit der Folge, dass ich am nächsten Tag lauter rote Punkte auf meinen Augäpfeln hatte.

Noch eine Wehe, mit allerletzter Kraft presste ich das Kindchen aus meinem Leib heraus. Ich war erschöpft und erleichtert. Die Hebamme legte mir das Bübchen auf den Bauch. Dann wickelte sie ihn in warme Tücher ein, bevor sie ihn mir zurückgab. Ich war glücklich. Boris schrie kurz auf. Er durfte bei mir liegen bleiben, während der in der Reisklinik geborene Markus schon nach kurzer Zeit fortgetragen worden war. Gebadet wurde Boris nur für wenige Sekunden. Nun sah ich, wie süß er war mit seinen schwarzen Haaren, den kleinen, zusammengeballten Fäusten und dem rosa Gesichtchen. Nie wieder würde ich in einer Klinik entbinden, entschied ich für mich.

Die Zeit war vorangeschritten, es war weit nach Mitternacht, eine warme Augustnacht würde bald dem Tag weichen. Bis zum Frühstück sollte ich im Entbindungszimmer bleiben, dann würde Boris einen Stubenwagen bekommen, der neben meinem Bett stehen sollte. Ich könnte ihn dann Stillen, sobald er Hunger haben würde.

Der Geruch eines Neugeborenen ist so ungemein süß, dass es nichts Vergleichbares gibt. Das Wickeln wollte die Helferin noch mit mir zusammen machen, da ich ja noch für einige Tage der Schonung bedurfte.

Am nächsten Tag meldete sich Heimrad telefonisch unten in Frau Karras' Büro, ließ mich grüßen und wissen, dass er froh sei, dass alles gut gegangen ist, erwähnte auch, dass er mich heute noch besuchen werde.

Geburten belasteten Heimrad sehr; ich wusste das, aber jetzt wurde es mir wieder ganz gegenwärtig.

Nun lag ich in einem Bett im Zimmer der Wöchnerinnen, wo ich von etwa vier Müttern, die wie ich vor wenigen Stunden entbunden hatten, begrüßt wurde. Hier war ich nun die Neue, die beglückwünscht wurde. Da Boris mein zweites Kind war, wurde indes nicht mehr so viel Aufhebens gemacht wie bei einer Erstgebärenden, für die das Erlebnis der Geburt noch ganz neu ist. Eine meiner Mitwöchnerinnen hatte schon ihr drittes Kind bekommen.

War diese Geburt nicht leichter als die erste? Doch, das empfand ich ganz klar, während ich zurückdachte. Nimmt nicht der Erstgeborene eine Sonderstellung ein? Alles ist neu und aufregend! Aber für sein Leben hat es nicht unbedingt einen Vorteil. Das weniger bekümmert sein meiner Eltern um mich, die ich eine Zweitgeborene bin, hat mir vielleicht gerade gut getan.

Am Nachmittag besuchte uns Heimrad, sah sein Söhnchen an, durfte ihn sogar auf den Arm nehmen, während er ihn genau ansah.

Auch er fand den unkomplizierten Umgang der Mütter untereinander bemerkenswert. Ich bestätigte ihm noch, dass die Babys immer bei ihren Müttern seien, auch nachts. Nur wenn sie schrien, weil sie hungrig waren oder gewickelt werden mussten, kamen sie aus ihren Körbchen. Heimrad lachte über meine übertriebene Mütterlichkeit, wie er meinte, andererseits war er wiederum froh, dass ich so war.

Wie lange ich hier bleiben würde, fragte er beim Abschied, und fügte noch hinzu, dass er morgen nicht käme, aber dafür übermorgen. „Ich denke eine Woche, aber länger nicht, nehme ich an." Er küsste Boris und mich, verabschiedete sich in den Raum hinein, winkte noch und verließ das Zimmer.

Bei meiner Mutter könnten wir wohnen, worüber wir sehr froh waren. Die beiden Zimmer, die Heimrad vor einiger Zeit in der Klenzestraße dazu gemietet hatte, wurden wieder an den Hausbesitzer, einen Juden, zurückgegeben. Bei Mutti hatten wir ein Bad, eine richtige Küche, also alles, um ein normales Leben mit zwei Kindern zu führen.

Was natürlich im Hintergrund wartete, war Fusch, unser Bergdorf, wo wir bestimmt nächsten Frühling leben würden. Boris wäre ein dreiviertel Jahr alt, alt genug, um mit dem raueren Leben inmitten der Bergwelt fertig zu werden. Aber das Hin-und-Her-Fahren von Heimrad zwischen München und Österreich würde ein fester Bestandteil unseres Lebens bleiben. Ich würde oft mit den Buben alleine sein, abseits vom Dorf und von anderen Menschen.

Boris schrie, ich nahm ihn aus seinem Bettchen und stillte ihn. Ich war froh, dass er trank, denn es war reichlich Milch eingeschossen und das schmerzte.

Als Heimrad zum zweiten Mal kam, erzählte er, dass Markus abends schreien würde, wahrscheinlich wegen meiner Abwesenheit. Mutti konnte mich nicht besuchen, weil sie Markus nicht mitbringen durfte.

Die Zeit für mich hier war schnell vorbei; einige der Mütter waren schon fort, andere waren neu gekommen. Abends im Bett dachte ich plötzlich, dass der Beruf einer Hebamme sehr schön und erfüllend sein müsste. Kindern ins Leben zu verhelfen, immer den ersten Schrei zu erleben, welch ein Glück! Aber es wird vielleicht auch traurige Erlebnisse geben.

Am nächsten Vormittag holte mich Heimrad ab. Ich dankte Frau Karras, und während ich Abschied nahm, empfand ich eine seltsame Zuneigung zu ihr. Dieselbe Zuneigung, die ich damals in der Reisklinik bei Markus' Entbindung zu Hebamme Helga empfunden hatte. Es war eine Dankbarkeit, die mich durch und durch ergriff. Den Wöchnerinnen rief ich alles Gute und auf Wiedersehen zu.

Heimrad erledigte mittlerweile den geschäftlichen Teil, mit dem er offenbar zufrieden war.

Ich hatte Boris in eine Decke eingewickelt, sein Köpfchen mit dem weißen Seidenmützchen schaute aus dem Päckchen hervor. Heimrad steuerte nun in ausgeglichener Stimmung den VW-Bus in Richtung München, während ich doch mit dem Gefühl einer leisen Schwäche oder Depression neben ihm saß: Wie wird alles weitergehen? Wie wird Markus mit der neuen Situation fertig werden?

Mutti erwartete uns bereits mit Markus auf dem Schoß. Er schaute mich an, aber wer schlief denn da auf meinem Arm? Das schien ihn doch zu irritieren. Boris übergab ich Omi, küsste Markus, zeigte ihm dann doch sein Brüderchen wieder, sagte zu ihm, dass dieser kein Besuch sei, sondern nun für immer hier bleiben würde; bald würde er auch mit ihm spielen können. So ganz einverstanden war er mit all dem nicht, vor allem weil ich mich viel um Boris kümmern musste, es drehte sich augenblicklich alles um ihn. Omi befasste sich verstärkt mit Markus, aber ins Freie gehen, was er sonst gerne tat, wollte er nicht. Hätte er mich mit Boris alleine gelassen, hätte Markus nicht mitbekommen, was ich alles mit seinem Brüderchen mache.

Heimrad amüsierte sich über das Geschehen, ließ uns aber bald wieder alleine und kehrte ins Atelier zurück. Zunächst konnte ich Boris mit Markus nicht alleine lassen, weil dieser sich mit den neuen Lebensumständen nicht gleich arrangieren wollte. Er hatte schöne hölzerne Bausteine von „Kunst und Spiel", und da konnte es doch passieren, dass er dem Boris damit einen Hieb versetzte. Aber nach wenigen Wochen, als Markus oft genug erfahren hatte, dass es so nicht geht, fügte er sich in das neue Leben mit seinem Brüderchen. Boris war nicht zimperlich, konnte kräftig schreien, was Markus wiederum Respekt einflößte. So haben sich die beiden mehr oder weniger zusammengerauft, wenn man das in diesem Lebensalter so nennen darf.

Boris sollte nun getauft werden, aus Gewohnheit natürlich in der Christengemeinschaft. Heimrad meinte: „Wozu das?" Ich sagte: „Aus Gerechtigkeitsgründen, weil Markus auch getauft wurde." Heimrad ließ mich gewähren, weil er sich ganz sicher war, dass ich nicht nachgeben würde. Die Paten standen fest, die Taufe fand statt, ob Heimrad zugegen war, bleibt im Ungewissen. Zur Feier mit einem Essen nach dem Zeremoniell war er bestimmt gekommen. Damals hatte ich den Unsinn einer Babytaufe leider noch nicht erkannt.

Weihnachten war vorüber, das Jahr ebenso, das Jahr 1965 hatte begonnen, der letzte Schnee war geschmolzen, Markus war zwei Jahre alt geworden, auf den Wiesen wuchsen noch vereinzelt Schneeglöckchen und Krokusse.

Heimrad ging es gut in der Malerei, was immer entscheidend war. Wir redeten über Fusch und unseren baldigen Aufbruch dorthin. Heimrad wollte vorher alleine fahren, um zu sehen, was alles zu tun wäre. Wie würde er das Häuschen vorfinden, in dem wir bald als Familie leben würden?

Er hatte vor, ein Bettchen für Boris zu bauen, was ich auch für das Wichtigste hielt.

Bei Omi, wie Markus seine Oma nannte, hatten wir es gut. Ich versuchte, sie nicht über Gebühr zu strapazieren, denn ihre sonntägliche Teilname an der Menschenweihehandlung in der Christengemeinschaft und der Besuch von Vorträgen in der Anthroposophischen Gesellschaft waren ihr sehr wichtig, sodass sie diese regelmäßig besuchte. Auch der geistige Austausch mit ihren gleichgesinnten Bekannten und Freunden war ihr sehr wichtig und forderte seine Zeit.

Heute war so ein Tag, Mutti war nicht da; Markus und Boris schliefen, Markus hatte leihweise ein Gitterbettchen bekommen und Boris lag in dem Stubenwagen. Es war ganz ruhig in der Wohnung, nur Heimrad plätscherte in der Badewanne. Erst morgen wollte er wieder ins Atelier. Welche Familienidylle dachte ich, aber wie lange? Es war März, und bis Mitte April wollten wir in Fusch sein, soweit es die Wetterlage erlaubte. Würden wir mit dem Auto bis ans Haus hinaufkommen, das war die Frage. Heimrad stand vor mir mit einem Handtuch um den Bauch gewickelt. Er sagte schmunzelnd, dass er Hunger habe, während er sich aufs Sofa setzte und sich gemütlich anzog. Er roch nicht nach Farbe, sondern nach Seife, was ich ihm auch sagte. Er schaute mich an und meinte, ob mir das lieber wäre, ich verneinte es kopfschüttelnd. Wir würden in der Küche essen, vom Vortag war noch genug da. Die Buben hielten ihren Mittagsschlaf.

Von Pfaffenschwendt und meinen frühen Kindertagen hatte ich Heimrad schon erzählt, aber von den Ferien, von diesen herrlichen Sommerferien, die ich viele Jahre hintereinander in diesem Bergdorf verbracht hatte, wusste er noch nichts. Ich erzählte während wir aßen.

Ab meinem zwölften Lebensjahres etwa musste ich ganz alleine diese Reise antreten. Weder meine Mutter noch sonst wer hatte Zeit und Lust, mich dorthin zu bringen. Es hätte auch mehr Fahrgeld gekostet; meiner Mutter reichte schon der Betrag meines Kinderfahrscheines. Aber mein Wunsch, sechs Wochen lang dort zu sein, war viel zu groß, als dass ich aus diesem Grund darauf hätte verzichten wollen. Gepäck hatte ich nicht viel, nur meinen Matchsack.

Als ich nach mehreren Stunden Fahrt an dem kleinen Dorfbahnhof ankam (manche Jahre musste ich noch in Wörgl umsteigen), erwartete mich schon eine Gruppe von Kindern, die mir jubelnd entgegenkam. Meine Ankunft hatte sich anscheinend schon im Dorf herumgesprochen.

Heimrad fragte: „Waren es mehr Mädchen oder mehr Jungens, die dich abholten?" „Ich glaube mehr Jungens", entgegnete ich. „Das dachte ich mir", sagte Heimrad, „und da war sicher auch einer dabei, der in dich verliebt war." Zuerst war ich überrascht, dann musste ich lachen. Heimrad ließ nicht locker bis ich ihm sagte, dass der in mich Verliebte Andreas Widauer hieß.

Gerade wollte ich noch von unseren endlosen Spielen, den tollen Bergbesteigungen und dem Hüpfen im Heu erzählen, da hörte ich die kräftige Stimme von Boris und eilte zu ihm. Nun war ich beschäftigt, während Heimrad in Ruhe zu Ende essen und seinen Gedanken nachhängen konnte. Boris schaute mich erwartungsvoll an, darauf wartend, dass ich ihn hochnahm. Nun schrie er wieder, aber da Markus noch schlief, verließen wir eiligst das Zimmer, um Markus nicht zu wecken. Er schrie weiter, während wir in die Küche zu seinem Papa gingen. Ich bat diesen, dass er Markus holen solle, sobald er wach war, da ich nun Boris stillen musste. Sein Hunger war bemerkenswert, aber nach dem Trinken und Wickeln, als er auf unserem großen Bett lag, war er gut gelaunt. Er griff nach einem Spielzeug, schob es mit seinem kleinen Händchen hin und her und gab dabei allerlei Töne von sich. Nun machte sich Markus bemerkbar, indem er mit einem Bauklötzchen von innen an die Türe haute. „Pass auf

Boris auf, dass er nicht vom Bett herunter fällt!", sagte ich und öffnete die Türe. Markus stand in seinem Schlafsack da und wollte ins Wohnzimmer. Er wollte nie etwas verpassen. Ich musste ihm eiligst den Sack ausziehen, danach sollte er aufs Töpfchen, aber er war schon bei Boris und seinem Papa. Dieser hob ihn ganz hoch, ließ ihn fallen und fing ihn wieder auf. Erst erschrak er, dann jauchzte er vor Vergnügen. Boris verfolgte den mehrmals sich wiederholenden Vorgang mit seinen Augen.

Solche Szenen mochte Heimrad, aber er könne sie, erklärte er, nur für kurze Zeit genießen. „Dir hingegen", so fuhr er fort, „ist dieser ganz auf die Kinder ausgerichtete Lebensstil geradezu auf den Leib geschrieben; ob wohl alle Frauen so sind?" „Nein!", erhob ich Einspruch, „aber jetzt ist er eben mein Leben." Davon wollte er nichts wissen: „Nein, du bist ein richtiges Weib, so wie Gott es vorgesehen hatte und wie es seit Urzeiten in der Bibel steht. Er kannte sogar die Bibel, was ich meinerseits nicht behaupten konnte. „Ein Mann", ergänzte er, „muss das, was eine Frau tagtäglich auszuhalten hat, nicht für längere Zeit ertragen, auch das ist biblisch."

Ich erklärte, dass Bilder zu malen doch eine viel größere Leistung sei, Kunstwerke, die auch anderen gefallen. Er wehrte ab und behauptete, eben nichts anderes zu können. Aber deine Gabe ist doch eine Bereicherung für die Menschheit! Er lachte laut auf und meinte, das würde sich erst noch herausstellen.

Wenn wir kein Geld bräuchten, meinte Heimrad nun, dann könne er ein Leben in Müßiggang sogar für einige Tage genießen. Da dem aber nicht so sei, müsse ein Mann durch seiner Hände Arbeit die Familie ernähren – wie groß diese auch immer sei. Ob das auch so in der Bibel steht, fragte ich. „Ja, in etwa schon", lautete seine Antwort.

Nun lagen beide Kinder auf dem Bett. Boris robbte darauf hin und her und griff nach einem Holzklötzchen, was ihm Markus schnell wieder wegschnappte. Aber Boris war schnell genug, um ein neues zu erwischen. Unsere Kinder hatten vorläufig nur naturbelassenes Spielzeug, das Mutti im Waldorfspielzeuggeschäft (bei „Kunst und Spiel") gekauft hatte. Nichts war aus Kunststoff oder anderen minderwertigen Materialien.

Wir wollten unser Gespräch, das wir während des Essens begonnen hatten, wieder aufnehmen, aber daran hinderten uns die Kinder, mal der eine, dann der andere. Markus bekam in der Küche etwas zu essen, unterdessen scherzte Papa mit Boris. Die Zeit verstrich, bald würde Mutti heimkommen, was bedeutete, dass ich aufräumen und abwaschen musste.

Aber die Geschichten zu meinen Sommerferien wollte Heimrad weiter hören und fragte, wie viele Kinder wir beim Heuhüpfen gewesen wären. „Das war ganz unterschiedlich, mal mehr und mal weniger." „Und der Andreas Wiedauer hüpfte immer hinter dir her. Was geschah, wenn er dich erwischte?" „Dann kreischte ich und wehrte mich, bis ich wieder frei war."

Wir mussten beide loslachen, und Heimrad nützte den Augenblick, packte mich so fest, dass ich mich nicht wehren konnte. Er drückte mich so lange an sich, bis ich mich ergab. Was hat er sich dabei wohl gedacht?

„In einem Bauernhaus lebte ein Familienmitglied, das geistig zurückgeblieben war. Ihm wurden die Augen verbunden, das Licht auf dem Flur wurde gelöscht, und wir spielten ‚Blinde Kuh'. Nun sollte Mascht uns fangen. Besonders wir Mädchen versuchten vehement, ihm zu entkommen. Erwischte er jemanden, so hielt er ihn eisern fest. Die Jungens ärgerten ihn noch zusätzlich, bis schließlich die Bäuerin hereingerannt kam, das Licht anmachte, schimpfte und versuchte, uns hinauszujagen. Meistens blieben wir trotzdem, aber leise zu sein war schwer.

Viele Altersgenossen waren aus ganz Deutschland angereist, verbrachten hier ihre sehr preisgünstigen Ferien, meist mit ihren Eltern. Sie kamen aus Nordrheinwestfalen oder anderen nördlichen Bundesländern, aber auch aus Wien. Nur Manfred und ich waren aus München und ohne Eltern hier.

Mutti brauchte nicht viel Pensionsgeld bezahlen, dafür bekam ich mein Bett in einem kleinen Verschlag auf dem Dachboden. Wo Manfred schlief, das weiß ich nicht. So eine kleine Liebelei bahnte sich zwischen Manfred und einem Mädchen aus Wien an. Nun hatten die anderen wieder einen Grund mehr, womit sie einen ärgern konnten.

Eine unserer spontanen Unternehmungen war die Besteigung der Buchensteinwand, für die wir uns oft erst am Nachmittag entschieden. Der Aufstieg begann gleich hinter dem Haus von Familie Foidl, in dem wir wohnten. Wir waren eine große Schar Halbwüchsiger, die lärmend und lachend und ohne genauen Plan die Anhöhen hinaufliefen. Meine Schuhe bestanden nur aus einem Lederriemen oben und einer Holzsohle unten. Hosen für Mädchen gab es noch nicht, also trugen wir immer Röcke. Das war luftig und schön.

Wenn wir den Wildseeloder bestiegen, gingen wir früher los, denn die Wanderung dauerte viel länger. Dort oben war ein schöner Bergsee mit eiskaltem Wasser. Frau Foidl oder Gerda hatte mir und Manfred eine Brotzeit, genannt Jause, eingewickelt; die musste uns für den ganzen Tag reichen. Wenn ein Apfel dabei war, so war das für mich ein Fest.

Die Winterferien haben wir, soweit ich mich erinnere, nur einmal im tiefverschneiten Dorf verbracht. In den ersten Tagen bin ich mit den Skiern gestürzt und verstauchte mir den Fuß. Die Ferien waren für mich damit so gut wie beendet. Fast die ganze Woche verbrachte ich mit geschwollenem Fuß und Umschlägen im Bett.

„Du hast doch auch einige Frauengeschichten hinter dir?", wagte ich Heimrad nun doch einmal zu fragen und fuhr fort: „Da sind meine harmlosen Bekanntschaften aus vergangener Zeit, vor allem die, die in Verbindung mit meinen ausgiebigen Tanzabenden standen, doch eher harmlos."

Das sei bei einem Mann etwas ganz anderes, meinte er, der würde nur Erfahrungen sammeln und längst nicht jede heiraten. Ich verstand, dass eine Frau anders als ein Mann erst von ihrem Ehemann das Eheleben kennen lernen sollte. „Wie lange hast du denn darüber nachgedacht, ob du mich heiraten willst?" wollte ich nun doch wissen. Er lächelte ganz milde, sagte aber nichts.

Da Heimrad einige Jahre älter war als ich, hatte er natürlich mehr Zeit gehabt „Erfahrungen zu sammeln". Aber ich wollte seine Frauengeschichten nicht hören und sagte, sonst würde ich noch eifersüchtig werden. Er schmunzelte: Dazu hätte ich keinerlei Grund, er könne mir getrost alles berichten. Doch ich lehnte weiter ab: „Nun sollten wir lieber aufhören, bevor unser albernes Gerede noch in einen handfesten Streit ausartet."

Die Zeit verstrich, Heimrad war in Fusch gewesen, der Schnee lag nur noch auf sehr schattigen Plätzen, fahren konnte man mit dem Auto bis ans Haus, ein Gitterbettchen für Boris hat er gebaut. Nun stand unserer Abreise nichts mehr im Wege. Mit dem bequemen Leben, wie hier bei Mutti, wäre es dann vorbei. Eine Umstellung, irgendwie auch für die Kinder, aber auch gut, dachte ich, in dieser urigen, kargen und doch zauberhaften Bergwelt aufzuwachsen.

Mutti entließ uns, einerseits froh, andererseits auch ein wenig traurig, vor allem wegen der Enkel. Aber ich kannte sie, bald würde sie uns in Fusch besuchen.

Über die bayerisch-österreichische Grenze kamen wir einigermaßen unbehelligt. Ein Grenzbeamter erkannte uns und lachte, nachdem er bemerkt hatte, dass wir nun mit zwei Kindern unterwegs waren. In Zell kaufte Heimrad noch das Nötigste an Essen; so erreichten wir mit vollgepacktem VW-Bus unsere kleine Idylle. Markus stapfte alleine vom Auto zum Haus, während ich ihm erklärte, dass es unser Haus sei. Er sagte nur: „unser Haus". Ich trug Boris die Treppe hoch, unterdessen schleppte Heimrad die vielen Sachen herbei. Er musste mehrmals laufen, bis alles oben war. Seine Malutensilien brachte er gleich ins Atelier. Boris legte ich oben auf unser Bett, aber er begann zu schreien, weil alles fremd war und er sicher Hunger hatte. Also war es nun an Heimrad, sich um Markus zu kümmern. Die Sachen standen völlig ungeordnet im Raum herum. Die Luft war schlecht, weil die Fenster monatelang geschlossen geblieben waren. Heimrad riss sie auf, bald aber wurde es sehr kalt in der Hütte. Markus jammerte nun auch.

Ich vermutete, dass Heimrads Nerven nun bis zum Bersten angespannt waren. Aber er schwieg eisern. Er solle für sich und Markus Brotzeit herrichten, rief ich ihm zu, während ich nach dem Stillen auf Boris' Bäuerchen wartete. Er gluckste, siehe das Bäuerchen war geschafft, schrie jedoch weiter, war also noch nicht satt, und ich versuchte auf dem Gaskocher einen „Frau Holle Brei" der Marke „Demeter" zu kochen. Gott sei Dank war die Gasflasche noch nicht ganz leer. Boris war endlich satt und lag auf unserem Bett, robbte gleich herum und fand was zum Spielen. Ich hatte das Oberteil des Kinderwagens heraufgetragen, so hatte Boris sein ihm bekanntes Bettchen. Das neu gebaute Bett war ihm noch zu fremd und passte nur schwer in das Kinderzimmer.

Nun schrie niemand mehr, Heimrad und Markus waren satt, ich strich mir schnell ein Brot und fing an, das ganze Chaos zu ordnen.

Ich war froh, dass Heimrad hinunter ins Atelier gegangen war. Das würde ihn beruhigen. Diesmal hatte er auch Ölfarben und kleine Leinwände mitgebracht, was bedeutete, dass er nicht nur vorhatte zu aquarellieren oder zu zeichnen. Er erklärte, dass er nach all der Anspannung nun Ruhe brauche und froh sei, endlich einmal keine endlos diskutierenden Männer um sich zu haben.

Unterdessen war es Abend geworden. Markus stand auf einem Stuhl, sah aus dem Fenster, während Boris seine Stoffpuppe auf der Decke hin und her warf. Es war friedlich, eine brauchbare Ordnung hatte ich hergestellt, die Lebensmittel waren in der Küche untergebracht. Zwei Eimer mit Wasser hatte mein Mann bereitgestellt, aber zuvor hatte er das eine Ende des Schlauches in den Seitenarm des Wasserfalls tauchen und das andere Ende im Vorraum in die dazu bestimmte Wanne legen und mit einem Kochlöffel verschließen müssen. Die Bezeichnung „mein Mann" hatte ich bisher vermieden; sie hatte für mich immer etwas Besitzergreifendes an sich. Da andere Frauen sie jedoch häufig benutzten, beschloss ich nun, sie mir auch anzugewöhnen.

Die erste Nacht war vorbei. Heimrad war ausgeruht, gut gelaunt, was daran lag, dass der Schlaf ohne Störung verlief. Dank Heimrad prasselte im Ofen bereits das Feuer, was Markus anlockte, aber er hielt sich in gebührendem Abstand, was seinem vorsichtigen Naturell entsprach.

Nach dem Frühstück ging Papa mit „Marqui", wie Markus seit längerer Zeit genannt wurde, nach draußen und hinauf zu unserem geliebten Wasserfall. „Wenn ich mit Borilein fertig bin, komme ich nach", rief ich hinterher.

Boris strampelte lachend, was ich für Vorfreude hielt. Ein Baby von sieben Monaten, fühlt also schon, was bald kommen wird. Wahrscheinlich dadurch, dass ich mich auch darauf freute, den Wasserfall zu erleben. Wie bescheiden ist unser Leben hier, denke ich, dieses kleine Glück erscheint uns ganz groß. Das sage ich Boris auch, was bewirkt, dass er sehr aufmerksam zuhört und nicht mehr strampelt. Also beides auf einmal geht nicht.

Papa steht mit Markus am Geländer. Sie hören uns nicht. Das Rauschen ist zu laut. Plötzlich stehen wir neben ihnen, und Boris streckt seine Ärmchen dem brausenden, schäumenden Bach entgegen. Wir lachen alle vier.

Es ist Frühling, die Bäume erblühen. Besucher beginnen sich anzukündigen, wie wir es so ähnlich erwartet hatten. Meine Mutter würde ja eine Hilfe sein, aber zu viele Unterbrechungen wollte Heimrad nicht haben. Mutti kam wirklich als erste, ging mit den Kindern spazieren, Boris schob sie im Kinderwagen herum, was eine harte Arbeit in dieser Landschaft war. Oft nahm sie ihn auch heraus und trug ihn auf dem Arm herum. Sie wollte einige Wochen bleiben und hatte sich in einem Gasthof in Fusch einquartiert.

Im Laufe der nächsten Wochen folgten in zeitlichen Abständen weitere Gäste. Die Schwester von Heimrad mit ihrem Sohn und einer Freundin. Heide de la Ossa mit ihrer Tochter Tanja, die ein halbes Jahr älter als Boris war. Später kam Heides Mann Juan, der viel vom Handwerk verstand und zusammen mit Heimrad Arbeiten verrichtete, die am und im Haus dringend getan werden mussten.

Meine Schwiegermutter erschien auch, war mit meiner Mutter zusammengetroffen, was sehr schön war, denn so konnten sie gemeinsam mit ihren Enkeln kurzweilige Tage verbringen.

Mein Bruder und seine Frau Ingelore (Warum bekam sie kein Kind? Die Frage stand manchmal unausgesprochen in der Luft.) wollten nur kurze Zeit bleiben, ihre großen Zukunftspläne drängten zu baldigem Aufbruch.

Zum Malen nahm sich Heimrad dennoch Zeit. Nun konnte er hier auch in Öl malen, hatte aber zwischendurch immer wieder Lust zu Papierarbeiten. Auch Unterbrechungen in Form von Männerarbeiten warteten oft genug auf ihn.

Wie lange würden wir in Fusch bleiben können? Spätestens im November mussten wir von hier weg. Es würde ungemütlich kalt werden, und bei Frost lauerte die Gefahr, dass unser Wasserzulauf einfriert. Aber wo würden wir dann wohnen? Die Zukunft lag ungeklärt vor uns.

Nachts hörten wir gelegentlich die Mäuse auf dem Dachboden umhertoben. An warmen Tagen und Nächten waren sie Gott sei Dank draußen unterwegs.

Heimrad kündigte an, dass er für zwei oder drei Tage nach München fahren müsse, da Unterschiedliches zu besorgen und zu erledigen sei. Vor seiner Abreise befestigte er ein festes Schloss an der Zimmertüre. Eine Pistole hatte er schon für mich gekauft, für den Fall, dass … Er würde fahren, das war sicher, und ich fühlte mich wie die Frau eines Indianerhäuptlings, die die Ranch zu verteidigen hat. Der „Colt" war wirklich hübsch, und das Schießen nicht schwer. Markus wollte ihn auch mal haben. Danach versteckte ich ihn neben dem Bett, während mein Mann sich zärtlich von seinen Söhnen verabschiedete. Bevor er das Auto startete, kam ich mit Abschiedsküssen dran. Wir winkten, langsam bewegte sich das Auto den Berg hinab und verschwand vor unseren Augen. Markus sah mich groß an, sogar sehr ernst, Boris war vielleicht noch zu klein, aber was innerlich ein Kind erlebt, wer kann das wissen.

In der Nacht nahm ich die Buben zu mir ins große Bett, wo wir alle drei gut und ruhig bis zum frühen Morgen durchschliefen. Nun war es an mir, den Ofen zu heizen. Nicht nur wegen der morgendlichen Kälte, sondern auch wegen des warmen Wassers, das ich benötigte. Holz war genug da, was Markus dazu veranlasste, mir einen Scheit nach dem anderen vor die Ofentüre zu legen. „Nicht so viele!", sagte ich. Nun musste Markus aufs Töpfchen gehen, danach bekam er sein Frühstück. Füttern und Wickeln von Boris, selbst frühstücken, vorlesen und Bilder anschauen mit Markus aus dem schönen Buch. Abends beteten wir schon längere Zeit, vor dem Essen hatte ich es nun auch eingeführt. Ich dachte, das würde bestimmt wertvoll sein für die Kinder.

Der Tag war vorüber, alles war gut gegangen, wieder lagen wir alle drei müde im Bett. Die Kinder schliefen fest, ich auch, bis etwa um Mitternacht mit lautem Knall die Zimmertüre, die ich am Abend abgeschlossen hatte, aufsprang. Ich fuhr in die Höhe, völlig verwirrt tastete ich nach der Pistole, zitternd spannte ich sie. Die Türe stand offen, aber es war nichts zu hören. Und es blieb ruhig. Nur das Plätschern des Wasserfalles vernahm ich wie immer. Endlich getraute ich mich aufzustehen und zur Türe zu gehen. Wie konnte es sein, dass die Türe, die ich doch abgesperrt hatte, von alleine aufgesprungen war? War sie vielleicht doch nicht fest verschlossen gewesen? Würde ich wieder einschlafen können? Ja, das konnte ich, meine beiden Engelchen waren ja da. Die Nacht war herum, ich war froh, heute Abend würde mein Mann zurückkehren.

Noch am selben Abend kam Heimrad wieder, ich erzählte ihm alles, auch, dass ich hier keine Nacht mehr alleine sein wollte. Während er mich an sich drückte, lachte er nur und äußerte seine Zweifel daran, dass die Türe überhaupt vorschriftsmäßig zugesperrt war. Das beteuerte ich nachdrücklich, aber beweisen konnte man da jetzt nichts mehr.

Seine Botschaft war jetzt wichtiger, nämlich die, dass die gesamte Gruppe SPUR, eventuell noch einige WIR-Leute (die beiden Gruppen hatten sich inzwischen zusammengeschlossen) zu Besuch kommen würden. Heimrad sah diesem Ereignis mit zwiespältigen Gefühlen entgegen. Würde es zu einer Aussprache darüber kommen, ob das gemeinsame Arbeiten in einer Künstlergruppe weiter sinnvoll ist? Eine Frage, die auch Heimrad immer wieder gedanklich beschäftigte.

Nun aber spielte er mit den Kindern, herzte sie, scherzte mit ihnen, bis ich sie in ihre Betten brachte. Diese Nacht würde gut werden, ohne Furcht und Schrecken.

Heimrad zog etwas aus seiner Tasche und sagte: „Ich habe dir etwas mitgebracht." „Oh was für ein hübscher Pullover! Rosa, grüne und schwarze Streifen an den Ärmeln. Alles andere graue Wolle. Ein so süßer Pulli! Heimrad hatte wirklich Geschmack. Ich bedankte mich voll Freude und wir umarmten uns.

Die Nacht war herum. Heute wollte Heimrad eine große Flasche Wein kaufen. Wir hatten bereits festgestellt, dass wir zu wenige Gläser besaßen. Also mussten diese auch noch besorgt werden.

Der Tag kam, die Künstler stapften hörbar die Treppe herauf und schon standen sie im Raum. Boris hielt ich auf dem Arm, Markus saß mit großen Augen auf seinem Stühlchen.

Lachend, Witze machend, gestikulierend redeten alle auf einmal. Die Gläser und der Wein standen auf dem aufgeräumten Tisch, gekauftes Gebäck lag daneben.

Die Stimmung ist schwer zu beschreiben. Obwohl wieder viel geredet wurde, war doch eine Veränderung seit dem Zusammenschluss der beiden Gruppen eingetreten. Die Zugehörigkeit zu einer Gruppe bietet dem einzelnen Mitglied vielerlei Entfaltungsmöglichkeiten, aber irgendwann kann sie auch zum Hemmschuh werden. Dann nützt es auch nichts, Gruppen zusammenzulegen, dann braucht der Künstler wieder das Alleinsein. War Heimrad an diesem Punkt angelangt? Diskutiert, gefrotzelt, gelacht wurde bis zum Nachmittag. Bevor die Künstler zurück nach München fuhren, besuchten sie noch ein Wirtshaus, wohin Heimrad sie begleitete. Das Dorfwirtshaus hatte geöffnet, was nicht selbstverständlich war.

Heimrad kam zurück, es war spät, die Kinder schliefen. Er wirkte deprimiert und befreit zugleich. „Wir werden uns von der Gruppe WIR trennen oder auch beide Gruppen auflösen, zumindest aber die SPUR. Dann weiß ich aber nicht, wie es finanziell weitergehen wird. Einige haben Besitz und Häuser, wir aber nicht." Das waren seine Worte.

Ich erlebte wieder, was für einen feinen Charakter Heimrad hatte und wie aufrichtig er weiterkämpfen wollte. Nun hoffte ich, ihm die Sorgen ein wenig zerstreuen zu können, indem ich erklärte, dass wir, wenn wir wegen der Kälte hier nicht länger sollten bleiben können, bestimmt von meiner Mutter wieder aufgenommen werden würden. Dann könnten wir in Ruhe in München nach einer Wohnung suchen. Heimrad lachte über meinen Vorschlag, entgegnete nur, damit würden in München nur sehr Reiche erfolgreich sein.

Aber im Glauben an meine geringen Ansprüche an Wohnkomfort wollte er unser Los nun doch nicht länger beklagen, sondern erklärte, dass er schon einige Male an Jørgen Nash gedacht habe, der ein Freund der Künstler sei. Er lebe in Südschweden, Schonen (Skåne), mit seiner jetzigen Frau Lis Zwick und mehreren seiner Kinder auf einem großen Anwesen, genannt Drakabygget, also Drachenburg. Das klang für mich geradezu märchenhaft, während Heimrad eher daran dachte, dass Nash eine brauchbare Bleibe irgendwo in der Umgebung von Drakabygget für uns finden würde.

Wir genossen noch die Tage hier, während die Laubbäume sich rot und gelb färbten. Markus lief alleine, Boris trug ich auf den Armen, während Heimrad wieder in seinem Atelierraum arbeitete.

Es war kälter geworden, die Zukunft war ungewiss, aber bald würden wir Fusch verlassen müssen.

Ich ahnte nicht, dass wir nie wieder in dieses kleine Dorf an der Glocknerstraße zurückkehren würden, um hier zu wohnen.

Die Zeit des Aufbruchs war gekommen. Essbares musste verbraucht werden. Nichts sollte während unserer wahrscheinlich längeren Abwesenheit vergammeln. Den Wasserschlauch nahm Heimrad aus dem Seitenarm des Wasserfalls. Auch die Malutensilien packte er zusammen und trug sie ins Auto. Dinge, denen die Kälte nichts anhaben konnte, ließen wir hier. Alles andere kam in den roten VW-Bus. Mir war wehmütig ums Herz. Das spürte Markus und sah mich mit ernsten, großen Augen an. Boris lag auf unserem Bett, als ob nichts wäre, und spielte mit den Holzklötzen.

Vor der Abfahrt ging Heimrad noch zu Frau Mühlbauer und erklärte ihr, dass wir für längere Zeit abwesend wären; er meinte, es wäre besser, wenn man sie informieren würde. Markus wurde auf seinem Sitz im Auto angeschnallt. Boris lag oder kniete im Oberteil des Kinderwagens. Ich empfand es als ein Glück, dass die Pflicht des Angurtens im Auto, wie sie in den siebziger Jahren eingeführt wurde, damals noch nicht bestand.

Heimrad startete das Auto. Unterdessen blickte ich zurück, um ein letztes Mal das liebgewonnene Zuhause vor meinen Augen verschwinden zu sehen. Das Auto stand noch zweimal für kurze Zeit still: als mein Mann das Gatter öffnete und als er es nach dem Durchfahren wieder zumachte. Ich hatte Zeit, das Häuschen im Glanz der herbstlichen Nachmittagssonne mit den farbigen Sträuchern und Bäumen zu erleben, bis es langsam meinen Blicken entschwand.

In München wandte sich Heimrad gleich in einem Brief an Jørgen Nash, um ihm sein Anliegen mitzuteilen. Nash, der auch Deutsch sprach, schrieb uns, dass es ein Schloss namens Hjelmsjöborg in seiner Nähe gäbe, in dem eine große Wohnung zu haben wäre. Allerdings wohne dort zurzeit ein Maler namens Carl Magnus, der die Wohnung jedoch frei machen würde, um sie uns zu überlassen.

Nash war ein Mensch, der nicht nur rund um seinen Wohnsitz jedermann kannte, sondern auch darüber hinaus viele Kontakte und Beziehungen pflegte, ein Talent, dass ihn dazu befähigte, Menschen und Dinge in Bewegung zu setzen.

Also auf nach Schweden!

Vorher wurde noch ein groß angekündigtes SPUR- und WIR-Treffen in unserem Atelier in der Klenzestraße veranstaltet. Heimrad hängte alle seine neuen Bilder an die Wände und kaufte wieder eine große Flasche Wein. Die Kinder schliefen bei Mutti. Nun kamen sie, die Künstler, laut diskutierend die Treppe heraufgepoltert. Frau Schön war wieder verärgert. Schnell schloss Heimrad die Türe hinter ihnen. Alle blieben vor den Bildern stehen, lobten und kritisierten ungehemmt, gossen sich Wein ein und standen mit den Gläsern in der Hand herum. Der Wein wirkte, was den Sprachfluss, das Kritisieren, das Witzeln und das Gelächter verstärkte. Ich war die einzige Frau in der Runde, was zu manch einem Wortgeplänkel führte oder mit einem Flirt endete.

Der eigentliche Grund des Zusammenkommens war, eine endgültige Entscheidung bezüglich der Auflösung (oder vielleicht doch nur erneuten Trennung) der beiden Gruppen herbeizuführen. Die Diskussionen nahmen ungezügelt ihren Lauf, bis Heimrad schließlich kategorisch erklärte, dass mit dem heutigen Abend die Trennung der Gruppen vollzogen sei. Er fügte noch hinzu, dass er mit seiner Familie in wenigen Tagen zu Nash nach Drakabygget reisen würde. Nun waren die stark erhitzten Gemüter übermütiger denn je; der Abend zog sich hin und endete erst um Mitternacht. Schließlich wünschte uns der eine oder andere eine gute Reise oder bestellte Grüße an Jørgen Nash. Jeder kannte ihn durch mehrere Aufenthalte in Drakabygget.

Nun waren sie weg, die leeren Gläser standen überall herum, die leere Flasche war nicht mehr da.

Heimrad war erschöpft. Wir sprachen noch über den Abend, und ich fühlte wie ihn wieder eine leise Depression ankam. Gott sei Dank lag etwas Schönes und Neues vor uns, eine Reise in die Ferne mit den Kindern. So schliefen wir doch noch frohgemut ein.

Schon am nächsten Tag begann Heimrad mit den Vorbereitungen für unsere Abreise. Wo sollte er seine Staffelei, Keilrahmen, Leinwände und vieles mehr unterbringen, während unserer Abwesenheit? Er hoffte auf einen Lagerplatz, dachte an Helmut Sturm, der ein eigenes Haus in einem Vorort von München besaß. Nash würde gewiss ausreichend neues Malmaterial besorgen. Er kannte sich aus, wusste, wo es günstige Quellen gab.

Wegen des knappen Platzes im Auto könnten wir wirklich nur das Notwendigste mitnehmen, meinte Heimrad. Damit hatte er zwar recht, aber auf was alles würde ich verzichten müssen!

Das Packen und die Überlegung, was wirklich notwendig war, gestalteten sich dementsprechend schwierig. Was brauchten die Jungens für einen kalten schwedischen Winter? Ich hatte genug warme Wollsachen, insbesondere selbstgestrickte. Auch die Spielsachen sollte ich auf wenige Teile reduzieren. Als ich das hölzerne Schaukelpferd erwähnte und mitnehmen wollte, gerieten wir in einen handfesten Streit, der so endete, dass Heimrad mir strikt verbot, es überhaupt noch zu erwähnen, was mich sehr ärgerte. Markus, der es zu seinem ersten Geburtstag bekommen hatte, hatte noch immer Respekt vor dem Holzpferd, während Boris unbekümmert darauf herumwackelte.

Die hintere Bank nahm Heimrad aus dem VW-Bus, wodurch eine freie Fläche entstand, die wir mit Decken und anderem Bettzeug zu einem Schlafplatz herrichteten. Da konnten wir alle drei schlafen. Für Boris brauchten wir trotzdem noch das Oberteil des Kinderwagens und einen Platz zum Wickeln. Er war hin und wieder unruhig in der Nacht oder schrie. Hinter dem Oberteil war genug Platz vorhanden, um all die Dinge unterzubringen, die einfach mitgenommen werden mussten.

Es war also ein mühevolles Hin und Her, bis wir endlich das Packen erledigt hatten. Wie lange wir in Schweden bleiben würden, wussten wir ja nicht.

Wichtig war, dass Heimrad genügend Bilder mitnehmen konnte, die in Schweden verkauft werden sollten. Zu dem Vorhaben würde Nash hoffentlich Vorarbeit leisten. Er würde herum erzählen, dass en tysk målare med sin fru och två barn (ein deutscher Maler mit seiner Frau und zwei Kindern) käme, der Bilder verkaufen will.

Bei Mutti konnten wir in meinem ehemaligen Zimmer noch Sachen unterstellen. Ob Heimrad seine Räume an einen Malerkollegen weitervermietete oder ob er dem Wohnungsbesitzer die Auflösung des Mietvertrages mitteilte, weiß ich nicht. Ich nehme das Zweite an. Der Mann sei Jude, erzählte mir Heimrad einmal, und habe ihm einige Male Schwierigkeiten wegen der Mietkosten gemacht.

Nun lag wieder ein Abschied vor mir. In die Wohnung in der Klenzestraße, wo unser gemeinsames Leben begonnen hatte, würde ich nie wieder zurückkehren. In das Atelier mit der Staffelei und dem Farbgeruch, in unser Ess-Wohn-Schlafzimmer, an dem viele Erinnerungen hingen. Wieder spürte ich die Wehmut in meinem Herzen. Heimrad konnte das gelassener hinnehmen. Er war und blieb immer Gast auf dieser Erde. Seine Devise war „Loslassen!" – das Neue würde dann von selber kommen. Frauen, so meinte er, bekommen die Kinder und das verurteile sie zu Bodenständigkeit.

Der Abschied von Mutti stand bevor. Wie lange würde sie ihre Enkelkinder nicht mehr sehen?

Sie würde uns besuchen, sobald wir sesshaft geworden wären; damit tröstete sie sich.

An einem Abend Anfang November 1965 fuhren wir los.

Wir hatten die Nacht vor uns, die Kinder würden schlafen, und auch wir könnten uns hinlegen, wenn Heimrad pausieren musste. Wir hatten noch Kaffee getrunken, der sollte uns länger wach halten.

München lag hinter uns, die Autobahn war leer, wir waren in guter Laune, was uns zum Plaudern über allerlei Erlebnisse oder Ereignisse anregte. Ich staunte, zu welchen Einsichten Heimrad durch Beobachtung der Kinder gelangt war. Ich fühlte, dass er wirklich sehr kinderlieb war.

Dabei hatte er selbst keine schöne Kindheit gehabt. Die mehrere Jahre währende Trennung von seiner Mutter in den ersten Kinderjahren warf einen dunklen Schatten über diese Zeit. Einmal sagte er, dass ihm das mehr bewusst geworden sei, seit er selbst Kinder hat.

Einige Stunden waren wir unterwegs. Ein VW-Bus, stammend aus den sechziger Jahren des 20. Jahrhunderts, konnte höchstens eine Geschwindigkeit von 120 Km/h erreichen. Oh, was war das? Ein Geräusch, vom Motor kommend, und das Auto blieb abrupt stehen. Was war passiert? Alle Versuche, den Wagen wieder flott zu machen, waren vergebens. Wo war Hilfe zu finden? Für Heimrad ein Schlag; auch ich war völlig ratlos. Doch es geschah ein Wunder: Wie war es möglich, dass um zwei Uhr nachts plötzlich ein Abschleppdienst herankam? Zwei Männer tauchten aus dem Dunkel auf, Retter in der Not. Sie sahen die beiden schlafenden Kinder, was ihnen ein Lächeln entlockte. Sie machten sich daran, den VW-Bus abzuschleppen, indem sie ihn mit einem dicken Seil an ihr Abschleppauto hängten. So zogen sie uns bis an eine Tankstelle mit Reparaturwerkstatt. Dort stellte man einen Getriebeschaden fest. Aber erst am Tage könne der Defekt behoben werden.

Die Kinder schliefen, und auch wir begaben uns ins Autobett. Heimrad war geknickt, nun also würde unser letztes Geld für das Auto draufgehen. Boris schrie kurz auf und Markus wurde auch wach, aber Gott sei Dank schliefen sie wieder ein. Heimrad sprach von dem Unglück. Es würde wieder gut werden, versuchte ich ihn zu trösten. Der Morgen war kalt und nebelig. Ich musste Boris wickeln und sollte zu diesem Zweck mit ihm ins Freie gehen. Heimrad wollte den Gestank im Auto nicht.

Zur Tankstelle gehörte eine kleine Gaststube, dort war es angenehm warm. Markus konnte aufs Töpfchen gehen, wir tranken einen Kaffee, Boris gab ich sein Fläschchen. Markus bekam eine Tasse mit Kakao, die er allerliebst mit Daumen und Zeigefinger in seiner Hand hielt. Es sah geradezu vornehm aus. Aber plötzlich, ganz unversehens, fiel ihm die Tasse aus der Hand und zerbrach am Boden in viele Stücke. Er weinte, aber der Besitzer, ein kinderlieber, freundlicher Mensch, holte schnell einen Lappen, Besen und Schaufel und putzte alles sauber weg. Er sagte leise, wir sollen der Inhaberin der Gaststube nichts davon sagen, sie würde sich aufregen und schimpfen.

Mittlerweile hatten wir erfahren, dass wir uns in der Nähe von Aschaffenburg befanden, also noch weit entfernt von Kiel. Ich sollte mit den Kindern die Gegend erforschen, aber nicht zu lange wegbleiben, da das Ende der Reparatur nicht voraussehbar sei. Heimrad blieb so nahe wie möglich am Auto. Markus führte ich an der Hand. Er war, wie meistens, verständig und aufmerksam. Boris trug ich auf den Armen, musste aber oft die Seite wechseln, denn er war schon ganz schön schwer. Markus hatte die zerbrochene Tasse nicht vergessen. Ich tröstete ihn mit den Worten, dass es nicht schlimm sei, er habe die Tasse ja besonders schön halten wollen. Ich küsste ihn, da lächelte er, und ich hoffte, dass er damit getröstet sein würde.

Wir sollten ja nicht zu lange ausbleiben, und da gerade ein kleines Gasthaus am Wege stand, gingen wir hinein. Es waren kaum Menschen da, die meisten Tische waren leer, und wir setzten uns an einen. Die Gastfrau war wenig begeistert, anscheinend hielt sie uns für hergelaufenes Volk, das sich in diesem Ort herumtrieb. Was wir bestellten, war gewiss nicht viel. Das brachte man uns auch, aber Boris begann gleich auf dem Tisch hin und her zu robben. Da kam die Bedienung empört angerannt und forderte mich in ihrem vulgären Dialekt auf, dass Gasthaus zu verlassen.

Das taten wir auch, sie sah mir mit unverhohlenen Blicken hinterher, bis wir wieder auf der Straße waren.

Wir gingen zum Papa, der uns gutgelaunt empfing, und ich erzählte ihm, wie wir von der Wirtin behandelt wurden. Markus und Boris schauten ihren Papa mit großen Augen an. Heimrad lachte, packte Boris und warf ihn einige Male in die Höhe. Boris kreischte vor Vergnügen. Dann kam Markus dran, mit dem man vorsichtiger umgehen musste. Heimrad nahm ihn auf den Arm und drückte ihn an sich, während Markus sagte: „Auto putt." „Nein", sagte Heimrad, „das Auto ist jetzt wieder repariert". Markus dachte nach und war zufrieden, scheinbar hatte er verstanden. Ich klagte noch wegen meiner unfrisierten Haare und dem langen Rock. Heimrad meinte: „Sicherlich hat sie dich für eine Zigeunerin gehalten. Zigeunerinnen sind meistens sehr schön, haben lange Haar und tragen lange Röcke und haben viele Kinder." „Aber wir haben doch nur zwei Kinder!" Heimrad schwieg so lange, bis er den nicht all zu hohen Preis der Reparatur erwähnte, worüber er sehr froh sei.

Wir befanden uns wieder im Auto, jeder an seinem Platz, alle waren aufgeräumt, auch Heimrad. Markus redete vor sich hin und blätterte in einem Bilderbuch. Boris versuchte Markus' Worte zu wiederholen, während er auf und nieder hopste. Heimrad hatte noch Essbares gekauft, Brötchen mit Belag. „Und für dich einige Äpfel", meinte er fürsorglich. Oh welche Liebe! Ob er auch ein Messer hätte zum Aufschneiden, wollte ich wissen. „Ja natürlich!" So konnte ich auch den Jungens einige Schnitze geben. Die Brotzeit war beendet, und nun stellte sich bei uns große Müdigkeit ein, was wegen der schlaflosen Nacht nicht verwunderlich war. Markus wollte auf meinen Schoß, aber das untersagte Heimrad entschieden, da es verboten sei, außerdem zu gefährlich. Markus jammerte, weil er vorgelesen haben wollte; das liebte er zu sehr, vor allem wenn es noch Bilder zum Ansehen gab.

Inzwischen hielten wir Ausschau nach einem geeigneten Rastplatz, wobei Heimrad jedoch mahnte, zu lange dürften wir nicht pausieren, er wolle noch heute bis Kiel zu Familie Jochimsen kommen. Ich kletterte schon mal über die Autobank nach hinten und legte mich hin. Bald begab sich auch Heimrad nach hinten. Wir legten die beiden Kinder zwischen uns und sangen ihnen Schlaflieder vor. Ich war so erschöpft, aber konnte Gott noch danken, dann schliefen wir alle vier.

Spät in der Nacht, Heimrad saß jetzt wieder am Steuer, kamen wir in die Nähe von Hamburg, wo wir wieder einen Schlafplatz ansteuerten, da Heimrad unbedingt pausieren musste. So war Kiel schon in greifbare Nähe gerückt, und morgen würden wir bei Familie Jochimsen ankommen. Welch schöne Aussichten lagen vor uns: ein richtiges Badezimmer, gekochtes Essen und ein großes Spielzimmer. Ein Telefon besaßen wir nicht, und das Handy war noch nicht erfunden, da sollten noch vierzig Jahre vergehen. Also konnten wir Jochimsens nicht anrufen, was ich als Glück empfand, ist doch das Leben im 21. Jahrhundert, wo jeder immer überall erreichbar ist, zu einer schwer erträglichen Last geworden.

Es war eine gute Nacht: Heimrad und ich, Boris und Markus erwachten gut gelaunt, ausgeschlafen und voller Freude im Herzen. Boris rollte über uns drei drüber, was Heimrad veranlasste, ihn wie gewohnt in die Luft zu werfen und aufzufangen. Markus stand mit einem Buch vor mir und sah mich bittend an: „Mami!" Bevor ich Boris wickelte, las ich Markus daraus vor, was ihn auch diesmal in Entzücken versetzte. Er versuchte, die Wörter, die ihm gefielen, ständig zu wiederholen oder konnte sie schon auswendig. „Später lese ich dir wieder vor", versprach ich ihm, denn nun, nachdem wir gefrühstückt hatten, drängte Heimrad zur Weiterfahrt. Wir hatten noch Reste vom Vortag, die auch Boris probierte, neben seiner aufgewärmten Frau-Holle-Demeter-Babyflasche. Boris hatte ich im Auto gewickelt, denn Papa war mit Markus eine Zeit lang draußen unterwegs.

Wir setzten unsere Reise möglichst schnell fort. Unterwegs horchte Heimrad immer wieder, ob der Motor nicht irgendwelche verdächtigen Geräusche von sich gäbe. Es war nichts zu hören, was Heimrad in gute Laune versetzte. Er begann, erfundene Geschichten zu erzählen, wobei er die Kinder immer wieder mit ihren Namen in die Erzählung mit einflocht. Markus lauschte genau, um die Erwähnung seines Namens nicht zu verpassen. Dann sang Heimrad Lieder, die man in der Oberpfalz singt und die auch ich schon kannte. So sangen wir beide, bloß klang bei Heimrad der Dialekt überzeugender. Markus redete mit dem Buch in den Händen vor sich hin, während Boris lautmalerische Töne von sich gab.

Allmählich veränderte sich die Landschaft. Die Kühe auf den Weiden waren schwarz-weiß, nicht wie die bayerischen braun-weiß. Das Land wurde flacher, Backsteinhäuser zogen am Straßenrand vorbei und wechselten mit schönen Fachwerkhäusern ab. Wie weit wird es noch bis zum Meer sein? Ich erzählte von der Insel Sylt, wo ich in meinem neunten Lebensjahr das Schwimmen erlernte.

Einmal mussten wir noch pausieren. Heimrad suchte nach Essbarem. Für Boris legte ich eine Decke auf die Wiese, auf der er vergnügt herumrollen konnte. Markus war damit beschäftigt, Bauklötzchen aufeinanderzutürmen, wobei Boris keineswegs dazwischenfunken durfte.

Ein Straßenschild mit der Aufschrift „Kiel" tauchte auf, und unsere Freude war groß, dass wir nun bald unser vorläufiges Ziel erreichen sollten.

Heimrad zog sein Notizbüchlein aus der Jackentasche und las laut vor: „Düsternbrooker Weg"

Diese Straße sollten wir nun suchen, wobei uns die genaue Beschreibung von Gretel Jochimsen dabei unterstützte. Ich betrachtete mir die Häuser und Plätze dieser norddeutschen Stadt, die auf mich einen noblen und gediegenen Eindruck machte. Auch Jochimsens wohnten in einem vornehmen Viertel. Siehe da, ich entdeckte das gesuchte Straßenschild, was uns sehr schnell zur richtigen Hausnummer führte. Ein großer umzäunter Garten lag vor uns und dahinter die prächtige Villa. So etwas kannten wir nur von Marinotti aus Mailand.

Heimrad schaltete den Motor ab, ich hob Boris aus dem Bus, Markus hielt sich beim Aussteigen an mir fest, und Heimrad drückte den Klingelknopf neben dem Gartentor.

Gretel kam uns auf dem schmalen Weg entgegen, riss das Tor auf und begrüßte uns auf die liebenswürdigste Art. Vor uns lag ein gepflegter Garten mit ebensolchen Sträuchern. Die Tochter Maren erschien hinter ihrer Mutter, zunächst schüchtern, dann tauchte Jasper, der Sohn, auf, noch auf wackeligen Beinchen, da nur einige Monate älter als Boris.

Markus klammerte sich an mich, während sich Boris auf dem Arm von Papa sicher fühlte.

Im Haus empfing uns ein sehr gediegenes Ambiente. An den Wänden hingen überall Bilder von den verschiedensten zeitgenössischen Malern. Skulpturen standen in Vitrinen und anderen dafür vorgesehenen Plätzen. Einige Bilder stammten von Heimrad. Auch Drucke verstorbener Meister konnte man entdecken. Gretel war begeisterte Kunstsammlerin, eine Leidenschaft, die ihr Mann, wie weit ist mir unbekannt, mit ihr teilte. Auch er hatte einen anstrengenden und anspruchsvollen Beruf, der allerdings nicht im Bereich der Kunst lag, sondern in dem der Wirtschaft.

Unsere Kinder und die anderen beiden schauten sich an, dann aber sagte Gretel: „Kommt mal her, wir gehen ins Spielzimmer." Ein eigenes Spielzimmer, welch ein Kindertraum! Die große Veranda war gefüllt mit Lego, Holzbauklötzchen, Autos, Geleisen und Zügen. Ein ganzes Dorf mit Kirche und Wirtshaus stand auf einem Regal. Puppen, fein gekleidet, saßen auf Miniaturstühlchen oder lagen in kleinen, weiß überzogenen Bettchen. Markus griff nach einem kleinen VW-Auto, seinem eigenen sehr ähnlich. Nun saßen plötzlich alle vier auf dem Boden. Maren, die ein Jahr älter als Markus war, begann sich Markus zu nähern, während Boris gleich Jasper sich an den kleinen Stühlen emporzuziehen versuchte.

Gretel und Heimrad saßen in dem angrenzenden Wohnzimmer, wo sie sich anscheinend sehr angeregt unterhielten. Ich schaute den Kindern zu. Hätte ich das Spielzimmer verlassen, wäre mir Markus sofort gefolgt und auch Boris hätte meine Abwesenheit schnell bemerkt und wäre Markus hinterhergerobbt.

Gretel tauchte wieder auf und wollte wissen, ob sie sofort ein Essen zurecht machen solle oder ob wir mit dem Essen warten könnten, bis ihr Mann Reimut am Abend nach Hause käme.

„Danke!", entgegnete ich, wir hätten vor kurzer Zeit Brotzeit gemacht, also könnten wir warten. Einen köstlichen Fruchtsaft bekamen die Kinder schon vorneweg. Ich hielt Boris das Glas an den Mund und hoffte, dass wir nichts verschütten. Markus hielt das Glas mit beiden Händen fest, anscheinend erinnerte er sich noch an die zerbrochene Tasse in dem Rasthaus neben der Autowerkstatt.

Allmählich wurde es laut. Maren und Jasper schleppten Papier, Wachsmalkreiden und Bücher herbei. Markus begann gleich zu blättern, vertiefte sich in die Bilder, während Jasper und Boris seitenweise Papier vollkritzelten. Ich verließ leise den Raum, ging ins Wohnzimmer und bekam eine Tasse Kaffee. Oh wie lecker! Markus bemerkte meine Abwesenheit, schrie, ich rannte die paar Stufen hinunter, glänzende Tränen liefen noch über seine Bäckchen, während er mich anstrahlte; ich hob ihn hoch und nahm ihn mit an den Kaffeetisch. Boris bemerkte nun das Verschwinden seines Bruders und robbte die Treppe nach oben, so gut er konnte. Unterdessen waren auch Maren und Jasper am Kaffeetisch erschienen. Die Kinder bekamen Kakao und Kekse, die auch Heimrad und mir schmeckten.

Gretel lachte herzlich, als sie die Anhänglichkeit unserer Kinder bemerkte. Ich fand dieses Verhalten ganz normal. Nun ergriff Heimrad das Wort und meinte, er fände es gut, wenn Kinder so lange ausschließlich mit ihren Eltern zusammen sind, bis äußere Umstände, wie zum Beispiel der Schulbesuch, daran etwas ändern würden.

Ich war froh, dass mein Mann so entschieden für unseren Erziehungsstil eintrat und überlegte, ob nicht auch seine Biografie ihn zu den Äußerungen bewogen haben könnte. Gretel hatte eher mich als Urheber seiner Ansichten in Verdacht.

Gretel war eine sehr intelligente, hoch studierte Frau mit Doktortitel. Sie hatte Kunstgeschichte studiert und war eine beruflich erfolgreiche Kunsthistorikerin.

Es war Abend geworden, Reimut erschien, begrüßte uns freundlich und schmunzelte angesichts der Kinderschar. Er war ein kräftiger Mann, nicht zu groß neben Gretel, die eher zierlich war.

Die Fragen und Antworten flogen so lange hin und her, bis Gretel für Ruhe sorgte und das vorbereitete Abendessen aus der Küche hereintrug. Boris hatte ich zuvor ein Fläschchen gekocht, das er mit Genuss trank; dann durfte er noch mit Häppchen an unserem Essen teilnehmen.

Später beschloss Gretel, unsere beiden Jungens zu baden, wozu sie zwei kleine Wannen mit warmem Wasser füllte und in die große Wanne hineinstellte. Inzwischen hatte ich die Buben ausgezogen, Markus sah mich, wie so oft, mit großen Augen an, wenn etwas Besonderes bevorstand. Ich setzte ihn vorsichtig in das Wännchen, während Boris schon kräftig mit seinen Händchen im Wasser herumplanschte. Heimrad schaute zu und lachte, auch dann, als er manchen Spritzer abbekam.

Als die Buben aus dem Wasser kamen und die Tröpfchen an ihnen herabrollten, sahen beide so süß aus, wie kleine nasse Putten oder Barockengelchen, die ins Wasser geraten waren. Boris' Haare standen von seinem Köpfchen ab, während die Löckchen von Markus glänzten und sich kringelten. Selbst Heimrad war entzückt von seinen hübschen Kindern. Gretel wickelte beide in Babyhandtücher ein. Ich musste Boris noch frisch windeln, was ich im Badezimmer erledigte. Markus war schon von seinem Papa ins Wohnzimmer gebracht worden. Nun bekamen beide von Gretel frische Wäsche und Nachtanzüge. Nicht nur die Anziehsachen der Kinder, sondern unsere gesamte Kleidung wollte Gretel vor unserer Abreise in ihrer Waschmaschine waschen. Aber das war nicht allzu viel.

Das Schlafzimmer, das man uns anbot, war wirklich ein Traum – mit einem riesigen Doppelbett. Die Jungens sollten in einem Extrazimmer schlafen, was daran scheiterte, dass die Kinder so laut brüllten, dass sie zu uns ins Zimmer durften. Das überraschte uns beide nicht. Die Nacht verlief ruhig – nachdem ich noch eine kleine Geschichte den Buben vorgelesen und mit ihnen gebetet hatte. Ich fühlte wieder mein Glück und bemerkte, dass auch Heimrad dieses Glück empfand.

Am nächsten Tag hatte Reimut frei, und wir fuhren alle zusammen in einem großen Auto an die nicht weit entfernte Ostsee. Wie schön war das, wieder einmal am Meer zu sein! Es war schon lange her, dass ich das letzte Mal am Meer war. Wir liefen den Sand am Ufer entlang, aber in Schuhen, es war Herbst und schon sehr kalt. Papa trug Boris, Maren ging voraus, Markus hielt meine Hand fest, Jasper wurde von seinen Eltern geführt, er war ja noch sehr langsam.

Wir wollten noch eine Nacht in Kiel bleiben, aber zuvor hatten Gretel und Heimrad noch geschäftlich miteinander zu tun. Ich nahm an, sie wollte ein Kunstwerk kaufen, was bedeutete, dass wir Geld bekämen, welches wir dringend benötigten.

Die Nacht war herum, und noch heute würden wir diese bürgerliche, gutsituierte Welt wieder verlassen. Es war sehr schön, aber die Zeit war zu Ende, was Gretel doch bedauerte. Gerne hätte sie uns noch einige Tage hier behalten. Heimrad wollte weg, um bald wieder malen zu können, das hoffte er zumindest. Nach einem herzlichen Abschied von der Familie fuhren wir mit unserem Bus nach Travemünde und dann auf eine Fähre, die übers Meer nach Südschweden fuhr. Was mir auffiel, waren die großen Mengen an alkoholischen Getränken, die von den Passagieren gekauft und hierhin und dorthin getragen wurden. Ohne eine Flasche in der Hand sah man nur wenige Passagiere. Selbst diejenigen, die schon rote Köpfe hatten, wollten mit dem Trinken nicht bis zur Ankunft warten.

Heimrad sagte, der Alkohol wäre hier zollfrei, also steuerfrei zu haben und deshalb sehr billig. Die Atmosphäre hier empfand er als ziemlich unangenehm, Saufgelage stießen ihn einfach ab. Ich war unbelastet und schaute dem Treiben gelassen, beinahe belustigt zu; es mangelte nicht an schrägen Typen, die neugierige Blicke auf uns richteten. Heimrad meinte, dass die Blicke nur mir gelten würden. Ich unterbrach ihn und gab zu bedenken, dass er wie ein richtiger Maler aussehe, was die Menschen faszinieren würde. Boris und Markus drückten sich immer enger an uns. Wir waren die perfekte Bohemien-Familie.

Nach etwa zwei Stunden erreichten wir Trelleborg, das zu Skåne gehört, der südlichsten Provinz Schwedens. Die letzte Wegstrecke unserer Reise, die uns in den äußersten Norden von Skåne führen sollte, legten wir wieder mit dem Auto zurück. Für mich war es das erste Mal, Heimrad war schon einige Male in Drakabygget gewesen. Deutschland lag hinter uns und ein für mich fremdes Land lag vor uns. Die skandinavischen Sprachen, ob nun Dänisch oder Schwedisch, haben in meinen Ohren einen seltsamen Klang. Wenn ich an den Wohlklang einer romanischen Sprache wie Italienisch denke, das die Italiener, eine Fülle von Vokalen intonierend und dabei oft stark gestikulierend, gebrauchen, so kommen mir die nordischen Sprache eher holperig, hölzern, ohne rechten Zauber vor. Nun verstehe ich noch kein Wort, aber wenn ich länger hier gewesen sein werde, wird mir die Sprache doch auch mit ihrem spröden Charme gefallen.

Wir saßen wieder im Auto. Der Alkoholdunst war verschwunden, und wir waren hungrig. Heimrad fand das Brotzeitpaket, das Gretel uns eingepackt hatte. Für Markus gab es kleine Brötchen und Saft. Das Fläschchen für Boris, das in einem Wärmebehälter steckte, reichte ihm Heimrad, und er leerte es gierig. Dann konnten wir Erwachsenen essen – alles vom

Feinsten: Schinken, Käse, Brot, Obst und sicher noch mehr. Heimrad meinte, der noch hungrige Boris könnte aus dem Glas trinken, und schüttete ihm etwas Saft ein. Boris versuchte das bereitwillig, aber er biss in den Glasrand, was uns zum Lachen brachte. Heimrad erschrak und fürchtete, er würde vom Glas abbeißen. Wir nahmen einen Becher, aber nun begann er wieder, darauf herumzubeißen, was dazu führte, dass der Saft an seinen Mundwinkeln herunterlief. Ich konnte mir das Lachen nicht verkneifen, während ich ihm den Saft aus seinem Gesicht und von seinem Pullover wischte. Heimrad meinte, wenn ich lachte, würde Boris glauben, es wäre etwas Gutes, was er tut. Ich war mir sicher, dass er bald ordentlich aus Tassen würde trinken können.

Gretel waren wir sehr dankbar, berührt von ihrer Liebenswürdigkeit und angetan davon, wie gut sie uns versorgt hatte. Auch Reimut wird uns in bester Erinnerung bleiben.

Heimrad startete das Auto, nachdem er auf seiner Karte den Weg nach Örkelljunga gesucht und gefunden hatte.

Schweden zeigte sich nun doch von seiner schönen Seite. Wir fuhren durch Dörfer mit Giebeldächern auf den putzigen Holzhäusern, die rot oder gelb bemalt waren. Die Fensterrahmen waren strahlend weiß, und hinter den Scheiben hingen keine Gardinen oder Vorhänge herab. So boten sich uns kurze Einblicke ins Innere der Häuser dar. Die Fensterbretter zierten Blumen oder Kerzen. Keine Gartenzäune oder Hecken trennten die Nachbarn voneinander, von allen Seiten hatte man freien Zugang. Das war für uns in Süddeutschland Lebende doch sehr ungewöhnlich.

Die Straßen waren leer, und wir kamen schnell voran. Bald hatte ich doch einen Gesamteindruck von diesem stark bewaldeten nordischen Land gewonnen.

Heimrad sagte: „Jeder Schwede lebt im Wald." Das erschien mir auch so, denn Tannen und Fichten wuchsen einfach überall.

Örkelljunga war erreicht, was Heimrad mit Genugtuung erfüllte, da es nun nach Drakabygget nicht mehr weit war.

Jørgen Nash empfing uns mit lachenden Augen und breitem Grinsen. Er stand mitten auf seinem großen Hof, auf dem Kinderspielzeug, Räder, Sandhaufen, Reste von Keilrahmen, leere Farbtöpfe und andere ausgediente Malutensilien herumlagen, die auf seinem Anwesen gastierende Künstler übrig gelassen hatten. Ein großer, zottiger Hund trottete langsam heran. Der sei völlig ungefährlich, meinte Nash, nachdem Heimrad und er sich mit Hallo und Umarmung begrüßt hatten. Markus, der noch im Auto saß, wollte nicht aussteigen, als er den Hund sah. Nash umarmte mich mit Boris zusammen. Nachdem er den Hund verscheucht hatte, wurde Markus von seinem Papa vorsichtig ins Haus getragen.

Bald waren die beiden Männer ins Gespräch vertieft, welches Nash teilweise auf Dänisch, vorwiegend aber auf Deutsch führte, was er gut beherrschte. Er war durch und durch Däne, was ihn von den distinguierten, eher zurückhaltenden kühlen Schweden unterschied. Die Dänen galten als die temperamentvollen Südländer unter den skandinavischen Völkern.

Das geräumige Wohnhaus war angefüllt mit vielen Möbeln, vor allem mit Sitzgelegenheiten, Sofas, aber auch Tischen, und an den Wänden hing eine Menge Wandschmuck. Es sah so aus, als würden hier viele Menschen ein und ausgehen – und so war es ja auch. Nicht nur Künstler verschiedenster Couleur nisteten sich hier ein, das Haus stand offensichtlich auch sonst für jeden offen. Oben unter dem Dach, sagte Heimrad, befände sich ein riesiger Raum, wo Künstler gemeinsam malen und diskutieren könnten.

Es wirkte unaufgeräumt und, wie Heimrad fand, sogar ein wenig schmuddelig. Hinter vorgehaltener Hand flüsterte er mir zu: „Hier können wir nicht lange bleiben." Inzwischen erschien Nash wieder und stellte Brot, Wurst, Käse, Gläser und gefüllte Flaschen auf einen Tisch. Besteck sollten wir uns einfach holen.

Ein kleines Kind kroch auf dem Boden herum, näherte sich dem Futternapf des Hundes und langte mit den Fingerchen nach dem Gefäß. Dann schleckte es die Hand ab. Mich rührte das, weil es so süß aussah, Heimrad jedoch hielt das Verhalten des Kindes für gesundheitlich bedenklich.

Liz, die Frau von Jørgen, war nicht da, erschien aber später und begrüßte uns so, wie man Leute in einem Haus begrüßt, wo ständig viele Personen ein und ausgehen. Ich fragte, wo ich Boris wickeln könne. Eine Armbewegung von links nach rechts deutete mir an, dass das überall möglich sei. Nash war schon mehrmals verheiratet gewesen und hatte acht Kinder.

Heimrad wollte zur Sache kommen und fragte Nash, wann wir nach Hjelmsjöborg fahren könnten, um unsere Wohnung in dem uns zugesagten Kavalierflügel zu beziehen. Er habe noch zu tun, meinte Nash, würde uns aber am Abend zum Schloss bringen. Er redete mit Heimrad nun über Kunst, war voller Fragen und brachte Argumente vor, was mir deutlich machte, dass er ein Bewunderer von Heimrads Kunst war. Es sei ein Glück, hörte ich ihn schließlich sagen, dass Carl Magnus vor einigen Tagen, gerade noch rechtzeitig, ausgezogen sei, wiewohl er sicherlich noch allerlei im Haus zurückgelassen habe. Wir beide waren froh, dass wir überhaupt eine Bleibe bekamen.

Mit unserem Auto folgten wir Nash nach Hjelmsjöborg, das wir nach etwa einer halben Stunde erreichten. Das Wort „Schloss" war einige Male gefallen, was Markus geradezu euphorisch stimmte. Das, was in den Märchen, die ich den Kindern immer wieder vorlas, vorkam und wovon er schon so viel wusste, Könige, Prinzessinnen, Schlossgärten und Kutschen sollten für Markus nun Wirklichkeit werden. Plötzlich standen wir mit beiden Autos vor der Schlossmauer. Es gab darin ein großes Tor, durch welches wir über einen breiten Weg zum Eingang des Schlosses gelangten. Es roch nach Stall und Kühen. Richtig, fünfzig Meter vor uns lag ein großer Kuhstall, in dem der Bauer gerade beschäftigt war mit dem Melken der Kühe. Er sah uns, kam an die Stalltüre und begrüßte uns lachend. Nash erzählte ihm, dass wir aus Deutschland kämen und nun hier wohnen würden. Wir traten durch den Eingang des Kavalierflügels, jeder von uns ein Kind auf dem Arm. Eine lange, schmale Steintreppe führte nach oben. Links, sagte Nash, sei die Toilette. Die Türe einige Meter weiter hinten führte in einen großen Raum, den Heimrad nach kurzem Blick ins Innere zu seinem Atelier erklärte. Wir stiegen die nun folgende Treppe bis zum Absatz hinauf und standen in einer kleinen Küche. Nach dem Ersteigen des auf den Absatz folgenden Treppenabschnitts gelangten wir zum eigentlichen Wohntrakt, bestehend aus zwei Räumen. Plötzlich hatte es Jørgen eilig; ich dankte ihm noch herzlich, während er Heimrad die Hausschlüssel in die Hand drückte und verschwand. Es dunkelte schon, und Heimrad lief die Treppe hinab, um unser Gepäck zu holen. Das, was er zum Malen mitgebracht hatte, kam gleich ins Atelier.

Markus und Boris saßen schon auf den dunklen Holzstühlen mit den sehr hohen Rückenlehnen.

Sie sahen darauf wirklich wie zwei kleine Prinzen aus – so klein sie wirkten in diesen sehr hohen Räumen mit ebenso hohen Fenstern. Markus sagte: „Mami Schoss", während Boris versuchte, von dem Stuhl herabzuklettern. „Ja, Markus, nun sind wir in einem Schloss, hier, wo wir gerade sitzen, haben die Diener gelebt. Morgen werden wir in dem Schlosspark spazieren gehen und uns alles genau ansehen." Markus klatschte in seine Händchen und hopste auf seinem Stuhl hin und her.

Das Ambiente wirkte tatsächlich hochherrschaftlich. Heimrad kam beladen mit all unseren Sachen und legte sie auf das große Bett. Es gab noch ein kleineres Bett, da würde Markus schlafen. Aber wo würde Boris schlafen? Er schickte sich gerade an, auf dem Fußboden herumzukrabbeln – mit der Folge, dass sich der Dreck, den Carl Magnus zurückgelassen hatte, an seiner Kleidung wiederfinden würde. Als Heimrad zurückkam, erklärte er kategorisch, dass er morgen früh einen Eimer, einen Putzlumpen und einen Schrubber kaufen würde. Aber auch Essbares musste gekauft werden; einen Laden sollte es in nicht zu großer Entfernung geben, so hatte Nash erklärt.

Nun begannen wir damit, uns einzurichten mit dem, was wir vorfanden, und nachdem unser Bett so weit fertig war, entschieden wir, dass Markus und Boris mit einem Bett zufrieden sein mussten. Wir hatten in allen Räumen nach einem weiteren Kinderbett gesucht, ohne Erfolg. Das Bett, meinte Heimrad, sei so groß, dass die beiden es sich teilen könnten. Für die eine Nacht würde den Buben das sogar gefallen. In den nächsten Tagen könnte man Nash dann um ein zweites Bettchen bitten, denn in Drakabygget gäbe es bestimmt noch eines.

Nun begann wieder ein neues Leben in der Fremde, was für Heimrad einen Neuanfang auch in der Malerei bedeutete. Ich hoffte, dass die nun bevorstehende ungestörte Schaffenszeit – ohne Auseinandersetzungen mit Kollegen, allein der Kunst gewidmet – eine Weile gut gehen würde. Schon in wenigen Tagen sollte Heimrad versuchen, von den mitgebrachten Bildern, aber auch von jenen, die er dann gemalt haben würde, welche zu verkaufen. Nash kannte viele Menschen: Zu denen wollte Heimrad fahren, um Bilder zum Verkauf anzubieten. Er war zwar skeptisch, hoffte aber doch, Nash würde dank seinem Redetalent und seiner Leutseligkeit ihm zum Erfolg verhelfen.

Schon vor kurzem hatte ich es gemerkt, nein, ich war mir mittlerweile ganz sicher, dass ich wieder schwanger war. Sollte ich es Heimrad sagen? Ich war mir unsicher. Nein, lieber wollte ich so lange warten, bis er ein Bild verkauft haben würde.

Die Wohnung hatte ich geputzt; beide Kinder hatte Heimrad mitgenommen, so konnte ich ungestört arbeiten. Schließlich kam er mit einer schweren Tüte zurück. Lauter Esswaren, die er in dem nicht allzu weit entfernten Lebensmittelgeschäft gekauft hatte. Heimrad war froh, dass der Geschäftsinhaber einige Worte Deutsch sprach, was das Einkaufen spürbar erleichterte.

Die Buben hatten rote Backen und großen Hunger. Boris kochte ich sein Fläschchen, auf das er keineswegs verzichten wollte. Markus begann an einer Scheibe Knäckebrot zu knabbern, die so groß war, dass sie, hielt er sie sich vors Gesicht, sein ganzes Köpfchen verdeckte. Er versteckte sich dahinter und begann das „Kuckuckspiel" zu spielen, und wir mussten alle lachen. Boris wollte nun auch so eine große Scheibe Brot haben, bekam sie auch, nachdem die Flasche leer war. Gleich begann er darauf herumzunagen und versuchte es auch mit dem Versteckspiel.

Was wir sonst noch an Lebensmitteln aus der Tüte zogen, war, wie für Schweden typisch, gesüßt. Heimrad liebte Bratheringe, aber die landesüblichen unterschieden sich beträchtlich von denen, die er kannte.

In der kleinen Küche befand sich an der Wand ein Regal mit einigen Kochtöpfen, wenig Porzellangeschirr und Besteck, einer Spülwanne und einem kleinen Gaskocher mit zwei Flammen.

Heimrad meinte, man brauche im Prinzip nicht mehr zum Kochen. Streichhölzer und was man sonst noch braucht, wäre sicher so wie in Deutschland zu bekommen. Was es an Gemüse gibt, sagte er, der meine Neigung in diese Richtung kannte, das würden wir noch heraus bekommen.

Der Bauersmann, der die Tiere und den Stall versorgte, hatte sich schon gezeigt und anscheinend mit Nash verhandelt, woraufhin er uns jeden Morgen eine emaillierte Kanne randvoll mit Milch gefüllt auf die Treppe stellte. Wenn ich ihn sah, bedankte ich mich mit „Tack så mycket!", „Vielen Dank!", und der Mann strahlte. Die Buben bekamen frische Bauernmilch; von dem Rahm, der sich oben auf der Milch absetzte, nahmen wir für unseren Kaffee.

Carl Magnus war zwar ausgezogen, kam aber noch, um seine zurückgelassenen Sachen abzuholen. Dabei grinste er, sprach einige unverständliche Worte und verschwand wieder. Heimrad empfand wenig Sympathie für ihn, auch seine Bilder mochte er nicht.

Ein zweites Kinderbett hatten wir von Nash bekommen, der von dem Bauersmann erfahren hatte, dass sich ein solches auf dem Dachboden über dem Stall befand.

Nun wollte Heimrad endlich mit Malen beginnen und verschwand in seinem Atelier im Parterre des Kavalierflügels.

Boris versuchte, sich an Tischen und Stühlen hochzuziehen, aber, so eifrig er auch war, zum Ausgehen mit den Kindern, was ich unbedingt wollte, musste ich ihn doch noch tragen. Einen Kinderwagen sollten wir noch bekommen. Der Schlosspark, zu dem Markus „Schosspack" sagte, umgab das Schloss von drei Seiten. Markus fand so großen Gefallen am „Schosspack", das er das Wort auf dem ganzen Weg ständig wiederholte. Aber es war nicht nur der „Schosspack", der Markus faszinierte, sondern auch der kleine See, der darin lag, der „Schlosssee."

Markus hob Kiesel auf, schaute mich an und warf immer wieder einen ins Wasser, während Boris auf dem steinigen Boden saß, mit seinen Händchen die Kiesel herumwarf, wobei ab und zu auch einer ins Wasser fiel. Wir lachten beide, was er als Aufforderung weiterzumachen auffasste.

Die Wochen vergingen, wir lebten sorglos in unserem Schloss, beide Kinder hatten ein eigenes Bettchen, und Heimrad verbrachte die meiste Zeit ganz ungestört in seinem Atelier, sodass er sich intensiv mit der Malerei beschäftigen konnte.

Da wir unter den Fenstern Heizkörper hatten, die von einem riesigen Ofen im Keller aus erwärmt wurden, war es mir von meinem Mann auferlegt worden, mehrmals am Tage zwei lange Steintreppen hinabzusteigen, um mit einer großen Eisenschaufel den glühenden Schlund mit Kohlen zu versorgen. Aber ab und zu kümmerte auch Heimrad sich um diese Arbeit.

Heimrad und ich saßen noch plaudernd am Frühstückstisch wie jeden Tag. Markus spielte auf dem Fußboden mit Bauklötzchen, mit denen er sich auch unterhielt. Aber wo war Boris? Ich drehte mich um und, siehe da, Boris stand aufrecht auf seinen Beinchen die Arme von sich gestreckt, um das Gleichgewicht zu halten. Seine Augen strahlten. Wir jubelten, umarmten und küssten ihn. Ich hob ihn hoch, ließ ihn wieder auf den Boden gleiten. Aber er ließ nicht locker, versuchte gleich wieder, sich an mir hochzuziehen. Markus staunte, wie groß sein Bruder auf einmal war. Boris übte weiter, und das mit großem Vergnügen. Bevor Heimrad wieder ins Atelier ging, kommentierte er noch auf seine Weise den neuen Erfolg von Boris.

Vor den Fenstern tanzen Schneeflocken umher, ja der Winter beginnt, sein weißes Kleid über Felder, Wiesen und Häuser zu breiten. Wir leben nun im Hohen Norden, was bedeutet, dass wir einen langen, strengen Winter vor uns haben werden. „Ich liebe Schneetreiben!", sage ich zu den Kindern, während wir staunend vor dem Fenster stehen. Beide stupsen immer wieder mit ihren Fingerchen gegen die Fensterscheibe.

Ich muss in den Keller, um einige Schaufeln Kohle in den Ofen zu kippen. „Ich bin gleich wieder hier", versichere ich Markus, denn ich kann unmöglich die beiden mit hinunterschleppen. Ich laufe zur Türe und mache sie fest hinter mir zu. Ich renne die beiden Steintreppen hinab, höre hinter mir die Buben an die Türe hauen, aber bevor sie sich aufführen bin ich schon wieder zurück. Ich erzähle, was ich gemacht habe, wie glühend heiß der Ofen ist und dass sie einmal mit Papa würden hinuntergehen dürfen. Ich schildere ihnen das so, dass es dramatisch wie in einem Märchen klingt.

Nun gehen wir die kurze Treppe zur Küche hinab, wo ich versuchen werde, eine Mahlzeit zuzubereiten. Sogar Obst und Gemüse sind vorhanden, Heimrad hat wirklich an alles gedacht. Jedem der Buben drücke ich eine geputzte Karotte in die Hand, auf der sie zu knabbern und zu lutschen beginnen. Ich sage mit festem Ton, dass sie die gelbe Rübe ganz aufessen müssen.

Da höre ich unten die Haustüre sich öffnen und jemand die Treppe heraufsteigen. Ehe ich mich versehe, steht Jørgen Nash in der Küche. Er lacht über das ganze Gesicht, tätschelt die Kinder, umarmt mich und fragt in seinem dänischen Akzent, wo Heimrad steckt und wie es uns hier gefällt. Ich schicke ihn ins Atelier, wohin er nach weiterem Geplauder auch geht.

Markus schaut mich groß an – wie immer nach auch nur kleinen Ereignissen. Boris übt erfolgreich das Aufstehen und Stehenbleiben. Dabei zittert er zwar ein bisschen, aber er bleibt standhaft. Mir scheint, als würde Markus nun ein wenig respektvoller auf seinen Bruder blicken.

Da wir kein Telefon besitzen und daher nicht zu erreichen sind, werden Besucher auch in Zukunft nur unangemeldet kommen. Nash wird sicher dafür sorgen, dass deutsche Familien, die hier leben, von unserer Existenz in Kenntnis gesetzt werden.

Er werde, sagt Jørgen, mit Heimrad das Auto mit genügend vielen, vor allem aber guten Bildern füllen, um Freunde, Bekannte, selbst Fremde anzusprechen und dazu aufzufordern, von einem bekannten deutschen Maler Bilder zu kaufen. Am nächsten Tag soll es losgehen. Nash kommt zeitig. Die Kinder stehen im Schnee vor der Haustüre, Heimrad küsst uns alle drei und winkt aus dem Autofenster. Der immer gutgelaunte Jørgen ruft uns noch dänische Worte zu, ehe er die Autotüre zuknallt.

Die Buben heben ein wenig ihre Händchen, und ich bete leise zu Gott, dass der Tag gut verlaufen möge. Hoffentlich werden die Wege und Straßen nicht zu glatt sein!

Nun waren wir schon draußen, was für ein Glück! So könnten wir doch noch spazieren gehen. Der See hatte eine dünne Eisschicht gebildet, was so schön aussah, da es gerade zum Schneien aufhörte und die Sonne durch die Wolken brach. Markus forderte ich auf, alleine zu gehen, da ich Boris mit beiden Händen festhalten musste. Der Ältere war nicht gleich dazu bereit, aber er sah ja, dass ich keine Hand frei hatte. Boris stand stramm auf dem Boden und versuchte, ein Beinchen vor das andere zu setzen. Da staunte nun auch Markus, was Boris noch mehr zum Weitermachen animierte. Wenn er hinfiel, rappelte er sich ganz schnell wieder hoch. Markus fand kaum noch Steine am See; darum warf er nun Schnee ins Wasser oder auf die dünne Eisschicht.

Wir waren zurück. Ich lief noch schnell in den Keller, um den Ofen zu schüren, und konnte jetzt auch die Kinder mit hinunternehmen. Sie standen mit großen Augen vor dem prasselnden Feuer, sodass sich ihre Gesichter von dem Schein der Flammen orange färbten. Nun drängte ich sie, den Heizkeller zu verlassen, denn ich musste zum Kochen in die Küche. Markus wollte hier nicht weg. Da packte ich Boris und stieg mit ihm die Treppe hinauf. Markus schrie und als er mich nicht mehr sah, lief er wütend hinter mir her. Er hatte sogar Tränen in den Augen, die nun über seine Backen rollten, aber ich küsste sie ihm einfach weg. Auch versprach ich ihm, dass er mit Papa wieder einmal in den „Feuerkeller" gehen dürfe. Nach dem Essen waren beide so müde, dass sie ganz schnell in tiefen Schlaf fielen.

Wie mag es Heimrad gehen? Ob Nash es wohl geschafft hat, Interessenten für die Kunst meines Mannes zu finden? Ich hatte ein gutes Gefühl. Bestimmt würde es glückliche Umstände geben, die Heimrad in euphorische Laune versetzen. Ich werde sehen, ob ich ihm mein Geheimnis offenbaren kann. Und wenn ich es ihm sage, dann soll mir egal sein, wie er es aufnehmen wird.

Für Boris machte ich das Fläschchen, er liebte es nach wie vor. Markus trank aus der Tasse, auch die Holle-Nahrung. Er sang vor sich hin, nahm ein Buch und wollte Boris daraus vorlesen. Boris hatte aber anderes im Sinn und versuchte, über den wenig hohen Bettrand aus dem Bettchen zu klettern. Schwedische Kinderbetten sind anders wie deutsche: Sie haben keinen so hohen Gitterrand. Man lässt also den Kindern hier, auch wenn sie noch klein sind, mehr Freiheit.

Es war erst 16 Uhr, begann aber schon leicht zu dämmern. Durch die großen Fensterscheiben sahen die fallenden Flocken wie glitzernde Sterne aus. Das Licht, das aus dem Kuhstall drang, verursachte dieses schöne Bild. Markus kniete auf einem Stuhl am Fenster und bewunderte auch das Geschehen vor unseren Augen. Boris musste ich festhalten, während er auf seinem Stuhl stand. Dabei erzählte ich den Buben alles, was sich vor unseren Augen unten im Hof abspielte. Ich unterließ es, in einer Kleinkindersprache mit ihnen zu sprechen, da ich vermeiden wollte, dass sie sich kindliches Kauderwelsch angewöhnen. Markus sagte plötzlich: „Papa wo?" Ich erzählte ihm, dass er mit Nash unterwegs sei, um Bilder zu verkaufen. Markus sah mich so verständnisvoll an, dass es mich geradezu rührte, wie klug er war. Boris warf währenddessen Bauklötzchen durchs Zimmer. Markus sagte: „Schau, Mami, Boi!" Es schien mir, als wollte Markus, dass ich erzieherisch eingreife und Boris sein Treiben verbiete. Ich dachte aber gar nicht daran und sah ein, dass Boris das Spaß machte. Das erklärte ich auch Markus. Der marschierte nun selbst zu Boris, um irgendwie das Herumwerfen von Klötzchen zu unterbinden. Ich musste sehr darüber lachen, wie Markus als der Ältere sich Autorität zu verschaffen suchte. Boris störte das nicht, er warf weiterhin Klötzchen auf den Boden – so lange, bis ich dem Treiben ein Ende setzte. Nun war es ganz finster geworden und wir spiegelten uns alle drei in den Fensterscheiben. Die Jungs sahen das, es setzte sie in Erstaunen, dass wir so oft vorhanden waren. Markus rannte hin und her, während Boris es auch eilig hatte und sich krabbelnd, aber auf seinen Füßen, fortbewegte.

Nun musste ich in die Küche, um das Abendbrot herzurichten. Es war dunkel geworden. Würde Heimrad bald kommen? Die Kinder schätzten die Brotzeit sehr, welche ich gerade herrichtete. Es gab Brot mit Butter, Käse und Gurke. Der leicht süßliche Geschmack des schwedischen Brotes störte die Buben – im Gegensatz zu Heimrad und mir – nicht.

Als ich wieder in der Küche war, um Geschirr abzuwaschen, hörte ich, wie die Autotüre zugeworfen wurde und jemand die Treppe herauffrannte. Schon stand Heimrad lachend vor mir, nein, er strahlte sogar und begrüßte mich übermütig. Hat er Alkohol getrunken? „Nein, nur ein bisschen", war seine Antwort. Ein Bild hatte er verkauft – um einen satten Preis! Ich war erleichtert. Ein weiterer Bekannter von Nash, den sie zufällig getroffen hatten, hatte ebenfalls ein Bild gekauft. Er hatte es bereits angezahlt und würde im nächsten Monat den Rest bezahlen. Einem Jørgen unbekannten Bäcker, den er bloß nach dem Weg fragen wollte, hatte er gleich sein Sprüchlein wieder hergesagt, von dem berühmten deutschen Maler mit Frau und zwei kleinen Kindern. Der hatte noch ein anderes Interesse und wollte zunächst einmal wissen, wo die Frau und die Kinder wären. Nash erwiderte, dass sie im Kavalierflügel eines Schlosses untergekommen seien. Ob die Frau hübsch sei, wollte er noch wissen. Da verdrehte Nash vor Entzücken die Augen und sagte irgendetwas. Daraufhin stieg er mit dem Bäcker in den VW-Bus, damit dieser sich ein Bild auswählen konnte, was er auch tat und mit einem heruntergehandelten Preis bezahlte.

Diese Erlebnisse erzählte mir Heimrad, während Boris schon die Äuglein zufielen. Markus gähnte, hielt sich aber tapfer, denn bei Gesprächen wollte er möglichst nicht ein Wort verpassen.

„Bring die Kinder ins Bett!", sagte Heimrad, „Ich gehe in die Küche und suche mir etwas zu essen." „Da ist noch was für dich übrig!", schrie ich zurück.

Fürs Bett zurechtgemacht hatte ich die Kinder schon, was ohne Protest geschehen war, da ich ihnen versprochen hatte, ein ganz schönes Märchen zu erzählen. Den Beschluss, ihnen abends Märchen zu erzählen oder vorzulesen, hatte ich vor Kurzem gefasst. Ich versuchte mit Gebärden und Gesten den Inhalt so wortgetreu und anschaulich wie möglich herüberzubringen. Vor allem die Grimmschen Märchen liebte ich selbst zu sehr, dass ich sie den Kindern nicht vorenthalten wollte, und ich hoffte, sie irgendwann auch in Buchform zu besitzen.

Nun dankte ich Gott für seine große Liebe und Gnade. Boris war eingeschlafen; währenddessen versuchte Markus, seine Fingerchen ineinander zu verschränken, wie er es bei mir sah. Wie süß das aussah! Bald schlief auch er. Leise verließ ich das Zimmer.

Heimrad kam gesättigt ins Wohnzimmer, wollte sich nach dem Tag erkundigen, wie er verlaufen war, saß dicht neben mir; da eröffnete ich ihm, dass ich schwanger sei. Mehrere Augenblicke sah er mir schweigend ins Gesicht. Dann zog er mich an sich und meinte: „Du hast mit dieser Offenbarung wohl auf einen günstigen Moment gewartet." „Ja, du hast mich durchschaut, so ist es." Nun schwiegen wir beide. Dann sagte er: „Ich liebe Kinder, aber man muss sie auch ernähren können. Wenn wir immer genug Geld haben, kannst du ruhig Kinder zur Welt bringen." Und: „Mit jedem weiteren Kind bist du mehr angehängt." Andererseits sei er sehr froh darüber, wie ich mich um die Kinder kümmere. „Ich habe dieses Glück nicht gehabt", meinte er, während er mich ernst ansah. Ich wusste, dass er sich in der Bibel auskannte, denn er hatte vor einiger Zeit gesagt: „Frauen werden selig, indem sie Kinder gebären." Und diese Weisheit verkündete er auch jetzt. Ich fragte ihn, wodurch er sich in der Bibel auskenne und er gab zur Antwort: „Ich war als Kind katholisch, und im Religionsunterricht hat ein Pfarrer uns Bibelverse vorgelesen." Dann sagte er noch: „Allerdings dachte ich immer, dass Frauen vom Kinderkriegen dick und hässlich werden, aber bei dir scheint das Gegenteil der Fall zu sein." Nun zog er mich an sich, war mir so gut, und ich fühlte mich froh und glücklich. Ob mir bisher nie schlecht gewesen wäre, fragte er noch. „Doch, heute Früh, aber es ging schnell wieder weg." Dann wagte ich noch die Frage: „Sollte ich mit dem Fotografieren wieder beginnen?" Da schnitt er mir scharf das Wort ab und meinte, nein, das sei ausgeschlossen. Er sei nur dann imstande zu malen, wenn er sich völlig auf die Kunst konzentrieren könne, was bedeute, dass er nicht in der Lage sei, nebenher auf Kinder aufzupassen. Es sei ihm zwar durchaus möglich, sich mit den Kindern zu beschäftigen und dazu hätte er manchmal auch Lust, nur käme die Inspiration zum Malen ganz unerwartet, und dann müsste er ihrem Ruf augenblicklich Folge leisten. Er hätte auch nicht genug starke Nerven, um es zu ertragen, wenn die Kinder ständig um ihn wären. Aber das wisse ich ja alles. Auch meinte er, es sei völlig unwürdig für ihn, wenn seine Frau Geld verdienen müsse. Geordnete Familienverhältnisse seien sehr wichtig. Das ist mir mehrmals aufgefallen, wie stark sein Verantwortungsgefühl ausgeprägt war.

Einige Tage später kam Nash einfach so vorbei und meinte, dass Heimrad und er solch eine Spritztour wie neulich öfter machen könnten, denn er würde sehr viele Menschen kennen. Dann wandte er sich den Kindern zu, kraulte ihnen den Kopf und machte allerlei Scherze mit ihnen. Anschließend versuchte er, mit mir zu flirten, aber die Jungen beobachteten ihn dabei so genau, dass er lieber schnell zu Heimrad ins Atelier lief.

Die Zeit war vorangeschritten, das Leben in Schweden währte nun schon viele Wochen. Mit Mutti hatte ich Briefkontakt, und im letzten ihrer Schreiben hatte sie angekündigt, dass sie uns zu Weihnachten besuchen wollte.

Ich stand wieder mal am Fenster und blickte in die tiefverschneite Landschaft. Der Weg im Schlosspark war ganz schmal geworden, auf den Ästen der Bäume türmte sich die weiße Pracht. Es waren wieder die Eisblumen an den Scheiben, die mich faszinierten und an meine Kindheit in Tirol erinnerten, als ich mit meinem Bruder die Umrandungen der schönen Gebilde mit den Fingern nachzeichnete. Nun waren es Markus und Boris, die staunend vor den Fenstern standen und das Gleiche machten. Der Tag war eisig kalt, und der Wind wirbelte den Schnee durch die Luft.

Mutti fragte in ihrem Brief auch, was sie den Kindern zu Weihnachten mitbringen solle. Ich teilte ihr gewiss einiges mit und für Heimrad und mich erbat ich nur eine Sache, nämlich ein Bauernbrot aus der Hofpfisterei in München. Dabei ersuchte ich sie, keineswegs zu schwer zu tragen, wir wären auch mit einem halben Brotleib zufrieden. Eigentlich freute ich mich auf ihr Kommen und auch die Kinder stimmte ich auf ihren Besuch ein. Ich wiederholte das Wort „Omi" immer wieder, was bei Markus die Erinnerung an sie auslöste und dazu führte, dass er das Wort vor sich hin redete. Beim Anschauen von Büchern baute er Omi in die Bilder mit ein.

Boris turnte unterdessen auf den Stühlen herum und genoss es zusehends, dass er nun schon ganz alleine gehen konnte. Das abendliche Märchenerzählen versuchte ich nie auszulassen. Auf diese Weise, so dachte ich, werde der Tagesablauf einen Rhythmus bekommen. Mir war klar geworden, dass Kinder Rituale lieben und brauchen. Die ganze Erziehung ist leichter zu bewältigen, wenn all die täglichen Verrichtungen möglichst stets zur selben Zeit stattfinden.

Ach ja, das war mir noch eingefallen: Ich musste Mutti unbedingt schreiben, dass sie uns bitte ein grimmsches Märchenbuch mitbringen soll.

Abends beim Abendbrot berichtete ich Heimrad von meinen neuen Erkenntnissen, worauf er zunächst lachte, dann aber meinte, das wäre gut so: Durch das abendliche Märchenerzählen würde die Kindererziehung nie langweilig werden. Nach dem Essen scherzte er und freute sich mit den Kindern, warf Boris einige Male in die Höhe, worüber dieser vor Freude kreischte.

Mit Nash hatte er neulich gesprochen, da er dringend Farben, Keilrahmen und Leinwand brauchte. Aber es stellte sich die Frage, ob die augenblickliche Schneelage eine Autofahrt in die nächste Stadt, in der es dergleichen geben mochte, überhaupt zuließ. In der Tat problematisch sei, meinte Nash, die Fahrt bis zur Hauptstraße, wenn diese auch meist gut geräumt sei. Also warteten wir ab, auch wenn Heimrad nur mehr wenige der aus Deutschland mitgebrachten Malmaterialien besaß.

Heimrad drängte es nun doch dazu, mit seinen Münchner Kunstfreunden Kontakt aufzunehmen. Wenn sich die Künstlergruppen auch neu formiert hatten, so war für Helmut Sturm oder Lothar Fischer Heimrad doch weiterhin ein wichtiger Gesprächspartner. Als Maler schätzten sie ihn sehr und das nach wie vor. Es begannen Briefe hin und herzuwandern. Die Münchner übermittelten Neuigkeiten aus ihrer Heimat, sofern sie mit der für sie so wichtigen Kunstwelt etwas zu tun hatten. Heimrad berichtete von seinen Erlebnissen mit Nash sowie von dem, was er in seinen Malprozessen erlebte und stellte ihnen seine neuesten Werke vor. Dabei sparte er auch Hader und Zweifel, die ihn plagen mochten, nicht aus und erwähnte mitunter sehr Privates. Auch mit Gretel Jochimsen unterhielt er einen Briefwechsel dieser Art.

Ich hingegen korrespondierte mit Heide Lausen, eventuell mit Zsóka Kuske und, meiner Erinnerung nach, nur noch mit meiner Mutter und meinem Bruder. Zum Briefeschreiben blieb mir einfach kaum Zeit, da in unserem wenig perfekten Haushalt sehr viel Arbeit anfiel.

Mutti kündigte ihr Kommen für etwa zehn Tage vor Weihnachten an. Heimrad meinte, dass im Atelier ein Bett stünde, in dem sie schlafen könnte; tagsüber wäre sie ja immer hier oben bei uns. Bettwäsche und Wolldecken fand ich in einem Schrank. Wer hier in diesen Räumlichkeiten alles gehaust hatte, war uns natürlich nicht bekannt, aber in einem alten Schloss war ja vieles möglich. So war im Laufe der Zeit manches von denen, die hier gelebt hatten, zurückgeblieben oder es war einfach schon immer da.

Die Fahrt mit dem Auto blieb weiterhin fast unmöglich, da der VW-Bus mit Gürtelreifen ausgestattet war, die zwar für Sommer und Winter als geeignet galten, aber bei der jetzigen Schneelage doch als zu riskant gelten mussten.

Konnte Heimrad Mutti nicht in Örkelljunga abholen, so musste er Nash um diese Gefälligkeit bitten. Er meinte: „Ohne Jørgen wären wir total aufgeschmissen, wir sind völlig auf ihn angewiesen beziehungsweise von ihm abhängig."

Zu Weihnachten wollte ich dem Bauern, der uns täglich die bis obenhin mit kuhwarmer Milch gefüllte Kanne auf die Treppe stellte, eine kleine Anerkennung zukommen lassen, was Heimrad allerdings skeptisch sah: „Wir haben in letzter Zeit wieder reichlich Geld ausgegeben und da willst du fremden Männern Geschenke machen!" Ich war zunächst eingeschnappt, dann empfand ich Heimrads Reaktion geradezu als lächerlich. Nach Ankunft meiner Mutter sollte sich für das Problem eine Lösung finden.

Obwohl es aufgehört hatte zu schneien, war die schmale Straße vor der Schlossmauer noch immer schneebedeckt und glatt. Heimrad konnte nicht einkaufen fahren und schließlich gingen ihm die Farben und die Leinwände aus. Die Stimmung war bedrückend. Wir konnten nur hoffen, dass Nash sich bald melden würde. Heimrad versuchte durch Zeichnen und Aquarellieren sich von seiner schlechten Laune abzulenken. Gerade jetzt, meinte er, sei er so motiviert, in Öl und groß zu malen. Mein Glaube war noch nicht so gefestigt wie heute, aber dass Gott uns helfen würde, dessen war ich mir sicher. Ich betete ganz inbrünstig darum, dass Heimrad wieder malen könne.

Gut, Geld war wieder knapp, aber an Essen war noch genug da, so dass ich noch etwas kochen konnte. Heimrad wollte Fleisch essen, aber auf unserem Gaskocher, einen Herd mit Backrohr hatten wir nicht, konnte ich solches nur in der Pfanne braten oder in einem Topf mit Wasser als Suppenfleisch garen. Fleisch war auch hier in Schweden teuer.

Als ich in der Küche so ratlos hin und her überlegte, stieg jemand die Treppe herauf. Ich ging zur angelehnten Türe, als Nash schon vor mir stand. Er umfing mich mit breitem Grinsen. Jørgen war eben, wie Heimrad es nannte, ein Charmeur. Gleich erzählte ich ihm, dass ich gerade gebetet hätte, dass Gott uns helfen möge. Er drückte mich an sich, ich versuchte mich zu befreien, was ihn nur amüsierte. Schließlich sagte ich, dass Heimrad Malmaterial bräuchte, aber sein Auto ... Da unterbrach Nash mich mit den Worten, dass an seinem eigenen Auto Winterreifen aufgezogen seien, die mit Schnee und Eis fertig werden würden. Wo denn die Kinder wären, bemerkte er abrupt; die seien bei ihrem Papa und dürften mit ihm malen, da er nur mehr Papier und Wasserfarben habe.

Ich schlängelte mich an Nash vorbei und lief die Treppe hinab. Die beiden Buben saßen auf dem Boden, Heimrad hatte ihnen weiße Tücher als Schürzen vorgebunden, jeder hatte einen Pinsel in der Hand und einen Bogen Zeichenpapier vor sich, der schon farbige Kleckse zeigte. Die Kinder respektierten, was mir auffiel, die Anweisungen von ihrem Papi, besonders Markus. Während Boris gerade versuchte, zwischen der Staffelei und einigen Schachteln herumzuklettern, erklärte Markus, wenn er Farbe aufs Papier strich, begleitend, was er da malte. Er beobachtete Heimrad ganz genau. Heimrad erzählte mir später, dass ihm das Malen mit den Buben Freude gemacht habe. Was mich freute, war, dass er die Ruhe und die Geduld dazu hatte.

Nash bewunderte die Kunstwerke, und Heimrad erklärte ihm gleich, dass er dringend Ölfarben, Leinwände und Holz für Rahmen bräuchte, aber mit dem VW-Bus ... Da unterbrach Nash wieder, sie könnten mit seinem Auto fahren. Heimrad war erleichtert, und ich war es auch. Gleich morgen würde er kommen mit dem zwar kleineren Auto, in dem aber doch alles Platz haben würde. Heimrad wollte sich an den Benzinkosten beteiligen, aber erst etwas später bezahlen. Davon wollte Nash nichts wissen, er wünschte sich nur, irgendwann von Heimrad ein Bild zu bekommen.

Heimrad war glücklich, endlich sah er wieder einen Lichtblick, was die Zukunft betraf. Er brauchte jetzt nicht mehr über Malerei nachzudenken, sondern konnte sie wieder realisieren. Diese seelische Verfassung zwischen Verzweiflung und Glück, ob die wohl jeder Künstler hat? Kunst zu schaffen ist ja nicht einfach nur Berufung, Künstler ist jemand mit einer bestimmten Seelenstruktur, die sich aber bei jedem Kunstschaffenden immer wieder ändern kann. Mit drei Worten: Irdisch nicht fassbar. Ob nun in der Malerei, der Bildhauerei oder in der Literatur:

Sobald Berechnung dahintersteckt oder Marktinteresse, ist der Zauber weg, was bleibt ist notfalls ein Machwerk.

Beim Abendessen meinte Heimrad, das Geld, das er noch habe, würde mit dem morgigen Einkauf fast ganz draufgehen. Essen wäre noch genügend da, sagte ich. Ein Glück war, dass ich den Holle-Kinderbrei in ausreichender Menge aus Deutschland mitgebracht hatte. Markus liebte den Brei immer noch und Boris ebenso, aber er trank ihn meist verdünnt aus der Flasche. Dankbar war ich für die gute, frische Bauernmilch, die wir täglich bekamen.

Heimrad erinnerte sich plötzlich daran, dass Gretel Jochimsen ihm versprochen hatte, noch vor Weihnachten Geld zu schicken. Ich tröstete meinen Mann und sagte, dass Mutti uns bestimmt auch finanziell unterstützen wird.

Heimrad saß wieder im Atelier, nachdem mit dem Einkauf seiner Malmaterialien alles gut gegangen war. Markus sagte: „Papi malen!" Ja, er dürfe wieder einmal mit Papi malen, antwortete ich, aber heute nicht. „Wir werden nach draußen gehen, an den See und im Schlosspark herumgehen und alles ansehen, was jetzt so schön weiß aussieht." „Malen!", sagte Markus. „Ja, ein anderes Mal darfst du ein Schneebild malen." Es hatte allmählich zu schneien aufgehört, und die Sonne blitzte kurz, aber immer wieder durch die dünne Wolkenschicht hervor.

In vierzehn Tagen würde Weihnachten sein. Was für ein Glück, dass Mutti kommen wird, was in etwa acht Tagen der Fall sein dürfte. Sie sollte in Örkelljunga abgeholt werden. Aber von wem? Für eine Fahrt mit unserem Bus waren die Straßen zu gefährlich, das gab sogar Heimrad zu.

Also war wieder Nash gefragt. Heimrad meinte, er komme doch gern zu uns, das könne auch mir nicht entgehen. Er kam auch und holte Mutti ab. Markus freute sich sichtlich, während Boris seine Großmutter aufmerksam betrachtete. Einige Tage später brachte uns Jørgen eine kleine Tanne. Kerzen mit Kerzenhaltern besorgte Mutti bei unserem Kaufmann. Dieser freute sich nun auch, meine Mutter kennenzulernen. Von unserer Geldknappheit sagten wir nichts, aber Mutti hatte ohnehin vor, uns zu Weihnachten finanziell zu unterstützen. Mehr Tannenbaumschmuck hatten wir nicht, was mich auf die Idee brachte, in Schubladen der hier herumstehenden Kommoden zu suchen. Was ich tatsächlich fand, war eine Rolle mit aufgewickeltem rotem Seidenband. Daraus wollte ich etwa machen, was schön aussehen würde. Weihnachten war also gerettet.

Mutti wollte nun mit den Kindern spazieren gehen und Boris in den Kinderwagen setzen, den wir geschenkt bekommen hatten. Aber bei Schnee würde er sehr schwer zu schieben gewesen sein. So ging sie doch lieber mit den beiden zu Fuß.

Das Glück war uns hold. Nun kam von Gretel aus Kiel noch eine Anzahlung für ein Bild, das sie sich unter Heimrads neuen Bildern auf unserer Rückreise aussuchen wollte.

Das Wort „Rückreise" war zum ersten Mal gefallen. Wir würden also eines Tages nach Deutschland zurückkehren. Heimrads reger Briefverkehr mit seinen Malerfreunden war tatsächlich ein Zeichen dafür, dass irgendwann auch der Wunsch in ihm wach werden würde, mit diesen wieder in unmittelbaren Austausch zu treten.

Es war nur mehr ein Tag bis Heiligabend. Den Kindern hatte ich schon von der Geburt Jesu erzählt, aber morgen würden sie die ganze Weihnachtsgeschichte vorgelesen bekommen. Mutti hatte daran gedacht, außer dem Märchenbuch auch unser Weihnachtsbuch mitzubringen.

Heimrad baute aus Holzresten einen Baumständer, in den er den Christbaum mit einiger Mühe, Schrauben und Werkzeug hineindrehte. Das machten wir, als die Kinder schliefen, denn es sollte ja eine große Überraschung für die beiden werden. Mutti befestigte die Kerzen auf den Zweigen und meine roten Schleifchen steckte ich dorthin, wo noch Platz war.

Gerade noch rechtzeitig fiel mir der Bauer wieder ein. Auf einen Teller legte ich einen kleinen Zweig, an den ich eine brennende Kerze steckte, einen Apfel und eine schön verpackte Süßigkeit. Damit lief ich zu der Zeit, als der Mann gerade beim Melken war, die Treppe hinab und über den Hof zum Tor des Stalles. Dort blieb ich stehen, und es dauerte nicht lange, da bemerkte er mich. Mit strahlendem Gesicht kam er langsam näher. Ich reichte ihm die Gabe mit den Worten: „God jul! Oh, mycket, mycket tack!" („Frohe Weihnachten! Oh, sehr, sehr vielen Dank!") Er wünschte mir und der Familie dasselbe. Einen Moment blieb er noch stehen, während ich zurück zum Kavalierflügel lief.

Der Gedanke, dass Mutti da war, erleichterte mir meinen Alltag; nun hatte immer jemand ein Auge auf die Kinder. Für abends bereitete ich mit Mutti einen Kartoffelsalat vor. Das Gas in dem Gaskocher reichte gerade noch für einige Paar Würstel, die wir in einem Topf erhitzten.

Die Kinder sollten heute ausgiebig zu Mittag schlafen, denn am Abend, wenn das Christkind käme, würde es spät werden. Heimrad fand es amüsant, mit welch geheimnisvollen Worten und Gesten ich die Jungen auf den Heiligen Abend einstimmte.

Plötzlich stapfte jemand die Treppe herauf. Die Türe war offen und Nash stand bereits im Rahmen mit einem schweren Topf mit Deckel in den Händen. Das wäre ein Braten für Weihnachten, erklärte er. Meine Mutter begrüßte er voller Liebenswürdigkeit. „Was für eine Überraschung und welch eine Freude für Heimrad!", sagte ich voller Dankbarkeit, als er noch eine Flasche Wein auf den Tisch stellte. Mich noch kurz zu umarmen, konnte sich Jørgen auch heute nicht verkneifen. Lachend rief er „God Jul!" und lief die Treppe hinab. Während ich hinterherschrie, er solle Heimrad von dem Braten nichts verraten, entschwand er in dessen Atelier.

Die Kerzen am Christbaum waren angezündet, das Bäumchen sah in seiner Schlichtheit so hübsch aus; die Geschenke für die Kinder lagen darunter; das Essen stand auf dem Tisch, Heimrad saß frisch rasiert in einem Sessel.

Mutti holte die Kinder, während ich mit einem Glöckchen, woher das kam, wusste ich nicht, klingelte. Nun standen die beiden mit großen, staunenden Augen und roten Bäckchen vor dem Bäumchen. Markus entdeckte schnell was darunter lag. Es war eine kleine Holzeisenbahn mit Lokomotive und zwei Waggons. Einer davon war geschlossen und einer vorne und hinten offen. Das Geleise war zusammengesteckt zu einem Kreis. Boris erhielt einen Holztraktor mit Anhänger, in dem kleine Klötzchen lagen; dazu ein niedliches Bauernhaus mit einem Huhn, einem Hund und einer Katze. Einen Stoffball entdeckte Boris noch unter dem Baum, welcher für beide war.

Markus begann gleich zu spielen, während Boris die niedlichen Sachen genau betrachtete. Heimrad und ich bekamen von Mutti ein ganzes Pfisterbrot überreicht. Das war eine Überraschung. Wie hatte es Mutti nur geschafft, die Geschenke nicht nur zu besorgen, sondern auch hierher zu schleppen! Wir dankten ihr voller Respekt.

Nun saßen wir am Tisch und speisten königlich. Omi und Heimrad tranken Wein, die Kinder bekamen Fruchtsaft. Schließlich saßen auch die Buben auf ihren Stühlen, nachdem ihr Papi sie entschieden dazu aufgefordert hatte.

Nach dem Essen las ich eine nicht zu lange Weihnachtsgeschichte vor, denn das Spielzeug war für die Kinder zu faszinierend. Boris vergnügte sich mit dem Ball, den er mit Händen und Füßen durchs Zimmer schubste. Aber den Geschenken von Markus sollte er damit nicht zu nahe kommen.

Schließlich wurden die Jungen müde, was bedeutete, dass Markus zu betteln begann, seine Geschenke mit an sein Bett nehmen zu dürfen. Boris wollte nur den Ball bei sich haben; die anderen Sachen durften beim Christbaum bleiben.

Am nächsten Morgen wäre ich gerne in einen Gottesdienst gegangen. Aber in Schweden eine Kirche zu finden, die nicht umfunktioniert worden war zu einer Bibliothek oder zu einer anderen weltlichen Einrichtung, wäre sehr schwer gewesen. Allenfalls in einer Großstadt mochte es Gläubige geben, die eine christliche Kirche besuchten. Am ersten Weihnachtsfeiertag beschlossen wir daher – die Sonne schien, der Schnee glitzerte – alle zusammen einen Spaziergang zu machen. Es war ein Glück, dass uns Nash neulich Kinderstiefel gebracht hatte.

Heimrad warf sich Boris auf die Schultern. Er meinte, bei diesem Wetter wäre der Sportkinderwagen mehr Last als Erleichterung. Omi nahm Markus bei der Hand, und ich kümmerte mich darum, dass wir Gebäck und Äpfel dabeihatten. Einen Schlitten besaßen wir nicht.

Der Weg führte uns um das Schloss herum und, weiter außerhalb des Geländes, in einem großen Bogen an einzelnen Häusern vorbei. Mutti gefiel es, dass vor jedem Haus ein Weihnachtsbaum stand, die Fenster mit Zweigen und Kugeln geschmückt waren und man durch alle Fenster ins Innere der Zimmer sehen konnte. Es gab kein Haus, neben dem nicht mindestens ein Baum stand, dessen Zweige sich unter der Schneelast bogen. Markus sagte plötzlich: „Mami bielen!" „Ja, Markilein, zu Hause darfst du wieder mit deinen Sachen spielen." Wir hatten eine große Runde gedreht, während die Sonne sank und der Himmel sich rötlich färbte. Boris lief inzwischen an Papis Hand, was ihm sichtlich gefiel, denn er stapfte so fest durch den Schnee, dass dieser unter seinen Füßen knirschte. Heimrad fragte unvermittelt, ob ich dem Milchbauern doch eine kleine Überraschung gebracht hätte. „Ja!" Ich war erstaunt, dass er das noch nicht wusste. „Doch, ich wusste es und nun finde ich, dass du recht damit hattest, den armen Mann nicht zu vergessen. Du hast ein gutes Herz." Was sollte ich darauf antworten? Heimrad sah mich lächelnd an und drückte mich an sich.

Als wir am Abend wieder zu Hause waren, stürzte Markus sich gleich auf seine Eisenbahn und packte einige Bauklötzchen in seine Waggons. Des Traktors von Boris hatte er sich auch angenommen und untersuchte ihn von allen Seiten. Boris warf wieder den Ball durchs Zimmer und lief ihm hinterher. Markus bemerkte, dass Boris nicht mit seinen Sachen spielte und nahm sie teilweise selbst in Beschlag. „Ich finde natürlich auch, dass ihr mit euren Geschenken zusammen spielen sollt", sagte ich zu Markus. „Boi Ball", sagte Markus. „Ja, jetzt spielt Boris mit dem Ball, aber bald wird er auch mit den anderen Sachen spielen."

So war es eines Tages dann auch. Die beiden bauten mit den übrigen Weihnachtsgaben und dem aus München mitgebrachten Spielzeug um das Bäumchen herum neben kleinen dörflichen Plätzen und Anlagen das runde Holzgleis auf. Auch Heimrad beteiligte sich am Spielen, was die Kinder noch mehr ansporte. Die Kinder waren begeistert, denn Papi verstand es, mit lustigen Geschichten das Spielgeschehen zu würzen. Unterdessen konnten Mutti und ich die Küche aufräumen, uns unterhalten und das Mittagessen zubereiten.

Die Tage flogen dahin und Silvester stand vor der Türe. Mutti war noch da, welch ein Glück, denn das bedeutete, dass ich auf einen Ball gehen konnte. Heimrad wollte erst mal abwarten, aber ich sagte mit Bestimmtheit: „Nash wird sicherlich wissen, wo ein Fest stattfindet." Das war für mich eine ausgemachte Sache: Mutti würde die Kinder betreuen, und ich kann sorglos ausgehen.

Am 3. Januar wollte Mutti abreisen, da würde die Fähre nach Cuxhaven abfahren. Zuerst müsse sie wieder nach Örkelljunga gebracht werden, von wo aus sie ein Zug an die Ostsee bringen würde. Heimrad hoffte, dass sein Auto bis dahin wieder fahrtüchtig wäre.

„31. Dezember 1965" stand auf dem Kalender. Nash brachte ein Hotel mit einem großen Saal ins Spiel, in dem eine richtige Band spielen würde, also Live-Musik, und eine tolle Silvesterparty stattfinden solle.

Ich freute mich die ganze Woche auf den Abend. Heimrad behauptete, nichts Richtiges zum Anziehen zu haben, nur Hosen mit Flecken. Das sei doch bei Malern ganz normal, bemerkte ich und fügte hinzu: „Ich habe auch nichts." „Bei dir ist es egal, was du anziehst." sagte er. So ging es noch länger hin und her, bis wir fanden, dass wir das Wortgeplänkel beenden sollten.

Was uns auffiel, war, dass wir, seit meine Mutter hier war, plötzlich mehr Zeit hatten, also auch zum Streiten. „Wie kommen wir denn zur Silvesterparty, wenn es mit unserem Auto nicht geht?", fragte mein Mann jetzt. „Jørgen wird uns abholen, ich habe ihn darum gebeten." „Also hast du schon vorgesorgt", lachte Heimrad. „Ja, was ich ansonsten selten mache", nun lachten wir beide.

Nash stapfte bereits die Treppe hinauf, schnell verabschiedeten wir uns noch von den Kindern und Mutti. Markus schaute uns mit großen, strengen Blicken an und fragte: „Wo Mami, Papi hin?" „Tschüs Markilein, auf ein Fest, grüße Boris", und weg waren wir.

Schon im Eingang des Hotels kam uns der laute Sound der Band entgegen. Wir stiegen eine Wendeltreppe hoch, auf der junge Leute mit Gläsern in den Händen oder Zigaretten zwischen den Fingern herumstanden. Wir fanden einen Tisch, setzten uns aber nicht hin, sondern holten uns zuerst am Tresen was zu trinken. Heimrad wollte ein Bier, mir war ein Saft lieber.

Ein junger Herr ging an mir vorüber, dann kehrte er um und forderte mich zum Tanz auf. Ich küsste Heimrad und verschwand auf die Tanzfläche. Die Band spielte zunächst ruhige Töne, vielleicht einen Foxtrott, aber dann legte sie los und peitschte einen Boogie-Woogie nach dem anderen durch den Saal. Nun konnte ich nach Herzenslust meiner Tanzleidenschaft frönen, was der etwa fünfundzwanzigjährige Skandinavier ebenso gut konnte. Ich war begeistert, an einen solchen Tänzer geraten zu sein. Die Band spielte eine ganze Zeit nur Rock'n'Roll. Uns beiden ging die Puste nicht aus. Ich hatte schon in der Vergangenheit bewiesen, dass mein Tanzvermögen unschlagbar war. Andere Paare näherten sich, aber wir beide brauchten viel Platz. Nun hörte ich die laute Stimme von Nash, der auch in wilden Sprüngen und Drehungen mit einer Frau übers Parkett tobte. Meinem Tänzer rief er zu, dass ich Monika heiße. Mir war warm geworden, aber ich wollte nicht aufhören. Woher ich käme, rief der andere Nash zu. „Aus Tyskland", schrie Nash zurück. So ging es hin und her, bis ich Heimrad an einem Tisch sitzend sich mit einer hübschen Schwedin unterhalten sah. Sie würde bestimmt schon wissen, dass er Maler ist – es spiegelte sich in ihrem verklärten Angesicht wider. Von inneren Kämpfen, Verzweiflung und Überlebensstrategie konnte sie freilich nichts wissen. Vor ihrem geistigen Auge tauchten gewiss die Maler Manet oder Renoir auf und deren poetische, schöne Portraits und Landschaftsbilder.

Der junge Mann nannte mir seinen Namen und schickte noch englische Worte hinterher. In Schweden wird von Schulbeginn an Englisch gelernt, da ein so kleines am Rande von Europa gelegenes Volk auch eine auf der ganzen Welt gesprochene Sprache braucht. Die schwedische Sprache ist auch aufgrund ihrer Syntax sowie Grammatik kaum jemandem zuzumuten, der nicht ein Faible für unpopuläre Sprachen hat. Ich ging zu dem Tisch, an dem Heimrad saß, da forderte mich ein anderer Mann auf, auch der hatte scheinbar schon beobachtet, dass ich lieber sportlich tanzte. Zuerst wollte ich mein Glas, mein Durst war riesig, leeren. Anscheinend war ich hier die Exotin, da ich lange, dunkelbraune Haare und braune Augen hatte im Gegensatz zu den blonden, blauäugigen Schwedinnen. Dass ich Deutsche bin, wussten schon bald einige. Nash, den viele kannten, sorgte dafür, dass sich schnell etwas herumsprach.

Ich saß einen Moment auf einem Stuhl, da tauchte ein dritter Tänzer auf, der mich gleich auf Englisch aufforderte. Meine Sprachkenntnisse in Englisch waren sehr mäßig, aber ich verstand, was ich verstehen wollte. Auch deutsches Vokabular beherrschten hier nicht wenige. Die Schweden galten zwar als distinguiert und zurückhaltend, aber beim Tanzen gehen sie aus sich heraus und entfalten da erstaunlich viel Temperament. Nun spielte die Kapelle einen langsamen Walzer, aber der dauerte nicht lange. Dem Herrn gelang es, den Tanz mit mir vorschriftsmäßig zu absolvieren. Ich liebe zwar Walzermusik, aber danach zu tanzen erfordert viel Disziplin. Diese brauche ich im Leben schon zur Genüge, aber beim Tanzen: NEIN. Den

Musikern der Band war ich inzwischen bekannt, und sie spielten zu meiner Freude jetzt einen sehr rasanten Quick-Step, was den Kerl dazu bewog, zu demonstrieren, was in ihm steckte.

Wie unterschied sich die Wesensart der Schweden von der der Italiener! Mir fiel meine Italienreise an die Adria mit Mutti und Manfred in meinem siebzehnten Lebensjahr ein. Italiener wirken als wären sie von einem inneren Feuer getrieben, das sie nur schwer zügeln können. Mutti hatte einmal gesagt, wie gut es sei, dass ich nicht alleine hier in Italien wäre und Manfred ungefragt beigepflichtet.

Mitternacht war vorüber, Heimrad tanzte voller Hingabe mit einer hübschen Dame, während ich ein wenig pausierend herumsaß. Meinen Durst hatte ich gerade gelöscht, als mich jemand aufforderte, der mich schon kannte. Ich sagte in schlechtem Englisch, dass er warten solle, bis die Band wieder harten Rock spielen würde. Das tat er, und ich nützte die Zeit, ihm zu sagen, dass ich verheiratet sei. Er ließ sich die Enttäuschung nicht anmerken und ging mit mir auf die Tanzfläche, wo wir eng umschlungen direkt an Heimrad und seiner Partnerin vorbei den Slowfox tanzten. Heimrad und ich schauten uns an, aber da begann gerade ein schneller Hardrock, was mich wieder zur Hochleistung anspornte und meinen Partner ebenso. Da erschien Nash auf der Tanzfläche mit den Worten, wenn wir heim wollten, sollten wir bald zu einem Ende kommen, denn er hätte nicht mehr viel Zeit und müsse nach Hause. Jørgen hatte ein rotes Gesicht, in dem die großen Augen glänzten, war stark angeheitert, hatte also reichlich Alkohol genossen. Den Tanz hatten wir noch nicht beendet, als Heimrad seine Dame schon verlassen hatte und mich mit sich zog mit den Worten: „Wenn wir nicht mit Nash fahren, kommen wir nicht mehr nach Hause. Alle hier Anwesenden haben Alkohol getrunken." Meinen letzten Tanzpartner sah ich noch, wie er verloren dastand und schweigend die Hand zum Abschied hob. Heimrad sagte zu Nash, dass er vorsichtig fahren solle. Im Übrigen könne auch er fahren, da er nur wenig getrunken habe, Alkohol vertrage er ohnehin nicht gut. Nash wollte das nicht hören, saß am Steuer und lenkte ungewohnt zurückhaltend den Wagen. Heimrad passte genau auf, um zur Not eingreifen zu können.

Mich ergriff eine Müdigkeit, wie ich sie schon lange nicht mehr kannte. Es war mittlerweile zwei Uhr dreißig geworden, und ich wollte nur noch schlafen. Da fing Heimrad zu reden an, was den Abend und meine Tänzer betraf. „Morgen kannst du mir alles erzählen oder fragen, was du willst. Ich muss früh raus. Markus wird früh kommen." „Deine Mutter ist doch da!" „Ja, aber trotzdem. Ich kenne ihn und schlafe schon, ich kann nicht mehr." „Das ist auch kein Wunder", hörte ich Heimrad noch sagen, dann war ich weg.

Ganz früh am nächsten Morgen spüre ich, wie jemand neben dem Bett steht. Ich blinzele, Markus steht im Schlafsack da und schaut mich mit ernstem Gesicht an. „Ach Markilein, ich bin noch so müde, gehe zu Boris und Omi!" Er rührt sich nicht von der Stelle.

Heimrad duldet keine Störung. Ich packe Markus und hebe ihn in unser Bett: „Du musst ganz leise sein!", sage ich, als ich ihn an mich drücke. Zunächst ist er das auch, aber dann beginnt er, von Boris und Omi zu erzählen, davon, was sie zusammen gemacht hätten. Ich verstand nicht alles, aber es half nichts, ich musste aufstehen. Heimrad konnte nicht ins Atelier fliehen, da auf der Couch Omi schlief.

Omi hatte Frühstück hergerichtet, und die Buben hatten schon etwas gegessen. Ich war Omi so dankbar. Nachdem Heimrad gegen Mittag erwacht war, klagte er über Kopfschmerzen. Das war bestimmt der Alkohol, aber auch so schon war er übel gelaunt. Er fing an mit Fragen: „Wer war denn der Blonde auf dem Fest, mit dem du so ausgelassen getanzt hast?" „Woher soll ich das wissen, die Schweden sind doch alle blond oder haben zumindest hellbraunes Haar? Und deine Blondine, mit der du so umschlungen am Tisch gesessen bist, was ist denn mit der?" Nun kam mir das Lachen, während ich Heimrad einen kalten Waschlappen auf die Stirn legte. Da fing er aber schon wieder mit albernen Fragen an und verstieg sich in allerlei Vermutungen, bis es mir reichte: „Du willst also ein Heimchen am Herd, das jeden Tag Saure Lunge mit Knödeln kocht oder Weiße Suppe und abends auf dich wartet, bis du nach Hause kommst. Da brüllte er vor Lachen lauthals los und sagte: „Du brauchst wirklich viele Kinder um gesetzt und gedeckelt zu werden!" „Nein, das werde ich bestimmt nicht. Auch wenn ich zehn Kinder hätte, würde ich mit dem Tanzen niemals aufhören. Wenn nächste Woche wieder ein Fest wäre, würde ich wieder hingehen." „Da wäre aber deine Mutter nicht mehr da." Nun stimmte er mildere Töne an, indem er meinte, ich sei doch schwanger und müsse vorsichtig sein. Was waren das für neue Worte? Seit wann machte er sich denn darüber Gedanken?

Wir hörten die Kinder mit Omi die Treppe nach oben klettern, was bedeutete, dass sie uns sehen wollten. Markus fragte gleich, warum ein Waschlappen auf Papis Kopf läge. Ich sagte es ihm, und er verstand und meinte: „Papi wehweh." Markus lernte täglich neue Worte dazu, die Boris auf seine Weise zu wiederholen versuchte. Ich staunte wieder aufs Neue, wie schnell Kinder lernen.

Heimrads Kopfschmerzen wurden langsam besser und er bekam Hunger. In der Küche hatte Omi auch für uns das Essen zubereitet, was Heimrad sehr anerkennend bemerkte. Ja, in zwei Tagen würde Mutti uns verlassen, was wir beide aufrichtig bedauerten. Boris und Markus bekamen es natürlich mit. Der Plan stand fest, dass Heimrad sie dorthin fahren wird, von wo aus der Bus sie zur Fähre bringen würde. Die Straßenverhältnisse hatten sich gebessert. Außerdem war Nash informiert, sodass er die Fahrt notfalls übernehmen konnte. Ihre Rückfahrkarten für Schiff und Bahn hatte Omi bereits.

Da wir kein Badezimmer hatten, gestaltete sich die Ganzkörperreinigung der Familie ziemlich aufwendig. Zuerst musste das Wasser auf dem Gas in der Küche erhitzt werden. Dann wusch ich die Buben hintereinander am Küchenwaschbecken mit einem Waschlappen und Seife von Kopf bis Fuß ab. Diesmal ging es schneller, weil Mutti mir unter anderem beim Einwickeln der Söhne in Handtücher half. Auch Heimrad und ich konnten uns nur am Küchenwaschbecken waschen. Dieses Badevergnügen erlaubten wir uns höchstens einmal in der Woche, eher seltener. Das animierte Heimrad regelmäßig dazu, vom Badezimmer seiner Schwiegermutter zu schwärmen.

Am letzten Tag vor ihrer Abreise wollte Mutti gerne noch einmal einen Spaziergang über die weißen Felder machen. Es war ein sonniger Tag, ganz windstill, von den Bäumen war schon einiger Schnee herabgefallen. Es glitzerte ringsumher. Boris lief schon so schnell, aber ab und zu warf Papi ihn sich wieder auf die Schultern. Boris lachte und Markus sagte, während er sein Händchen nach oben streckte: „Boi droß." Ja, hoch oben saß er und sah über alle und über alles hinweg.

Nun führte Mutti die Buben wieder rechts und links an der Hand. Mein Mann und ich gingen voraus. Da packte Heimrad meine Hand und meinte, dass ich wirklich toll tanzen könne. Wieso ihm denn das plötzlich einfiele, verwunderte ich mich, gleichzeitig spürte ich, dass es wegen der Missstimmung am Morgen war. Ja, ich hätte die Tanzleidenschaft einfach im Blut, meinte ich, was vielleicht ein Erbe meiner Tante sei, der Schwester meines Vaters. Diese wäre nicht nur sehr schön, sondern auch Primaballerina an der Bayerischen Staatsoper. Heimrad lachte mit den Worten: „Nun ist mir einiges klar, was deine Familie betrifft." Er war so gut gelaunt und versöhnlich gestimmt, dass ich wieder einmal über seine Unberechenbarkeit verwundert war. Ja meinte er: „Männer können es sich leisten, in einem gewissen Rahmen unberechenbar zu sein. Frauen können sich das, besonders wenn sie Kinder haben, nicht erlauben." Ich fing wieder an, von meiner Tante Bobbi zu reden: „Wo sie auch immer auftauchte, in jeder Gesellschaft war sie sofort Mittelpunkt. Aber eines an ihr befremdete mich: Sie wollte keine Kinder haben. So wird sie wohl ihr ganzes Leben lang kinderlos bleiben."

Wir hören hinter uns, wie Mutti sich nähert, während sie den Buben etwas erzählte. Markus sagt, während er seine Händchen hin und her und auf und ab bewegt: „Omi Mäen sagt." Ich bemerke begeistert: „Omi hat euch wohl ein Märchen erzählt", was Markus freudig bejaht.

Wir sind wieder im Haus und Boris und Markus schauen Omi zu, während sie ihren Koffer packt.

Nash war inzwischen auch hier und meinte, er würde morgen kommen und Mutti ans Ziel bringen, es hätte heute Nacht wieder ein wenig geschneit. Heimrad könne mitfahren und wie besprochen wieder neues Material zum Malen kaufen. Ja, darüber war Heimrad sehr froh.

Am nächsten Tag standen die Buben warm angezogen vor dem Haus und schauten zu, wie Muttis Gepäck im Auto von Jørgen verschwand. Sie drückte die Buben an sich, küsste und umarmte sie, verabschiedete sich voller Liebenswürdigkeit von mir, während ich ihr herzlich dankte. „Also, dann wieder in München", rief sie, während sie ins Auto stieg und durch die Scheibe winkte.

Wir drei winkten so lange, bis Nash und Heimrad mit Omi verschwunden waren. Markus sagte: „Omi weg, Papa weg." Boris versuchte es, indem er sagte: „O we Pa." „Nein", sagte ich, „Papa kommt wieder zurück. Nun könnten wir noch ein wenig spazieren gehen, nachdem wir so warm angezogen sind, aber nicht zu lange, weil ich noch aufräumen und kochen muss."

Es war wirklich kalt, als wir durch den gefrorenen Schnee stapften. Markus lief voraus, er kannte den Weg sehr genau, und ich folgte ihm mit Boris an der Hand bis zum See. Der war mit einer festen Eisschicht überzogen, auf die der Wind feine Schneehaufen geblasen hatte. Um die Sträucher lag glänzender Raureif. Plötzlich bemerkte Markus, dass unser Atem sichtbar war, und er sagte: „Mami, Boi Luft." Er schnaufte mehrmals tüchtig ein und aus, dann lachte er. Boris versuchte das auch.

Es war zu kalt, und wir sollten umkehren. Mir kam der Gedanke, dass wir in Schweden nicht immer leben können, denn das wäre für Mutti allzu traurig.

Wieder daheim, kochte ich zuerst für die Jungens ein Essen. Danach würden sie zu Mittag schlafen, und ich würde mit dem Aufräumen beginnen können. Nun war ich wieder auf mich gestellt; wie angenehm, als Mutti hier war, da konnte ich mich zwischendurch manchmal doch ein wenig gehen lassen.

Heimrad war zurück, bepackt mit neuem Material, das er gleich ins Atelier schaffte. Ein Essen bekam er auch, ich hatte es in aller Eile zubereitet, denn sein Hunger würde groß sein.

Er war froh, endlich wieder mit dem Malen beginnen zu können, was ihm in letzter Zeit wegen der Feiertage und anderer Umstände nicht möglich war. Was ihn jedoch bedrückte, war, dass er von dem Käufer eines Bildes, bei dem er mit Nash vorbeigeschaut hatte, nur einen Teil des Geldes bekommen hatte. Ich tröstete ihn und meinte, er werde sicher noch Bilder verkaufen. Jetzt hätte er wieder neue Kraft zum Malen. Wir gingen die Treppe hinab ins Atelier, wo ich vom Sofa Muttis Bettzeug wegräumte. Ich war gerade damit fertig, da warf sich Heimrad mit aller Wucht auf das Sofa, packte mich mit einer Hand und zog mich zu sich. Er raunte mir einige Liebesworte ins Ohr und umschlang mich mit seinen kräftigen Armen. So lagen wir schweigend wenige Sekunden zusammen, als wir von oben Geräusche, Jammern und ein Trippeln hörten. Ich befreite mich mühsam, lief zur Türe, verließ den Raum und rannte die lange Treppe hinauf.

Markus stand in der Küche, Tränen kullerten über seine Backen, als er mir seine Ärmchen entgegen streckte. Ich fragte ihn mit tröstenden Worten, was ihn denn so erschreckt hätte. Er fuchtelte mit seinen Armen in der Luft herum und sagte: „Mami, Maki, täumt." „Ach, mein Engelchen, du hast etwas Schlimmes geträumt?" Er nickte mit seinem Köpfchen, und ich fragte ihn: „Was hast du denn geträumt?" Da kamen aus seinem Munde, begleitet von heftigen Armbewegungen, viele schwer verständliche Worte. „Oh, das war aber schrecklich, Markilein." Und ich küsste ihn mit den Worten: „Nun ist alles wieder gut." Als er glücklich auf meinem Schoss saß, öffnete sich mit Schwung die Türe und Boris schoss geradewegs auf mich zu und versuchte sich auf meinen Schoß hinaufzudrängeln. Das wollte Markus nicht gleich durchgehen lassen. Aber ich sagte „Nein", ergriff Borilein und hob ihn zu mir herauf. Dann sagte ich zu beiden: „Nun werden wir zu Papa ins Atelier hinuntergehen." Markus klatschte in die Hände und zog sich die Hausschuhe an, Boris musste ich noch wickeln und umziehen. Als wir die Treppen hinabstiegen, führte ich Boris, Markus hielt sich während des Gehens am Geländer fest. Papi lag auf dem Sofa und las. Die Kinder liefen zu ihm, er hob sie auf die Liege. Mal versteckte er sein Gesicht hinter dem Buch und gab Tierlaute von sich, mal packte er beide Buben, jeden mit einem Arm, und hob sie in die Höhe. Boris lachte, aber Markus schaute ein wenig vorsichtig um sich. Als sie wieder auf ihren Beinen standen, sagte ich: „Mami muss nach oben gehen, ich habe Arbeit."

Heimrad war damit einverstanden. Einige Spielsachen lägen herum, aber in einer Stunde solle ich sie holen oder er brächte sie hinauf. Während ich die Treppe bestieg, dachte ich an die Wäsche, die dringend zu waschen war. Ich suchte alles Schmutzige zusammen, warf ein paar Stücke in das Waschbecken in der Küche, wo ich mit Seife, Wasser und einer Bürste die Wäsche bearbeitete. Als der erste Teil sauber war, kam der zweite dran und danach das Spülen der gesamten Wäsche. Heimrad hatte in der Küche Schnüre zum Trocknen gespannt, die darunterliegende Schaumstofffolie fing das Wasser des nassen und tropfenden Zeugs auf. Eine Stunde war beinahe herum, und ich wurde mir des archaischen Lebens, dass wir führten, mehr und mehr bewusst. Ob ich das immer durchhalten würde? Bald würden wir drei Kinder haben.

Als ich auf der Treppe stand, vernahm ich das Jauchzen der Buben, und dazwischen tönte Heimrads Stimme mit allerlei Worten, die nur dumpf zu mir heraufdrangen. Ich sollte mich mit meiner Arbeit wohl beeilen, gleich würde Heimrad die Jungens bringen.

Es war ja schon beinahe Abend. Ich blickte in den Kühlschrank, wo momentan noch ausreichend Vorrat lag. Wenn das Geld aber wieder knapp werden würde, was Heimrad schon angedeutet hatte, was dann? Die Kinder hörte ich, wie sie lärmend die Treppe emporkamen. Nachdem beide in die Küche gestürzt waren, erschien auch Papi. Markus begann gleich in seinem kindlichen Kauderwelsch ausführlich zu berichten. Boris wollte nochmal von Papi in die Höhe geworfen werden. „Soll ich einen Brei für alle kochen?" Boris bekam zwar noch seine Didiflasche, aber Brei würde er auch essen. „Aber dann einen richtig guten Haferflockenbrei mit einem Stück Butter auf jedem Teller und mit Zimt und Zucker!" So wünschte ihn sich Heimrad. Dass ich viel gearbeitet hatte, bemerkte er nebenbei auch.

Die Zeit war gekommen und Boris sollte lernen, aufs Töpfchen zu gehen; aber wie das anfangen, das war noch unklar. Heimrad befürwortete das Projekt natürlich mit Nachdruck. Ein Töpfchen hatten wir geschenkt bekommen, nur ob er darauf sitzen bleiben würde, das war die Frage. Markus benützte auch ein Töpfchen, denn die lange Treppe hinabzusteigen, an deren unterem Ende sich die eiskalte Toilette befand, das wäre für ihn eine echte Zumutung gewesen. Also stellte ich, als Markus am nächsten Tag auf seinem Töpfchen saß, das Töpfchen von Boris daneben, was Boris schnell als Aufforderung begriff, sich daraufzusetzen. Ich unterstützte mit werbenden Worten das ganze Zeremoniell, ebenso Markus, der Spielsachen herbeischleppte, damit die Sitzung nicht zu langweilig würde. Wir wählten den Zeitpunkt, der für Markus passend war. So würde Boris schnell verstehen, dass man ein dickes Lob bekommt, wenn in dem vorher leeren Töpfchen unerwartet etwas darinnen war. Den Vorgang wiederholten wir von nun an täglich zur gleichen Zeit und tatsächlich machte auch Boris nach einiger Zeit sein Geschäftchen dort hinein. Markus rümpfte zwar die Nase, stimmte aber doch auch in die Lobesworte mit ein. Boris schaute ein wenig fragend um sich, denn so klar war ihm seine Leistung nicht. Besonders Heimrad lobte in höchsten Tönen sein Borilein und warf ihn danach gleich dreimal hoch in die Luft. Freilich passierte es immer noch, dass es in die Windeln ging, aber Boris war durchaus lernwillig. Heimrad war froh darüber und meinte ganz lapidar, in einem halben Jahr würde ich wieder ein Wickelkind haben.

Mein Mann war wohlgelaunt, Farben, Leinwände waren ausreichend vorhanden, und die Malerei ging ihm gut von der Hand. Die Buben waren in ihre Spiele vertieft, die Markus kommentierte, und Boris gab auf Fragen erstaunlich gewandt Antworten, obschon das meiste noch unverständlich für ihn war.

Ich wurde allmählich sichtbar dicker, verspürte dann aber auch wieder jene geheimnisvolle Vorfreude, die in Schwangeren ganz unerwartet aufsteigt. Innere Niedergeschlagenheit wechselte immer wieder mit jenem Hochgefühl ab.

Eines Tages lag in unserem Briefkasten neben der Haustüre ein kleines sehr hübsches Kuvert, auf das ein Blümchen gedruckt war. Heimrad hatte es heraufgebracht, und ich schaute hinein. Es war eine Einladung der Herrschaften, die im richtigen Schloss wohnten, also nicht im Kavalierflügel.

Das Briefchen war in gutem, aber doch fehlerhaftem Deutsch geschrieben. Heimrad und ich schauten uns an, bis ich meinte, die Einladung sollten wir doch annehmen, schon wegen der Kinder. Welches Glück, ein Besuch im Schloss! Am kommenden Sonntagnachmittag sollte er stattfinden.

Heimrad brachte die auf ein Stück Papier geschriebene Zusage zu dem großen, verzierten Tor, wo ein Diener in Livree sie in Empfang nahm.

Nun war es eine ausgemachte Sache, und die Kinder konnten daran teilhaben. Markus begann zu jubeln, als er hörte, dass wir in ein richtiges Schloss, wo ein König und eine Königin lebten, eingeladen waren. All das, was er schon viele Male in den Märchen gehört und auf farbigen Illustrationen gesehen hatte, würde er nun mit eigenen Augen sehen. Boris beteiligte sich auch an dem Jubel, als er vernahm, dass etwas ganz Tolles bevorstand. Markus redete nur noch von dem Schloss, das für ihn von Prinzen und Prinzessinnen bevölkert war. Wir, das wusste er, lebten dort, wo die Diener zu Hause sind, aber die wahre Pracht würden wir in einigen Tagen erleben. Heimrad lachte über so viele kindliche Fantastereien. Markus packte die Grimmschen Märchenbücher und schlug die Seiten mit den Illustrationen zu Dornröschen und Schneewittchen auf, aber auch alle übrigen Seiten, auf denen Dinge zu sehen waren, die ihn nun in kurzer Zeit ganz real erwarten würden. Boris warf lieber den Ball durch die Räume, lief hinter ihm her und schoss ihn wieder weit von sich.

Der Sonntag war gekommen, wir hatten uns so weit es ging fein gemacht. Heimrad hatte noch eine Hose ohne Farbflecken gefunden. Wir läuteten am Schlosstor, der Diener in Livree öffnete, Markus betrachtete ihn von oben bis unten. Er führte uns eine gewundene Treppe mit schmiedeeisernen Geländer hinauf. Der breite Flur war ausgelegt mit dicken Teppichen, auf denen bunte Blumengebilde zu sehen waren, zwischen denen kleine Vögel in allen Farben saßen. Plötzlich öffnete der livrierte Diener die Flügeltüre, vor der wir standen, und bedeutete uns, dass wir eintreten sollten.

Vor uns lag der vollendete Traum, den Markus im Stillen erwartet hatte. Mittendrin saß das Ehepaar, etwas älter schon, doch die Dame bzw. die Königin trat mit vollendeter Liebenswürdigkeit auf uns zu. Der Herr schickte uns ein gewinnendes Lächeln entgegen. Markus hielt nun meine Hand ganz fest, während wir eintraten und uns voller Staunen auf die glänzenden Stühle setzten. Markus und Boris bekamen mit rotem Samt überzogene und mit Metallnägeln beschlagene Kinderstühle.

Die Dame äußerte ihr Entzücken über die so hübschen Buben, die so brav seien, während diese sich staunend umsahen. „Wie zwei kleine Prinzen!", meinte die Dame lachend. Das hörte Markus und sah mich verständnisvoll an. Nun wurde ihnen erlaubt, ein wenig herumzugehen. Danach sollten wir uns zu Tische setzen. Sogar ein kleines, bemaltes Holzpferdchen, angeschirrt an ein altes bäuerliches Fuhrwerk, stand in der Ecke. Ein wirklich kunsthandwerkliches Meisterstück. An den Wänden hingen Gemälde in vergoldeten Rahmen, die meines Erachtens Ahnen dieses königlichen Geschlechts darstellten. Markus betrachtete die Bilder nur nebenbei, Bilder waren die Kinder ja gewöhnt.

An Heimrad und auch an mich richtete das adelige Paar Fragen in ziemlich gutem Deutsch, das durch schwedisches Vokabular ergänzt wurde. Auch Anglizismen mischten sich darunter. Sie wollten wissen, wie es uns hier gefalle, wie lange wir bleiben würden und erkundigten sich auch nach der Malerei. Unsere Freundschaft mit Nash war ihnen natürlich bekannt.

Die Türe öffnete sich, ein anderer Diener trat ein und brachte auf einem mit Silber beschlagenen Teewagen in einem lieblichen Rokoko-Service Tee, Kaffee, Kakao und Säfte; daneben Torte, Kuchen, geschlagene Sahne und Kleingebäck.

Ich setzte die Kinder, die nun Zeit genug gehabt hatten, die ganzen Herrlichkeiten zu bewundern, an den Tisch und hoffte, Boris würde in kein Glas beißen, auch nicht kleckern und auch sonst würde nichts Unerwartetes passieren. Beide saßen auf ihren Stühlchen, auf den mit Gold umrandeten Tellern hatte jeder ein Stück Torte mit Sahne, dazu einen farbigen Becher mit Kakao. Heimrad betreute Boris, Markus wollte ganz alleine essen. Ganz vorbildlich verspeiste er seine Torte mit Sahne, trank den Kakao aus dem Becher, den er nur am Henkel festhielt. Mir fiel das Malheur an der Tankstelle ein, als ihm die Tasse aus der Hand gefallen war. Boris nahm sich ein Plätzchen, und sein Papi reichte ihm Saft dazu. Die Torte verspeiste Heimrad, denn Boris war kein großer Freund von Süßem. In der Sahnetorte hatte er, nachdem er sie versucht hatte, mit dem Löffel nur herumgestochert. Markus hingegen bat um ein zweites Stück Torte, das er mit derselben Freude aß wie das erste. Auch der Kakao war ganz nach seinem Geschmack. Nun durfte er aufstehen und sich weiterhin im Schloss umsehen. Die Schlossherrin nahm ihn bei der Hand, um ihn ein wenig in den Gemächern herumzuführen. Markus zögerte zunächst, gab sich dann aber einen Ruck: Wer weiß, ob so eine Gelegenheit je wieder kommt? Sie verließen den Raum, während Boris zu dem Pferdchen mit Wagen lief und versuchte, es in Bewegung zu setzen. Der Hausherr wollte ihm dabei helfen, was ihm sichtlich Spaß machte, und so spazierte er mit Boris und dem niedlichen Gespann herum. Wir Eltern konnten weiterhin in Ruhe Tee oder Kaffee trinken, Torte und Schlagsahne essen oder auch Saft trinken.

„Markus muss wirklich außer sich sein", meinte Heimrad, „wenn er so lange mit der fremden Dame unterwegs ist." Der Herr spielte weiterhin mit Boris und versteckte sich immer wieder in einer Nische oder hinter einem Möbelstück. Boris lachte und jauchzte, bis er wieder zu uns zurückkehrte. Da tauchte auch Markus auf, mit ganz roten Backen und einem sprudelnden Drang zu erzählen: „Zu Hause", sagte ich leise zu Markus, „darfst du uns alles genau erzählen." Die Dame bat einen Diener, die alten Bilderbücher, die dort und dort zu finden seien, herbeizubringen. Gleich kam er mit einigen dieser alten Bücher und legte sie vor die Kinder, was bei Markus Begeisterung auslöste. Boris nahm ein besonders schön illustriertes Buch mit Pferden, Kutschen und einer alten Eisenbahn. Markus blätterte sich gründlich durch die Bilderbücher der Jahrhundertwende. Die Teestunde war zu Ende, ein Diener deckte den Tisch ab, während ein anderer das Abendessen hereintrug.

Hinter den Fenstern war die Dämmerung sichtbar geworden. Wir dachten ans Gehen, aber das noble Paar wollte uns noch zum Abend hier behalten. Wir speisten vom Feinsten, auch Boris ließ es sich schmecken, Heimrad, ich und Markus sowieso. Boris wurde müde, Markus versuchte nicht zu gähnen, was ihm aber immer schwerer fiel. Letztendlich verabschiedeten wir uns voller Dankbarkeit. Die Kinder wurden noch gedrückt und man entließ uns mit vielen lieben, herzlichen Worten und Wünschen in die kalte, dunkle Winternacht.

Schnell brachte ich die Kinder in ihre Betten. Beide waren so müde, dass ich nur mehr kurz beten konnte, bevor sie fest einschliefen. Heimrad lief ins Atelier; das war mir klar, dass er sich noch betätigen musste. Ich sann noch über dieses und jenes des Erlebten nach, war froh über den glücklichen Nachmittag, aber auch zu müde, um nicht gleich ins Bett zu gehen.

Am nächsten Morgen hörte ich Markus schon von weitem plappern und bald stand er, bepackt mit Büchern, vor unserem Bett.

Heimrad suchte das Weite, lief die Treppe hinab, um im Atelier weiterzuschlafen, nachdem er wieder sehr spät ins Bett gegangen war.

Markus breitete seine Bücher vor mir aus, fuchtelte mit Händen, zeigte auf die Bilder und sagte: „Mami Taum." „Ach, dir hat wieder geträumt." „Schoss Köni." „Aha, dir hat vom Schloss und der Königin geträumt." Nun kam ein ganzer Wortschwall aus seinem Munde, der all das beinhaltete, was er gestern erlebt hatte und vielleicht auch das was in seinen Träumen noch nachwirkte. Er tippte mit seinem Fingerchen auf eine Buchseite, auf der ein Schloss mit Zinnen, Erkern, hohen Fenstern, einem Turm und einem großen Tor abgebildet war. Auch königliches Personal und in Samt und Seide gekleidete Königskinder waren zu sehen. Er deutete auf sich und sagte: „Pinz." „Genau, Markilein, die Königin sagte: ‚Markus und Boris sehen aus wie richtige Prinzen.'"

Nun erschien auch Boris, was Markus dazu animierte, sofort beide Nachttöpfchen herbeizuholen. Er saß schon auf seinem, als ich schnell Boris der Windeln entledigte, um ihn auf den anderen zu setzen. Er ließ es bereitwillig geschehen. Markus schob ihm eines der Bücher hin, während er schon wieder mit sich selbst redend in einem anderen blätterte.

Das Frühstück hatte ich vorbereitet, machte Boris ein Fläschchen, das er nach wie vor liebte. Ich war froh, reichlich Demeter-Nahrung aus Deutschland mitgenommen zu haben. Markus stand abrupt auf und hatte sein Geschäftchen vorbildlich erledigt. Nachdem ich ihn gewaschen und angezogen hatte, bat ich ihn, zu Papi die Treppe hinabzugehen und nachzuschauen, ob dieser wach sei und zum Frühstück kommen wolle. Er hielt sich am Geländer fest, bis er an der Ateliertüre war, die er ganz vorsichtig öffnete. Sein Papa lag bestimmt noch in tiefem Schlaf. Markus würde ganz leise am Bett stehen und seinen Papi betrachten, bis dieser plötzlich ein wenig blinzeln und sein Söhnchen vor dem Bett stehen sehen würde. Dann wird er ihn vorsichtig ergreifen, ins Bett holen und weiterschlafen. Markus aber will, dass Papi aufwacht und aufsteht. Papi ist noch furchtbar müde, Markus gibt auf, sein Respekt vor Papi ist groß, seine Worte bewirken nichts, er geht und steigt wieder die Treppe hinauf. Boris sitzt auf seinem Stühlchen und isst sein Brot. Markus klettert auf das seine und beginnt mit dem Frühstücken.

Während wir so am Tisch sitzen, steigt jemand die Treppe herauf, die Schritte von Nash sind es nicht. Die Türe öffnet sich vorsichtig, ein Diener aus dem Schloss erscheint, macht eine tiefe Verbeugung und legt ein Päckchen, verpackt in rosa Seidenpapier, auf den Tisch. Vor Erstaunen fehlen mir die Worte. Der Diener spricht einige an mich gerichtete Worte, wendet sich dann zum Gehen, steht schon an der Türe, als ich mich noch mit einem „Tack så mycket!" bedanken kann und ihm ein „Hej!" zurufe. Kurz darauf wird vorsichtig die Haustüre geschlossen. Markus nestelt schon an der schönen Verpackung herum, aber ich sage kategorisch: „Wenn ihr beide aufgegessen und ausgetrunken habt, machen wir das Paket auf." Markus sagt: „Köni und Kö Paket." „Ja, Markus, von der Königin und dem König haben wir das Paket geschenkt bekommen." Er rutscht auf seinem Stuhl hin und her, bis schließlich auch Boris aufgegessen hat. Ihre Händchen haben sie sauber abgeputzt, und nun entferne ich das knisternde Seidenpapier. Es erscheint eine hellblaue Schachtel, in der sich zwei Bücher verstecken. Markus jubelt, noch bevor sie sich als Bilderbücher entpuppen. Zwei ganz entzückende, altmodische, aber umso liebenswertere Kinderbücher hielt ich in der Hand. Das eine zeigte alte Bauernhöfe mit Kühen und Pferden und Hühnern, Ferkeln, Mägden, Knechten, Bauersleuten, Kindern in Tracht und Hüten auf den Köpfen. Bücher im Stil des endenden neunzehnten Jahrhunderts, liebevoll gemalt und gezeichnet, detailgetreu und naturgetreu, nicht sehr bunt, eher in dezenten Farben. Das andere erzählte vom Stadtleben, keine Autos, aber Pferdekutschen waren zu sehen, enge Straßen, wo Kinder mit Reifen herumliefen oder zu mehreren mit Murmeln spielten. Auf einer anderen Seite war ein Jahrmarkt abgebildet, Hausfrauen, die mit Tüchern auf dem Kopf und Körben im Arm Gemüse und Früchte nach Hause trugen.

Markus kniete bereits über dem einen Buch, als plötzlich noch etwas aus der Schachtel auf den Boden fiel. Boris fand den Gegenstand und siehe da, es war ein kleiner Ball. Er passte genau in Boris' Händchen. Markus war zu sehr vertieft, um von dem Ball Notiz zu nehmen, aber Boris lief schon Freude strahlend damit im Zimmer herum. Erst warf er den Ball von sich, dann lief er ihm hinterher, so trieb er das eine ganze Weile, bis er sich schließlich auf den Boden setzte und den Ball von allen Seiten genau betrachtete. Er war wirklich schön, kein Wunder, ein Ball aus einem Schloss!

Markus war schon mit dem Stadt-Buch beschäftigt, schaute all die vielen Bilder genau an, tippte mit dem Fingerchen hierhin und dorthin, zeigte auf den Text, womit er mich auffordern wollte, ihm das vorzulesen. Ich vertröstete ihn auf später, denn nun hatte ich zu tun.

Als Heimrad endlich zum Frühstück erschien, kommentierte er unseren Besuch im Schloss mit den Worten, dass er es dort nur eine knapp bemessene Zeit aushalten würde. Durch die Fülle an visuellen Reizen würde sein Erfinden von neuen Welten in der Malerei stark beeinträchtigt werden. Aber nun trank er lieber seinen Kaffee, fand das Ehepaar im Übrigen auch sehr reizend und an ihrem Lebensstil nichts auszusetzen, was mich aufgrund seines mir bekannten Verständnisses für jedwede Daseinsweise auch nicht wunderte.

Die Zeit verstrich, es lag schon ein gewisser Duft von Frühling in der Luft; was uns aber nicht gerade frühlingshaft stimmte, war unsere finanzielle Lage. Heimrad hatte noch Ausstände, das heißt ein Mensch, der ein Bild gekauft hatte, hatte dieses angezahlt, aber den größeren Betrag noch nicht beglichen. Mutti hatte auch Geld hiergelassen, das aber war schon ausgegeben. Wir mussten die Briketts, die wir verheizt hatten, bezahlen, der große Ofen im Keller verbrauchte große Mengen davon, außerdem das Benzin für das Auto, auch Nash bekam Benzingeld usw. Im Kühlschrank befand sich nur mehr ein kleiner Rest an Lebensmitteln.

Nun, die Not hatte uns wieder eingeholt, also musste ich versuchen, einkaufen zu gehen und das ohne Geld. Heimrad wollte mir das vehement ausreden, unter anderem mit den Worten, dass er das niemals könnte. Ich war mir sogar sicher, dass der Kaufmann mich nicht mit leeren Händen wegschicken würde.

Ich machte mir aus meinen Haaren eine schöne Frisur, nahm die Buben rechts und links an die Hand und ging los. Ich bemerkte, dass Heimrad uns aus dem Fenster nachschaute.

Der Kaufmann war noch mit anderen Kunden beschäftigt, dann kam er auf mich zu. Nun musste ich mir ein Herz fassen und ihm den Grund meines Kommens nennen, er verstand ja deutsch. Erst war er ein wenig verdutzt, dann schaute er zu den Kindern hinab, die einfach dastanden und ihn mit großen Augen anblickten. Er wandte sich wieder an mich mit den Worten, was ich denn bräuchte. Ich versicherte noch, dass wir die Schulden bezahlen würden, sobald mein Mann wieder ein Bild verkauft haben würde. Ich nannte einige wichtige Lebensmittel, aber auch nicht zu viele. Er packte sie in meinen Matchsack, aber anscheinend noch einiges mehr, denn er hatte eine Weile damit zu tun. Dann ging er kurz weg und kam mit einer Dose Sauerkraut zurück und einigen Knoblauchknollen. Welche Überraschung! Vor längerer Zeit hatte ihn gefragt, ob er das besorgen könne. Nun überreichte er mir diese Gaben. Ich war unermesslich froh, als ich meine Last schulterte und mich vielmals bedankte. Die Kinder sah er so freundlich an, mir schien, dass er sogar ein wenig feuchte Augen hatte.

Heimrad kam uns auf dem Weg entgegen, nahm mir lachend die Sachen ab mit den Worten, das würde nur ich mir getrauen. Was sollte ich dazu sagen? Freilich hatte es auch mich Überwindung gekostet. Auch die Geschichte mit dem Sauerkraut erzählte ich ihm. Das sei wieder ein Bravourstück von mir, meinte Heimrad.

Zuhause kochte ich die Kartoffeln. Heimrad öffnete die Dose Sauerkraut, und ich stellte dieses im anderen Topf auf die zweite Flamme. Eine Wurst, eine Art Lyoner, hatten wir auch bekommen; ich legte sie ein wenig später auf das Sauerkraut. Heimrad meinte „Vorsicht!", denn mit schwedischen Wurstwaren hatten wir schon unsere Erfahrung gemacht. Sogar Grünzeug hatten wir in Form einiger kleiner Salatsorten bekommen. Auch davon machte ich etwas zurecht, so sehr ich sparsam wirtschaften sollte, damit alles möglichst lang reichen würde. Eine Gurke war auch dabei. Butterbrot belegt mit Gurke, das mochten die Buben als Abendessen. Brot, Butter, Käse und noch mehr, all das hatten wir bekommen. Sogar Äpfel, der Kaufmann wusste, dass ich die liebe. Ich betete ein Tischgebet, denn ich fühlte deutlich, dass ich Gott danken sollte. Auch Markus schob seine Fingerchen ineinander. Boris hielt den kleinen Ball fest in seiner Hand, nun ließ er ihn los, um das mit den Fingerchen auch zu versuchen. Sogar Heimrad fand, dass ein Dankgebet heute angebracht wäre; er hatte, wie ich es so oft empfand, einen latenten Glauben, über den er aber selten sprach.

Noch am selben Nachmittag fuhr Heimrad nach Drakabygget zu Nash, um mit ihm zu sprechen wegen unserer Lage und ihn noch einmal darum zu bitten, mit ihm loszufahren zum Bilderverkaufen. Nash erklärte sich dazu bereit, auch weil nun die Straßen beinahe von Eis und Schnee befreit waren. So konnte man auch mit unserem Bus fahren. Nach dem Essen trug Heimrad seine neu gemalten Bilder ins Auto. Am nächsten Morgen sehr früh kam Nash die Treppe heraufgelaufen und verteilte wieder grinsend seinen Charme mit Umarmungen, was aber Heimrad, der auch sehr früh aufgestanden war, unterbrach, da er schnell losfahren wollte.

Es würde ein glücklicher Tag werden, so empfand ich es im Augenblick.

Die Buben saßen inzwischen ordnungsgemäß auf ihren Töpfchen, wofür jetzt meistens Markus sorgte. Er selbst blätterte in einem Buch, während Boris seinen kleinen Traktor mit Anhänger vor sich aufgebaut hatte, den er mit Klötzchen belud und dann wieder entlud.

Erst spät am Abend kehrte Heimrad wieder zurück, aber nicht zerknirscht, sondern geradezu in Hochstimmung. Ein Kunde hatte die Restschuld bezahlt, ein anderer hatte ein Bild gekauft und den Preis dafür nur ein wenig heruntergehandelt. „Ich hatte es heute Morgen schon gefühlt, dass es ein Glückstag für dich werden würde." „Hast du nicht auch gebetet?", fragte er. „Doch, immer, natürlich."

Heimrad lachte sein breites Lachen, griff in seine Hosentasche und gab mir in jede Hand ein kleines hartes Etwas. Es waren zwei niedliche, kleine Holzschuhe, die er für Markus gekauft hatte, der demnächst Geburtstag feiern würde. Wir beide trugen schon lange, wie hier in Schweden ganz üblich, solche Holzpantinen, im Sommer wie im Winter.

Mein Körperumfang wuchs, ich fühlte, wie ich behäbiger wurde, und begann mich zu fragen, was ich noch anziehen könne. Zum Glück hatte ich meine weite, weinrote Kordsamtweste mitgenommen, die mir in den beiden anderen Schwangerschaften schon gute Dienste geleistet hatte. Nash, dachte ich, wird sich köstlich amüsieren, wenn er meinen Zustand bemerkt, vielleicht sogar mir gegenüber ein wenig Abstand wahren. Aber wer weiß, ob Heimrad nicht schon geplaudert hat.

Der vierte März näherte sich, auf den Wiesen schauten weiße und blaue Blümchen aus dem feuchten Gras, Schnee lag nur mehr an sehr schattigen Plätzen oder in Mulden, sofern sich nicht Schneewasser in ihnen staute.

Drei Kerzen befestigte ich auf den Böden von leeren Gläsern. Markus hatte ich eingeweiht, dass er in wenigen Tagen drei Jahre alt werden würde. Ich hob drei meiner Finger, was er sogleich nachmachte. Dieses Fingerspiel wiederholte er nun ständig, er hatte es ganz schnell begriffen, was seinen Papi zu der Äußerung animierte, dass er einmal ein guter Rechner werden würde.

Mit Boris pflückte ich ein kleines Blumensträußchen, das er seinem Bruder schenken sollte. Er freute sich vor allem über das Frühlingswetter und das Hinundherlaufen auf der Wiese.

Ich hatte eine Süßspeise mit Pudding und Erdbeeren aus dem Glas vorbereitet, die Kerzen waren angezündet, die kleinen Holzpantinen standen auf dem Tisch. Ein Auto aus Kunststoff hatte Heimrad auch noch dazugelegt. Das war ein Geschenk von Jørgen Nash. Ich rief: „Markus!" Er kam herein, wir sangen: „Viel Glück und viel Segen auf all deinen Wegen … ." Boris streckte ihm auf mein Geheiß das Sträußchen entgegen, wir gratulierten mit Drücken und Küsschen, und Markus griff nach dem roten Kunststoffauto. Ich zeigte ihm die Holzschuhe, die er auch anprobieren sollte. Nach dem Kakao- und Kaffeetrinken sowie Puddingessen zog ich sie ihm an und sie passten ganz genau. Papi hatte heimlich Maß genommen. Markus ging noch ein wenig vorsichtig im Zimmer auf und ab mit dem Auto in der Hand und meinte: „Mami, Papi, Schuhe." „Genau, Markilein, du hast jetzt dieselben Schuhe wie Papi und Mami und alle Menschen hier im Lande. „Boi nicht." „Nein, Boris ist noch zu klein, er bekommt welche, wenn er größer ist." „Heute ist ein so schöner Tag, da werden wir noch ins Freie gehen", erklärte ich. Die Treppe hinunter wollte Heimrad Markus führen, wegen der neuen Schuhe, sie war doch sehr lang und steil. Markus protestierte mit dem Wort „alleine". Also ging Papa genau vor ihm her. Auch im Park lief Markus unbeschwert herum, wobei er immer mal wieder auf seine Holzpantinen zeigte. Den Ball hatten die Kinder auch nicht vergessen, was Boris wieder anspornte, ihn von sich zu werfen und dann hinterherzulaufen. Markus suchte Kiesel und größere Steine und warf sie in den nun teilweise aufgetauten Weiher. Der Tag ging zur Neige, wir kehrten um. Am Kavalierflügel angekommen, verschwand Heimrad sogleich im Atelier. Ich war mir sicher, dass er heute noch malen würde. Wenn er einige Tage ausgesetzt hatte, war sein Ideenreichtum und seine Inspiration danach um so größer.

Markus wollte die Pantinen auch im Haus anbehalten, was ich ihm aber nicht erlauben konnte, denn sie waren voll Erde und er hätte damit die ganze Wohnung schmutzig gemacht. Erst nach einem Protest sah er das ein, außerdem würde Papa sehr böse sein. Aber beim nächsten Ausgang dürfe er sie wieder anziehen. Ich staunte immer wieder über das wachsende Sprachverständnis und die Sprachentwicklung von Markus. Buchstaben wie L und S konnte er nun aussprechen, auch das R gelang ihm beinahe. Das war ein Gewinn für Boris, der sich, begünstigt durch das sprachliche Vorbild von Markus, verbal auch sehr schnell entwickelte.

Wenn kleinere Machtkämpfe zwischen den beiden Buben stattfanden, was regelmäßig vorkam, so wusste Boris sich geschickt zu verhalten. Er hatte Courage und war flink. Markus freilich verlor bei allem, was er tat, nie aus dem Blick, dass Boris der Jüngere war. Markus war nun mal der Erstgeborene.

Mein weiter wachsender Bauchumfang war zwar nun bedeckt durch die schöne rote Weste, aber meine Beinkleider, sprich Hosen wurden natürlich auch zu eng. Die Idee, eine Schnurschlinge durch das oberste Knopfloch am nicht zugeknöpften Hosenschlitz laufen zu lassen und um den dazugehörigen Knopf zu wickeln, hatte sich schon in der Vergangenheit bewährt. Wo aber war hier eine brauchbare Schnur zu finden? Die Kinder lagen im Mittagsschlaf, als ich zu Heimrad ins Atelier ging. „Welch überraschender Besuch und noch dazu alleine!", lachte Heimrad, während ich ihm mein Problem verriet. Ersteinmal begrüßte er mich ausgiebig, dann sah er sich nach einer Schnur um, fand auch bald eine, zog sie durchs Knopfloch und verknotete sie, wobei er die Enden reichlich überstehen ließ, wozu er meinte, die Schlaufe habe nun viel Spielraum, sodass man sie noch mehrmals vergrößern könne. Zur Not würde er mir eine Schwangerschaftshose kaufen, falls es die in Schweden gibt. Nein, das wollte ich nicht, so ein gut bürgerliches Kleidungsstück, das wäre nichts für mich. Er machte Späße, unter anderem indem er die Frage in den Raum stellte, ob ich wohl schon dicker sei als er. Ich betrachtete lieber sein neuestes Bild, das wieder eine kühne, neue Erfindung in der bildenden Kunst darstellte. Abstrakt und gegenständlich zugleich. Die Bildaussage blieb, wie so oft, für den Betrachter offen. Immer wieder etwas aus sich selbst heraus zu schöpfen! Nicht wie ein Landschafts oder Portraitmaler, der etwas Sichtbares in Kunst verwandelt.

Wieder oben angelangt, hörte ich ein Trippeln, leises Rascheln und Reden, das aus dem Kinderzimmer kam. Schnell wollte ich noch etwas im Haushalt erledigen, bevor die Jungens kämen, aber da waren sie schon. All ihre Spielsachen hatten sie um und teilweise unter ihren Betten aufgebaut, ebenso die Bücher, die als Wände dienten. Mit Händen und Füßen gestikulierend versuchte Markus mir alles zu erklären, wobei Boris ihn lautstark unterstützte.

Ich hatte Obstsalat vorbereitet, den sie essen sollten. „Wo Papa ist?", fragte Markus. „Er malt und ist im Atelier." „Ich gehe zu Papa." „Gut, und sage ihm, dass wir raus gehen wollen später." Markus hatte die Schuhe schon an und lief ziemlich flott die Treppe hinunter, während Boris noch auf dem Töpfchen saß. Plötzlich hörte ich ein von unten über das Treppenhaus hinauftönendes entsetzliches Gebrüll. Heimrad war aus dem Atelier gestürzt und hielt Markus schon auf den Armen. Ich rannte die Treppe hinab und sah, dass Markus am Mund blutete. Er hörte allmählich auf zu klagen, als wir ihn mit Streicheln und tröstenden Worten beruhigten. Boris stand nicht angezogen auf der obersten Stufe. Heimrad trug Markus, der auf die Stelle zeigte, wo er sich in die Lippe gebissen hatte. Ja, die schönen, neuen, niedlichen Holzschuhe waren die Ursache für den Treppensturz. Als wir wieder oben waren, packte Heimrad die Schuhe, lief damit wieder hinunter und warf sie zum allgemeinen Abfall in ein Erdloch. Dass nun die hübschen Schühchen, die Heimrad mit Freude gekauft hatte, so schnell beim Unrat landet mussten, ist das nicht bedauerlich? Heimrad denkt eben zu radikal, als dass er an etwas unwiederbringlich Verlorenes noch irgendwelche Zugeständnisse machen würde.

Boris hatte sich nun angezogen und hörte dem zu, was Markus von sich gab: „Böse Schue, böse Schue!" „Nein Markilein, dass du gestürzt bist, dafür können die Schuhe nichts." „Markilein wewe, böse Schuhe." Markus wollte seinen Fruchtsalat nicht essen, der sei zu sauer wegen der Schmerzen im Mund. Er bekam einen Zwieback mit Milch. Heimrad meinte, dass wir noch Glück gehabt hätten und wie gut es abgegangen wäre. Ich sollte dafür Gott danken, ergänzte ich. Heimrad meinte, dass ich das ruhig tun sollte, während er seinen Kaffee trank und etwas dazu aß. Markus steckte seine Fingerchen schon ineinander, was Heimrad lächelnd bemerkte. Ich legte Markus in unser Bett, was er zunächst ablehnte, aber ich sagte zu ihm: „Wenn du wieder aufgewacht bist, ist alles wieder gut." Dann sang ich ihm noch ein Lied vor und er schlief schon beinahe, erwachte aber wieder, um noch zu sagen, dass Boris nicht in dem Haus unter ihren Betten herumbauen solle. Er wollte also nicht, dass Boris ohne sein Kommando dort etwas unternimmt. Boris hatte ohnehin anderes im Sinn. Er hatte ein dickes Seil gefunden, das wie eine Schlange aussah, wenn er es heftig hin und her bewegte.

Als Markus wieder wach war, schien er sich erholt zu haben. Also konnten wir doch noch ein wenig nach draußen gehen. Nachdem wir unseren See erreicht hatten, der nun gänzlich vom Eis befreit war, suchten Markus und Boris gleich wieder Steinchen, die sie hineinwarfen. Beide staunten über die Ringe, die durch jeden Stein, der auf der Wasseroberfläche auftraf, entstanden.

Nach Sonnenuntergang gingen wir wieder zurück. Der Himmel begann sich rot und orange zu färben, was nicht nur ich schön fand, auch die Kinder, so dachte ich, müssen das als schön empfinden.

Zu Hause würden wir gleich Abendbrot essen, wozu Heimrad seine Arbeit nur für kurze Zeit ruhen lassen würde, denn er hatte gerade eine gute Schaffensphase, was keine zu lange Unterbrechung zuließ.

Nun hatte ich Zeit, die Kinder fürs Zubettgehen herzurichten, was sie sich heute gern gefallen lassen würden, da ich ihnen versprochen hatte, noch ein langes Märchen vorzulesen. Boris war nun immer öfter bereit, ganz aufmerksam zuzuhören, da er so viele Worte dazugelernt hatte; täglich kamen einige neue dazu.

Die Tage vergingen, während Heimrad sich gedanklich mit den Gründen beschäftigte, die dafür und dagegen sprachen, eines Tages nach Deutschland zurückzukehren.

Heimrad hatte wieder Geld bekommen und meinte, nun könnten wir Gott sei Dank unsere Schulden bezahlen. Das wollte ich schnell erledigen, nahm die Buben mit und wir spazierten durch den Park und über einen kleinen Umweg ins Lebensmittelgeschäft. Der Kaufmann war auch da und kam uns freudestrahlend entgegen. Die Jungens standen ganz still und betrachteten ihn genau. Den Kassenzettel zog ich aus der Tasche und hielt ihm exakt den ihm geschuldeten Betrag hin. Er zögerte, weshalb wohl? Aber das wollte ich nicht, nein, schenken sollte er uns die Lebensmittel auf keinen Fall. Er nahm schließlich das Geld, aber im selben Moment reichte er den Jungs jedem eine Tüte mit Keksen. Dann lief er davon und erschien mit einer Dose Sauerkraut. Das würde Heimrad freuen, ich dankte ihm herzlich. Auch teilte ich ihm mit, dass wir in absehbarer Zeit nach Deutschland zurückkehren würden. Mein schwangerer Zustand war ihm gewiss nicht entgangen. Er drückte mir die Hand, wobei er beinahe leidend aussah. Neue Kunden verkürzten das Abschiedszeremoniell, und er wandte sich ihnen zu. Er winkte noch, und wir verließen den Laden.

Markus wollte die Tüte mit den Keksen sogleich öffnen, aber das verbot ich ihm mit den Worten, dass wir sie erst später öffnen würden, aber wann, das wisse ich noch nicht.

Einige Tage später bekamen wir ganz unerwartet Besuch von einem schwedischen Ehepaar mit zwei Kindern. Vielleicht hatte Nash das inszeniert, aber das ist auch egal. Auf jeden Fall waren sie sehr nett und sprachen sogar deutsch. Unsere und deren Kinder schauten einander zunächst nur an. Schließlich baten uns die Eltern, sie einmal zu besuchen, wozu ich auch gerne bereit war; Heimrad, dem an dem Besuch nicht viel lag, würde mit Nash einen ihnen bekannten Maler besuchen. Sie boten mir sogar an, mich abzuholen, falls ich keine Fahrmöglichkeit haben sollte, was ich gerne annahm.

Kurz darauf holte die Familie uns drei mit ihrem Auto ab. Beide Kinder wurden in Kindersitze gepackt und fest angegurtet. Sie sahen mich mit großen Augen an, denn das war für die beiden neu. Auch ich wurde mit einem Gurt bedacht. Wie froh war ich, dass es so etwas in Deutschland noch nicht gab. Auf diese Weise gut gesichert fuhren wir zu der schmucken schwedischen Villa, die sich inmitten eines Gartens mit gepflegtem Rasen und schönem Baumbestand befand. So sieht es in einem Land aus, in dem es nie schwere Kriege gegeben hat, dachte ich. Die beiden Kinder hatten neben ihren Kinderschlafzimmern ein eigenes Spielzimmer, das angefüllt war mit unüberschaubar vielen Dingen. Ein Land, in dem Wohlstand eine Selbstverständlichkeit ist, in dem Kinder immer reichlich zu essen haben! Not war unbekannt. Verglichen mit den bescheidenen Verhältnissen, in denen ich selber groß geworden war, begegnete ich hier unermesslichem Wohlstand. Wir bekamen Kaffee mit Kuchen, Obst, Säfte, Kakao und Süßigkeiten. Boris und Markus schauten mich, bevor sie etwas nahmen, jedes Mal an, um zu erkunden, ob ich auch einverstanden wäre. „Wir sind nun zu Besuch und überall ist es eben anders. Esst, was euch gefällt!" Auch Boris, dem Süßes nicht sehr schmeckte, musste nicht hungern, denn das Angebot an Pikantem, das auf Tellern und in Schüsseln dargeboten wurde, war reichlich.

Die Eltern der Kinder waren sehr liebenswürdig und freuten sich, ihre Deutschkenntnisse anwenden zu können. Allmählich tauten Markus und Boris auf, und die Kinder der Gastgeber zogen sie ins Spielzimmer, das sie nun gänzlich durchwühlten. Boris, der Jüngste von den vieren, wurde von der Tochter des Hauses herumgetragen, aber schließlich war er ihr doch zu schwer und sie zeigte ihm ihre Puppen nebst Puppenküche und weiteren niedlichen Details. Der umfangreiche Autopark entzückte Markus. Dann liefen alle vier in den Garten, wo sich eine Schaukel, eine Wippe, eine Rutsche, ein Sandkasten befanden, in dem Schaufeln und Plastikförmchen lagen. Markus nahm alle Spielsachen, die ihm gefielen, an sich, was den Sohn der Gastgeber dazu ermunterte, ihm weiteres Spielzeug hinzuschieben. Das Mädchen hob Boris auf die Schaukel und bewegte sie ganz vorsichtig hin und her. Boris lachte, was die Kleine ermutigte, bei aller Rücksicht die Seile stärker zu ziehen.

Die Gastgeberkinder verständigten sich auf Schwedisch, verstanden aber auch einige deutsche Wörter. Der Nachmittag verlief überaus harmonisch, die Ordnung und die gepflegte Lebensweise der Familie waren wirklich bewundernswert. Trotzdem bezweifelte ich, dass ich so leben könnte oder auch nur wollen würde. Heimrad hätte ganz bestimmt nicht so leben können, obwohl Leute, die Bilder kaufen, natürlich genau diesem Klientel angehören.

Menschen kaufen nur dann Bilder, wenn sie alles andere schon besitzen, vielleicht sogar im Überfluss besitzen. Freilich, echte Kunstliebhaber sparen sich den Kauf eines Kunstwerkes vom Munde ab. Das sind die Bohemiens, die Individualisten, die in kleinen Raten bezahlen, in möblierten Zimmern zur Untermiete wohnen und aus Leidenschaft ein Kunstwerk ihr eigen nennen möchten. Es gibt natürlich auch den Spekulanten, der auf Auktionen Kunstwerke ersteigert, am Werk selbst kein Interesse hat, sondern es als Geldanlage betrachtet und so lange spekuliert, bis er den günstigsten Moment erhascht zu haben glaubt, und dann das Werk mit entsprechendem Aufschlag wieder veräußert. Zur dritten Sorte gehört der gut situierte Kunstfreund, der Schwärmer, der auf allen Kunstmessen, ob privat oder im Auftrag, anzutreffen ist. Es gehört einfach zu seinem kultivierten Lebensstil, nicht billige Drucke oder Bilder von Dilettanten an seine Wände zu hängen, sondern etwas, das sein Prestige auch deutlich macht. Er wägt lange ab, sucht für ein neu erworbenes Werk den besten Platz in seiner Wohnung, um dieses seinen Gästen vorteilhaft präsentieren zu können. Freilich, auf den Sommerurlaub mit der Familie muss er deshalb nicht verzichten.

Nun kommt es auch vor, dass ein Kunstspekulant oder auch ein Kunstliebhaber den nagenden Wunsch verspürt, den Schöpfer eines von ihm erworbenen Werkes persönlich und möglichst in dessen eigener Umgebung kennen zu lernen. Hat er ein Werk gekauft, so dünkt ihm, dass er sich damit ein gewisses Anrecht erworben hat, die persönliche Bekanntschaft mit dem Unbekannten zu machen. Er möchte das, was er sich in seinen Gedanken erträumt hat, real erleben. Er vermutet, dass die Aura und der Zauber eines Künstlerlebens, im Unterschied zu seiner auf Sicherheit und Wohlstand aufgebauten Existenz, durch ungetrübte Freiheit besticht. In seiner Vorstellung besitzt der Künstler nur einen einzigen großen Raum, das sogenannte Atelier, in dem er arbeitet, isst und schläft. Er lebt seinen Ideen, träumt sich durch den Tag oder wartet auf eine glückliche Eingebung. Der Kunstliebhaber übersieht dabei tunlichst, dass der gedanklich Verfolgte ein Mensch ist wie er. Ein Mensch mit denselben Bedürfnissen, mit Gewohnheiten, die gut oder schlecht sein mögen.

Dem Kunstschaffenden selber flößt das Ansinnen des Kunstliebhabers geradezu Furcht ein. Soll er fliehen? Was soll er vor dem Besuch anziehen? Hat er noch ein sauberes Hemd? Muss er sich rasieren? Aber er weiß zu genau, dass er sich als noch unbekannter Künstler denen, die als vermeintliche Kunstliebhaber auftreten, schon aus finanziellen Gründen nicht verschließen darf. Sollte er eines Tages Berühmtheit erlangen, so wird er nicht mehr darauf angewiesen sein, diese lästigen Besucher willkommen zu heißen. Sie rauben einem die Zeit, reden geisttötendes Zeug, stellen Fragen, die nicht beantwortbar sind, versuchen in ein Leben einzudringen, das sie nicht begreifen, dass nur der Künstler, in seiner eigenen Welt agierend, durchblickt. Der Künstler, soweit er noch unbekannt ist, hat keine Wahl und muss solche Zeitgenossen einfach ertragen. Ein Glück, wenn er ein hübsches weibliches Wesen um sich hat, das es versteht, den Gast abzulenken und ihm eine Tasse Kaffee zu servieren.

Der Abend rückte näher, wir mussten aufbrechen, was bedeutete, dass die Kinder, die so einträchtig miteinander gespielt hatten, sich trennen mussten. Die Eltern waren unaufgefordert dazu bereit, uns auch wieder nach Hause zu fahren. So liebenswürdig zu jedermann ist man nur, dachte ich, wenn man immer im Glück gelebt hat und auch nichts anderes erwartet. Auf der Rückfahrt erinnerte ich mich daran, dass wir, falls wir wieder nach Deutschland zurückkehren würden, zunächst eine Wohnung würden suchen müssen, denn mit drei Kindern würde uns Mutti nicht mehr aufnehmen können.

Ein freundlicher Abschied, wahrscheinlich für immer. Hände schütteln, danken von meiner Seite, nochmal ein letztes Winken. Lächeln von allen Seiten und auf Wiedersehen! Hej da, hej da ...

Meine Schwangerschaft schritt voran. Mittlerweile hatten wir erfahren, dass in Schweden eine Hausgeburt verboten ist. Man ist davon überzeugt, dass eine medizinisch professionell durchgeführte Geburt ein Garant für das Wohl des Neugeborenen ist, dessen Überleben im hochzivilisierten Schweden in Anbetracht der niedrigen Geburtenrate eine größere Bedeutung zukommt als in einem südlichen Land. Eine teure schwedische Krankenhausentbindung kam aber weder für Heimrad noch für mich in Frage. Darin waren wir uns vollkommen einig, was uns den Entschluss, nach Deutschland zurückzukehren, noch leichter machte.

Aber ein wenig Wehmut würde doch zurückbleiben: die schöne Landschaft, der kleine See inmitten des Schlossparks, unsere Spaziergänge, der vergangene Winter mit den Eisblumen an den Fenstern, die großen Wohnräume und der riesige Ofen im tiefen Keller.

Heimrad würde nun wieder wie in der Vergangenheit ungehemmt mit seinen Freunden diskutieren und meine Mutti ihre Enkel wieder glücklich an sich drücken können. Aber auch neue Schwierigkeiten in vieler Hinsicht sahen wir auf uns zukommen: Würden wir ein brauchbares Atelier, eine einigermaßen vernünftige Wohnung finden?

Die Kunsteinnahmen, die Heimrad über Nash noch würde verbuchen können, setzten ihn in so gute Laune, dass er vom Meer zu träumen begann, das wir auf unserer Rückreise unbedingt noch einmal sehen wollten. Sogar vom schönen, warmen Maiwetter schwärmte er. Den Geburtstag von Papi, das hatte ich den Kindern schon eingeschärft, würden wir entweder auf der Fähre im Salzwasser oder bei Familie Jochimsen feiern.

Das Ehepaar, bei dem wir zu Gast gewesen waren, hatte sich noch kurzerhand dazu entschlossen, ein Bild zu kaufen. Welches Glück! Wir würden Schweden also reicher verlassen, als wir es betreten hatten!

Auch Jørgen Nash bekam von Heimrad ein Bild. Er durfte es sich selbst aussuchen, was ihn übermäßig freute. Nash holte noch zu einer kräftigen Umarmung aus, die er auch den Kindern zuteil werden ließ. Erst hob er die beiden in die Höhe, dann drückte er sie an sich, küsste sie und stellte sie wieder vorsichtig auf ihr Füße. Beide schauten ein wenig verdutzt drein. Ich bat Nash, er möge seine Frau Liz und die Kinder grüßen, und dankte ihm noch für seine große Hilfe. Eine kleine Geste, ein Handkuss und Heimrad begleitete Jørgen zu dessen Auto. Würde ich je wieder hierher kommen? Im spürte Zweifel im Herzen. Wiederholungen im Leben gibt es nicht.

Ich begann unsere Sachen zu verpacken, wobei mir die Kinder zuschauten. Ich gab Markus einen Karton, in den er die Spielsachen packen sollte, wobei Boris auch irgendwie mithalf. Plötzlich sagte Markus: „Omi." Er hatte also begriffen, worum es ging. Ja, wir würden Omi bald wiedersehen. Da horchte auch Boris auf, während er begann, Sachen in den Karton zu stopfen. Markus holte alles wieder raus, denn er wollte System in die Sache bekommen.

Markus sagte plötzlich „Baby", als ob er meine Gedanken erraten hätte und zeigte auf meinen Bauch. Boris wiederholte das mit dem Wort „Ba-y" und streckte seine Fingerchen mir entgegen. Ich musste sehr laut lachen angesichts meiner klugen Söhne. Zwei Tage lagen noch vor uns, zwei schöne schwedische Frühlingstage. Den Kaufmann durfte ich nicht vergessen, dem wollte ich auch noch Lebewohl sagen. Sollte ich es vergessen, würde er es mir nie verzeihen. Heimrad hatte begonnen, das Atelier auszuräumen. Alles was an unbrauchbarem Malmaterial übrig geblieben war, musste er entsorgen. Brauchbares trug er ins Auto. Einige Bilder wollte er mitnehmen und verstaute sie im Auto, die übrigen gab er Nash zur Aufbewahrung. In Drakabygget war genügend Platz. Wir wollten die Räume sauber und ordentlich hinterlassen. Heimrad putzte das Atelier und ich würde am nächsten Tag die Wohnung putzen.

Da fiel mir Gott sei Dank noch der Bauer und seine tägliche Gabe an Milch ein. Nein, auch ihn durfte ich auf keinen Fall vergessen. Ich bat Heimrad um ein kleines Bild, das ich ihm schenken könne. Diesmal reagierte mein Mann wohlwollend und fand es richtig, sich diesem demütigen Menschen gegenüber dankbar zu zeigen und ihm ein Geschenk zu machen. Er suchte nach einer hübschen Gouache, der ich den Titel „schwedische Impression" gab. Er überreichte sie mir mit ungefähr folgenden Worten: „Wenn einem selber so viel Glück zuteil wird, dann soll man nicht kleinlich anderen gegenüber sein." Ich umarmte Heimrad und eilte mit dem Bild davon. Der Bauersmann war noch beim Melken, also wartete ich, bis er mich bemerkte. Süß-saurer Stallgeruch umwehte mich. Es dauerte nicht lange, und er kam auf mich zu. Ich reichte ihm das Bild mit den Worten: „Detta är en gåva från min man." („Das ist ein Geschenk von meinem Ehemann.") Er nahm das Bild ganz vorsichtig in seine Hand, betrachtete es genau und sagte: „Åh, vacker mycket, tack så mycket." („Oh, sehr schön, vielen Dank.") Ich deutete auf mich und sagte: „Vi lämnar Sverige gehen zurück nach Tyskland." Er hatte verstanden, wollte mir seine Hand reichen, aber zögerte: Er hielt sie für zu wenig sauber. Da nahm ich sie und wir schüttelten uns die Hände. Mit „Tack så mycket, mycket för die mjölk!", bedankte ich mich. Er lachte und meinte in etwa: „Von Herzen sehr gerne." Dann rief er mir noch das „Hej da, hej da!" entgegen. Aber nun warteten schon wieder die Kühe auf ihn.

Als ich zurückkam, war Heimrad mit Reisevorbereitungen beschäftigt, an denen er auch die Kinder teilhaben ließ. Das liebten die beiden, denn sie respektierten ihren Papi auf eine Art und Weise, die mir nicht zuteil wurde. Ich konnte das gut verstehen: Einerseits war er sehr rar in ihren Augen, andererseits als Maler kein abstraktes Wesen, da sie ja selber auch gerne malten.

Am nächsten Morgen rannte ich noch einmal zu unserem Geschäft, wo ich, da es sehr früh war, den Kaufmann sofort und alleine antraf. Ich verabschiedete und bedankte mich ganz herzlich. Meinen Abschied nahm er teilnehmend auf, aber auch die mir schon bekannte Wehmut lag wieder in seinen Augen. Er blickte sich um, ob wir alleine wären, aber da war ich schon an der Türe. Schnell entfernte er sich, um gleich mit einer gefüllten Tüte zurückzukommen. Er kam heraus und drückte mir die Tüte mit den Worten „Das sind Äpfel." in die Hand. „Tack så mycket tausendmal!" Ich winkte, er winkte. „Gute Reise!" waren seine letzten Worte. Langsam schritt er durch die Ladentüre zurück. Ich lief meines Weges. Wieder ein Abschied für immer, ganz gewiss.

Wir saßen im Auto, ich drehte mich noch einmal um, das Schloss verschwand vor meinen Augen. Heimrad und ich saßen vorne, die Jungens in ihren geschenkten Kindersitzen gesetzeskonform festgeschnallt hinter uns jeder ein Buch vor sich liegen habend auf einem dazugehörigen Tablett. Ich musste lachen. Sie saßen da wie der Nachwuchs von gut situierten Urlaubsreisenden. Markus ließ es sich gefallen und blätterte mit Hingabe in seinem Buch. Aber Boris behagte das Eingepferchtsein schon nach kurzer Zeit nicht mehr. Heimrad wollte zügig vorankommen, also sah ich mich gezwungen in meiner Behäbigkeit auf den Rücksitz zu klettern, um Boris Gesellschaft zu leisten. Aber in seinem Sitz müsse er bleiben, befahl Papa. Wenn alles gut geht sind wir bald am Meer und auf der Fähre! Bis es soweit sein würde, besprach ich mit Boris ganz detailliert, was wir im Buche sahen. Das gefiel ihm so gut, dass Markus neugierig wurde und sich an der Besprechung beteiligte. Auf diese Weise gelang es, Papa nicht aus dem Konzept zu bringen, und er konnte ungestört ein sehr großes Stück Weges zurücklegen.

Wir sind im Mai 1966. Es ging flott voran. Schweden flog geradewegs an uns vorbei, bis wir schließlich nach Trelleborg an der Ostsee gelangten. Eine Fähre, die in Richtung Kiel fahren würde, war im Hafen nicht zu erblicken und auf Papis Nachfrage erfuhren wir, dass wir uns noch einige Stunden würden gedulden müssen. Das Wetter war mild und die Sonne schien, also fuhren wir noch eine Weile mit dem Auto an der Küste entlang, um einen schönen Platz mit Sand und niedrigem Wasserstand zu suchen. Sobald wir einen solchen gefunden hatte, legte sich Heimrad sogleich unbekleidet in den warmen Sand, ließ sich im warmen Wasser von kleinen Wellen umspülen. Die Buben machten es genauso, nachdem ich sie ausgezogen hatte. Boris lachte und patschte mit beiden Händen kräftig in die schäumende Gischt. Markus suchte nach dem, was auf dem Meeresboden lag. Das waren ein paar Muscheln und Steinchen. Aber auch er genoss das seltene Vergnügen. Mir machte es Spaß, ein wenig zu fotografieren. Im Schloss hatte ich einige Male die Kamera hervorgeholt und auch nun blieb mir, da ich meinen dicken Bauch nicht entblößen wollte, nichts anderes übrig als mit dem Fotoapparat in der Hand im Sand und in den Wellen herumzuwaten.

Seit dem Frühstück hatten wir nichts gegessen. Also holte ich die mitgebrachte Brotzeit aus dem Auto. Wer wieder angezogen war, bekam etwas davon und auch zu trinken. Der frühe Nachmittag erinnerte Heimrad daran, dass wir heute noch Schweden verlassen müssen und hoffentlich am Abend bei Familie Jochimsen ankommen. Er hatte einige Tage zuvor einen Brief geschrieben, um unsere Ankunft anzukündigen.

Als wir zurück in Trelleborg waren, stand unter anderen kleinen und größeren Schiffen eine Fähre im Hafen, die nach Auskunft des Personals nach Kiel fahren würde. Heimrad besorgte die Fahrkarten für die Überfahrt, die für die Kinder kostenlos war.

Als wir schließlich auf der Fähre saßen, nachdem Heimrad das Auto an dem ihm zugewiesenen Platz geparkt hatte, sahen wir langsam das Land, das für sieben Monate unsere Heimat gewesen war, am Horizont verschwinden. Markus beobachtete die Möwen, die in großen Bögen um die Fähre kreisten. Einige schnappten immer wieder mit ihren Schnäbeln nach Futter, das die Menschen ihnen hinwarfen oder das sie auch einfach fanden. Der Fahrwind war lau, wurde aber allmählich stärker und kälter. Den Buben zog ich die Jacken und Mützen an. Während Heimrad den Seewind stoisch ertrug, beschloss ich, mir auch etwas auf den Kopf zu setzen. Heimrad lachte, was Markus nachmachte, und auch Boris stimmte mit ein. Nun begann ich selber zu lachen, aber meinen Kopfputz behielt ich auf. Die Reisenden trugen wie bereits bei unserer Herfahrt auch diesmal Flaschen mit Schnaps, Bier und Wein hin und her, waren angeheitert, aber der Seewind trug Gott sei Dank die Alkoholfahnen schnell wieder von Bord. Auch Heimrad kaufte sich eine Weinflasche und erklärte, so billig würde er sie nirgends bekommen. Die Zollfreiheit hatte ihn nun doch angetörnt. Eigentlich hasste er Alkohol, was von Erlebnissen in seiner Jugendzeit herrührte, aber mit Verstand getrunken, meinte er, wäre so ein Tropfen doch ein Genuss.

Schweden lag hinter uns, Deutschland noch unsichtbar vor uns, über uns der blaue Himmel, unter uns das dunkle Meer. Markus stellte Fragen angesichts dessen, was er beobachtete und wir antworteten, soweit wir es vermochten. Boris jauchzte immer wieder auf, streckte die Ärmchen in die Luft und lachte. Er freute sich an der Gegenwart.

Die Zeit verrann, die Küste tauchte in der Ferne auf, die Umrisse wurden sichtbar. Der Steuermann kündete die baldige Ankunft im Zielhafen an. Bald würden wir in Kiel in der noblen Villa und bei unseren herzlichen Gastgebern ankommen. Wir hofften inständig, dass sie uns erwarten würden.

Eine halbe Stunde war vergangen und wir saßen wieder in unserem VW-Bus. Die Kinder wurden in ihren Sitzen wieder gut befestigt. Darauf bestand Heimrad mit allem Nachdruck. Die Fahrt war erträglich lang und die beiden Kleinen schläfrig nach dem langen Tag mit vielen Erlebnissen. Kinder erleben intensiver als Erwachsene; darum ist nicht viel Abwechslung nötig. Schon kleine Ereignisse regen ihre Fantasie an. Sie erschaffen sich aus ihnen ganze Welten. Beide waren eingenickt und ich konnte vorne bei Heimrad sitzen, was so lange währte, bis Heimrad eine Tankstelle fand, die er dringend benötigte, denn der Benzinvorrat ging sichtlich zur Neige. Boris wurde durch das Anhalten wach, schrie, dann knallte noch die Autotüre und ich kletterte eilig nach hinten. Mein Borilein war erschrocken, also tröstete ich ihn mit den Worten, dass wir bald am Ziel seien. Die Didiflasche, die ich noch hatte, trank er mit sichtlichem Appetit.

Als wir wieder anhielten, standen wir im Düsterbrookerweg vor dem Gartentor der Familie Jochimsen. Heimrad drückte mit Herzklopfen auf die Hausglocke; er wartete und, welch ein Glück, vom Garten her waren Schritte zu hören! Das Tor wurde aufgerissen, Gretel erschien, neben ihr Maren und Jasper. Überaus herzlich war der Empfang, Reimut war sogar schon vom Dienst zu Hause.

Der Abendbrottisch war gedeckt. Darauf standen alle Herrlichkeiten der deutschen Küche.

Nach dem Essen sollten wir ausführlich von unseren Erlebnissen berichten. Das wollten wir für heute kurz machen, da ich lieber die Kinder nicht ohne abendliches Schlafzeremoniell bald ins Bett bringen wollte. Mir schien, dass beide den Schlaf nötig hatten. Markus saß zwar still auf seinem Stuhl und hörte den Erwachsenen beim Reden zu, aber Boris rieb sich die Äuglein.

Jasper und Maren freuten sich über den Besuch und wollten gleich die beiden ins Spielzimmer schleppen, was aber wegen des Abendessens nicht erlaubt wurde.

Nach dem Abendbrot richtete Gretel die Kinderbadewannen her und Markus und Boris wurden zwischen kleinen Schiffchen und Plastikenten gebadet. Reimut und Heimrad hatten sich in den großen, sehr geschmackvoll eingerichteten Wohnraum begeben, wo sie bald im Gespräch vertieft waren. Auf dem Tisch stand Wein und kleines Gebäck.

Markus und Boris konnte ich gerade noch mit einer kleinen Geschichte und Gebet wach halten, aber dann schliefen sie tief und fest.

Der nächste Tag war sonnig und warm und gleich nach dem Frühstück liefen alle vier Kinder in den Garten. Maren packte Boris, trug ihn mit beiden Armen im Garten herum und versuchte ihm die Blumennamen beizubringen, ebenso die der herumfliegenden Schmetterlinge. Boris ließ das zunächst zu, wollte dann aber unbedingt auf den Sandberg, der sehr groß und mit Spielzeug wie Bagger und Lastautos bedeckt war, womit Jasper und Markus bereits spielten. Die Eimer durften die Kinder sogar mit Wasser füllen und dieses in die zuvor gebauten Rinnsale schütten. Das war eine Freude. Gretel hatte klugerweise unseren Kindern wasserfeste Kleidung angezogen, sodass die Wollsachen darunter trocken blieben.

Reimut war inzwischen im Büro und Heimrad schrieb einen Brief an Mutti, in dem er ihr mitteilte, dass wir übermorgen in München ankommen würden. Den Wunsch bei ihr wieder wohnen zu dürfen, hatte ich ihr schon anvertraut. Ich war mir sicher, sie würde uns aus Freude über das Wiedersehen mit ihren Enkeln nicht abweisen.

Gretel hatte sich zu meiner neuen Schwangerschaft bereits geäußert, aber wohlwollender, als ich es erwartet hatte. Nun flüsterte sie mir zu, dass der Kuchen, den sie gerade backe, für den morgigen Geburtstag von Heimrad sei. Mich überraschte wieder einmal ihre immer währende Bereitschaft ihre Mitmenschen zu erfreuen. Ich bot ihr meine Hilfe an und machte, worum sie mich bat. Da ich seit dem Wegzug von meiner Mutter noch nie einen Herd mit einem Backrohr besessen hatte und auch zuvor nie gebacken hatte, war der Kuchen, der nun entstand, das erste von mir, wenn auch nur unter geringer Beteiligung meinerseits, gebackene Backwerk: Ein schöner, runder, mit Schokolade überzogener, mit Puderzucker bestreuter Gugelhupf.

Die Kinder waren wieder im Haus, ohne Stiefel, trocken und sauber. Gretel reichte jedem ein weißes Zeichenblatt mit den Worten, jeder soll ein Bild für den Papi von Markus und Boris malen; morgen wäre sein Geburtstag. Markus klatschte in die Hände, Boris machte es nach. Maren und Jasper warfen die Wachsmalkreiden und Buntstifte auf den Tisch. Markus und Maren begannen ohne zu zögern mit Strichen, Bögen und Punkten die Farben auf den Blättern zu verteilen. Jasper und Boris, den Jüngeren, versuchte ich durch mein vorsichtiges Mitmachen das Malvergnügen zwar nicht zu nehmen, es aber doch ein wenig zu steuern, damit aus den Bildern schöne Geburtstagsgeschenke würden.

Der nächste Tag war da, der Frühstückstisch feierlich gedeckt, eine brennende Kerze stand auf einem farbigen Kerzenständer, die vier Gemälde der Kinder lagen, alle mit Namen versehen, auf dem Tischchen daneben. Unsere Kinder waren bekleidet mit Sachen, die ich nicht kannte.

Ein Klingelton war zu hören und Heimrad trat frisch gebadet in das Speisezimmer. Er strahlte. Markus wollte gleich sein Gemälde hochheben. Maren ergriff ihres, während Boris und Jasper noch sitzen blieben. Das weitere arrangierte Gretel, die ein Geburtstagsständchen anstimmte. Ich und die Kinder versuchten mitzusingen. Heimrad lachte, die Kinder gaben ihm ihre Bilder, die er sich genau ansah. Er tätschelte jeden mit einem freundlichen Dank. Der Kuchen war aufgeschnitten, jeder bekam so viel er wollte von diesem reichhaltig gedeckten Frühstückstisch. Ein schön verpacktes Päckchen mit blauer Schleife lag noch auf dem Tischchen, das wollte Heimrad später aufmachen.

Nach dem leckeren Frühstück schlug Gretel vor, ans Meer oder ins Grüne zu fahren, irgendwohin in die Natur. Reimut konnte nicht mit, da er bis in die Nachmittagstunden im Büro bleiben musste.

Wir verbrachten einen schönen Tag mit Wandern und Ballspielen auf der Wiese und an einem kleinen See zwischen Steinen und Sand. Zu guter Letzt fuhren wir wieder heim mit dem schicken Auto von Gretel. Reimut war schon zu Hause und empfing uns sehr zuvorkommend; Heimrad beglückwünschte er mit einem herzlichen Händedruck zu seinem Geburtstag.

„Morgen werden wir abreisen", sagte Heimrad abends im Bett. Gretel wusste schon Bescheid.

Unsere augenblickliche finanzielle Lage hatte Heimrad unseren Freunden bereits geschildert, worauf sie mit ehrlicher Anteilnahme reagierten. Ihr spontaner Entschluss war, noch vor unserer Abreise ein weiteres Bild zu kaufen. Einige, so viele Platz hatten, befanden sich im Auto, wovon sie sich eines aussuchten. Zunächst war sich das Ehepaar uneinig, welches sie nehmen sollten, dann aber ließ Reimut Gretel den Vortritt und sie entschied. Sie hatten erklärt, dass sie die Hälfte sofort, den Rest später zahlen wollten. Gretel kannte Heimrad schon lange und ich spürte, dass sie ihn als Mensch und Künstler sehr schätzte. Sie hatte ihn irgendwann über den Kunstbetrieb kennengelernt.

Ihr Kunstinteresse war groß, was sie dazu bewogen hatte, Kunstgeschichte zu studieren. Reimut hatte sich für Politikwissenschaft entschieden.

Einen Tag später saßen wir im Auto, die Kinder vorschriftsmäßig befestigt. Der Abschied von der Familie war überaus herzlich, vor allem die Kinder hätten gerne mehr Zeit mit Boris und Markus verbracht. Sehr früh brachen wir auf, mit der Hoffnung bis zum Abend in München anzukommen. Gretel, die bereits ein Telefon besaß, hatte meine Mutti schon verständigt. Nach den vielen Dankesworten und Umarmungen ein letzter Gruß. Der Motor heulte auf, die Eltern und ihre Kinder standen winkend am Gartentor, Handküsschen durch die Autoscheibe bis die Familie langsam vor unseren Augen verschwand.

Die letzten so ungetrübten Tage verursachten plötzlich eine gewisse Unruhe in Heimrads Gemüt. Es war die Zukunft, die ihm Gedanken machte und auch Sorgen bereitete. Er sagte, dass wir hier im Schlaraffenland gelebt hätten, ab nun würde uns die Gegenwart wieder einholen. Es brach aus ihm geradezu heraus. Wo würde er einen Raum zum Malen finden? Wo eine Wohnung, wenn Omi uns nicht mehr bei sich beherbergen würde? Ich versuchte, ihn zu beruhigen mit den Worten, dass er sich nicht so sehr in unbegründeten Nihilismus hineinsteigern solle. Gerade das Erleben eines sicheren Wohlstandes bei anderen konnte ihn in einen depressiven Gemütszustand versetzen. Das konnte ich gut nachempfinden, weil ich auch selbst davor nicht gefeit war. Nachdem er tagelang nicht hatte malen können, war natürlich sein größter Wunsch, einen Raum zum Malen zu bekommen. Mutti würde uns so lange bei sich wohnen lassen, bis wir etwas Eigenes gefunden haben würden, das versicherte ich ihm. Ich war froh, dass die Kinder sich ruhig verhielten. Was, wenn sie gelärmt hätten? Das hätte ihn in seiner momentanen Stimmung in Wut gebracht. Gretel hatte den beiden Buben je einen kleinen Holzbaukasten geschenkt, in denen sich Häuschen, Bäume, Figürchen und Tiere befanden. Das Spiel bestand darin, dass die Kinder die einzelnen Figuren auf dem Tischchen vor sich ausbreiteten. Nun versuchten sie, alles wieder in das Kästchen so hineinzupacken, dass man den Deckel zumachen konnte. Dabei gab es nur eine Möglichkeit. Markus arbeitete unermüdlich und Boris stellte die Figürchen vor sich auf das Tischchen und redete mit ihnen, während er sie hin und her bewegte. Ich lobte nicht nur die schöne Spielweise, sondern auch die Buben.

Heimrad war ruhiger geworden, nachdem ich geäußert hatte, dass wir gewiss außerhalb Münchens eine Wohnung finden würden und womöglich noch einen großen Raum dazu. Ja, dreißig oder vierzig Kilometer zu fahren, das würde ihm nichts ausmachen. Ich bat ihn, sich nicht mehr zu quälen, alles würde gut werden. Ich war mir sicher, Gott würde uns helfen. Bis zum nächsten Tanken, sagte Heimrad – froh darüber, dass wir schon ein gutes Stück geschafft hätten, würden wir noch durchfahren, dann könnten wir eine Pause machen. Dann könnten auch die Kinder frische Luft schnappen und ein wenig herumlaufen.

Ob nicht Helmut Sturm, der ein eigenes Haus mit riesigem Atelier hatte, ihn für einige Zeit darin würde malen lassen, war meine Frage. „Das wäre unmöglich", sagte Heimrad sehr laut, „da würde ich nicht zum Malen kommen, Sturm würde ständig reden und wir würden zum diskutieren anfangen und mit der Malerei wäre es vorbei!" Mir viel noch Uwe Lausen ein, der nicht nur in Aschhofen, in dem Haus, wo er mit Heide und den beiden Töchter lebte, sehr viel Raum zur Verfügung hatte, sondern noch ein Atelier in der Innenstadt besaß. Das wäre ausgeschlossen, entsetzte sich Heimrad. Er könne die laszive, teilweise destruktive Malerei von Lausen nur schwer ertragen, ebenso den Menschen, in dessen Nähe er sich unwohl und eingeengt fühle. Dennoch wolle er Lausen die Gabe zur Kunst nicht absprechen.

Wir wollten noch ein Stück voran kommen, hatten Aschaffenburg bereits hinter uns gelassen, was uns mit Schrecken an unsere damalige Panne erinnerte. Jede kleine Veränderung des Motorengeräusches versetzte Heimrad in Panik.

Es war Mittagszeit und wir waren hungrig. Der nächste Parkplatz mit Tankstelle war das Ziel. Als wir anhielten und die Türen offen waren, lobte Heimrad die Kinder mit aller Liebe dafür, dass sie sich tadellos verhalten hätten und so brav gewesen seien. Nun saßen wir auf einer Decke auf der Wiese, jeder hatte ein schön eingepacktes Päckchen vor sich liegen. Unsere Namen standen auch darauf. Das war der Proviant, den Gretel mit so viel „freundlicher Aufmerksamkeit", wie Heimrad das nannte, eingepackt hatte. Die Päckchen waren verschieden groß. Papi erhielt das größte. Markus das zweitgrößte, mit etwas weniger gebratenem Fleisch und Wurst als Papi. Tomaten, Gurken und Salatblätter erhielten Boris und ich beinahe gleich viele. Käse bekam auch jeder so viel, wie er zum Sattwerden brauchte. Das Brot war so portioniert, dass es für jeden reichlich genug war. Aufgeschnittene Äpfel und Bananen lagen in einer Extratüte. Wasser und Saft steckten gut eingepackt in einer Spezialverpackung.

Als wir alle satt waren, schlug mein Mann vor, gleich wieder aufzubrechen, da die Kinder nun ihren Mittagsschlaf machen würden und wir ohne Zeit zu verlieren eine weite Strecke vorwärts kämen.

Hinter der Vorderbank bereitete ich ein Lager mit Decken auf dem Boden so gut es eben ging her, um die Kinder dort zum Schlafen zu bringen. Heimrad schärfte ihnen ein, dass sie nicht herumlaufen sollen, sondern unbedingt liegenbleiben müssen. Wenn sie aufstehen würden, kämen sie sofort wieder in ihren Kindersitz. Er sagte das so streng, dass die beiden ganz kleinlaut folgten. Ihre Bücher dürften sie noch anschauen, aber dann müssten sie schlafen. Boris schaute mich mit großen Augen an ob der Worte seine Vaters.

Heimrad war gestärkt, ich ebenso, und sein Wunsch heute noch nach München zu gelangen war ungebrochen. Er verließ das Auto, um zu tanken und besorgte sich noch einen Kaffee, den er mit mir teilte. Markus musste Pipi machen, also nochmal aufstehen, ebenso Boris, den ich gleich mit nach draußen nahm.

Schließlich waren beide eingeschlafen und Heimrad holte aus dem VW-Bus heraus, was in ihm steckte. So ging es flott voran, als Heimrad plötzlich das Thema Fusch ansprach. Ich fühlte schnell, was kommen würde. Er hege schon seit längerer Zeit Zweifel, dass wir mit drei Kindern dort noch leben können. Je näher wir der Heimat kamen, umso düsterer schien mir die Stimmung zu werden, die Heimrad verbreitete. Wir fuhren an saftigen, grünen Weiden mit grasenden Kühen, Bauernhäusern mit blumengeschmückten Balkonen vorbei. Ich freute mich, wieder in diesem unserem Land zu sein. Ich bat ihn darauf zu vertrauen, dass wir ein Atelier und eine Wohnung finden würden. Das sei ganz sicher.

Sein großes Verantwortungsbewusstsein war es, das ihn immer wieder belastete angesichts der größer werdenden Familie. Ich dachte an Fusch, an unser Häuschen, an den Wasserfall, an Frau Mühlbauer, unsere Milch-Bäuerin. Was hatte Heimrad an Mühe, Freude, Zeit und Geld hineingesteckt! Und doch: Ich fühlte deutlich, dass ich dort nie mehr leben würde. Die Gefahren, wenn ich in dem Häuschen mit den drei Kindern allein sein würde, weil Heimrad in München sein musste! Die Kinder schliefen, Heimrad schwieg. Das Schweigen unterbrach ich, indem ich von der Freude sprach, die Mutti haben würde, wenn wir bei ihr sein werden. „Sturm und Fischer", meinte ich, „mussten sich lange ohne dich treffen, was bestimmt oft weniger lustig oder geistreich war, als wenn du dabei warst." Heimrad nickte nur und sagte: „Ein Glück, dass ich nun wenigstens so viel Geld mitbringe, dass wir damit eine geraume Zeit leben können." „Nachdem wir ja bei Mutti kaum Geld benötigen", ergänzte ich. Die Kinder schliefen noch, aber mal gab Markus, dann Boris Laute von sich, was ihr Aufwachen ankündigte. Wir näherten uns Nürnberg, worüber Heimrad unglaublich froh war, da es bedeutete, dass wir heute noch unser Ziel erreichen würden. Wenn die Kinder wach sein würden, würden wir noch einmal eine Pause machen, ein wenig spazieren gehen, unsere Essensreste aufessen und dann ohne Unterbrechung bis München durchfahren, entschied Heimrad. Das war der Wunsch meines Mannes, von dem ich hoffte, dass er störungsfrei würde umgesetzt werden können.

Als wir bei Mutti eintrafen, war es bereits nach 22 Uhr. Die Jungens trugen wir schlafend die Treppen hinauf. Beide weinten. Als aber Omi sie hintereinander an ihr Herz drückte, hörten ihre Tränen auf zu kullern und sie schauten Omi neugierig an. Selbst Boris spürte, wer sie war. Betten hatte Omi im kleinen Zimmer für die beiden hergerichtet, wohin wir sie sofort brachten, noch bevor sie etwas zu trinken bekamen. Ich las noch eine kurze Geschichte vor, das musste sein, und sagte ihnen, dass wir nun längere Zeit bei Omi leben würden. Beide waren müde genug, sodass auch Markus nach einigen Fragen, die er stellte, einschlief. Boris war schon eingeschlummert.

Heimrad und ich bekamen wieder das Balkonzimmer, also das Zimmer meiner Jugendzeit. Die Buben schliefen in dem Zimmer, das einst Manfred gehört hatte.

Nach einer sehr erholsamen Nacht, die auch von Seiten der Kinder störungsfrei verlief, saßen wir alle fünf fröhlich am Esstisch in der kleinen Küche. Mutti hatte schön gedeckt und wir genossen dieses herrliche, deutsche Frühstück mit Bauernbrot und ungesüßtem Aufstrich. Markus faltete schon seine Händchen zu unserem Morgengebet. Wir machten es genauso, ebenso Omi.

Mutti hatte für die Kinder schon die Spielsachen aufgestellt, die sie noch hatte, und ich stellte die Weihnachtsgeschenke, die sie nach Schweden mitgebracht hatte, dazu. So war im Wohnzimmer schnell eine kleine Spiellandschaft aufgebaut, was die Buben entzückte, aber nicht nur das, sie begannen lautstark alles wieder umzubauen.

Ich spülte das Geschirr, unterhielt mich mit Mutti, sie erzählte, ich erzählte. Was mir wichtig erscheine, sei, dass ich ihr viel zur Hand gehe, damit wir nicht eine zu große Belastung für sie wären. Mutti sagte, sie freue sich, dass wir hier sind. Aber was ich wusste, war, dass sie nicht auf ihre außerhäuslichen Aktivitäten, wie Veranstaltungen oder das Treffen mit Freunden würde verzichten wollen. Auch war sie noch beruflich tätig, indem sie ihre Fotos in Form von Diapositiven über Verlage anbot und sie auch teilweise erfolgreich verkaufte.

Heimrad hatte noch die Sachen, die wir hier brauchten und die über Nacht im Auto geblieben waren, heraufgeholt. Danach ging er zur Bank. Anschließend wollte er Zeitungen kaufen, die mit Angeboten zu Vermietungen und Verpachtungen von Wohnungen und Arbeitsräumen die Rubriken füllten.

Die SPUR-Leute, entschied er, könne er auch morgen treffen. Mutti ging einkaufen und ich schaute ins Kochbuch, um mich im Hinblick darauf, was ich zu Mittag kochen könnte, inspirieren zu lassen. Über ein Fleischgericht würde sich Heimrad gewiss freuen. Also wäre es doch geradezu ideal, ein Rindergulasch zuzubereiten. Das würde jedem schmecken. Spätzle würde es dazu geben und Salat.

Als Heimrad wieder zurück war, durchsuchte er die für ihn wichtigen Anzeigen. Er hatte mehrere Zeitungen gekauft, um, so waren seine Worte, die Chancen zu steigern. Ein Raum zum Malen, das war es, was unbedingt Vorrang haben müsse. Ich war froh, dass er heute wieder mit größerem Optimismus in die Zukunft blickte.

Mich bewegte indes die Frage, wo ich eine Hebamme finden würde, die nicht zu teuer wäre. Da der Geburtstermin wie bei Boris in den Sommer fallen würde, wäre die Geburt in Olching sicher möglich, aber die Benzinkosten würden geringer ausfallen, wenn ich eine Geburtshelferin in München fände. Heide, die Schwägerin meines Bruders, könnte ich fragen. Hat sie Telefon? Das glaubte ich nicht, also schrieb ich ihr einen Brief. Heide hatte mir schon einmal geholfen und inzwischen selbst ein Kind.

Sie reagierte. Welch ein Glück! So bekam ich eine richtige Bilderbuchhebamme, eine große, kräftige Person mit strenger Frisur, einem grauen Dutt im Nacken und mit kräftigen, zupackenden Armen. Ihre Entbindungsräume lagen zentral in der Innenstadt. Ein weißer Klapperstorch aus Pappe mit rotem Schnabel stand im Fenster ihrer Privatwohnung, wo ich sie zunächst aufsuchte.

Heimrad lobte mich aufgrund meiner ökonomisch durchdachten Wahl angesichts der nächsten Geburt.

Nach dem Mittagessen, das mein Mann als gut gelungen lobte, sollten die Kinder schlafen. Aber die Türe wollten sie, dass offen bliebe. Ich erklärte das so, dass wir ja in Schweden einen großen Raum gehabt hätten; daher würden sie sich in dem kleinen Zimmer zu isoliert fühlen. Heimrad lachte und meinte, dass ich in Kinderseelen hineinblicken könnte. Hoffentlich würden die Kinder im späteren Leben auch wirklich so standhafte und vertrauensvolle Menschen werden, wie das aufgrund meiner Erziehungsmethode zu erwarten sei.

Das Geschirr hatte ich gespült, ebenso aufgeräumt und gekehrt. Mutti sollte unsere Anwesenheit als Glück und Bereicherung erleben. Heimrad saß auf dem Sofa im Wohnzimmer und blätterte in den Zeitungen, die er schon an einigen Stellen mit einem dicken Stift markiert hatte. Ich kam dazu und nun saßen wir beide da, froh, dass es noch ruhig war. Wir waren beide müde. Also dachte ich, wir könnten, solange die Kinder schlafen, dasselbe tun. Heimrad ließ die Zeitungen auf den Boden fallen, dann machten wir es uns gemütlich. Mein dicker Bauch, fand Heimrad, ist irgendwie immer im Weg. Ich beruhigte ihn mit den Worten: „Nach der Geburt werde ich dünner sein als vor der Schwangerschaft, weil ich dann noch mehr Arbeit habe." „Und du wieder tanzen gehen kannst", ergänzte Heimrad. Wir lachten beide. Heimrad schickte noch einige Argumente hinterher. Ich war zu müde und wollte noch kurz schlafen, bevor die Kinder im Türrahmen erscheinen würden.

Nach weniger als einer halben Stunde hörten wir Markus sprechen. Mit wem? Anscheinend mit sich selber, denn von Boris vernahm man nichts. Als sie schließlich im Zimmer waren und die vielen Zeitungsblätter vor dem Sofa liegen sahen, bekamen die beiden Lust, damit zu spielen: Sie warfen die Blätter in die Luft und liefen ihnen hinterher. Heimrad bekam einen Schrecken und drohte mit strengen Worten. Sie dürften nichts zerreißen, denn unsere neue Wohnung wäre auf den Blättern aufgeschrieben. Markus sagte: „Mami, Papi wohnen." „Nein auch Markus und Boris", erklärte ihnen ihr Papi.

Seit wir wieder hier sind, ist auch das hölzerne Schaukelpferd wieder verfügbar. Boris hat schon voller Leidenschaft darauf geritten, was Markus nicht stört, denn er selber hat keine Zuneigung zu diesem Sport, sondern betrachtet das Treiben eher aus der Distanz. Nur manchmal und nur mit gutem Zureden gelingt es uns, ihn auf das Pferd zu setzen. Und dann durfte es nur vorsichtig bewegt werden.

Boris ist auf die Couch gekrabbelt, was Papi als Aufforderung betrachtet, ihn im Liegen einige Male in die Luft zu werfen. Borilein gluckst so lange voller Freude, bis er wieder auf dem Boden steht.

Heimrad beginnt, die in Frage kommenden Anzeigen aus der Zeitung vorzulesen. Alle zu teuren Angebote in der Stadt scheiden aus, also die meisten. Im Umland gibt es große Arbeitsräume in größerer Auswahl. Aber ob auch eine Wohnung dabei ist, erschließt sich uns nicht immer.

Die Jungens wollen was zu essen haben. „Also wieder eine Unterbrechung", schimpft Heimrad. Ich hole Saft, Kekse und schneide einen Apfel in viele Stücke. Abends, wenn Omi kommt, werden wir etwas Richtiges und Warmes essen, sage ich. Bis dahin müsst ihr jetzt durchhalten. Heimrad liest weiter vor, während die Kinder beginnen, sich mit ihrem Spielzeug zu beschäftigen. Er hält inne bei Landwohnungen, die verlockend klingen, selbst wenn von einem großen Arbeitsraum nicht die Rede ist. „Wenn die Wohnung und der große Raum gekoppelt sind, kommt es gewiss günstiger", erörtert Heimrad, „als wenn sich das eine an einem andern Ort wie das andere befindet."

Boris muss dringend auf den Topf. Also bleibt Heimrad nichts anderes übrig als zu warten. So kommen wir nur langsam ans Ziel und mein Mann an die Grenze seiner Geduld. Plötzlich verkündet er, in etwa 40 km Entfernung würde eine Wohnung in einem ehemaligen Bauernhaus angeboten. Der dazugehörige Stall sei groß, renoviert und könne als Werkstatt oder Ähnliches genützt werden. Eine Telefonnummer war auch angegeben.

Heimrad sprang auf und rannte ans Telefon, aber es meldete sich niemand. „Landkreis Bad Aibling", verstand ich, und der Name des Dorfes lautete „Oberholzham".

Heimrad war froh, dass sich eine Chance zum weiteren Überleben bot. Wenn Mutti morgen zu Hause sein sollte, könne ich mitfahren, meinte er. „Ich auch", sagte Markus. „Nein", bestimmte Heimrad, „ihr beide bleibt bei Omi!" Papi holte die Landkarte aus dem Auto herauf und begann die uns unbekannte Gegend auf dem Plan zu suchen. Nachdem Heimrad lang genug in den Plan hineingeschaut hatte, wurde er fündig. Was er dabei auch entdeckte, war, dass das große Anwesen, das Heide und Uwe Lausen vor etwa zwei Jahren gekauft hatten, in nicht allzu großer Entfernung lag. „Hoffentlich nicht zu nahe!", äußerte Heimrad.

Heimrad wählte noch einmal die angegebene Nummer. Eine Frauenstimme meldete sich auf bayrisch, dass ihr Mo ned dahoam is und spader ko ma nomoi oruafa. Damit war sie weg. Heimrad wollte so oft anrufen, bis er ihren Mann erreichen würde, was am Abend nach mehreren Versuchen auch gelang. Übermorgen sagte der Angerufene, der seinerseits einige Kilometer entfernt von Oberholzham in einem anderen Dorf, Antholing, wohnte, könne man sich treffen. Man müsse durch Unterholzham fahren, um nach Oberholzham zu gelangen. In zwei Tagen also, und zwar um 11 Uhr vormittags, solle Heimrad erscheinen.

Mutti nahm sich Gott sei Dank die Zeit die Kinder zu betreuen und wir würden das Projekt, ein umgebautes Bauernhaus, begutachten können. Heimrad schaute sich auf der Karte den genauen Weg dorthin an, überlegte, wie viel Fahrzeit wir benötigen würden, und wollte heute noch zum Tanken fahren. Auf keinen Fall dürften wir zu spät kommen, betonte er mit Nachdruck.

Alles an dem Angebot klang so schön und verlockend! Auf dem Land leben umgeben von Wiesen und Feldern, die Kinder würden im Freien spielen können. Markus mischte sich ein, der schnell verstand, worum es ging: „Marki, Bori droßes Haus, draußen pielen." „Bis jetzt haben wir das Haus noch nicht, es ist auch nur eine Wohnung in dem Haus", sagte Papi mit Nachdruck. Erst wenn wir es gesehen haben, wissen wir, ob wir dort wohnen wollen. „Papi, mitfahren!" „Nein, ihr bleibt bei Omi!" Markus kämpfte mit den Tränen. Er tat mir leid, aber Heimrad duldete keine weiteren Kommentare. „Später, Markilein, werden wir mit euch fahren", versuchte ich ihn zu trösten. Boris spielte mit Omi, ohne sich stören zu lassen „Gehe zu Omi und spiele mit Boris und Omi!"

Heimrad und ich konnten früh genug losfahren, sodass wir pünktlich zum verabredeten Termin kamen. Der Hauseigentümer, Herr Stahuber, ein kleiner, kauziger Mann mit listigen Augen und Schnauzbart, stand auf dem Hof und erwartete uns. Er zeigte uns die Wohnung im Parterre. Eine große Küche mit einer Türe, die in den Hof hinausführte. Ein breiter Flur mit zwei angrenzenden Zimmern. Ein ganz neu installiertes Badezimmer mit gelben Kacheln.

Eine Türe neben der Küche führte in den großen ausgebauten ehemaligen Stall. Ich bemerkte, wie mein Mann innerlich jubelte. Das zukünftige Atelier, ein wirklicher Traum. Der Hausherr, ein Landwirt, sagte, dass im ersten Stockwerk eine Familie mit einem Buben wohne, die durch den Flur im Parterre gehen müsste. Nun kam er zur Sache, was die Mietkosten betraf. Er erklärte ein wenig umständlich, was ihn die Sanierung gekostet habe, ergänzte aber dann doch, dass er den Mietpreis günstig gestalten wolle. Angesichts der Tatsache, dass wir Künstler seien – dabei warf er einen Seitenblick auf meinen Bauch, von zwei Kindern hatte ich schon gesprochen – wolle er die Wohnung uns vermieten. Heimrad zögerte keine Minute und schickte sich an den vorbereiteten Vertrag zu unterschreiben. Dann wollte der Mann, dass auch ich unterzeichne. Aus Sicherheitsgründen, wie er meinte. Also doch ein schlaues Bäuerlein. Am ersten Juli könnten wir einziehen. Mir kam der Gedanke an unser drittes Kind und ich hoffte, dass es nicht zu früh, also erst nach dem Umzug geboren werden würde.

In München angekommen, standen die Kinder schon in der offenen Türe und jauchzten uns entgegen, als wir die vielen Stufen nach oben stiegen. Markus begrüßte uns mit: „Mami, Papi, Haus." Boris wiederholte die Worte so: „Ma-Pa-aus". Nachdem wir den stürmischen Empfang hinter uns hatten, begann ich von unserem baldigen Hause zu schwärmen. Dabei schaute ich Mutti flehentlich an wegen des Einzugsdatums. Es lagen fast noch vier Wochen vor uns. Ich versicherte ihr, dass wir ihr nur wenige Arbeiten aufbürden würden und ich meistens zu Hause wäre.

Aber wo konnte Heimrad malen? Muss er sich doch dazu durchringen, bei seinen Kollegen herumzufragen? Ich entschloss mich, Heide Lausen anzurufen, da ihr Mann Uwe doch sehr viel Platz in Aschhofen hatte und nur selten in München arbeitete. Die anderen Maler brauchten ihre Ateliers selber und Heimrad konnte es nicht ertragen, wenn er bei der Arbeit eingeschränkt wurde, auf welche Art und Weise auch immer. Heide und Uwe kannten keinerlei materielle Not. Beide waren in wohlhabenden Elternhäusern aufgewachsen. Der Vater von Lausen war Bankdirektor in Stuttgart. Die Eltern von Heide, geborene Stolz, waren Apotheker mit einer eigenen Apotheke im Stadtkern von Kupferzell.

Am Telefon reagierte Heide sehr erfreut darüber, dass ich wieder aus Schweden zurück war. Freilich könne Heimrad den Kellerraum von Uwe benützen, im Augenblick sei er ohnehin verreist. Wohin, das wüsste sie nicht. Heimrad müsse sich nur den Schlüssel in Aschhofen abholen.

Mit dieser Botschaft trat ich zu Heimrad, der mich fest umarmend lobte mit den Worten, dass ich doch eine gute Managerin sei. Schon morgen wollte er wegen des Schlüssels zu Heide fahren, um die Malutensilien, die noch im Auto lagen, in Uwes Kellerraum in der Stadt zu schaffen.

Heide war immer sehr großzügig und tolerant jedem gegenüber. Meistens lebten in ihrem Haus noch andere Menschen, nicht nur kurzzeitig als Gäste, sondern blieben so lange, wie sie dazu Lust hatten. Selbst wenn Heide und Uwe nicht anwesend waren, liefen in ihrem Haus Leute herum; auch um sich um deren Kinder Lea und Jana zu kümmern. Heimrad meinte, er wolle geordnete Familienverhältnisse und könne derartige zu Chaos führende Lebensumstände nicht ausstehen. Vor allem wegen der Kinder finde er solch eine Lebensweise verantwortungslos. Ich musste ihm natürlich beipflichten, obwohl mir der Lebensstil von Heide doch auch ein wenig imponierte.

Nun würden wir also noch einige Wochen bei Mutti wohnen. Ich bemühte mich redlich, Ordnung zu halten, zu kochen und die Wohnung sauber zu machen. Mutti ging mit den Jungen auf den Spielplatz und konnte auch ihre gewohnten Aktivitäten ungestört ausüben. Markus war eher ein Beobachter der tobenden Kinder um ihn herum, während Boris damit begann, die Spielplatzangebote wahrzunehmen. Mutti hatte Eimer, Schaufeln und Förmchen eingepackt. Das liebten die beiden, im Sand zu buddeln, Kuchen zu backen und Sandhügel zu errichten.

Heimrad hatte nun, sofern es ihn danach verlangte, die Möglichkeit, ungestört in Lausens Keller zu arbeiten. Wozu es ihn aber auch drängte, war, das zum Einrichten der neuen Wohnung Erforderliche zu besorgen. In Roding hatte er einiges eingelagert. Seine Mutter würde uns Bettzeug, Haushaltswäsche, Geschirr usw. geben. Einen Esstisch würde er selber bauen, ebenso Regale für Geschirr und Bekleidung. Einen kleinen Herd hatte der Hausbesitzer in die Küche gestellt. Auch Mutti würde uns noch einiges, was sie für unabdingbar hält, dazukaufen. Die Staffelei zum Malen hatte mein Mann auch geholt. Sie war gut versteckt gewesen. Wo, das wusste ich nicht. Der Hausherr hatte uns erlaubt, bereits jetzt ins Atelier Dinge zu stellen, und Heimrad fuhr einige Male zwischen München-Schwabing und Oberholzham hin und her. Der Stubenwagen für das Baby war auch schon bereitgestellt. Als Heimrad ihn sah, geriet er in eine sorgenvolle Gemütsstimmung und meinte, ich würde zu schwer arbeiten, das könne für das Ungeborene gefährlich werden. Was sollte ich denn in unserer Lage tun? Was wäre, fragte er nun, wenn er mit zwei oder drei Kindern plötzlich alleine dastünde. Ich fand seine depressiven Anwandlungen nicht ungewöhnlich und versicherte ihm hoch und heilig, dass ich die Geburt schadlos überstehen würde. Woher ich das wisse, fragte er nun. Ich würde das einfach fühlen. „Ja, wenn Frauen was fühlen usw.", tönte es aus seinem Munde. Mütter und auch Kinder würden oft im Zusammenhang mit der Geburt sterben. Seine Worte kämen davon, sprach ich, dass er sich zu viel mit solch tragischer Literatur befasse. Nein, das wisse er aus dem Bayerischen Wald. Ja, dieser düstere, unheimliche Wald könne wirklich verursachen, dass man auf melancholische Gedanken kommt. Jetzt war mir nur noch zum Lachen zu Mute. Auch Heimrad versuchte meinen Optimismus ernster zu nehmen als seine traurigen Gedanken. Er sagte nun noch völlig überraschend, dass er sich sicher sei, dass mein Leben länger sein würde als seines.

Einige Tage später wurde Fusch wieder zum Gesprächsthema, vor allem wegen all der Sachen, die Heimrad mühevoll dorthin geschleppt hatte und nun teilweise wieder holen wollte. Ich versicherte, dass es mir so sehr leid tue, dass es damit momentan vorbei sei, aber es wäre doch möglich, wenn die Kinder älter seien, dorthin in die schöne Bergwelt zu fahren. Er bereite sich eher darauf vor, Dinge aus Fusch zu holen, die wir für unseren neuen Haushalt bräuchten, als in sentimentale Gedanken zu versinken. Das Thema Fusch fand ich jedes Mal, wenn ich daran dachte, schmerzlich, weil es damit, ohne dass wir dort richtig gelebt hätten, so jäh zu Ende gegangen war. Wenn mir allerdings die Mäuse einfielen, die im Herbst begannen den Dachboden zu besiedeln und nun ungestört in unserem Wohnschlafzimmer herumtoben konnten und wer weiß was nicht alles an Unrat hinterließen, so verringerte sich mein Wunsch nach unserem Berghäuschen doch erheblich.

Heimrad wollte nun unbedingt zum Kelleratelier von Lausen in der Brunnstraße fahren, nachdem ihm Heide nochmals versichert hatte, dass er dort ungestört malen könne. Wenn Uwe zurückgekommen sein würde, hätte er zum Arbeiten genug Platz in Aschhofen.

Mein Baby regte sich heftig, doch die Hebamme meinte, dass ich noch mit mindestens sechs Wochen bis zum Geburtstermin rechnen müsse. In drei Wochen würden wir umziehen. Markus und Boris schauten voller Freude die Bilderbücher an, die Kühe, Schweine, Hühner, Wiesen, Bauernhäuser und Bauersleute zeigten. Der Grund war, dass wir ihnen erzählt hatten, dass wir in ein Dorf ziehen würden, wo es all das gäbe. Papi stellte das noch entsprechend anschaulich dar: Er grunzte wie ein Schweinchen, gackerte wie ein Hühnchen und brüllte wie ein Ochse – bis alle tüchtig lachen mussten und ich mir vorkam, als wären wir schon umgezogen, wogegen ich nichts gehabt hätte.

Mutti kündigte an, dass ihre Schwester Lotte aus Kanada im August zu Besuch kommen würde und noch eine junge Verwandte mitbrächte. Ich versicherte meiner Mutter mit Nachdruck, dass wir bis dahin weg wären, sie solle sich keine Sorgen machen. Auch würden wir alles vorbildlich hinterlassen, was Heimrad mit heftigem Kopfnicken und entsprechenden ausdrucksstarken Gesten untermauerte. Boris und Markus verfolgten amüsiert und mit großen Augen das Mienenspiel von Papi.

Die Tage, die Heimrad im Keller von Uwe Lausen verbracht hatte, bezeichnete er als sehr produktiv, da ihn niemand gestört habe und er sich allein auf seine schöpferischen Gedanken und Empfindungen habe konzentrieren können.

Alle Arbeiten, die der Umzug mit sich gebracht hatte, waren erledigt, und am 30. Juni fuhren wir mit einem bis unters Dach vollgestopften VW-Bus in Richtung Bad Aibling. Innerhalb weniger Tage würde Heimrad noch die restlichen Sachen, die ordentlich zusammengepackt im kleinen Zimmer standen, abholen. Mutti plante, uns noch vor der Ankunft ihrer Verwandten aus Kanada zu besuchen. Sie wollte uns beim Einrichten helfen und sich auch um die Kinder kümmern.

Ich fühlte, wie mein schwangerer Zustand sich allmählich dem Ende zuneigte: Schmerzen beim Bücken und Aufstehen, ein Ziehen im Unterleib, all die Beschwerden, die nach der Geburt schlagartig vorbei sein würden. Dann werde ich wieder leicht und schlank sein! Indes hatten die Bewegungen des Babys im Bauch, besonders wenn ich im Ruhezustand war, durchaus auch etwas Beglückendes.

Am 29. Juli 1966 kam unser drittes Söhnchen zur Welt. Es war ein warmer, schöner Spätnachmittag. Die Bilderbuchhebamme war bei der Geburt immer anwesend und holte am Ende ihre etwas strenge Mitarbeiterin, die bei den letzten Presswehen mithalf. Das Knäblein hatte ein rotes Gesicht und schwarze Haare. Seine Haut fühlte sich samtweich und so warm an. Er war wieder so süß wie seine beiden Vorgänger. Die Geburt dauerte kaum drei Stunden. Heimrad kam noch am Abend und war so froh, dass ich überlebt hatte, dass er selbst einen dritten Knaben als gottgegeben hinnahm. Wir erinnerten uns gemeinsam daran, dass sein Vater, der lustige Viktor, einmal gesagt hatte „So fui Kinder kennts ham wias woids, aber lauter Buam", während Heimrad sein Söhnchen, das Fabian heißen sollte, auf dem Arm hatte. Viktor hatte ausgerechnet auch am 29. Juli seinen Geburtstag.

Heimrad besuchte uns einige Male in München, holte den kleinen Fabian aus seinem Babykörbchen, das neben meinem Bett stand, nahm ihn auf den Arm und wiegte ihn hin und her. Er machte das so selbstverständlich, dass ich nur staunte. Eine Woche würde ich hier bleiben, sagte ich, aber zum Geburtstag von Boris, am 5. August, wollte ich zu Hause sein. Heimrad sagte, Mutti würde gewiss alles Nötige und auch Geschenke besorgen. Bestimmt etwas sehr kreatives aus Holz. Fabian unterbrach uns mit kräftigem Schreien, was die Hebamme herbeilockte, wir aber mussten lachen. Sie meinte, ich solle es wieder mit dem Stillen versuchen und ihn danach wickeln. Wenn ich Hilfe bräuchte, solle ich klingeln, und weg war sie. Heimrad verabschiedete sich nun fröhlich und zärtlich von Fabian und mir, da Omi noch heute nach München zurückfahren wolle. Morgen werde er mit den Buben alleine sein. Sie würden vor der Küchentüre spielen und Stühle hinaustragen, um sie zu einer Eisenbahn zusammenzubauen. Papi würde also relativ ungestört draußen oder drinnen malen können. Das Mittagessen hatte Omi schon heute vorbereitet. Nun wusste ich über vieles Bescheid, konnte mich also sorglos der Zeit im Wochenbett hingeben.

Am fünften August – auch meinen Geburtstag, den ersten August, hatte man nicht vergessen – wurde Boris zwei Jahre alt und strahlte uns alle an. Der Stubenwagen, in dem nun Fabian schlief, stand neben dem Esstisch. Kerzen brannten, ein Kuchen war aufgeschnitten, Saft war auf Gläser verteilt. Omi hatte alles im Auge, während Heimrad Boris nahm, ihn einige Male zur Feier des Tages hoch in die Luft warf und wieder auffing. Boris liebte das und strahlte übers ganze Gesichtchen, während Markus neugierig auf das noch verpackte Geburtstagsgeschenk schaute. Als Boris wieder auf seinem Stuhl saß, wurde endlich das Papier aufgemacht und ein Geschenk kam zum Vorschein, das alle Erwartungen übertraf. Es war ein umfangreicher Holzbaukasten mit Stäben, großen, mittleren und kleinen Röhren, eckigen, quadratischen, runden, langen und kurzen Hölzern und noch vielem mehr. Markus war so begeistert, dass er gleich begann die einzelnen Teile genau zu untersuchen, was Boris auch geschehen ließ. Danach begannen sie mit den Holzbausteinen zu spielen, bis Boris wieder nach draußen wollte. Markus war zu sehr ins Bauen vertieft.

Es war ideal, dass die Küchentüre direkt in den Hof führte und die daneben liegende Türe, die vormals in den Stall führte, nun die Türe war, durch die man ins Atelier gelangte. So konnten die Kinder draußen spielen, während Heimrad je nach Witterung im Atelier oder im Freien malte. Die Jungen nahmen wenig Notiz davon, denn das waren sie ja gewöhnt. Sie schleppten meist alles mögliche ins Freie, was sie dann zusammenbauten und am Abend wieder ins Haus tragen mussten. Sogar ein kleiner Sandhaufen befand sich vor der Hausmauer. Ich war froh, wenn Mutti einige Tage blieb, denn mit Fabian war ich ja nun doch reichlich beschäftigt. Er hatte so niedliche blanke Äuglein, wenn er mich ansah, die anders als bei Markus und Boris schon bald einen dunkelbraunen Farbton angenommen hatten. Seine in die Luft stehenden Härchen, wie bei einem Igel sah das aus, waren auch ganz schwarz.

Mutti konnte mit den Buben im Kinderzimmer schlafen, wofür Heimrad durch Hineinstellen eines weiteren Bettes gesorgt hatte. In der Wand zwischen Küche und unserem Schlafzimmer befand sich eine Durchreiche. Wenn die Familie ohne mich in der Küche war, etwa beim Essen, und ich mit unserem dritten Sohn im Schlafzimmer mit Stillen und Wickeln beschäftigt war, so hielt ich Fabilein manchmal in die Durchreiche, was sehr zur Belustigung beitrug. Sie glich einem Puppentheater, aber anstatt Puppen war da ein einziger Mensch, ein einziger Statist, nämlich das Baby Fabian. Markus und Boris versuchten gelegentlich die Durchreiche zu erobern, aber eher erfolglos, weil Papi nicht erlaubte, dass sie dort herumkletterten, denn gerade für Boris wäre ein Herunterfallen sehr schmerzlich gewesen. Markus war ja vorsichtiger. Also hatte Fabian das Privileg für sich alleine. Allmählich diente die Durchreiche nur noch dazu, ab und zu Sachen zwischen Küche und Schlafzimmer hin und her zu bewegen.

Ich war wieder rank und schlank, was Heimrad mit den Worten feststellte, wie es möglich sei, einen so dicken Bauch so schnell zu verlieren. Das konnte ich auch nicht beantworten, außerdem hatte ich darüber nie nachgedacht. Ich war vor allem froh, dass mir meine Röcke wieder passten und ich nicht mehr monatelang dasselbe anziehen musste.

Über uns wohnte ein Ehepaar mit Namen Oswald und ihr Sohn Manfred, der wohl ein Jahr älter war als Markus. Der Frau begegnete ich immer wieder, da wir ja denselben Flur benutzten. Sie schaute mich freundlich, aber auch neugierig an, bis wir schließlich einige Worte wechselten. Sie sprach bayerisch. Ihren Mann sah ich wenig, da er tagsüber beruflich außer Haus war. Frau Oswald schaute oft mit ihrem Sohn aus ihrem Küchenfenster, bis eines Tages Manfred im Hof erschien, um ein wenig Anschluss an unsere Kinder zu bekommen. Er hatte Spielzeug für den Sand dabei, was dazu führte, dass nun alle drei Kinder im Sand spielten, dann aber auch begannen, andere Spiele zu erfinden. Nicht sehr oft kamen auch noch andere Kinder dazu.

Was unsere Wohnung auszeichnete, war ein fantastisches, ganz neu installiertes Badezimmer. Die Wände erstrahlten in goldgelben Kacheln und an einer Seite befand sich ein ausladendes Waschbecken mit glänzender Armatur. Darin würde ich die Kinder gemeinsam, später sogar zu dritt, baden können. Heimrad war ohnehin ein großer Freund von Wannenbädern.

Mehr und mehr erkundeten wir unsere neue Umgebung. Was mich besonders beeindruckte, war, wenn der Bauer, der unterhalb unserer Wohnung seinen Hof hatte, seine Kuherde abends bei Sonnenuntergang nach Hause trieb. In den gelben und roten Sonnenstrahlen erschienen die Kühe als dunkle Schatten, eine nach der anderen. Der Landmann mit seinem Stock war als Silhouette sichtbar. An schönen Sommer- oder Herbstabenden wiederholte sich das Schauspiel immer wieder neu. Ich zeigte es auch den Kindern, bis der Bauersmann, darauf aufmerksam geworden, zu uns heraufblickte. Das wiederholte sich von nun an immer wieder.

Der einzige und sehr kleine Laden war eine kurze Wegstrecke entfernt. Ich ging an der Kirche vorbei, die ich gerne einmal besuchen wollte, bog danach im schmalen Winkel nach rechts und stand nach wenigen Minuten vor dem Geschäft. Frau Obermaier, die Ladeninhaberin, begrüßte mich sehr freundlich. Sie hatte schon gehört von den neuen Dorfbewohnern.

Ich sah mich um, kaufte Brot und Butter und was ich noch für den augenblicklichen Bedarf brauchte und hier fand. Frau Obermaier hatte fünf Kinder, worüber ich staunte; warum wusste ich nicht, vielleicht weil sie eine sehr kräftige Frau war.

Nun wollte ich die Milch, die wir brauchten, bei dem Landwirt kaufen, der im Abendlicht nahe vor unseren Augen die Kühe nach Hause zu treiben pflegte. Heimrad zweifelte, ob das richtig wäre, da der Bauer zu oft allzu neugierig zu uns herübersehe. Dort zu fragen, das sollte ich lieber unterlassen. Mir war der Mann nun auch allmählich ein wenig unheimlich.

Hundert Meter über unserem Haus war auch ein Bauernhof und dorthin ging ich mit Heimrad. Mutti blieb bei den Jungen. Hier lebten Herr und Frau Kogler mit ihren vier Kindern, drei Söhnen und einer Tochter. Diese war die Jüngste und hieß Monika. Frau Kogler empfing uns als die neuen Nachbarn sehr liebenswürdig. Sie war gesprächig und es freute sie, dass nun auch ein Künstler in dem kleinen Dorf lebte. Milch, so viel wir brauchten, könnten wir täglich holen. Sie hatte auch Hühner und Gänse. Ein schöner Hof mit angrenzendem Gemüsegarten, daneben noch Felder und Wiesen. Es sah fast so aus wie in den Bilderbüchern der Kinder. Nur war es hier Realität, was als Abbildung romantischer wirkte, da frei von Gerüchen aus dem Kuhstall und verklärt durch die Sicht des Zeichners.

Großeinkäufe musste Heimrad mit dem Auto tätigen. Wo das möglich sein würde, wollten wir noch herausfinden. Was ich entdeckt hatte, war, dass sich in Bad Aibling ein Reformhaus befand.

Wir waren soweit eingerichtet, da drängte es Heimrad, in München seine Malerkollegen zu treffen. Eines Tages sehr früh am Morgen standen Mutti, die Kinder und ich winkend im Hof, um Papi zu verabschieden. Am Abend würde er wieder zurück sein. Diese Fahrt wollte er auch mit Besorgungen für das Atelier verbinden, denn zum Malen brauchte er immer Nachschub. Die Fahrt von Oberholzham nach München und zurück belief sich auf circa neunzig Kilometer. Mutti versprach noch einige Tage zu bleiben, denn wenn ihre Schwester Lotte zu Besuch käme, würde sie für uns keine Zeit mehr haben. Mutti nützte die Tage, um die vielen Arbeiten, die hier noch anstanden, zu erledigen. Sie kochte auch das Essen, spielte mit den beiden größeren Kindern und ich hatte genug Zeit für den kleinen Fabian, der mich mit seinen runden, dunklen Augen allerliebst anblickte.

Tags zuvor hatte Heimrad einen umfangreichen Einkauf gemacht – in einem der größeren Ortschaften, die schon einen großen Lebensmittelmarkt mit reichhaltiger Auswahl hatten, etwa in Bruckmühl. Heimrad wollte sich allmählich wieder ins Gedächtnis der Kunstinteressierten bringen, nachdem wir ein halbes Jahr lang weg gewesen waren. Er gedachte, vorhandene Kontakte aufleben zu lassen oder neue zu knüpfen. Meist ergibt sich das eine aus dem anderen. Wir besaßen kein Telefon, worüber ich, aber auch Heimrad sehr froh waren. Zumindest im Augenblick.

Heide, die sich freute, dass wir so in ihrer Nähe wohnten, kam gelegentlich mit ihrem Auto angeflitzt, ganz alleine, ihre inzwischen zwei Töchter würden auch während ihrer Abwesenheit versorgt werden. Von wem, wollte ich wissen. „Entweder von Uwe oder von einer anderen Person", war die Antwort. Sie hatte bewusst unter ihre Karriere keinen Schlussstrich gezogen. Nun erzählte sie von ihren beruflichen Ambitionen und was sie weiterhin vorhatte. Mit Heimrad plauderte sie über Kunst und andere Dinge. Es gab wohl nichts, worüber man mit ihr nicht reden konnte. Auch die Konversation zwischen Mutti und ihr war nie langweilig, sondern ganz im Gegenteil unterhaltsam und lustig. Mutti hatte wegen ihrer vielen Reisen und ihrem Bildungshunger immer Gesprächsstoff auf Lager. Wie sehr aber hatten Heide und ich uns auseinanderentwickelt! Was für gute Freundinnen waren wir im Institut für Bildjournalismus gewesen! Jede bewunderte die andere. Aber nachdem ich erkannt hatte, was Kinder und Familie bedeuten und dass der Beruf, den ich ja auch übermäßig geliebt hatte, dahinter zurückstehen muss, konnte ich die Lebensform von Heide nur noch schwer nachvollziehen. Manchmal war sogar ein Gefühl in mir, das mir sagte, dass der Lebensstil von Heide irgendwie tragisch enden würde.

Wir leben nun schon länger als ein halbes Jahr in unserem Dorf. Der Winter war schneereich, die Wiesen waren von glitzerndem Weiß bedeckt. Heimrad hatte einen großen Ölofen im Atelier, sodass er beim Malen nicht zu frieren brauchte, was ihm sehr wichtig war. In der Küche läuft unter der Zimmerdecke ein dickes Ofenrohr entlang, das einigermaßen ausreichend Wärme spendete.

Fabilein hat ein dickes Lockenköpfchen bekommen. Markus und Boris panschten in den kalten Tagen mit Vergnügen in der großen Badewanne.

Eines Tages stand Manfred Oswald mit einem Schlitten vor der Haustüre und wollte die Buben zum Schlittenfahren einladen. Der kleine Hügel vor dem Haus genügte den Kindern, vor allem mussten alle drei auf dem Schlitten Platz finden. Unsere Kinder, eher von Natur aus vorsichtig, hatten in Manfred, der auch kein Wildfang war, einen zuverlässigen Freund.

Weihnachten war vorüber. Das Bäumchen hatte Heimrad aus dem Wald geholt, Mutti hatte für die Geschenke gesorgt und ich hatte einen heißen Glühwein zubereitet. Carola, meine Schwiegermutter, hatte uns eine große Dose mit Plätzchen geschickt und angekündigt, dass sie uns im Frühling besuchen wolle. Darauf freute ich mich sehr. Oma war sehr nett und eine tüchtige Hausfrau. Freilich, ihre Mentalität unterschied sich sehr von der meiner Mutter. Aber das empfand ich als spannend, dass ihre Lebensart so anders war. Den Kindern erzählte ich nun von ihrer anderen Oma, die die Mama von Papi sei und bald mit der Eisenbahn aus dem Bayerischen Wald kommen würde.

Die Mutter von Manfred, die uns allmählich immer mehr zugetan war, stieg eines Tages die Treppe herab, klopfte an unsere Küchentüre und in den Händen hielt sie einen dampfenden, heißen Apfelstrudel. Wie haben wir uns da gefreut! Die Buben machten große Augen und auch Heimrad und ich waren entzückt und voller Dankbarkeit für dieses leckere Geschenk. Jeder verspeiste seinen Anteil mit Hochgenuss. In meiner Erinnerung war das zu einer Zeit, als Fabian auch schon ein bisschen mitessen konnte.

Der Tag war gekommen, an dem Oma zu Besuch kommen sollte. Eine Vorahnung auf das Frühjahr 1967 lag schon in der Luft. Der nasse Schnee schmolz auf den Wiesen dahin. Heimrad war mit dem Auto unterwegs nach Bruckmühl, um Carola vom Bahnhof abzuholen. Sie trat in unsere Küche, hatte einen weißblonden dauergewellten Lockenkopf und trug ein einem Pelzmantel ähnliches Kleidungsstück; Heimrad hielt ihren hellbraunen Koffer in der Hand, bevor er ihn auf den Boden stellte. Sie umarmte mich mit viel Herzlichkeit und ebenso jedes Kind. Der Duft von Parfüm zog durch die Küche.

Schon am nächsten Tag kochte sie Heimrads Leibspeise, die er aus der Kindheit kannte: Weiße Suppe mit Schupfnudeln und die darauf folgenden Tage noch andere heimatliche Gerichte. Auch die Kinder und ich mochten diese Speisen. Salat machte ich noch dazu. Der Dialekt von Oma gefiel mir. Auch die Kindern verstanden ihn schnell. Heimrad sagte, dass er sich während der Zeit, als er Kunststudent war, den Oberpfälzer Dialekt abgewöhnt habe. „Aber nicht ganz", meinte ich, „denn die Sprache der Kindheit behält der Mensch immer." Nein, hoffentlich nicht, sagte Heimrad, er wolle, dass seine Kinder ein anständiges Deutsch lernen.

Ich ging mit Oma spazieren und zeigte ihr unser kleines Dorf. Sie erwähnte Viktor, von dem sie mich grüßen solle. Leider konnte sie wegen seiner Alkoholsucht wenig Erfreuliches von ihm berichten. Die Buben liefen herum, Fabian trug ich auf dem Arm. Oma wollte ihn mir abnehmen. Da aber verzog er sein Gesichtchen und begann zu weinen. Oma war ihm noch zu fremd.

Oma war fleißig, kochte und putzte, spielte mit den Kindern, die nach wenigen Tagen sehr vertraut mit ihr umgingen. Auch Fabian ließ sich nun von ihr herzen und herumtragen. Ich nahm an, dass die Kinder die Wesensart von ihrem Papi an Oma spürten. Meine Mutti kam auch für einen Tag und Carola und Hermine hatten sich viel zu erzählen. Die Zeit war schnell vorbei und Oma wurde zurückgebracht zum Bahnhof, aber versprach, eines Tages wiederzukommen.

In Erwartung auf den Frühling stellte sich bei mir ein Gefühl ein, das aber nicht nur ein Gefühl blieb, sondern schnell zur Gewissheit wurde. Ich war schwanger und entschloss mich, es so bald wie möglich meinem Mann mitzuteilen. Ganz nebenbei würde ich es ihm sagen. Finanziell waren wir gerade nicht knapp, was es mir leichter machte. So geschah es auch und er nahm es ohne besondere Regung als gottgegeben hin. Nachdem er festgestellt hatte, dass ich nicht fett und hässlich geworden war, schien er das Kinderkriegen einfach als eine meiner Lebensaufgaben hinzunehmen. Es war offensichtlich, dass er Kinder liebte, nur konnte er sein Leben ihretwegen nicht einschränken. Die in seinen Augen schwere Aufgabe der Kindererziehung sollte auf viele Jahre hinaus ich, ohne zu klagen, meistern.

Fabian krabbelte seit einiger Zeit und das sah so lustig aus, da er dabei auf seinen Füßchen stand und gleichzeitig sich mit den Händchen auf dem Boden vorwärts bewegte. Zwischendurch rutschte er auf den Knien weiter. Es gab eine in der Umgebung lebende graugestreifte Katze. Sie lag in der Sonne bei uns im Hof. Kaum hatte Fabilein sie entdeckt, krabbelte er auf sie zu, setzte sich auf den Boden und streckte ihr seine Arme entgegen. Die Katze reagierte und mit ihren Pfoten patsche sie nach den Händchen von Fabian und das Spiel begann. Das gefiel Fabian und er machte so lange weiter, bis die Katze plötzlich aufsprang und davonlief. Er führte ein von Markus und Boris unabhängiges Leben. Während die beiden kein Interesse an der Katze hatten, sie eher mieden, hielt Fabian auf sie zu, kaum hatte er sie entdeckt. Er freute sich dabei so sehr, dass seine dunklen Augen strahlten. Allerdings war die

Katze nicht immer zu spielen bereit. Fabi wurde von Papi unterstützt, denn auch dieser mochte die Katze gerne. Manchmal warf er ihr ein Stückchen Wurst zu, was ihr Interesse an uns anscheinend steigerte.

Markus und Boris waren mit Bauen beschäftigt, wozu sie Stühle und Spielsachen vor die Küchentüre ins Freie schleppten. Auch immer mal wieder gab es Streit, weil Boris nicht wie Markus wollte oder umgekehrt, aber letztendlich fanden sie doch einen Weg. Beim abendlichen Aufräumen, worauf Heimrad bestand, versuchte Markus manchmal diese Arbeit zumindest teilweise auf Boris abzuwälzen, was dieser sich aber nicht gefallen ließ, noch dazu, da er von Papi unterstützt wurde. Markus sollte die schwereren Teile zurücktragen, die kleinen, leichteren Sachen könne er Boris überlassen.

Wenn es heiß im Sommer war, stellten wir schon morgens Babywannen ins Freie und füllten sie mit Wasser, damit es sich erwärmen konnte. Die Buben stiegen hinein, spritzten umher oder warfen Steine und Sand in die Wannen. Auch Fabian wollte herumpanschen, aber da musste jemand aufpassen, denn ein Sturz ins Wasser, das hätte gefährlich werden können. Wenn Mutti da war, passte sie auf. Wenn Heimrad im Freien arbeitete, versprach er Fabian zu beobachten oder Markus und Boris anzuweisen, das Amt zu übernehmen. Ich traute der Sache nicht ganz. Aber Heimrad beruhigte mich mit den Worten, er werde eine Zigarre rauchen und unterdessen auf Fabian schauen.

Während das Kindlein in meinem Bauch wuchs, ging ich jeden Abend die kleine Anhöhe hinauf, um bei Familie Kogler mit einer Metallkanne zwei Liter Milch zu holen. Manchmal begleitete mich Boris. Die Koglers hatten neben Hühnern noch anderes Geflügel, und zwar Gänse. Plötzlich begannen einige der Gänse, kaum hatten sie mich gesehen, hinter mir herzulaufen. Das sollte sich nun allabendlich wiederholen. Kaum hatte Frau Kogler es mitbekommen, da kam sie auch schon aus dem Haus gelaufen und verjagte die Tiere. Halb scherzhaft und halb im Ernst sagte sie, dass sie nicht begreifen könne, warum die Tiere mich verfolgen würden. Boris schrie, wenn er dabei war. Es war mein schwangerer Zustand, der Frau Kogler angesichts des Gebarens der Gänse Sorgen bereitete. Aber die tägliche Milch brauchten wir dringend. Nachdem ich beinahe täglich zur gleichen Zeit kam, jagte Frau Kogler die Tiere bald schon vorher weit ins Feld hinter ihrem Haus hinein, damit sie mich gar nicht erst erblickten. So gelang es dann doch noch ohne große Störung die Milch zu holen. Frau Kogler war nett und aufgeschlossen. Meist war ihre Tochter, die etwa fünfjährige Monika, bei unserer Unterhaltung dabei. Manchmal bekam ich etwas Essbares, Selbstgemachtes, geschenkt.

Allmählich war es an der Zeit, eine Hebamme zu suchen. Es sollte eine sein, die hier in der Nähe wohnte, was Heimrad unbedingt befürwortete. Sollte ich Heide fragen? Oder wen sonst? Da erhielt ich plötzlich die Botschaft, dass es in Bruckmühl eine freischaffende Hebamme gäbe. Den Namen Frau Kalteis und die Adresse erfuhren wir auch. Also machten wir uns bald darauf im Auto auf den Weg nach Bruckmühl, einem Ort viel größer als der, in dem wir wohnten. Frau Kalteis, eine etwa sechzig Jahre alte Dame, war vertrauenerweckend freundlich, lächelte uns verbindlich an und war dennoch zurückhaltend und herzlich. Sie untersuchte mich und sagte, dass alles in Ordnung sei. Der Geburtstermin liege – ich überlegte – zwischen Ende September und Anfang Oktober. Sie meinte, dass die Geburt bei uns zu Hause stattfinden könne. Das war ein neuer Gedanke, aber er gefiel mir und vor allem Heimrad, denn er hoffte, dass die Geburt dadurch billiger kommen würde. Andererseits würde bei einem eintretenden Notfall jede ärztliche Hilfe außer Reichweite sein. Heimrads Furcht vor Geburten hatte zwar abgenommen und er erinnerte sich nicht mehr so oft an die Horrorgeschichten seiner Oberpfälzer Heimat. Dennoch empfand er meine Ansicht, man könne auf Ärzte völlig verzichten, da von ihnen sogar eine gewisse Gefahr ausgehe, als höchst abenteuerlich. Es war klar, bei meinen Geburten durfte, dank Gottes Gnade, niemals etwas schiefgehen.

Der Sommer ging zur Neige, der beginnende Herbst färbte die Natur in Gold und Braun. Der vierjährige Markus und der dreijährige Boris führten Diskussionen, ich möchte nicht sagen über Gott und die Welt. Aber wer wusste, was in Anbetracht ihrer Redegewandtheit eines Tages daraus werden würde? Fabian übte sich im aufrechten Stehen. Aber er begann auch ein Füßchen vor das andere zu setzen, fiel dann auf den Boden und lachte mich an.

Nun ereignete sich etwas, das eher Heimrad galt als mir. Ein Mann namens Otto Dressler, groß und kräftig, besuchte uns eines Tages. Er musste unseren Wohnsitz irgendwie herausgefunden haben, der von seinem Haus in Moosach bei Grafing nicht allzu weit entfernt lag. Es ist möglich, dass er auf irgendwelchen Umwegen, die mit Kunst zu tun haben, Heimrad aufgespürt hatte, da dieser ja schon einen gewissen Bekanntheitsgrad besaß. Er kam mit dem Auto und stand eines Tages in unserer Wohnküche. Das Gespräch mit ihm ergab, dass er ursprünglich Steinmetz gewesen war, jetzt aber aus farbigem Schaumstoff Skulpturen aller Art machte. Heimrad besuchte ihn in seinem Atelier in Moosach und konnte in diesen Machwerken kaum einen künstlerischen Wert erkennen. Auch ich fand die Objekte irgendwie abartig. Nach längerer Diskussion stellte sich jedoch heraus, dass Dresslers Interesse an Heimrad in eine andere Richtung zielte. Nach ausgiebigen Gesprächen reifte in den beiden der Plan, im Hause von Dressler in Moosach ein Fest zu veranstalten, das alles, was herkömmliche Festlichkeiten boten, völlig in den Schatten stellen sollte. Die Farbe Weiß sollte bei diesem Vorhaben eine dominante Rolle spielen. Aufgestellte UV-Lampen würden alle weißen Gegenstände in ein geheimnisvolles Licht tauchen. Das begann Heimrad nun doch sehr stark zu interessieren, zumal Dressler ein wirklich sehenswertes Haus besaß, das ihm eine nicht nur kunstsinnige und dichterisch begabte, sondern auch reiche Frau namens Charlotte Tangerding hingestellt hatte: Durch den plötzlichen Tod ihres Mannes war sie alleinige Besitzerin des riesigen Werkes Südstahl AG bei Donauwörth geworden. Weißer Stoff in großen Mengen wurde besorgt, um die Wände damit zu bespannen. Die Lampen für die UV-Beleuchtung wurden besorgt und aufgestellt, Getränke und Speisen wurden eingekauft. Nun kam der große Tag, an dem all die geladenen in Weiß gekleideten Gäste erschienen. Es war ein bewunderndes Oh und Ah, das durch die Reihen ging. So etwas hatte die Welt noch nicht gesehen. Die Gäste wirkten wie frisch aus dem Urlaub kommend, braun gebrannt, während ihre Kleidung in leuchtendem Weiß erstrahlte. Die Musik, der Tanz, der ganze Zauber hinterließ bleibende

Eindrücke bei jedem der vielen Besucher. Leider konnte ich, da ich mit unserem ersten Töchterchen, mit Natascha, gerade im Wochenbett lag, an den Festivitäten nicht teilnehmen.

Nun zurück zu unserem tagtäglichen Leben. Die Kuchentüre konnten wir nun nicht mehr wie im Sommer ständig offen stehen lassen, da immer mal kalte Winde über den Hof fegten und den Sand aufwirbelten und in die Küche trugen. Auch Heimrad malte nun nicht mehr im Freien, sondern im Atelier. Erschien die Katze im Hof, versuchte Fabian auf das Sofa zu klettern, jubelte und beobachtete sie durch die Scheiben.

Es ist Anfang Oktober. Der Tag ist da, an dem ich spüre, dass die Geburt sich ankündigt. Frau Kalteis besitzt ein Telefon, was Heimrad sehr beruhigend findet. Mit Frau Kogler haben wir ausgemacht, dass wir von ihr aus die Hebamme anrufen würden. Heimrad wettert, dass wir uns demnächst ein Telefon anschaffen müssten, da er es auch aus beruflichen Gründen dringend brauche. Ich halte mich zurück, aber vernünftig wäre die Anschaffung eines Telefons allemal.

Es ist ein warmer Sonntagmorgen, der achte Oktober. Meine Mutter haben wir informiert, damit sie kommen würde, um sich um die Kinder zu kümmern. Sie nimmt sich die Zeit und macht es auch gerne. Sie erscheint wie ausgemacht zur Mittagszeit. Es stimmt mich ein wenig traurig, dass Fabian, der doch noch sehr klein ist, nun auch erleben muss, wie schnell man seinen Platz wieder verlieren kann als jüngstes und damit umhegtestes Kind. Doch ich tröste mich mit dem Gedanken, dass sein sonniges Gemüt bereit sein dürfte das Baby auch selbst schnell ins Herz zu schließen.

Die Hebamme, die wenig nach der Ankunft meiner Mutter erscheint, hat Omi schon die Hände geschüttelt, was diese auch während des Kochens zulässt. Am Nachmittag werden meine Wehen stärker und ich bin wirklich sehr froh, dass der Tag ohne die beunruhigende Aufbruchstimmung verläuft, die mich während der vorangegangenen Geburten belastete. Frau Kalteis ordnet mir an, in die Badewanne zu steigen. Das warme Wasser tue mir, aber auch der Wehentätigkeit gut. Ich bin froh über unser schönes, gelb gekacheltes Badezimmer, das die Hebamme gewiss auch überrascht.

Diesmal ist ja Heimrad zu Hause und als Frau Kalteis mit mir wegen meiner nun starken Wehen in unser Schlafzimmer geht, sagt sie zu Heimrad: „Bleibens nur da, Herr Prem, gell, diesmal kommens halt drunter rein." Sie will Heimrad festhalten, damit er im Zimmer bleibt. Zunächst versucht er zu entkommen, doch Frau Kalteis wirkt so vertrauensvoll, während ich unter den starken Wehen stöhne. Heimrad bleibt also sitzen, zwar ein wenig verunsichert, dann aber doch entschieden und neugierig darauf, wie es nun weitergehen würde. Frau Kalteis sagt besänftigend, dass nun die Presswehen beginnen würden. Sie arbeitet mit, ermunterte auch Heimrad, mitzumachen und so bringe ich nach einiger harter Arbeit ein Mädchen zur Welt. Heimrad strahlt, beide strahlen wir, die Hebamme ist gerührt. Ja, jedes Kind ist doch wahrhaftig ein Geschenk Gottes! Es ist ein schöner, milder, goldener Sonntag, dieser achte Oktober. Und gerade 17 Uhr. Die Hebamme beglückwünscht Heimrad mit einem herzlichen Händedruck. Nun will Heimrad die frohe Botschaft den Kindern und Mutti verkündigen und läuft in die Küche. Er nimmt Fabian auf den Arm, denn dieser soll mit Nachdruck erfahren, dass er ein Schwesterchen bekommen hat. Markus und Boris und Mutti sind mit Spielen so stark beschäftigt, dass sie die Neuigkeit unaufgeregt hinnehmen. Mutti ist froh, dass alles gut gegangen ist. Die Hebamme sagt, ich solle heute liegenbleiben. Das Baby wickeln solle meine Mutter oder mein Mann. Morgen würde sie wiederkommen.

So kam sie noch einige Tage, schaute den Bauchnabel von Natascha an, erkundigte sich, ob es mit dem Stillen gut klappen würde und fragte nach einigen anderen Dingen, die das Neugeborene betrafen. Ihr Mann brachte sie mit dem Auto her und fuhr nach ihrem Besuch wieder mit ihr heim. Nach ihrem letzten Besuch bezahlte Heimrad die Geburtskosten. Ich dankte ihr von Herzen. Nun hatte ich also eine Tochter, ich war immer wieder erstaunt, dass es wirklich kein Traum war.

Zu dieser Zeit war es noch nicht üblich, dass Väter an den Geburten ihrer Kinder teilnehmen. Aber von Heide Lausen oder jemand anderem hörte ich, dass so etwas im Kommen sei und auch schon im realen Leben stattfinde. Dass Heimrad ganz unerwartet einen Teil der Geburt von Natascha miterlebte, war ja ganz ungeplant. Oh, der arme Mann, dachte ich, wenn er von Anfang bis Ende den ganzen Geburtsverlauf in allen Phasen miterleben muss! Vielleicht gibt es auch Frauen, die den Leidensweg, den sie während ihrer schmerzvolle Entbindung durchmachen, dem Vater des Kindes zumuten wollen. Aber denkbar wäre auch, dass ein Vater die Geburt seines Kindes aus freien Stücken miterleben möchte. Zu meiner Mutter oder Großmutter Zeiten hätten solche Überlegungen gewiss nicht stattgefunden.

Nun hatte ich trotz der Freude wieder jenes schmerzliche, depressive Gefühl, von dem ich hoffte, dass Gott es mir bald wieder nehmen würde. Empfindungen, die kaum erklärbar sind, aber doch Frauen häufig im Wochenbett plagen.

Heimrad hatte in der Durchreiche Natascha schon einige Male ihren Brüdern gezeigt. Alle hatten gelacht und Fabian durfte sie ein bisschen anfassen. Ich war froh, dass Mutti noch eine Woche blieb, kochte, abspülte und die Buben versorgte. Heimrad fuhr mit dem Auto zum Einkaufen. Natascha war brav, schrie nur, wenn sie einen echten Grund dazu hatte. Ich machte einige Schwarz-Weiß-Fotos vom Baby. Nun war ich wieder wohlgemut, wofür ich Gott in meinem Herzen dankte. Abends, wenn ich mit den Buben betete, falteten sie ihre Hände. Auch Fabian versuchte die Fingerchen ineinanderzuschieben, das sah allerliebst aus.

Die drei Buben schliefen mit Mutti im Kinderzimmer unserem Schlafzimmer gegenüber. Unser Baby schlief in unserem großen Bett, was Heimrad so lange erlaubte, bis er schlafen wollte. Dann allerdings duldete er keinerlei Störung seiner Nachtruhe. In der Küche stand der Stubenwagen mit dem rosaroten Seidenhimmel und in diesen musste ich nun Natascha legen. Ich hoffte sie zu hören, wenn sie schrie. Oft indes malte Heimrad viele Nachtstunden hindurch und dann durfte sie so lange, bis er kam, in unserem Bett bleiben. Ab und zu auch die ganze Nacht, sofern er gut gelaunt war und sein Herz fühlte, wie lieb und süß seine Tochter war. Oder das Malen war ihm gut von der Hand gegangen.

Nach dem privaten Weißen Fest im Hause Dresslers, kam Heimrad und Otto der Gedanke, dieses doch sehr besondere Fest kommerziell zu organisieren. Beide Männer trafen sich mehrmals, um das Konzept und die damit verbundene Arbeit zu besprechen. Das nahm so viel Zeit in Anspruch, dass Heimrad schon fürchtete, dass ihm zu wenig Zeit zum Malen bleiben und das Projekt zu viele Gedanken beanspruchen könnte. Otto hatte es eilig, holte Heimrad mit dem Auto in Oberholzham ab und brachte ihn wieder zurück. Er wollte zügig seine Ideen verwirklichen. Heimrad und ich empfanden Dressler von Anfang an als charakterlich nicht durchschaubar, was bedeutete, dass man nur schwer seine wahren Ziele erkennen konnte. Mit seinem beruflichen Erfolg als Künstler konnte er natürlich nicht zufrieden sein. Was er nun machte, nachdem er früher Grabsteine hergestellt hatte, war nur mit einem sehr liberalen Kunstbegriff zu tolerieren. Wollte Dressler sich gar an Heimrad hängen, der doch schon eine gewisse Bekanntheit besaß? Heimrad, den Neues interessierte, der jeden Menschen gelten ließ, begann nun mit Dressler das Konzept schriftlich, das heißt vertraglich vorzubereiten. Die Unkosten für Stoff und UV-Lampen, die Beschaffenheit der zu nutzenden Räumlichkeiten, die Anzahl der Feste und so weiter und so fort, alles musste verbindlich festgelegt werden.

Heimrad und ich lernten auch Hildegard, die Freundin von Otto, eine stille, zurückhaltende junge Frau kennen. Sie war so alt wie ich und blieb, auch nachdem sie einige Jahre später mit Otto verheiratet war, kinderlos. Heimrad sagte, der Grund dafür sei, dass Otto keine Kinder haben wolle. Sooft Hildegard zu uns kam, als wir später in Moosach wohnten (dazu gleich mehr), oder ich ihr auf der Straße begegnete, empfand ich irgendwie Mitleid mit ihr. In ihrem Wesen, dachte ich, liegt eine stille Trauer.

Die beiden besaßen ein schickes Sportauto. In dem saß Otto als Beifahrer und sie chauffierte ihn nach München oder sonst wohin. Hildegard war gelernte Gebrauchsgrafikerin und erteilte später Werkunterricht an der Münchner Gesamtschule. Was mir auch in Erinnerung geblieben ist, ist dass sie gebürtige Hamburgerin war.

Auf dem großen Grundstück neben dem Haus von Dressler ließ Frau Tangerding ein zweites Gebäude errichten. Es wurde nach den Vorstellungen ihres Sohnes Axel, der Architekt war, konzipiert und dieser sollte nicht nur darin wohnen, sondern in dem eine Bühne und einen Zuschauerraum enthaltenden Bauwerk auch ein sehr erfolgreiches Theaterprojekt realisieren, das sich bis auf den heutigen Tag Meta Theater nennt. Seit vielen Jahren reist die Theatergruppe um die Welt, ist in vielen Ländern aufgetreten und hat reichlich Erfolge verbuchen können. Nach wie vor lebt das Theaterprojekt dank einer großen Anzahl wechselnder Schauspieler und Artisten. Dem jüngeren Bruder von Axel mit Namen Götz, einem sehr begnadeten Pianist, war ein trauriges Schicksal beschieden und er verstarb bereits in sehr jungen Jahren.

Wir wohnten gerade ein gutes Jahr hier in Oberholzham und wir mochten das Dorf und die Umgebung, da eröffnete uns Dressler, dass in Moosach, etwa 15 km von unserem derzeitigen Wohnsitz entfernt, ein alter Pfarrhof stehe, das sogenannte Künstlerhaus. Hier würden seit Jahren die unterschiedlichsten Menschen leben, teils Künstler, aber auch andere „Wegelagerer". So habe dort Jahre zuvor Peter Schumann gehaust mit seinem Straßentheater „Bread and Puppet". Später sei Schumann mit seiner Familie nach New York gegangen und dort mit seiner Puppenschau erfolgreich aufgetreten. Der Besitzer des ehemaligen Pfarrhauses, Herr Fedlmayer, dem auch noch das Gasthaus „Neuwirt" gehöre, vermiete zu relativ günstigen Konditionen das Künstlerhaus. Verschiedene Mieter seien bisher dort ein- und ausgezogen, nur einer, Stephan Schulz, sei geblieben.

Dressler war erfüllt von der Idee, uns hier einzuquartieren. Gerade sei viel Platz in dem Haus, da bis auf Stephan alle ausgezogen seien. Ich hatte daran wenig Interesse. Wieder ein Umzug, und das im Winter. Heimrad sprach über die Vorteile: Die geringere Entfernung nach München, ein größeres Dorf, zwei Geschäfte, eine Schule, hinter dem Wald ein See, ein Bus, der zwischen Moosach und Grafing verkehrt. Auch einen Zug gab es, dessen Stilllegung aber bevorstand. Heimrad bedauerte am meisten, dass er das schöne, große Atelier im Stall würde aufgeben müssen. Ich würde das schöne Badezimmer vermissen, aber auch das Dorf, den abendlichen Sonnenuntergang von unserer Anhöhe aus. Moosach lag in einem Kessel, überall ging es nach oben. Heimrads Wesen kannte ich, er hängte sein Herz an nichts Vergängliches. Was würde die Zukunft bringen? Wie schnell würde die Gegenwart wieder Vergangenheit sein? Bald würde es kalt werden. Dressler lag vor allem daran, dass das Projekt „Weiße Feste" schnell vorangetrieben würde. In der nächsten Faschingssaison, im Februar 1968, sollten die ersten Feste mit großem Publikum stattfinden. Darum wollte er, was die Zusammenarbeit erleichtern würde, dass Heimrad in seiner Nähe wohnt. Heimrad selbst erhoffte sich eine neue Geldquelle, aber nicht nur das, sein Interesse galt auch der Raumgestaltung und anderen künstlerischen Möglichkeiten, die sich bei den Vorarbeiten für die Weißen Feste eröffnen würden.

Die Würfel waren gefallen. Bei Eis und Schnee mussten wir Holzham verlassen. Natascha war knapp zwei Monate alt und unser Umzug stand bevor. Heimrad sortierte aus, warf Berge von schriftlichem Material und vieles andere weg. Ich wunderte mich, wie radikal er vorging und mir nebenbei predigte, bloß nichts mitzunehmen, was wir nicht wirklich bräuchten. Leider fehlt mir das Talent, so entschieden Dinge loszulassen. Mein Mann meinte, das sei bloß falsche Sentimentalität und bald hätte ich das Zeug ohnehin vergessen. Auf das Auflösen des Ateliers verwandte Heimrad mehr Sorgfalt. Da gab es weniger Abfall und mehr Mühe: Farben und Leinwände wollten ordentlich verpackt sein. Um diesen Raum tat es ihm doch sehr leid. Auch die Möglichkeit, bei warmem Wetter im Hof zu arbeiten, war nun dahin. Ich wusste, dass ihn das schmerzte.

Markus und Boris begriffen auch, worum es ging, und hörten von Papa, dass sie ihre Spielsachen und Bücher behalten durften. Es ist ein Glück, dass Kinder jede Veränderung der Verhältnisse einfach als gegeben hinnehmen – vorausgesetzt es ist kein Verlassenwerden von den Eltern. Fabian schaute uns groß an und spürte, dass Veränderung in der Luft lag. Am meisten besorgt war ich um Natascha. Es war Winter und kalt und in dem alten Pfarrhof in Moosach, was würden wir vorfinden? Konnten wir dort überhaupt heizen?

Der Mann von Frau Kogler war bereit, unsere Sachen mit seinem Traktor und Anhänger nach Moosach zu schaffen. Ich wollte noch Lebewohl sagen, ging zu Frau Obermayer in unseren kleinen Laden. Auch Frau Kogler, wo wir täglich die Milch kauften, bedauerte unseren plötzlichen Wegzug.

Die Ölöfen mussten ausbrennen. Frau Oswald, Mutter von Manfred, winkte mit ihrem Sohn aus dem Fenster. Der Traktor knatterte und bewegte sich, der Anhänger wackelte ein wenig hin und her. Ich hatte Natascha gut eingewickelt im Arm und saß vorne neben Herrn Kogler. Die Buben, auch mit warmen Hosen und Jacken bekleidet, saßen auf der Bank hinter mir. Heimrad fuhr mit seinem eigenen Auto und stopfte dieses bis unter die Decke mit allen möglichen Dingen voll, darunter reichlich Malutensilien aus dem Atelier. Herr Kogler fuhr über Wildenholzen die beschneite, schmale Straße entlang, an kahlen Bäumen und weißen Feldern vorbei. Wir sprachen nichts, nur Herr Kogler redete in seinem Dialekt einige aufmunternde Worte. Wieder ein Abschied, wieder ins Ungewisse.

Das Dorf Moosach mit der Kirche lag vor uns. Nun fuhren wir durch ein offenes Gatter und befanden uns in einem schneebedeckten Hof. Linker Hand, etwa hundert Meter entfernt, stand ein weißes Haus mit Haustüre und mit einem kleinen noch im Bau befindlichen Balkon am ersten Stockwerk. Heimrad war schon da und begann mit Herrn Kogler, Stück für Stück vom Anhänger zu heben und ins Haus zu tragen. Aber Herr Kogler musste wieder fahren, es dämmerte schon und zu Hause wartete auch Arbeit auf ihn. Heimrad bezahlte, Kogler winkte noch und knatterte davon.

Natascha räkelte sich, bald würde sie aufwachen und Hunger haben. Heimrad gab nun ein Teil nach dem anderen den Buben in die Hand mit dem Befehl, die Gegenstände ins Haus zu tragen. Fabian bekam weniger und nur kleine Teile. Heimrad stellte einen Stuhl neben den Herd in der Küche und versuchte diesen zu heizen. Im Garten fand er herumliegendes Brennholz – wenn auch nur mühsam wegen der hereinbrechenden Dunkelheit. Die Taschenlampe steckte irgendwo und war nicht gleich auffindbar. Morgen wollte Heimrad Holz kaufen bei einem Sägewerk, das ihm Stephan empfohlen hatte.

Ich saß zwischen all dem Chaos neben dem Herd und war müde. Natascha schrie, ich packte sie so viel wie nötig aus, setzte mich und begann sie zu stillen bis sie satt war. Die Buben liefen überall herum, redeten durcheinander, trugen ihre Spielsachen ins Haus und entschieden, wo alles hinkommen sollte. Ich freute mich über den Herd in der Küche. So einen hatte ich zuvor nicht. Das Bad war nicht so schön mit der altmodischen Badewanne und dem hohen, weißen Holzofen, der auch der Warmwasseraufbereitung diente. Auch mussten wir ihn mit unseren Mitbewohnern teilen. Er war einfach alt. Stephan war aufgetaucht und redete dies und das. Aber wo sollte ich Natascha wickeln? Auf die weiße Kommode, die schon im Haus war, und ursprünglich ein Schreibtisch gewesen war, legte Heimrad irgendeine Decke. Die Wickelsachen hatte ich schon parat, was auch gut war, da es wegen der Kälte schnell gehen musste. Bei Fabian war es einfacher, da ich ihm im Stehen die Hose wechseln konnte. Boris kam zu mir, rieb sich die Äuglein. Er hatte heute keinen Mittagsschlaf gehabt. Ich tröstete ihn mit den Worten, dass Papa sein Bettchen bald aufstellen würde. „Mami nähme mich Arm!", das sagte er oft. Als er auf meinem Schoß saß, brachte Heimrad, begleitet von Markus, die Tasche mit der Brotzeit herein. Natascha war wieder eingeschlafen. Heimrad wollte heute nur noch das Notwendigste aufbauen, damit wir schlafen könnten. Morgen hätten wir genug Zeit uns einzurichten. So wohlgemut war ich nicht. Warum sind wir umgezogen? Ich dachte an unser verlassenes Dorf. Nun sind wir in einem Kessel. Vorher lebten wir auf einer Anhöhe. Dort war es hell, hier würde es dunkel bleiben. Meine Anwandlungen würde Heimrad sentimental nennen, ich würde es ihm nicht sagen. Mit dem großen Raum im Dachboden als Atelier war er momentan zufrieden. Dort, meinte er, würde er weniger Platz, aber mehr Ruhe haben. Ich staunte, wie schnell er die Gegenwart ergriff, ohne zurückzublicken. Das Atelier würde er erst einrichten, nachdem die Wohnung einigermaßen fertig wäre.

Im ersten Stock hatten wir ein Zimmer, das das Schlafzimmer für die drei Buben werden würde.

Die anderen beiden Räume im ersten Stock würden andere bewohnen, die demnächst einziehen sollten und die wir noch nicht kannten. Auch Stephan Schulz hatte sein Zimmer im ersten Stockwerk, durfte das Badezimmer benützen und hatte genügend Platz in dem großen Garten. Hier verbrachte er viel Zeit, vor allem in der Sonne. Er war in fortgeschrittenem Alter, als Kriegsversehrter war er aus dem Zweiten Weltkrieg zurückgekehrt. Aber viel hat er davon nicht erzählt. Dank seiner Rente brauchte er nicht zu arbeiten und fristete ein anspruchsloses Leben. Wenn ich ihm ab und zu etwas von unserem Essen gab, nahm er es mit lachender Dankbarkeit an. Heikel war er ganz und gar nicht.

Herr Fedlmayer, der Wirt vom „Neuwirt" und Besitzer des Alten Pfarrhofes, richtete seinen Mietpreis nach der Anzahl der Zimmer, die man mietete. Wir hatten im Parterre das Schlafzimmer neben der großen Wohnküche, das Bad, das uns aber wie gesagt nicht allein gehörte, und noch ein ganz kleines Zimmer, das neben dem Badezimmer lag. Später habe ich es „Schlumpelzimmer" genannt. Es wurde das An- und Auskleidezimmer der Kinder, die schließlich ihre gesamte Kleidung hier unterbrachten. Außerdem gab es noch ein kleines Zimmer, in dem Natascha zeitweise schlief und das Heimrad später zur Werkstatt machte.

Nun hatten wir nur noch wenige Tage bis Weihnachten. Zum Glück kam meine Mutter, half tüchtig mit, beschäftigte sich mit den Kindern und ging mit ihnen draußen im Schnee spazieren.

Der Lebensmittelladen lag ganz in unserer Nähe, da wir im Zentrum von Moosach wohnten. Das war unser Glück. Ein Ehepaar namens Weidlich hatte ein weiteres Geschäft, eine Bäckerei, in der auch andere Lebensmittel als Backwaren verkauft wurden. Sie hatten fünf Kinder. Unser Haus lag in der Kurve der Straße, die mitten durch das Dorf führte. In der einen Richtung ging es nach Grafing und nach Kirchseeon, in der anderen Richtung nach Glonn. Im Jahr 1967 verkehrte noch ein Zug zwischen Grafing Bahnhof und Glonn, der auch in Moosach Station machte. Im Jahr 1971 wurde der Betrieb des Schienenbusses eingestellt, die Gleise wurden abgerissen. Schade, dachte ich. Das hölzerne Bahnhofsgebäude mit Lagerhaus ist erhalten geblieben.

Die Dorfkirche lag gegenüber der Kurve und das Gasthaus „Alter Wirt" stand genau gegenüber von unserem Haus. Es wurde aber schon bald nicht mehr als Gasthaus betrieben, sondern es zogen dort verschiedene Familien und Einzelpersonen ein und später bildeten sich

Wohngemeinschaften. Fünfzig Meter davon entfernt stand der „Neuwirt", das noch florierende Gasthaus mit Bewirtung von Gästen, eigener Küche und einem kleinen Fleisch- und Wurstladen. Die Wirtsleute, Herr Lederer, sein Vorname ist mir unbekannt, und seine Frau Angela Lederer betrieben die Gaststätte und hatten eine Tochter mit Namen Evi. Sie war nur ein Jahr älter als unser Sohn Markus. Herr Fedlmayer, unser Hausbesitzer und der älteste der Wirtsleute, ein urig aussehender etwas kauziger Mensch, stand oder lief immer mal vor dem Gasthaus herum. Dabei ruderte er mit seinen angewinkelten Armen hin und her. Dabei fiel eine seiner Hände auf, da sie durch einen Unglücksfall, der ihm in der Vergangenheit zugestoßen war, ein entstelltes Aussehen hatte. An einem bestimmten Wochentag, ich glaube es war der Dienstag, näherte sich Fedlmayer unserem Haus und rief etwas zu uns herüber. Ich ging ihm entgegen, um zu verstehen, was er wollte: „Heute gibt es Saure Lunge mit Knödel." Das mochte Heimrad gerne, auch ein Gericht der Oberpfalz. Ich nahm einen Kochtopf und ging mit Fedlmayer zu seinem Wurstladen, wo man mir reichlich von dem säuerlich riechenden Gericht in den Topf schöpfte. Heimrad freute sich und verspeiste es mit gutem Appetit. Wir, die Kinder und ich, gewöhnten uns allmählich an das bodenständige Mahl. Für lange Zeit gab es nun Woche für Woche dienstags Saure Lunge mit Knödeln.

Zurück zur Gegenwart. Wo konnten wir Milch kaufen? Diese Frage war zwar noch ungeklärt, aber nicht minder wichtig. Ehe jemand, also Heimrad auf die Suche gehen konnte, stand unerwartet plötzlich ein Mann vor uns, der uns sehr freundlich begrüßte, zuvorkommend war und sich, wie sich herausstellte, mit unserem Haus gut auskannte. Er nannte sich Karl, hatte einen kleinen Schusterladen von seinem verstorbenen Vater übernommen und lebte als Junggeselle mit seiner Mutter zusammen. Aus dem Reparieren von Schuhen gewann er nur einen kleinen Teil seines Einkommens. Die Tätigkeiten, die mit Autofahrten und Erledigungen von allerlei Dingen für verschiedene Personen zu tun hatten, füllten seinen Alltag so weit aus, wie er es für nötig hielt.

Nun kannten wir also den „Schuster Karl", wie man ihn überall nannte. Von ihm erfuhren wir, dass der Milchbauer namens Aichinger nur wenige Meter von unserem Haus entfernt seinen Hof hatte. Zu dem Bauernhof musste man zunächst über die Straße gehen, dann führte ein kleiner Weg an der Kirchenmauer entlang. Links lag das Haus vom Schuster Karl und rechts ein Stück dahinter der schöne, schon ältere große Bauernhof. Wer von uns das erste Mal den Hof aufsuchte, um Milch zu holen, weiß ich nicht. Vielleicht, war es Mutti mit einigen der Buben. Frau Aichinger war eine schlanke, freundliche Frau, die gerne redete und lachte. Sie war wohl ein wenig älter als ich, also in den Dreißigern. Das Ehepaar Aichinger hatte zwei Söhne und eine Tochter. Kurz nach unserem Umzug nach Moosach bekamen sie noch eine Tochter mit Namen Christine. Später war sie mit Natascha in einer Klasse und die beiden befreundeten sich. Manchmal sah man auch eine Oma, während Herr Aichinger sich nur selten blicken ließ. Wir bekamen täglich am Abend zwei Liter frisch gemolkene, kuhwarme Milch.

Weihnachten 1967 war vorüber, es gab Neuschnee, der große Hof oder Garten vor unserem Haus war weiß bedeckt mit glitzernden Schneekristallen. Die Bäume bogen ihre Zweige nach unten angesichts der Schneelast. Die Straße dem Gartentor gegenüber führte geradewegs nach München. Am Beginn der Straße lag die Dorfschule, ein mittelgroßes, eingezäuntes Gebäude. Nach einem weiteren Haus erhob sich ein Hügel oder Berg, auf dem sich jetzt im Winter kleine und große Kinder mit ihren Schlitten tummelten. Ein schöner, durchaus beachtlicher Schlittenberg. Er hieß Tranzlberg und ich wünschte mir, dass auch unsere Kinder ihn eines Tages mit ihren Schlitten würden besteigen und herunterfahren.

Es war Mitte Januar 1968. Otto Dressler und Heimrad waren mitten in den Vorbereitungen für die Weißen Feste. Das erste dieser Art, das im vergangenen Oktober zusammen mit Bekannten und Freunden im Haus von Dressler stattgefunden hatte, war Ansporn genug gewesen, den Plan zu fassen, die Feste nun in einem größeren Rahmen auszutragen. Die Max Emanuel Brauerei in der Adalbertstraße in Schwabing, ein geräumiges Gasthaus mit großem Festsaal, konnte zu diesem Zweck gewonnen werden. Die Faschingssaison war lang genug, um an zehn Wochenenden die Feste zu veranstalten. Auf Plakaten wurde dazu eingeladen. Jeder Besucher sollte in weißem Kostüm erscheinen. Die Wände wurden mit weißen Stoffen bespannt, die dann von Heimrad sehr kunstvoll und originell bemalt wurden. Die fluoreszierenden UV-Lampen wurden angebracht, was die weiße Farbe in ein bläulich strahlendes Licht tauchte. Was bei dem kleinen Fest mit Freunden im Haus von Dressler ausprobiert worden war, sollte nun in großem Stil realisiert werden. Heimrad machte aus Ton Leuchter, die gebrannt und danach weiß bemalt wurden. Sie wurden mit Kerzen bestückt und auf die Tische gestellt. Was Dressler, der weniger kreativ war, zum Gelingen des Ganzen beitrug, mag ebenso wichtig gewesen sein, war aber weniger sichtbar. Nicht nur durch die Plakate, auch durch brieflich verschickte Einladungskarten sollten Freunde und Bekannte, ein wachsender Interessentenkreis auf die ungewöhnlichen Feste aufmerksam gemacht und herbeigelockt werden. Heimrad und Dressler konnten Freunde, Malerkollegen und Künstler zum Mithelfen gewinnen, was unbedingt nötig war wegen der großen Zahl anfallender Arbeiten. Für die Musik konnte ein erfahrener Disk Jockey gewonnen werden, der sich vorzugsweise mit moderner Tanzmusik auskannte. Dazu gehörte natürlich auch rockige, die Tänzer besonders herausfordernde Musik. Heimrad hoffte, dass zumindest die Unkosten durch den Kartenverkauf wieder gedeckt werden würden.

Das erste Fest stand vor der Türe, auch ich selbst fieberte ihm geradezu entgegen. Nach Feiern und Tanzen stand mir immer der Sinn. Ich hoffte, dass Mutti sich Zeit nehmen würde, bei den Kindern zu sein. Weiße Sachen suchte ich mir im Kleiderschrank zusammen. Alles passte mir wie immer und meine Freude war groß, als ich mich vor den Spiegel stellte. Beim ersten Fest hatte Mutti keine Zeit, aber für drei weitere Feste konnte ich mit ihr rechnen. Bereits am Nachmittag wollte Heimrad im Festsaal in Schwabing sein. Ich war erst am Abend dort. Wie ich jedes Mal von Moosach nach München kam, weiß ich nicht mehr. Aber irgendein Mann, der in oder nicht allzu weit von Moosach entfernt wohnte und dem der Sinn womöglich auch nach Feiern stand, mag mich in seinem Auto mitgenommen haben.

In der Max Emanuel Brauerei traf ich viele Bekannte und Freunde. Die Musik war meist nach meinem Geschmack und es fehlte nicht an guten Tänzern. Alkohol mied ich, weil ich ihn nicht mochte und auch nur wenig vertrug. Zwischen den Tänzen saß ich an diesem Tisch oder wieder an einem anderen. Viele, die mich lange nicht mehr gesehen hatten, fragten mich allerlei, vor allem weshalb man nach vier Kindern noch so schlank sei und so ausgelassen tanzen könne. Darauf wusste ich keine Antwort.

Es gab auch eine Bühne, auf der allerlei Leute irgendetwas Witziges darboten, aber der Höhepunkt war, wenn Heimrad ein nacktes Mädchen bemalte. Alle johlten und klatschten und fanden, dass das die größte Gaudi war. Ich dachte an meine Kinder und hoffte, dass sie alle vier schliefen. Ja, wenn man ledig und kinderlos ist, kann man sich dem Taumel einer solchen Nacht rückhaltlos hingeben. Wieder stand ein Mann vor mir und wollte mit mir tanzen. So ging es bis zum Morgengrauen weiter und ich wollte nach Hause. Heimrad war nirgends zu sehen.

Da bot mir jemand an, mich mit dem Auto nach Hause zu bringen. Einmal war es ein Mann, der Günther Biazza hieß und einen Buchladen in der Innenstadt hatte. Die Nacht über hatte es geschneit und die Straßen waren weiß und glatt. Er fuhr los, aber wie weit Moosach wirklich war, da es sich ja nicht um den gleichnamigen Stadtteil von München handelte, wurde ihm nun erst bewusst. Ich erzählte ihm von meinen Kindern, um ihn von anderen Gedanken, die er vielleicht hegte, abzulenken. Heimrad traf ich erst am nächsten Tag sehr verkatert und mit Kopfschmerzen wieder. Er habe zu viel Alkohol getrunken, den er ja so schlecht vertrage, wie ich wisse, und heute müsse er sich ausruhen. Ja, er tat mir leid. Aber was ihn mit der Welt wieder versöhne sei, dass viele Gäste dagewesen seien und die Weißen Feste insgesamt auch finanziell, nehme er an, ein durchschlagender Erfolg werden würden.

Die übrigen Weißen Feste, die noch vor uns lagen, waren alle ähnlich, bloß die Tänzer waren unterschiedlich gut im Tanzen. Mutti brachte die Kinder immer gut in ihre Betten, wozu vorher Spaß und Erzählen gehörte. Schließlich schliefen sie dann müde einer nach dem anderen ein.

Nach der Faschingssaison, als das letzte Fest zu Ende war und der Wirt, Heimrad, Dressler, der Disk Jockey und die anderen Helfer miteinander abrechneten, war Heimrad recht zufrieden mit seinen Einnahmen. Bis zum nächstes Jahr würden die Feste noch bekannter werden, meinte er, dann würden noch mehr Besucher kommen.

Es war wieder eine Zeit ins Land gegangen, September 1969. Markus kam in die Schule. Am ersten Schultag bekam er eine Schultüte mit guten und gesunden Sachen. Er entwickelte sich zu einem guten Schüler. Sofern er in Moosach unterrichtet wurde, benötigte er für seinen Schulweg, der ihn nur über die Straße führte, nicht mehr als drei Minuten. Im ersten Schuljahr musste er allerdings mit dem Schulbus in das fünf Kilometer entfernte Dorf Alxing fahren. Im zweiten Schuljahr wurde er von Herrn Hackl in Moosach unterrichtet. Im dritten und vierten Schuljahr musste er wieder die Fahrt nach Alxing auf sich nehmen. Nun war Herr Penz sein Lehrer. Nach der vierten Klasse kam er ins Gymnasium Grafing, welches er nach bestandenem Abitur mit 19 Jahren verließ.

Eines Tages erschien Stephan Schulz im Flurwohnzimmer. So wurde der vom ursprünglich langen Flur durch eine Wand abgetrennte Raum genannt, der nun als zweites Wohnzimmer diente. Stefan setzte eine rot-weiße Katze aufs Sofa, sagte, dass sie Musqui heiße und nun uns gehöre. Mit diesen Worten verschwand er wieder. So kamen wir zu Musqui, die Heimrad gleich akzeptierte, da er Katzen gerne mochte. Auch die Kinder, jeder ein wenig anders, hatten allmählich ihre Freude an ihr. Auch ich fand, dass sie wirklich ein genügsamen und liebes Tier war. Ein schlimmes Erlebnis mit einer Katze in meiner frühesten Kindheit hatte mir damals einen so tiefgreifenden Schrecken eingejagt, dass mir davon eine schwer nachvollziehbare Katzenfurcht geblieben ist. Die meiste Zeit verbrachte sie im Freien, ernährte sich von Mäusen oder anderen Kleintieren, bekam gelegentlich aber auch von unserem Essen etwas ab, besonders Gurken, die sie ungewöhnlicherweise sehr gern mochte, und trank Wasser. Katzenfutter in der Dose kauften wir nicht, das hätte Heimrad nicht zugelassen und es war ja auch nicht nötig.

Wir lernten allmählich Leute aus dem Dorf kennen, aber unser Gast, der am häufigsten auftauchte, blieb Schuster Karl. Bei manchen Dorfbewohnern galt er als Sonderling. Vielleicht wegen seiner Ungebundenheit. Wer ein wenig anders lebt, was besonders für das Dorf gilt, bekommt schnell den Ruf des Außenseiters verpasst. Immerhin wurde er von den meisten als freundlich und hilfsbereit geschätzt. Auch über den Alten Pfarrhof, das Künstlerhaus, hatten die Leute unterschiedliche Vorstellungen. Schuster Karl wusste viel über unsere Vorgänger hier im Haus, da er schon jahrelang hier ein und aus ging. Er dünkte sich gebildeter als manch anderer, da er viel mit Menschen zu tun hatte, die über mehr Bildung verfügten, als über die Volksschule zu erreichen war. Er hatte immer mal wieder die Vorstellungen, dass er zu Höherem bestimmt sei. Da wir jahrelang ohne einen eigenen Telefonanschluss lebten, bot er uns an, seine Nummer an für uns wichtige Personen zu geben, bei Anrufen würde er uns Bescheid sagen. Wir wollten diesen Service nur sparsam gebrauchen, denn Heimrad fand, dass wir Schuster Karl nicht zu häufig Gründe zu erscheinen geben sollten. Damit hatte er sicherlich recht. Den Kindern gegenüber zeigte sich Schuster Karl immer wohlwollend, war zu Unternehmungen bereit und machte Späße. Wer mehr wissen will, sollte die Kinder selbst fragen.

Unser Leben in Moosach währte von Dezember 1967 bis zum August 1982. Über diesen langen Zeitraum werde ich nur fragmentarisch berichten. Sich ständig wiederholende Aktivitäten oder Ereignisse immer wieder niederzuschreiben, würde sich nicht lohnen. Manches steht mir klar vor Augen, anderes bleibt in meiner Erinnerung schemenhaft, ist mir nur bruchstückhaft im Gedächtnis geblieben. Wieder anderes mag ich rein subjektiv wahrnehmen, die Erinnerung daran besitzt nur für mich einen Wert. Es ist mir nicht immer möglich, die Ereignisse chronologisch wiederzugeben, was zu zeitlichen Ungenauigkeiten führt. In der Erinnerung erlebe ich manche Kleinigkeit als erwähnenswertes Ereignis und manch eine großartige Geschichte als nur unbedeutende Nebensächlichkeit.

Fabian, der nun etwa 16 Monate alt war, liebte es, sich im Freien zu bewegen und krabbelte eines Tages durch die kleine Gartentüre hinaus, rechts neben unserem Haus auf dem schmalen Bürgersteig entlang, auf dem flachen Hügel am Lebensmittelgeschäft Promberger vorbei und setzte sich schließlich auf den Boden, da er etwas zum Spielen gefunden hatte. Nur ein Stückchen davon entfernt plätscherte die Moosach. Plötzlich hörte ich eine Frau ins

Haus stürzen mit der Botschaft, dass eines meiner Kinder am Bach sitzen würde. Ich bemerkte, dass Fabian fehlte, und rannte mit der Frau aus dem Haus. Fabian saß immer noch an derselben Stelle und reckte mir seine Ärmchen entgegen. Die Frau entfernte sich und ich rief ihr meine Dankesworte hinterher. Den Kindern versuchte ich einzuschärfen, dass sie die kleine Gartentüre grundsätzlich schließen sollten. Aber auch andere ließen sie offen, sogar der Briefträger.

Die Prombergers, ein schon älteres Ehepaar, betrieben das Lebensmittelgeschäft gleich neben unserem Zaun. Zu diesem und zu Weidlichs gingen wir abwechselnd einkaufen. Immer wenn ich zu Frau Promberger einkaufen ging, mal waren die Kinder dabei, mal nicht, spürte ich, wie ein Blick, der etwas Leidendes an sich hatte, von der Frau ausging. Manchmal gab sie auch Worte von sich, die mit meiner großen Kinderzahl oder unseren sozialen Verhältnissen zu tun hatten. Ich fühlte dabei deutlich, dass sie es als eine gewisse Ungerechtigkeit empfand, dass ihr der Kinderwunsch versagt geblieben war. Ihr Mann, ein freundlicher Herr, hielt sich meist im Hintergrund. Die Prombergers wohnten im hinteren Teil des Hauses, in dem ihr Laden untergebracht war, die darüber liegende erste Etage hatten sie an eine Familie mit einer Tochter namens Tamara vermietet. Das Mädchen stand oft auf dem Balkon und lachte zu uns herüber. Eines Tages erfuhren wir, dass die Familie zu der Glaubensgemeinschaft der Zeugen Jehovas gehörte. Ich hatte kaum eine Vorstellung von deren Glauben und auch nicht begonnen mich dafür zu interessieren. Besonders die Kinder bedauerten, dass die Menschen dieser Glaubensrichtung das Weihnachtsfest nicht feiern.

Allmählich ging ich lieber zu Weidlichs einkaufen als zu Frau Prombeger. War es ihr Blick, in dem Kummer und gleichzeitig Vorwurf lag, der mich abhielt, weiter zu ihr zu gehen? Nach einigen Jahren gaben die Prombergers ihr Geschäft auf und eine Filiale der Raiffeisenbank zog in die Räume ein.

Damals waren die Winter noch lang und sehr kalt. Den Kachelofen im Kinderzimmer im ersten Stockwerk hatte Heimrad herausgebrochen und durch einen Ölofen ersetzt. Eigentlich schade, aber das Heizen war so, wie Heimrad meinte, einfacher. Nun mussten wir die schweren Ölkannen aus dem Keller holen, wo der große Öltank stand. In den Keller hinab konnte man nur gelangen, indem man im Hausflur eine schwere, große Kellertüre hochhob, festklemmte und eine Steintreppe hinabstieg. Nach dem Füllen der Ölkannen mussten diese nach oben geschleppt werden. Das machte Heimrad, aber auch ich musste es tun und später taten es Markus und Boris im Wechsel. In der warmen Jahreszeit brauchten wir das Gott sei Dank nicht zu machen. Auch in das Kinderzimmer im ersten Stockwerk musste das Öl getragen werden, obwohl wir dort weniger heizten. Auch der Kachelofen im Wohnzimmer wurde von Heimrad abgerissen, weil ihm ein Ölofen als vernünftiger erschien.

Das Gas, das ich zum Kochen benötigte, befand sich in einer schmalen und hohen roten Metallflasche. Sie war sehr schwer und stand draußen vor einem der Küchenfenster. Dank einer Verbindungsleitung zu unserem Herd konnte ich nun mit Gas kochen. War die Flasche leer, holte Schuster Karl sie ab und stellte eine neue auf den Platz. Das machte er eine Zeit lang. Später, nach seinem tödlichen Autounfall, übernahm Friseur Albers dieses Amt. Um beim Abspülen des Geschirrs, das meist eine große Menge war, heißes Wasser zu haben, kaufte Heimrad einen Warmwasserboiler, den er über der Spüle anbrachte und der eine begrenzte Menge an Warmwasser erzeugte.

In der Küche stand, wie gesagt, ein schöner alter Herd, der mit Holz und Kohle beheizt wurde. An einer Hausseite schichteten wir das Holz auf. Die Briketts waren in Bündel gepackt und so schwer, dass ich sie nicht tragen konnte. Ich musste das Metallband durchschneiden, das die Briketts zusammenhielt. Oder Heimrad schleppte sie ins Haus. Auch der hohe, alte Ofen im Bad wurde mit Holz und Briketts geheizt, wurde er nicht geheizt, blieb das Badezimmer kalt.

Die beiden Räume im ersten Stockwerk unseres Hauses, die zur Straße lagen, wurden eines Tages an ein Paar vermietet namens Hanno Rink und Rita Mühlbauer. Der junge Mann hatte Spaß daran, sich mit den Buben abzugeben, erklärte ihnen so manches und auch den Kindern gefiel es, dem zuzuhören, was Hanno sich so ausdachte. Kinder lernen ja immer. So lernten sie auch von Hanno etwas. Er war ein sehr netter und zuvorkommender junger Mann.

Ich war wieder schwanger. Es kam mir diesmal so vor als hätte ich mehr Kindsbewegungen als bei den zurückliegenden Schwangerschaften, was mir Anlass zu einem leisen Verdacht gab. Heimrad sah sich wieder einer finanziellen Herausforderung gegenübergestellt, tröstete sich aber mit den nächsten Weißen Festen, die auch im Februar 1970 stattfinden sollten, sowie mit dem Kindergeld, das wir inzwischen vom Staat erhielten und das sich erhöhen würde. Auch die Angst um mich erfasste ihn wieder – wie schon vor den anderen Geburten – und erneut suchte ich sie zu zerstreuen.

Der Sommer ging zur Neige und ich hielt für meine nächste Geburt Ausschau nach einer Hebamme. Heide de la Ossa, ich glaube sie war es, gab mir die Adresse von Frau Beitler. Die Gründe, weshalb ich Frau Kalteis nicht wieder wie bei Natascha gewinnen konnte, habe ich nie erfahren. Es war Herbst geworden, kalter Wind wehte und ich fühlte, dass das Gezappel in meinem Bauch aus Platzmangel ruhiger und weniger geworden war. Frau Beitler, die Hebamme, eine kräftige Frau mit großen Händen, war gerufen worden und erschien am Vormittag des 27. Oktobers 1969. Meine Wehen waren beträchtlich, als Heimrad noch im Bett lag. Erst als Frau Beitler im Schlafzimmer erschien, blieb Heimrad nichts anderes übrig als aufzustehen. Er saß nun schweigend in der Küche und frühstückte. Markus war zur Schule gegangen. Omi war gekommen und hatte zwei Frauen, die sie aus der Christengemeinschaft kannte, mitgebracht. Sie sollten im Haushalt mithelfen und sich auch um Fabian und Natascha kümmern. Boris war schon sehr selbstständig und Markus in der Schule. Ich lag in den letzten Wehen. Ein Knabe erblickte das Licht der Welt. Frau Beitler hatte Schweißperlen auf der Stirn, als sie sagte: „Da kimmt ja no oaner!" Zehn Minuten später wurde das zweite Kind, auch ein Junge, geboren. Sie wickelte die beiden Kleinen schnell in warme Tücher und legte sie mir in die Arme. Natascha und Fabian, danach Omi und Boris erschienen und niemand wusste, was er sagen sollte. Nur die Hebamme hatte sich wieder gefangen und sagte, nachdem die erste Nachgeburt gekommen war, dass es eineiige Zwillinge wären. Wenn sich die zweite Nachgeburt nicht lösen sollte, würden wir einen Arzt, den Frau Beitler aus Grafing kannte, holen müssen. Da das auch der Fall war, ließ sie über Mutti schnell den Arzt anrufen und er kam auch bald. Der Arzt sagte, das käme gelegentlich vor. Nachdem er mir eine Spritze gegeben hatte, löste sich die Nachgeburt. Der sehr liebenswürdige Doktor untersuchte auch die Jungens und war sehr erstaunt, dass jeder der beiden sechs Pfund wog mit nur wenigen Gramm Unterschied. Dass sie eineiig waren, ließ er der Hebamme gegenüber offen, nachdem er über ihre unterschiedliche Physiognomie überrascht war. Frau Beitler sagte, wenn sie geahnt hätte, dass es zwei Babys sind, hätte sie eine Hausgeburt abgelehnt. Meine leise Ahnung, dass es so sein könnte, hatte ich tunlichst verschwiegen, da es vorauszusehen gewesen war, dass man mich dann ins Krankenhaus stecken würde.

Ich war erschöpft und dankbar, dass genug Helfer da waren, die sich um alles kümmerten. Mutti dirigierte die Abläufe des Tages. Was aber manchen irritierte, war, dass Heimrad nicht da war. Aber wer kannte schon meinen Mann? Ihn hatte der Schreck aus dem Haus getrieben. Er war nach München gefahren, wo er die Künstler traf und jedem erzählte, dass er nun sechs Kinder habe. Manche bedauerten ihn, die Kinderlosen waren eher neidisch. Als er am nächsten Morgen erschien, war er gut gelaunt, nahm die beiden Babys auf den Arm, schaute sich seine Söhnchen an und machte irgendwelche Bemerkungen, die auch mir galten. Mit den Namen Elias und Raphael war er so weit einverstanden. Der mit der hohen Stirn und dem schmäleren Gesichtchen und dem philosophischen Aussehen sollte Elias heißen und der mit dem etwas breiteren, spitzbübischen Köpfchen sollte Raphael heißen.

Über die Finanzen sprach Heimrad nicht, aber ich dachte an die Weißen Feste, die hoffentlich wieder gut laufen würden. Außerdem wollte ich mich, wenn möglich, finanziell noch mehr einschränken. Heimrad wollte die Formulare besorgen, um einen neuen Kindergeldantrag zu stellen. Ich war froh, dass er gleich so praktisch dachte und ich das mit den Formularen nicht machen musste. Formulare waren für mich immer schon ein Graus gewesen, was daran lag, meinte Heimrad, dass ich in der Rudolf Steiner Schule gewesen war. Nachdem Heimrad dafür gesorgt hatte, dass sich in der Kunstwelt, aber auch bei anderen herumsprach, dass wir nun sechs Kinder haben, waren viele bereit, uns unterschiedliche Geldbeträge zukommen zu lassen.

Wenn Markus aus der Schule kam, erschien er immer gleich im Schafzimmer, um die Babys zu sehen. Mir schien, dass sich Markus als Ältester immer mehr bewusst wurde, was es heißt, Ältester einer großen Kinderschar zu sein. Die Knaben lagen nach einiger Zeit zusammen im Gitterbettchen oder in unserem großen Bett und besonders Fabian, aber auch Natascha liebten es, sie auf den Arm zu nehmen, mit ihnen zu spielen und zu scherzen. Markus war mit Hausaufgaben beschäftigt. Ich war froh, dass er mühelos lernte und sich zu einem guten Schüler entwickelte.

Als Raphael und Elias ungefähr sechs Monate alt waren, packte ich beide warm ein und fuhr sie im Gitterbettchen, indem sie beide lagen, vor das Haus auf die Wiese. Vom Parterre aus war das ja möglich. Eines Tages besuchte mich Heide de la Ossa, die Schwester von Ingelore. Zwei ihrer Kinder, die sie bei sich hatte, hatten einen fürchterlichen Keuchhusten mit entsetzlich starken Hustenanfällen. Heide besuchte mich in regelmäßigen Abständen, indem sie einen Spaziergang vom Falkenberg, auf dem sie wohnte, zu uns herab machte. Nach einem Anfall war das betroffene Kind wieder so fröhlich wie zuvor. Aber es erschreckte mich doch, da Elias und Raphael noch so klein waren und ich Gefahr für sie fürchtete. Heide beruhigte mich mit den Worten, dass eine Ansteckung im Freien nicht möglich sei. Es haben auch beide Kinder keinen Keuchhusten bekommen.

Mit einer anderen Kinderkrankheit jedoch, nämlich den Masern haben sich alle Kinder angesteckt, sogar Elias als Baby. Nur Raphael, der noch zu zart war, blieb davon verschont. Elias hat sie nur in leichter Form durchgemacht. Ob Raphael die Krankheit später bekommen hat, weiß ich nicht.

Während ich im Jahr 2023 hier in dem kleinen Zimmer, meinem Wohnungsbüro in der Agnes-Bernauer-Straße, sitze und an meinen Memoiren schreibe, fällt mir ein, dass Markus, mein ältester Sohn, am Samstag, den 4. März seinen sechzigsten Geburtstag feiert. Ich bin auch eingeladen und freue mich sehr darauf. Markus und seine Frau Daniela haben vier Kinder. Die beiden älteren sind Söhne und die beiden jüngeren Töchter. Sechzig Jahre. Im großen Weltgeschehen eine kurze, aber in meinem Leben doch eine lange Zeit.

Damals, als Markus geboren wurde, gab es kein Handy, kein Smartphone, wie es inzwischen jeder Mensch auf dem Erdball hat, es sei denn er möchte keines. Der Computer befand sich noch in der Entwicklungsphase. Es gab keine strahlenden Masten, die auf Hausdächern standen oder einfach irgendwo in der Landschaft. Diese erst machten den Zugang zum digitalen Leben für jedermann möglich. Wer in den letzten vierzig Jahren geboren wurde, das heißt im beginnenden Informationszeitalter, findet das digitale Zeitalter ganz normal und vieles auch bequemer als es im analogen Leben war. Das analoge Leben, also das wahre Leben spielt für ihn nur mehr eine untergeordnete Rolle. Nur die älteren Menschen leben noch im Bewusstsein der vergangenen Zeit.

Die neueste, aber vielleicht noch nicht die letzte Errungenschaft des modernen Menschen ist die sogenannte „Künstliche Intelligenz", KI genannt. Was das für die Zukunft bedeutet, wird sich noch zeigen. Da muss die KI noch ein wenig älter werden. Wer weiß, ob der Mensch, die Krönung der Schöpfung, sich nicht selbst irgendwann abschafft?

Den größeren Teil meines Lebens verbrachte ich in einem gut durchschaubaren Alltags, in dem ich frei und selbständig agieren konnte. Die Digitalisierung hat Möglichkeiten frei gesetzt, die nur wenige durchblicken, was von oben auch gewollt ist, damit der Mensch immer leichter lenkbar wird. Was auch immer auf der Welt geschieht, Gott bleibt immer der gleiche, heute, morgen und in aller Ewigkeit.

Aber nun kehre ich wieder zurück in die sechziger Jahre des vergangenen Jahrhunderts, in denen es noch keine Fremdbestimmung von außen gab. Unterschiedliche Künstlergruppen formierten sich aus der Gruppe SPUR. Es kamen immer neue Künstler hinzu, andere gingen wieder weg. Die Gruppe WIR vereinigte sich mit der Gruppe SPUR. Dann formierten sich das „Kollektiv Herzogstraße" und „Geflecht". Vorübergehend schlossen sich WIR und SPUR zusammen. Aber es war nicht sehr viel Zeit vergangen, dann trennten sich die beiden Gruppen wieder. Das Zusammensein so vieler Menschen erzeugte lautstarke endlose Diskussionen und Meinungsverschiedenheiten, was auch oft in heftige Streitigkeiten ausartete. Über die Künstlergruppen gibt es Literatur, z.B. das HP-Zimmer-Tagebuch für die Zeit von 1957 bis 1965, herausgekommen im Hatje Cantz Verlag.

Bevor wir nach Schweden aufbrachen, fanden diese lautstarken Wortgefechte unter den Gruppenmitgliedern bei uns in der Klenzestraße statt. Da erlebte ich sie ausgiebig, auch erwähne ich sie hinreichend im ersten Band meiner Lebenserinnerungen. Nach unserer Rückkehr aus Skandinavien lebten wir nicht mehr in der Klenzestraße und von den Diskussionen, die nun andernorts stattfanden, bekam ich nichts mehr mit. Nur ab und zu, wenn es gar zu heftig zuging, berichtete mir Heimrad von seinen Abenden. Er meinte die SPUR-Zeit sei für ihn eine wichtige und lehrreiche Zeit gewesen, aber zu viele Künstler und zu viele Diskussionen seien ermüdend und könnten die Kreativität auch hemmen. Genaueres hier ist nachzulesen in „Heimrad Prem, Tagebuchnotizen 1963-1967" (erschienen im Hirmer Verlag München).

Das Leben in Schweden, was lange Zeit zurück lag, und die meist ungestörte Zeit, die Heimrad zum Malen dort hatte, bemerkte er einmal, habe er nun nicht mehr. Also bleibe ihm nur mehr die Erinnerung daran.

Heimrad gedachte unseres Häuschens in Österreich, das noch in unserem Besitz war. Es tat mir so sehr leid, denn ich ahnte schon geraume Zeit, dass wir es endgültig hergeben müssten. Er wollte einen Käufer suchen, der alles, was an Möbeln noch dort war, mit übernehmen würde.

Ich dachte an den im Sonnenlicht glänzenden Wasserfall, vor dem ich mit Markus auf der kleinen Holzbrücke gestanden hatte, und an das Wasser, das zu uns herübergespritzt war. Boris konnte damals noch nicht gehen, also trug ich ihn und auch er freute sich über das Rauschen und Plätschern. Viel würde man nicht mehr bekommen für die Hütte, meinte Heimrad. Ich habe nicht vergessen, welche Mühe, Zeit, Arbeit und Idealismus er in dieses kleine Paradies gesteckt hatte.

Die Familie sei zu groß geworden, sagte Heimrad trocken und ohne eine Spur von Sentimentalität. So würde nun wieder etwas zu Ende gehen.

Einmal nun allerdings, und zwar im Winter wollte Heimrad noch einmal dorthin fahren. Wilhelm Deinert, einer seiner Freunde, ein feinsinniger Mensch, der Dichtkunst anhängend und schreibend, erklärte sich bereit, ihn zu begleiten. Zwei so unterschiedliche Menschen wie er und Heimrad trafen sich als Künstler. Ein der Kunst sich zuneigender Mensch hat meist auch ein gutes Gespür für andere Künste; seine Seelenstruktur ist so beschaffen, dass er, nicht dem Zeitgeist frönend, genau spürt, was echten künstlerischen Wert hat. Falls genug Schnee liegen sollte, würden sie auch ein wenig Ski fahren. Frau Mühlbauer, die benachbarte Bäuerin und Vorbesitzerin unseres Häuschen wollte Heimrad auch treffen, um ihr den Entschluss mitzuteilen, dass wir uns vom Haus trennen müssten. Sie schlug die Hände über dem Kopf zusammen, als sie hörte, dass wir nun sechs Kinder haben. Ob sie einen Interessenten finden würde oder vielleicht ihr Bruder, der Besitzer des Sägewerkes, den wir auch kannten, zum Kauf bereit sein würde, alles war offen und gestaltete sich schwierig. Solche Menschen, wie wir es sind, meinte Frau Mühlbauer, gäbe es nicht viele. Wie es weiterging mit Fusch, weiß ich nicht. Irgendwann, Jahre später, erfuhren wir, ob es nun stimmt oder nicht, dass das Häuschen abgerissen worden sei. Der Wasserfall wurde zur Touristenattraktion.

Für Boris hätte im darauffolgenden Jahr im September die Schule beginnen können, aber da er im August erst sechs Jahre alt werden würde, dachten wir daran, ihn ein Jahr später einschulen zu lassen. Heimrad überließ bei solchen Überlegungen mir die Entscheidung, da er glaubte, dass ich in diesen Dingen vielleicht einen größeren Einblick haben würde.

Was nun für mich auch begann, war der Besuch von Elternabenden. Ich habe sie, wenn möglich, immer wahrgenommen und hoffte, dass Mutti dann auch kommen würde, um auf die Kinder aufzupassen.

Ich fand es schade, dass in der Grundschule nur Mädchen stricken lernen dürfen. Also fragte ich die Handarbeitslehrerin, ob nicht auch ein Junge, nämlich mein Sohn Markus, daran teilnehmen dürfe. Sie war damit einverstanden und Markus lernte stricken. Ich kannte es ja auch aus der Steiner Schule: Da wurden Buben und Mädchen in kaum einem Fach getrennt. Mädchen hatten auch Werkunterricht. Als ich die Steiner Schule besuchte, machte ich einen Kochlöffel und einen Pinguin aus Holz.

Die Zusammenkünfte der Künstler, begleitet von meist ausgiebigen Diskussionen, fanden nach wie vor statt; in den unterschiedlichsten Konstellationen und Räumlichkeiten in München. Danach war Heimrad immer froh, bei uns in Moosach ein ruhiges Atelier zu haben, wo er ungestört malen konnte. Heimrad war glücklich, wenn es in der Malerei gut voranging. Er war deprimiert, wenn ihm nichts gelingen wollte. Es war dieses ewige Stirb und Werde. Er klagte: „Ich muss immer gegen den Zeitgeist anmalen, das kostet viel Kraft. Alle wollen Autos, Reisen, Luxus, aber keine Bilder. Dann kamen aus Heimrads Mund Worte, die die Überflüssigkeit der bildenden Künstler behaupteten. Die Welt brauche die Kunst nicht. Reiche würden oft nur aus Mitleid ein Bild kaufen oder um Bewunderung Gleichgesinnter zu erzeugen. Auch würde mancher nur darum ein Bild kaufen, weil ihn das besondere Flair und das Milieu des Künstlers interessiere oder weil er Gefallen an der Ehefrau des Malers finde. Manchmal war Heimrad sogar froh, wenn es Zeiten gab, in denen er ohne Malerei leben konnte und Muße hatte, sich den alltäglichen Dingen zu widmen. Ich ahnte es schon immer, dass er ein ganz Großer unter seinesgleichen war. Er lebte für die bildende Kunst und die Kunst lebte für ihn. Er lebte seiner einzigen Berufung. Er betrachtete sein Werk aber auch als unsere Existenzgrundlage. Es war ihm sehr wichtig, dass wir von der Kunst lebten. Heimrad war kein Traumtänzer. Aber es begleiteten ihn manchmal Sorgen oder waren es Ahnungen, die ihn anfielen und Zweifel daran aufkommen ließen, dass seine Familie auch ohne ihn finanziell weiterleben könnte. Er empfand es als sehr wichtig, dass eine Mutter, solange die Kinder klein sind, immer anwesend ist. Er hatte in den Jahren seiner frühesten Kindheit diesbezüglich einen Mangel erlebt, da seine Mutter in Berlin und er in Waffenbrunn in der Oberpfalz gelebt hatte. Heimrad glaubte, daraus sei ihm ein Schaden, welcher Art auch immer, erwachsen. Er wusste, dass ich den mütterlichen Pflichten ein großes Gewicht beimaß, weshalb ihm keinerlei Zweifel daran kamen, dass ich meine Haltung auch im Fall der Fälle beibehalten würde.

Eines Tage beschlossen wir, dass jeden Tag ein anderes Kind den Mittagsgeschirrabwasch machen sollte. Wie weit das ohne laute Diskussionen klappte, sei dahingestellt. Eine Spülmaschine bekamen wir schließlich geschenkt. Zu dieser Zeit waren diese Geräte noch nicht lange auf dem Markt und aus diesem Grund arbeiteten sie sehr geräuschintensiv und waren im Vergleich zu heute noch sehr unausgereift. Ich war froh, als wir das Teil wieder loswerden konnten.

Die Vorbereitungen für die Weißen Feste mit Dressler gehörten nun schon zum festen Bestand im Jahresablauf. Im Herbst begannen die Vorbereitungsarbeiten in der Max Emanuel Brauerei. Heimrad hoffte jedes Mal, genügend Mitarbeiter zu gewinnen, denn die Gestaltung und die Dekorationen sollten so fantasievoll werden wie in den ersten Jahren oder noch besser.

Heide Lausen besuchte uns immer mal wieder. So war es auch heute. Mit ihrem Auto brauchte sie nicht lange von Aschhofen nach Moosach. Sie stand vor unserem Haus. Es war Vormittag. Ich kam aus der Türe, begrüßte sie. Sie sagte: „Uwe ist tot." Kurz darauf: „Er hat sich im Keller, in seinem Atelier in der Sternstraße die Pulsadern aufgeschnitten." Ich erschrak zutiefst und sagte nichts. Heide blieb ganz sachlich. Wir sprachen noch einige Sätze. Sie blieb noch kurz im Hof stehen, dann stieg sie ins Auto und fuhr davon.
Im Haus war es ruhig, die Kinder spielten, Elias und Raphael schliefen und ich ging benommen umher. Sehr viel später erinnerte ich mich daran, dass Heide mir einmal erzählt hatte, dass ihr Vater und ihr Schwager, der Mann ihrer Schwester, sich auch das Leben genommen hatten. Uwe Lausen wurde im Kriegsjahr 1941 geboren und wurde 29 Jahre alt. Heimrad nahm die Nachricht ohne große Emotionen auf. Er sagte, wie so oft, wenn er von einer Selbsttötung hörte: „Der hat es hinter sich." Künstler werden oft nicht alt, nehmen sich nicht selten selbst das Leben. Heimrad kannte etliche Beispiele. Zu dieser Zeit fiel mir plötzlich der Traum ein, den ich vor vielen Jahren gehabt hatte. Heimrad wollte ihn nie hören.

Boris war am fünften August sieben Jahre alt geworden und einen Monat später sollte er eingeschult werden. Ich freute mich mit ihm. Nun würde auch er in einen neuen Lebensabschnitt eintreten. Er musste nach Alxing fahren, da im Jahr 1971 die erste Klasse dort unterrichtet wurde.
Die Jahre darauf wurden die fünf jüngeren Kinder eingeschult. Einige Kinder haben nach der Grundschule das Gymnasium in Grafing besucht, andere die Realschule oder die Haupt-

schule und anschließend Ausbildungen gemacht. Fünf haben das Abitur abgelegt und unterschiedliche Fächer studiert.

Schuster Karl, der Freund der Familie, der nach wie vor gern mal bei uns vorbeischaute, hatte eines Tages, als er über den Falkenberg fuhr und von einer Seitenstraße mit dem Auto auf die Hauptstraße einbog, einen tragischen Unfall. Von seiner Schwester erfuhren wir, dass er ins Krankenhaus Harlaching in München eingeliefert worden war. Mehr war noch nicht bekannt. Er lag also in der Klinik und ich sagte zu den Kindern, jeder solle ein Bild malen. Die Bilder würde wir ihm über seine Schwester zukommen lassen. So geschah es dann auch. Die Schwester holte die Bilder, um sie ihrem Bruder zu bringen. Dann hörten wir einige Zeit nichts mehr von Karl. Aber dann kam eine Nachricht. Nach etwa vierzehn Tagen erfuhren wir, dass er in der Klinik gestorben sei. Es war merkwürdig. Jeder fühlte, dass ein zuverlässiger Freund, den jeder mochte, der hilfsbereit war, plötzlich für immer gegangen war. Was Heimrad fühlte, das hat er mir nicht gesagt.

Was noch erwähnenswert wäre, das ist, dass ich mit Markus, Boris und Fabian mit den Fahrrädern nach Roding zu meiner Schwiegermutter, zur Oma fuhr. Mutti und Heimrad betreuten Natascha und die Zwillinge. Fabian war gerade mal sechs Jahre alt, hatte das Rad noch nicht sehr lange und das Radeln erst gelernt. Einmal hatte ich eine Panne und Gott sei Dank fand sich ein freundlicher Mensch, der mir das Loch im Reifen flickte. Unsere Ausrüstung war nur sehr wenig komfortabel. Oft rutschte ein Gepäckstück oder wir fanden nicht den richtigen Weg. Wir hatten kein Kartenmaterial zur Orientierung, sondern ich hatte mir die Ortschaften, durch die wir auf unserer Reise kommen wollten, notiert. Wir wussten auch nicht, wo auf der Strecke wir die beiden Nächte zubringen würden. Besonders am Abend des zweiten Tages stand unsere Unterbringung für die Nacht auf Messers Schneide. Erst nach längerem Beknien einer Frau wurden Betten für uns hergerichtet. Ich konnte wegen der Anspannung kaum etwas essen. Mein Magen war wie zugeschnürt. Außerdem hatte ich ein Ekzem an der Hand. Wie froh war ich, als wir bei Carola, meiner Schwiegermutter, gegen Abend des dritten Tages ankamen. Die beiden Söhne meiner Schwägerin Ossi, Walter und Manolito, waren erfreut einen Besuch von ihren Cousins zu bekommen. So verbrachten die Buben und ich einige schöne Tage in Roding bei der Verwandtschaft von Heimrad. Mit der Eisenbahn fuhren wir wieder nach Hause.

Heimrad war schweigsamer geworden, musste schwere Krankheiten durchleiden mit längeren Aufenthalten im Krankenhaus. Es war eine schlimme Zeit, die nicht nur für ihn, sondern auch für mich ständig von Bangen und Hoffen begleitet war. Die Sorge um Heimrad, aber auch um die Kinder war allgegenwärtig. Ich besuchte ihn zusammen mit den größeren Kindern im „Krankenhaus rechts der Isar" in München. Ich fühlte, wie er trotz seines Leidens über unseren Besuch eine so große Freude empfand. Seine Augen strahlten. Ein solches Ausgeliefertsein ans eigene Unvermögen musste er viele Wochen geduldig ertragen. Seine Mutter Carola und Toni, ihr zweiter Mann, kamen auch zu Besuch.

Im Februar war wieder Faschingssaison und da sollten die Weißen Feste wieder starten. Es durfte keine Lücke entstehen, andernfalls wären die Weißen Feste unwiederbringlich verloren gewesen.

Ich war froh, dass Heimrad am Jahresende wieder so weit gesundheitlich hergestellt war, dass er beginnen konnte, die Einladungen zu den Weißen Festen drucken zu lassen und zu verschicken. Markus und Boris waren alt genug, mitzuhelfen die Einladungen in die Briefumschläge zu stecken. Die Adressenliste war lang, also gab es viel Arbeit. Die vielen Vorbereitungstätigkeiten in dem Festsaal der Max Emanuel Brauerei waren auch im Jahr 1972 nur zu schaffen durch den ausdauernden Fleiß eifriger Helfer. Dresslers Form der Beteiligung bei den Vorbereitungen war mir nur bruchstückhaft bekannt. Ich nehme an, er kümmerte sich vorwiegend um organisatorische und finanzielle Belange. Heimrad hatte wieder sehr fantasievolle Dekorationen geschaffen, die sich in vielen Details vom Vorjahr unterschieden. Der Ansturm war groß, das weiß gekleidete Faschingsvolk erschien in Scharen. Jedes Wochenende gab es ein Fest und ich hoffte, wenigstens zu zweien davon gehen zu können.

Nach einigen Jahren wurde die Zusammenarbeit von Heimrad und Otto Dressler schwierig und belastend. Es gab Meinungsverschiedenheiten bezüglich der künstlerischen Gestaltung, aber auch betreffend die Organisation und Art uns Weise des Ablaufs der Feste. Heimrad steckte seine ganze Kraft und Phantasie in jedes Fest, um die Besucher dessen Einzigartigkeit erleben zu lassen, und verfiel nicht in Routine. Dressler wollte den Aufwand auf ein notwendiges Mindestmaß reduzieren. Das würde Mühe und Kosten sparen. Heimrad war zu sehr Künstler, als dass er die Argumente von Dressler hätte gelten lassen können. Die beiden waren an einem Punkt angelangt, wo es keinen Sinn mehr machte, die gemeinsame Arbeit fortzusetzen. Zum Schluss gab es einen Riesenkrach, der sich in unserem Haus in Moosach entlud. Mitten in der Nacht brüllte Dressler im Hausflur so laut, dass meiner Erinnerung nach auch einige Kinder davon erwachten. Mein Mann war geknickt und er tat mir leid, ein Gefühl, das ich am nächsten Tag, als er mir alles erzählte, noch stärker empfand. Nun würde Heimrad ohne Dressler, der eine ordentliche Abfindung forderte und auch bekam, die Weißen Feste veranstalten, was bedeutete, dass er sie ganz nach eigenen Vorstellungen würde gestalten können. Seine Helfer würden ihm sicher erhalten bleiben. Einige von ihnen mochten Dressler auch nicht. Heimrad erlebte es als Befreiung, von diesem Menschen losgekommen zu sein, nach dem inzwischen eine Straße in Moosach benannt ist. Heimrad und ich dachten zurück an den Tag, als Dressler zum ersten Mal in unserem Haus in Oberholzham erschien. Schon damals hatten wir beide ein merkwürdiges Gefühl angesichts dieses Menschen. Wir spürten schon zu Beginn, dass etwas Unlauteres oder Berechnendes von ihm ausging. Sein Ziel, Heimrad zu gewinnen, um sein eigenes Image aufzupolieren, war offensichtlich. Den Umzug nach Moosach, den Dressler auch eingefädelt hatte, fand Heimrad dennoch auch weiterhin aus unterschiedlichen Gründen gut für die ganze Familie.

Elias und Raphael wuchsen heran, aber was ihre Unterschiedlichkeit betraf, waren wir, aber auch alle die sie sahen, immer aufs Neue überrascht. Diese äußerte sich ja nicht nur in ihrem äußeren Erscheinungsbild, wie den blonden Löckchen und den grün-blauen Augen von Raphael und den glatten, hellbraunen Haaren und den braunen Augen von Elias, sondern auch in ihrem Wesen. Elias war ruhiger, sprach mit mehr Bedacht und seine Bewegungen wirkten ausgeglichener. Während Raphael das zweite Wort vor dem ersten hervorsprudelte, ein richtiger Springinsfeld war und sehr kommunikativ im Umgang mit Menschen. Der Gedanke, sie in einen Kindergarten zu schicken, kam mir spontan. Als ich in einer solchen Einrichtung vorsprach, wurde mir allerdings das Herz so schwer, dass ich mich ohne zu zögern dagegen entschied. Heimrad stellte fest, dass er sich gleich gedacht habe, dass es nur wieder mal eine fixe Idee von mir sein würde.

Jahre später, im Herbst 1976, wurden sie sieben Jahre alt und ihre Einschulung an der Schule in Moosach erfolgte. Jeder bekam eine Schultüte wie all ihre anderen Geschwister auch. Gewiss hat auch Mutti zum Inhalt derselben mit gesunden, essbaren Sachen beigetragen.

Eines Tages brachte Heimrad ein Paar glänzende, orangerote Gummistiefel für Natascha mit, die er im Schuhgeschäft in Grafing gekauft hatte. Mein Mann meinte, ein Mädchen müsse einmal ein Geschenk bekommen, das nur für sie ist.

Das Gasthaus „Alter Wirt" gegenüber dem „Alten Pfarrhof", in dem wir wohnten, stand, wie es in bayerischen Dörfern üblich ist, irgendwann leer und wurde an Privatpersonen vermietet. Der Besitzer war die Paulaner Brauerei München. Es lebten dort Einzelpersonen, Paare, auch unstetes Volk; in Folge dessen wurde dort häufig ein- und ausgezogen.

Eines Tages sah ich eine schwangere Frau im Hof des Gasthauses herumlaufen. Ich fand sie nett, und es dauerte nicht lange, da lernten wir Dorle Funk und ihren Mann Gérard, wie er sich nannte, kennen. Eine kleine Tochter namens Gina hatten sie schon und das zweite Kind, das unterwegs war, wurde ein Junge mit Namen Gabor. Dorle besuchte uns, war eine amüsante Gesprächspartnerin, wollte viele Kinder haben und so brachte sie mir, die ich bereits sechs Kinder hatte und beinahe gleichzeitig mit ihrem zweiten mein siebtes Kind, Leander, zur Welt bringen sollte, einige Bewunderung entgegen. Für Kunst hatten beide, also auch ihr Mann, einiges übrig und so ergab sich eine nachbarschaftliche Freundschaft.

Die Mutter von Dorle, Elfi Pertramer, war eine bekannte bayerische Schauspielerin und Komödiantin, die mir aus dem Radio nicht unbekannt war. Ich empfand, dass Dorle bei ihrem Witz und Charme einiges von ihrer Mutter mitbekommen hatte.

Nun hatte das Ehepaar die Idee, ein Buch herauszubringen zum Thema Mandalas und so luden sie unsere Kinder ein, solche mit Buntstiften auszumalen. So gingen die größeren Kinder gelegentlich zum Alten Wirt und malten die auf quadratische weiße Papierbögen gedruckten geometrischen Figuren aus. Es entstanden sehr unterschiedliche Mandalas. Heimrad fand zwar, dass das Ausmalen von Mandalas nicht viel mit Kunst zu tun habe. Immerhin mochte es eine für Kinder sinnvolle Beschäftigung sein. Man spürte, dass ein Geist von Esoterik um die

Familie Funk schwebte. Nach einigen Jahre zogen Gérard und Dorle mit ihren beiden Kindern aus dem Alten Wirt aus, verließen Deutschland und übersiedelten in das kalifornische Woodstock. Irgendwann hörten wir, dass sie inzwischen zwei weitere Kinder bekommen hätten.

Funks waren die einzige vollständige Familie, die damals im Alten Wirt wohnte. Die übrigen dort wohnenden Menschen waren ungebundene Individuen in verschiedenen Konstellationen, etwa Mütter mit Kindern. Heimrad lehnte den Lebensstil der Menschen im Alten Wirt ab und sagte, dass er geordnete Familienverhältnisse und kein familiäres Chaos wolle. Ich gab Heimrad recht und sah das genauso. Vor allem dachte ich, dass Kinder eine Lebensstruktur bräuchten, die auf gefestigtem Boden steht.

In dem Haus lebte etwa eine junge Frau namens Hanni Weishaupt. Eines Tages bekam sie von einem der in dem Haus ein- und ausgehenden Burschen einen Sohn, den sie Fabian nannte. Der Junge wurde unter Mithilfe einer mir bekannten Hebamme geboren. Die Schreie von Hanni während der Geburt drangen bis zu uns herüber.

Hier im Alten Pfarrhof waren die Verhältnisse allerdings auch nicht immer völlig geordnet. Einmal meinte Heimrad, dass wir wie auf einem Bahnhof leben würden. Unbekannte Männer etwa standen plötzlich im Hof um ein Auto mit geöffneter Kühlerhaube und begutachteten, während sie sich unterhielten, das Innenleben desselben in der Hoffnung, das defekte Teil zu finden. So gingen bei uns oft Leute ein und aus, die uns unbekannt waren, aber vielleicht einmal hier gelebt hatten. Oder Freunde von ihnen. In Oberholzham hatte nur Familie Oswald unseren Hausflur mitbenutzt. Natürlich dachte ich, dass auch Anregung von außen etwas Gutes hat. Aber eine wirklich eigene Wohnung, wie sie die meisten Menschen haben, würde doch ebenfalls manchmal ein angenehmes Lebensgefühl schenken. Am Ende freilich wäre auch das nur ein vorübergehendes Glück. Da Heimrad oft in München war, war ich im Übrigen, einmal abgesehen von den unerwarteten Besuchern, viel mit den Kindern allein.

Die Räume im Dachboden, die Heimrad als Atelier nutzte, genügten ihm irgendwann nicht mehr und er mietete zusätzlich noch die Kegelbahn im Alten Wirt an. Die Kegelbahn liege so weit von den übrigen Räumlichkeiten entfernt, dass er in seinem neuen Atelier völlig ungestört sei.

Nun ereignete sich etwas, worauf ich beinahe nicht mehr gehofft hatte: Ich wurde wieder schwanger. Heimrad erzählte ich es gleich und er reagierte mit stiller Gelassenheit.

Er sagte wenig, aber ich empfand, dass er mit innerer Freude auf das neue Kind reagierte. Ahnte er, dass es sein letztes Kind sein würde? Oder wusste er es sogar? Heimrad spielte mit Elias und Raphael, scherzte mit ihnen, worin sich seine Vorfreude auf das neue Kind widerspiegelte. Trotzdem fühlte ich etwas, das mich irritierte. Jedes der Kinder hatte wohl eine eigene Vorstellung von dem neuen Baby. Aber ich wünschte nur, dass alle froh mit der neuen Situation werden würden. Ich dachte, dass es doch ein Glück sein muss, wenn in einer so großen Familie noch einmal ein Baby zur Welt kommt.

Unsere finanzielle Lage war nicht schlecht. Es war die Rede davon, dass Heimrad für eine Professur an einer deutschen Kunstakademie vorgeschlagen worden sei. Das klang zwar finanziell verlockend und unsere schwankende finanzielle Lage wäre gefestigt worden. Aber Heimrad hatte recht, seine künstlerische Freiheit würde beschnitten werden. Die mit der Professur verbundene finanzielle Sicherheit würde sogar, wie er meinte, seine Schaffenskraft lähmen. Ich wusste, dass er ein Mensch war, der seine innere Freiheit um nichts in der Welt preisgeben würde.

Noch einmal hatte ich Frau Kalteis, die Hebamme bei Nataschas Geburt, gewinnen können. Ich wünschte auch diesmal, zu Hause zu entbinden, aber Frau Kalteis versuchte mir das auszureden. Ihr Argument war: Nachdem ich so viele Kinder zur Welt gebracht hätte, würde ich es verdienen, mich nach der Geburt einmal richtig auszuruhen. Sie sagte, dass sie in einem Altenheim in Feldkirchen-Westerham ein eigenes Zimmer habe, in dem sie Geburten durchführen würde. Allmählich überzeugte mich das. Da Elias und Raphael schon beinahe sieben Jahre alt waren, würde ihnen meine Abwesenheit für eine Woche zuzumuten sein. Das neue Kind würde Ende Juli, Anfang August zur Welt kommen. Seltsam, dachte ich, in zeitlicher Nähe von Fabians und Boris', aber auch von meinem eigenen Geburtstag.

Ich dachte manchmal, dass es schön wäre, wenn die Kinder Musikunterricht bekämen.
Mehr oder weniger durch Zufall geriet ich an einen bereits berenteten Mann mit Namen Thiel. Er selbst spielte Akkordeon, erteilte aber auch Flötenunterricht. Boris z.B. bekam Flötenunterricht. Zu seinem 14. Geburtstag bekam er dann eine Geige und Renate von Richthofen erteilte ihm vier Jahre lang Geigenunterricht. Später kaufte ich ein gebrauchtes Klavier. Für Markus und Natascha suchte ich einen Klavierlehrer und fand einen im nur vier Kilometer entfernten Taglaching. Heute, im Jahr 2024, hat Natascha das Klavier in ihrer Wohnung in München stehen und spielt regelmäßig darauf.

Wir hatten in unserem Garten in Moosach einen großen Schuppen, wo Ölfässer unseres Mitbewohners Stephan Schulz lagerten und viel Gerümpel herumlag. Der Schuppen diente aber auch als Garage für unseren VW Variant und den Automatik-DAF von Stephan. Für Kinder aus dem Dorf, vor allem für Jungens, die aus Familien kamen, in denen die Eltern sich wenig Gedanken um das Treiben ihrer Kinder machten, war unser Hof ein willkommener Spielplatz.
Was eines Tages passierte, es war später Vormittag, war, dass einige Buben, nachdem das Tor im hinteren Teil des Hofes immer offen stand, hereinkamen und im Bereich der Ölfässer zu zündeln begannen. Diese fingen Feuer, das schnell auf die Umgebung übergriff. Die Jungens sahen, was sie angerichtet hatten, und flohen voller Angst. Markus kam gerade aus der Schule, rannte zum Feuerwehrhaus, stieß die Scheibe ein und drückte auf den Brandmelderknopf. Einer der Jungen kam ihm leichenblass entgegen. Als die Feuerwehr da war, brannte unser Auto und auch das von Stefan bereits. Heimrad rannte noch hin, riss die Tür auf und versuchte das Auto aus dem Schuppen zu fahren. Doch es gelang ihm nicht, den Rückwärts-

gang einzulegen. Ich schrie: „Steig aus!" Unser und Stephans Auto verbrannten vor unseren Augen.

Der Garten glich nach dem Unglück dem Schauplatz einer Verwüstung. Alles, die Bäume, das Laub, das Gras war schwarz. Das Wasser, das die Feuerwehrmänner verspritzten, bewirkte, dass die Ruine des Schuppens einen erbärmlichen Anblick bot. Es roch noch lange Zeit nach Rauch und verbranntem Holz. Boris kam erst aus der Schule heim, als die Löscharbeiten bereits beendet waren.

Die Lager oben im Schuppen, die sich Fabian und Natascha gebaut hatten, waren natürlich auch nicht mehr vorhanden. Zuerst wussten wir nicht, wo die beiden steckten. Aber schließlich kamen sie und sahen, was geschehen war. Viele andere aus dem Dorf wurden neugierig, standen am Zaun, schüttelten die Köpfe und schauten sich die Verwüstung an. Manchen taten wir sicherlich auch leid. Mein Mann und ich waren glücklich, dass den Kindern nichts passiert war. Stephan Schulz quittierte den Verlust seines Autos milde lächelnd. Es gibt Menschen, denen gefahrvolle Ereignisse ein gewisses Vergnügen bereiten. Er hoffte, von der Autoversicherung ein neues Auto zu bekommen.

Wir hatten nun auch kein Auto mehr, was in Anbetracht der bevorstehenden Geburt ein gewisses Problem darstellte, zumal sie ja auf Anraten von Frau Kalteis nicht zu Hause stattfinden sollte.

Nun kam uns das Glück entgegen. Ein Kunstfreund aus Augsburg, der Heimrads Malerei schätzte, bot uns an, uns ein Auto zu schenken. Es sei zwar alt, aber noch fahrtüchtig. Feldkirchen-Westerham war etwa 30 Kilometer von Moosach entfernt. Nun durften wir wieder hoffen, dort auch rechtzeitig anzukommen.

Es war ein warmer Sommertag, der erste August 1976, und ich hatte Geburtstag und wurde 37 Jahre alt. Fabian hatte gerade Geburtstag gehabt und war zehn Jahre alt geworden. Boris würde in vier Tagen Geburtstag haben und sollte zwölf Jahre alt werden. Zu meiner Geburtstagsfeier war die Familie Mell aus Adling bei Glonn zu Besuch – neben weiteren Freunden, Verwandten und meiner Familie.

Gegen Mitternacht spürte ich, was mich beunruhigte, dass ein wenig Fruchtwasser abging. Ich hatte kaum merkliche Wehen und das sichere Gefühl, dass ich Heimrad wecken sollte. Sonst konnte er nächtliche Störungen nicht ausstehen, aber in diesem Fall war er gleich hellwach. Ich war schnell fertig, ergriff mein gepacktes Bündel und wir konnten losfahren. Die Sorge wegen des Autos war wieder da, aber ich schwieg. Heimrad saß schon am Steuer und nach kurzem Gewackel sprang es auch an. Wir kamen wohlbehalten in Feldkirchen-Westerham beim Altenheim an. Es war mitten in der Nacht und nach dem Läuten einer Glocke erschien eine Schwester in ihrer Tracht und öffnete uns. Nächtliche Ankömmlinge waren ihr offensichtlich vertraut, denn sie telefonierte sofort mit Frau Kalteis, die nach kurzer Zeit von ihrem Mann mit dem Auto gebracht wurde.

Heimrad wollte zurück und ich musste mich trennen. Der Abschied war kurz, aber so war es eben. Er fuhr wieder im Auto heim. Ich lag nun in einem kahlen Zimmer in einem weißen Bett und Frau Kalteis saß auf einem Stuhl an einem kleinen Tisch. Hätte ich nicht doch zu

Hause entbinden sollen? Die Hebamme untersuchte mich und meinte, es würde noch dauern. Aber wenn, wie es bei mir war, das Fruchtwasser abgegangen ist, meinte sie, wäre es bis zur Geburt nicht mehr allzu lange. Ich bedauerte, dass Heimrad nicht da war, aber es war nun einmal so. Die Nacht schritt voran und im Morgengrauen ergriffen mich heftige Wehen. Die Hebamme massierte mir die schmerzenden Stellen am Rücken und bald begann die Phase der Presswehen. Frau Kalteis rief eine Schwester hinzu und beide halfen mir das Kindchen aus meinen Leib zu pressen. Was nun erschien, war ein süßes, schwarzhaariges Knäblein, das mir die Hebamme in eine Decke gewickelt in die Arme legte. Wenn es richtig Tag ist, meinte die Hebamme, würde sie meinen Mann anrufen und er würde es dann, pflichtete ich ihr bei, den Kindern erzählen. Eine Schwester, die auch Krankenschwester war, kümmerte sich um das Bübchen. Sie war hocherfreut, dass nun außer lauter alte Menschen, wie sie sagte, ein Baby im Hause war. Sie drückte ihre Freude auch mit Worten aus, während sie Frau Kalteis, die ihr Mann abholte, zum Ausschlafen nach Hause schickte. Immerhin hatte sie ja beinahe die ganze Nacht gewacht. Mein Söhnchen lag neben mir im Bett und ich fühlte seine samtweiche Haut. Heimrad kam am Vormittag, es war der zweite August, war ausgeschlafen und erleichtert, dass alles gut gegangen war. Mutti, sagte er, würde auch in Moosach sein und ein Mittagessen kochen. Er nahm das Bübchen in die Arme, herzte es, ging mit ihm im Zimmer auf und ab. Nun sagte ich ihm, dass ich über einen Namen schon nachgedacht hätte und dabei sei mir der Name „Leander" eingefallen. Den fand er auch schön. Wenn ein Name nicht zu alltäglich war, war mein Mann schnell einverstanden. Der zweite Name sollte Fedor werden, russische für „Theodor". Heimrad hätte auch ein Name genügt, aber da er gern russische Schriftsteller las, fand er Fedor auch gut. Als einziges Baby hier im Altenheim war Leander bei allen alten Damen sehr beliebt. Einige wollten ihn auf den Schoß nehmen, wobei die Schwester, die ihn weitergab, das Zeremoniell genau überwachte. Auch das Personal war erfreut über ein wenig Abwechslung. Einmal brachte Papi einige unserer Kinder mit und die Heimbewohner freuten sich über eine so große Familie. Ich sollte mich richtig erholen, mahnte Frau Kalteis. Das Essen, das ich bekam, war gut und üppig. Frau Kalteis kam wieder und untersuchte das Baby noch einmal gründlich, bevor wir wieder heim fuhren. Wenn wir wieder in Moosach sein würden, werde sie noch einige Male kommen, wenigstens so lange, bis der Bauchnabel bei dem Kindchen abgeheilt sein würde.

Manchmal, wenn alle anderen Kinder in der Schule waren, kam es mir so vor als ob ich nur ein Kind hätte. Aber die viele Arbeit zerstreute schnell diese Illusion. Wann immer eines der Kinder nach Hause kam, lief es gleich zu unserem großen Bett, wo Leanderchen meist lag. Fabian und Natascha nahmen ihn abwechselnd in ihre Arme und hatten ihre Freude an dem kleinen Brüderchen. Natürlich habe ich sie mitunter ermahnen müssen, vorsichtig mit dem Bübchen umzugehen.

Wir alle, auch Heimrad, erlebten nun das besondere Glück nach mehreren Jahren wieder ein Baby zu haben. Vor allem Papi, das spürte ich deutlich, empfand eine stille Zärtlichkeit für sein Söhnchen. Natascha stand nun in der Mitte von drei älteren und drei jüngeren Brüdern. Und ich war mir sicher, dabei würde es bleiben. Heimrad wusste es auch, aber er sagte es nicht. Leander war nun irgendwie der kleine Mittelpunkt der Familie, was er allmählich als ganz selbstverständlich hinnahm.

Freilich die Kinder hatten auch noch anderes zu tun, mussten ihre Hausaufgaben machen, hatten zu lernen, trafen Klassenkameraden oder sie spielten mit Kindern vom Dorf. Im Sommer war der nach einer kleinen Wanderung durch den Wald erreichbare Steinsee ein schöner Badesee. Im Winter war es der Tranzlberg, der unsere Kinder und alle anderen zum Schlittenfahren einlud.

Leander wuchs heran und je älter er wurde, desto deutlicher empfand ich, dass er sich mühelos, wie von alleine in die Kinderschar einlebte. Trotz des großen Altersunterschiedes versuchte er schon mit etwa eineinhalb Jahren, die Spiele der anderen Kinder, so gut es eben ging, mitzumachen. Es war sehr lustig und süß zu erleben, wie er, so klein er war, doch schnell begriff, worum es ging. Auch wenn einer der Geschwister ihn ärgerte oder ihn spüren ließ, dass er für dieses oder jenes noch zu klein sei, er ließ sich nicht abwimmeln. Mindestens eines seiner Geschwister half zu ihm und verteidigte ihn.

Als wir wieder einmal das Weihnachtsfest feierten, war das für Leander besonders schön, aber eigentlich für alle. Die großen Kinder erlebten durch ihn den Zauber der kindlichen Freude doppelt, da sein Strahlen und sein Lachen auf die Kinder und auf uns Eltern übersprang. Den Glanz des Baumes, die Krippe mit dem Jesuskindlein, Maria, Josef und den Hirten betrachtete er mit Staunen und auch wir erlebten alles neu.

Als Leander noch sehr klein war, hatte ich die Idee, ein Krippenspiel mit den Kindern aufzuführen.

Vier der Buben waren die Hirten, einer wurde Joseph, ich denke Boris oder Markus, und Natascha war Maria. Was eher schwierig war: Leander das Jesuskind spielen zu lassen. Ich dachte, dass so etwas vielleicht doch eher unpassend sei.

Meine Mutti war immer an Weihnachten und den anderen Festtagen anwesend. Es sei denn sie war bei ihrem Sohn Manfred und dessen Frau Ingelore in Amerika. Später veranstaltete ich mit den Kindern einmal zu einer Konfirmation ein Theaterstück, in dem Leander schon eine wichtige Rolle bekam. Ein asiatisches Märchen wandelte ich so um, dass wir es als Theaterstück spielen konnten. Leander führte darin einen Räuber mit Handschellen ab.

Im Laufe der Jahre fielen viele Geburtstagsfeste, Schulfeste, Laternenumzüge, Weihnachtsfeste und Osterfeste an. Sie alle waren für die Kinder wichtige Einschnitte im Jahreslauf. Ich nahm diese Feste sehr wichtig und trieb immer einen Aufwand, auch mit Einladungen, um alles so feierlich wie möglich zu gestalten. Heimrad ließ es geschehen, beteiligte sich aber nur indirekt daran. Er kannte das nicht so aus seiner Kindheit.

Heimrads Zurückhaltung den Kinder gegenüber, die mir nicht immer, manchmal aber doch auffiel, erklärte er mit den Worten, dass er nicht wolle, dass sich die Kinder zu sehr an ihn gewöhnen. Eine seltsame Erklärung fand ich, aber später wurde sie für mich zur Offenbarung.

Die Weihnachtszeit und die Schulferien waren vorüber und die Schule und ebenso die Vorbereitungen für die Weißen Feste begannen. Die größeren Kinder hatten wieder ihre damit verbundenen Arbeiten von Papi zugeteilt bekommen. Die wievielte Faschingssaison war es wohl? Die Kinder wussten es bestimmt. Es war für Heimrad wieder viel Arbeit, was bedeutete, dass ihm zum Malen kaum Zeit blieb. Es war nicht mehr das Bangen und Zittern wie zu Beginn der Feste im Jahre 1968, sondern der Erfolg war gesichert. Alles verlief im gewohnten Rahmen, die weißgekleideten Besucher erschienen in Scharen. Die Dekorationen wurden unter großer Bewunderung und Anerkennung von allen Seiten gelobt. Der Wirt der Max Emanuel Brauerei war höchst zufrieden.

Mein Mann äußerte eines Tages den Gedanken, dass es sinnvoll sein könnte, wenn ich irgendwann den Führerschein machen würde. Zunächst konnte ich mich dieser Vorstellung nur schwer anschließen, aber seine Argumente waren, dass die Einkäufe in Kirchseeon und Grafing immer mehr werden würden. Er müsse oft in München sein und ich könnte dann meinen Einkauf selbständig regeln. Den Führerschein zu haben, dachte ich nun doch, wäre wirklich toll, aber ich spürte auch, dass Heimrad sich familiär unabhängiger machen wollte. In Glonn gab es die Fahrschule Steinberger. Dorthin fuhr mich Heimrad mit dem Auto. Danach brachte mich der Fahrlehrer, ein älterer, groß gewachsener Herr, wieder nach Hause. Auch zum theoretischen Unterricht musste ich nach Glonn fahren. Es gab keine andere Möglichkeit, also fuhr mein Mann mich dorthin. Die Inhalte des theoretischen Stoffes lernte ich abends im Bett. Aber für die Zeit, wenn ich Fahrstunden habe, so meine Auffassung, müsse jemand zu Hause sein wegen der Kinder. Frau Johanson, die Pfarrerin der Christengemeinschaft in München, die uns gerne unterstützte, besorgte uns ein junges Mädchen namens Angelika. Dass sie aus sehr gestörten Familienverhältnissen kam, bemerkten wir sehr bald. Mit Markus tat sie sich zusammen, aber gegen Natascha war sie böse. Ich glaube, sie war neidisch auf sie, weil sie süß und fröhlich war. Angelika hingegen war nicht hübsch und auch ohne viel Mitgefühl, was wohl ein Ergebnis ihres familiären Vorlebens war. Nach den Fahrstunden setzte mich der Fahrlehrer vor dem Alten Pfarrhof ab und ich war immer froh, wenn ich wieder daheim war. Wenn Heimrad da war, benahm Angelika sich respektvoller. Vom Kochen verstand sie nicht sehr viel, aber Pudding und süße Quarkspeisen konnte sie zubereiten. Den Führerschein bekam ich, nachdem ich zweimal durchgefallen war. Die theoretische Prüfung schaffte ich auf Anhieb. Zu den letzten Fahrstunden und zu den beiden missglückten Prüfungen fuhr ich schon selbständig mit dem Auto nach Grafing, wo Herr Steinberger, eine zweite Fahrschule hatte. Ich zitterte jedes Mal, wenn mir ein Auto entgegen kam.

Das Ende des Lebens von Herrn Steinberger, dem lustigen Autonarr, war traurig. Irgendwann erfuhren wir, dass er mit dem Motorrad tödlich verunglückt war.

Angelika rannte immer zum Briefkasten, sobald der Briefträger die Post eingeworfen hatte. Was wir erst später bemerkten, war, dass sie gestohlen hatte. Besonders Pakete hatte sie an sich genommen. Ein Geschenk von meinem Bruder Manfred für die Kinder war auch darunter. Immer wieder fragten die Kinder nach dem Geschenk aus Amerika, aber der Gedanke, dass Angelika klaute, kam uns erst später. Nach etwa einem guten Jahr erzählten wir Frau Johanson unsere Probleme mit Angelika, die ja zur Entlastung der Familie beitragen sollte. Sie sagte uns, dass mit ihrer unglückseligen Kindheit und der daraus erwachsenen Gewissensschwäche ihr Verhalten zu erklären sei.

Als sie nicht mehr da war, spürte ich, wie bedauernswert sie in Wirklichkeit war. Ob ihr wohl ein normales Leben je beschieden sein würde? Ich ahnte es immer, dass gestörte, unglückliche Kinderjahre einen hohen Preis zur Folge haben. Sie wurde in Söcking am Starnberger See, wo sie schon früher gelebt hatte, in einer der Steiner'schen Lehre zugewandten Einrichtung untergebracht. Dort, im „Haus Freudenberg", fanden Feste, Freizeiten und kulturelle Veranstaltungen statt. Auch meine Familie hat dort an mehreren Freizeiten teilgenommen.

Angelika sah ich nie wieder, aber später bekam ich ab und zu Ansichtskarten von ihr. Sie umfassten wenige Sätze, waren in ungelenker Schrift geschrieben und enthielten einige freundliche Worte. Erinnerungen an meine Familie, welcher Art auch immer, waren noch eine Zeit lang in ihrem Herzen wach.

Nun durfte ich mit unserem Auto, Marke Simca, alleine fahren und das gefiel mir immer besser, ja es machte mir richtig Spaß. Ein gebrauchtes Auto, das Heimrad bei dem Automechaniker Biber in Moosach gekauft hatte, nachdem der Wagen, den uns unmittelbar nach dem Schuppenbrand der Augsburger Kunstinteressent geschenkt hatte, nicht mehr fahrtauglich war. Natürlich machte ich diesen und jenen Patzer, aber die männlichen Autofahrer reagierten meist mit Nachsicht. Sehr selten fuhr ich auch nach München. Vielleicht um die Menschenweihehandlung in der Christengemeinschaft zu besuchen oder um Kinder in die ebenfalls jeden Sonntag dort stattfindende Kinderhandlung zu bringen. Einmal geschah es, dass ich mitten im Verkehr das Auto nicht mehr von der Stelle brachte. Autos hupten, ich stieg aus, sah mich um, da stieg ein Herr aus seinem Auto aus, kam auf mich zu und machte den Wagen wieder flott. Er lachte, andere lachten auch und ich konnte weiterfahren.

Was zeitlich nun schon viele Jahre zurückliegt, war meine Idee, unsere Kinder zu taufen. Da ich nichts anderes wusste, kam dafür nur die Christengemeinschaft in Frage, die kultische Form der anthroposophischen Bewegung. Auch für meinen Bruder war die Christengemeinschaft geistliches Zuhause, in dem er seinen Glauben in der ihm gemäßen Art und Weise leben durfte. Und da meine Mutter zu den Müttern gehörte, die ihre Töchter auch noch als junge Ehefrauen in ihrem Geist prägen, hielt ich an der mir aus meiner Kindheit vertrauten Religion weiterhin fest. Alle unsere Kinder wurden in der Christengemeinschaft getauft und empfingen dort, mit Ausnahme von Leander, mit vierzehn Jahren das Sakrament der Konfirmation. Auch Heimrad, der mich von meinem Vorhaben nicht abbringen konnte, war beim Vollzug der Sakramente mitunter zugegen, setzte sich öfter aber auch lieber in ein Café. Er besaß weitaus mehr Bibelkenntnisse als ich und hatte von Anfang an Bedenken in Bezug auf die Lehre Rudolf Steiners, konnte mich aber nicht überzeugen. Nach dem Gottesdienst fuhren wir heim und feierten mit unseren vielen Gästen. Gott sei es gedankt, dass ich später zum wahren Glauben kam, die Bibel zu lesen begann und den Willen Gottes und den Opfertod von Jesus Christus erkannte. Ich begriff, dass die biblische Wahrheit für jeden gilt. Man braucht sie nur im Glauben anzunehmen. Leider konnte ich Heimrad das nicht mehr sagen. Dafür war es zu spät.

Den Religionsunterricht der Christengemeinschaft besuchten die Kinder jeden Freitagnachmittag. Eine Zeit lang wurden sie von Liesl Görts, der Taufpatin von Leander, zusammen mit deren Tochter Franziska mit dem Auto nach München-Schwabing in die Leopoldstraße 46b gefahren, wo sich das Gebäude der Christengemeinschaft befindet. Hier erteilte Frau Johanson, eine Pfarrerin der Christengemeinschaft, Nichtsteinerschülern Religionsunterricht. Außerdem wurden die Kinder in Eurhythmie unterrichtet. Steinerschüler erhielten auf Wunsch Christengemeinschaftsreligionsunterricht an der Steiner Schule. Was die Kinder sehr schätzten, war, dass Omi sie abholte, für jeden eine leckere Brotzeit vorbereitet hatte und mit ihnen mit der S-Bahn nach Grafing Bahnhof fuhr. Hier stand ein öffentlicher Bus bereit, der sie nach Hause brachte. Meine Mutter blieb über das Wochenende dann bei uns. Einige meiner Kinder loben den Religionsunterricht bei Frau Johanson als lehrreich und interessant.

Unsere Katze Musqui hatten wir nun schon viele Jahre und sie war nach wir vor sehr genügsam, treu und anhänglich. Heimrad nahm sie oft auf den Arm, streichelte sie, scherzte mit ihr und lachte. Ihrem Katzennaturell entsprechend fing sie allerdings nicht nur Mäuse, sondern auch Vögel. Manchmal schleppte sie diese ins Haus, ließ sie halbtot liegen, fraß davon etwas und trug den Rest wieder davon. Wenn sie bei Sonnenuntergang draußen vor der Türe lag, schimmerte ihr rot-weißes Fell im Abendlicht. Sie war mit Putzen beschäftigt und Stephan Schulz sah ihr zu oder streichelte sie und redete mit ihr. Auch er mochte sie sehr gerne.

Viele Kinder, wünschen sich Tiere. So auch unsere Kinder. Wir hatten einige Hamster, Meerschweinchen und eine Schildkröte. Alles im Leben hat seine Zeit und so war es auch hier. An die Schildkröte, die Boris gehörte, band er einen Faden und an das andere Ende einen Luftballon. So konnte man immer sehen, wo sich das Tierchen gerade befand. Wir hatten ja überall Büsche und hohes Gras. Die Hamster trugen wir eines Tages bei schönem Wetter in ihrem Käfig in den Garten. Es war sommerliches Wetter und zur Mittagszeit hatte es hohe Temperaturen. Anscheinend waren wir alle weg. Als wir heimkamen, lagen die armen Hamster halbtot im Käfig. Sie konnten der Sonne nicht ausweichen und sind elendiglich gestorben. Bei den anderen Tieren habe ich ihr Lebensende nicht in Erinnerung.

Einige Jahre später bekam Natascha ein eigenes kleines Kätzchen. Eine Frau namens Julia, die zeitweise im Alten Wirt gelebt und sich zuvor mit ihrer nun dreijährigen Tochter Anna einige Jahre lang in Griechenland aufgehalten hatte, erschien eines Tages bei uns. Sie war nach ihren Abenteuerreisen in einem kleinen Wohnmobil wieder nach Deutschland zurückgekehrt. Jetzt wollte sie mit ihrer Tochter wieder in dem Auto leben und fragte mich, ob sie dieses bei uns in den Hof stellen dürfe. Ich war zunächst unsicher, aber sagte dann zu, nachdem Anna nur wenig älter als Leander war und mit ihm spielen könnte. Julia hatte immer originelle, selbstgenähte Sachen an. Pluderhosen aus samtartigem Stoff und bunte Westen. Manches hatte sie in Griechenland gekauft, anderes selbst genäht. Auch Anna lief immer originell gekleidet herum. Um Geld zu verdienen, begann Julia nach Menschen Ausschau zu halten, denen sie ihr Talent anbieten konnte, um für sie Bekleidungsstücke zu schneidern. Sie erhielt Aufträge und nähte für ihre Kunden. All das fand in ihrem Auto statt. Mir hat sie einen olivgrünen Wintermantel genäht. Ich trug ihn einige Jahre.

Auch ein Hirtenhund namens Ashkale gehörte zu den beiden. Aus der Dorfkirche drang regelmäßig schönes Glockengeläut. Bei dem Hund von Julia bewirkten diese Töne jedoch anscheinend seltsame Gefühle, die er immer wieder durch anhaltendes Gejaule ausdrückte. Natascha kam mit ihrem kleinen süßen Kätzchen auf dem Arm aus dem Haus, während Ashkale im Hof umherstrich. Natascha setzte das Kätzchen behutsam auf den Boden, wo es sich räkelnd sich vorsichtig ein wenig fortzubewegen suchte. Der Hund sah das Tierchen, lief herzu und biss es tot. Natascha weinte bitterlich und war untröstlich. Sie tat mir unendlich leid. Julia rannte herbei und beschimpfte den Hund. Das half nichts und auch die vielen tröstenden Worte von Julia erreichten Natascha nicht. In ihrer Trauer schaufelte sie später ein kleines Grab und begrub ihr Kätzchen. Es dauerte einige Zeit bis sie den Kummer verschmerzt hatte.

Meine Schwiegermutter Carola aus Roding, die leider nur selten zu uns kam, besuchte uns eines Tages. Freilich hatte sie mit Umsteigen eine lange Zugfahrt hinter sich. Heimrad holte sie in Grafing Bahnhof mit dem Auto ab. Sie war elegant gekleidet und ihre Tochter Ossi, die Friseurin war, hatte ihr einen schönen silbergrauen Lockenkopf verpasst. Sie kam ja viel seltener als meine Mutter und fuhr immer, wie sie sagte, mit dem Prager Zug. Sie umarmte und küsste mich und die Kinder und wir rochen ihr Parfüm. Ich mochte ihren Oberpfälzer Dialekt. Sie war tüchtig, kochte Heimrads Lieblingsspeisen, die auch ich und die Kinder gerne mochten. Als Heimrad nicht zu Hause war, entschied sie, dass wir das ganze Haus putzen sollten. Eine tolle Idee, fand ich. Die großen Kinder waren in der Schule und Leander lief herum oder sah uns zu. Auch er fand seine Oma und unser Unternehmen sehr unterhaltsam. Zuerst putzte sie und ich abwechselnd die Zimmer. Dann bearbeitete sie die Böden mit Bohnerwachs. Als am Mittag die Kinder nach Hause kamen, roch das ganze Haus nach Bohnerwachs, was die Kinder gleich bemerkten. Leander plapperte viel, um seine Beobachtungen los zu werden. Ich sagte Oma, wie dankbar ich ihr sei. Nun aber müsse sie, meinte sie, schnell kochen, die Kinder hätten sicherlich Hunger. Alles schmeckte vorzüglich. Heimrad kam am späten Nachmittag und staunte ordentlich. Oma blieb Gott sei Dank noch einige Tage, spielte mit den Kindern, ging mit ihnen spazieren und erzählte lustige Geschichten aus dem Bayerischen Wald. Heimrad bekam jeden Tag ein Gericht seiner Heimat. Einmal backte sie einen Apfelstrudel. Das war die Krönung ihres Besuches. Nicht nur Heimrad, auch die Kinder jubelten. Leider reiste sie nun doch bald ab. Ihr Mann, also der Opa Viktor, der vor Jahren am Fuscher Häuschen viel gearbeitet hatte, könne nicht so lange alleine bleiben. Sie hüllte sich wieder in ihren glänzenden Mantel, roch wieder nach Parfüm und drückte jeden von uns an ihr Herz. Mein Mann fuhr sie mit dem Auto wieder nach Grafing Bahnhof.

Im Herbst 1977 bekam Heimrad das Angebot, in Kißlegg im Ostallgäu (Württemberg) in einer Winterakademie Kurse in Kunst für interessierte Laien zu erteilen. Das Angebot nahm

Heimrad an und fuhr mit dem Zug nach Kißlegg, wo er etwa 14 Tage als Kunstlehrer tätig war.

Es war merkwürdig, ohne Heimrad alleine die Verantwortung für das Auto zu haben, da mein Umgang mit den Auto und meine Fahrkünste noch unausgereift waren. Aber der Spaß daran war ungebrochen. Am Vormittag, wenn alle sechs Kinder in der Schule waren, fuhr ich gelegentlich mit Leander, der vorne neben mir in einem Kindersitz saß, nach Kirchseeon zum Grosso Markt, um Lebensmittel vorrätig einzukaufen. Das Angurten im Auto war noch nicht Pflicht, aber wenige Jahre später wurde diese Vorschrift sehr zu meinem Leidwesen gesetzlich verordnet.

Einige Zeit später, wir besaßen inzwischen in einem roten VW-Bus, fuhr ich bei beginnenden winterlichen Schneeverhältnissen mit Elias und Raphael nach Kirchseeon. Der Weg führte über den Falkenberg und es war glatt. Der Bus fuhr mit Gürtelreifen. Die Kinder saßen hinten auf der Bank, zwischendurch standen sie auch auf oder liefen umher. Plötzlich bemerkte ich, dass das Auto leicht zu schlingern begann. Das Lenken war nicht mehr möglich, ich versuchte langsam zu fahren und wirklich, das Auto kam zum Stehen. Das Herz klopfte mir gewaltig und ich spürte, welches Glück uns widerfahren war. Ich stieg aus, das Auto stand in der Straßenmitte. Der Fahrer, der uns entgegenkam, hielt an und erkundigte sich, was los sei. Der Herr sagte: „Was für ein Glück Sie hatten, hier sind Sie an der eisigsten Stelle. Nach der Kuppel ist es nicht mehr so glatt."

Vorsichtig setzte ich unsere Fahrt fort. Die Buben saßen ganz still, auch sie hatten einen Schrecken bekommen. Den Einkauf konnten wir erledigen und kamen wieder gut nach Hause.

Das Jahresende näherte sich, es war kalt geworden und es fiel sehr viel Schnee. Die Faschingssaison stand bevor und die Vorbereitungen für die Weißen Feste waren in vollem Gange. Würden es wohl die letzten Weißen Feste sein? Warum kam mir ein solcher Gedanke? Heimrad war verändert, beinahe nicht mehr erreichbar. Was stand bevor? Ich ahnte nichts Gutes.

Weihnachten war wieder schön. Leander, der nun eineinhalb Jahre alt war, saß auf dem Schoß von seinem Papi. Seine Kinderaugen strahlten. Wir feierten wie jedes Jahr das Fest der Geburt von Jesus Christus, also das Fest der Liebe.

An Silvester war wieder viel Spektakel am Tranzlberg. Die Raketen warfen ihre farbigen Lichter über den weißen Schnee und es glitzerte in der Luft. Wir alle waren draußen und erlebten in der kalten Nacht das Ende des Jahres 1977 und den Beginn des Jahres 1978.

Diesmal stehe eine kurze Faschingssaison bevor, sagte Heimrad, Anfang Februar sei bereits Schluss. Helfende Hände waren wieder bereit, die Faschingsvorbereitungen mit großem Elan anzugehen. Es handelte sich vorzugsweise um dieselben Leute wie in den Jahren zuvor und sie kannten sich aus. Alles klappte vorzüglich. Der Wirt der Max Emanuel Brauerei, die Musikband, die gesamte Organisation war gut vorbereitet. Unsere Kinder steckten wie gewohnt die Unmengen von Einladungskarten in die Briefumschläge. Ob die an vielen Wänden platzierten Plakate, die für die Weißen Feste warben, nicht genügen würden, fragte sich mancher. Nein, meinte Heimrad, ein persönliches Schreiben sei sehr viel wirkungsvoller. Das letzte Weiße Fest war gut besucht. Die Menschen tobten sich aus, der Fasching war vorbei. Finanziell ein großer Erfolg.

An einem Spätnachmittag wenige Wochen später sagte Heimrad, dass er an diesem Tag nicht mit dem Auto nach München fahren würde. Er würde es hier in Moosach lassen und zusammen mit den Kindern, die den Christengemeinschaftsreligionsunterricht besuchten, mit öffentlichen Verkehrsmitteln nach München fahren. Dabei zeigte er mir den Platz auf dem Schreibtisch, wo er den Autoschlüssel hingelegt hatte. Sein Blick, mit dem er mich ansah, hatte etwas Fremdes und Schmerzliches zugleich.

Der Garten, die Bäume wirkten verklärt angesichts des unaufhörlichen Schneefalles. Das Auto stand, wo es immer stand, hinten an der Hecke. Man erkannte nur mehr die Umrisse. Es wirkte, als ob der Schnee wie ein weißes Tuch über dem Fahrzeug läge. Es war der 17. Februar 1978.

Plötzlich, spät in der Nacht, ich war noch wach, läutete das Telefon. Toni Aicher, der zweite Mann meiner Schwiegermutter Carola – ihr erster Mann Viktor war bereits vor längerer Zeit mit nur etwas über sechzig gestorben – war am Telefon und schrie: „Heimrad ist tot, er hat sich das Leben genommen!"

Nach einer schlaflosen Nacht meinerseits standen die Kinder morgens auf, frühstückten, mein Herz klopfte. Was sollte ich machen? Ich musste es sagen, die Kinder mussten es wissen. Markus, der meist bis spät in die Nacht aufblieb, hatte ich es bereits gesagt. Nun sagte ich es den übrigen Kindern mit Ausnahme des Jüngsten. Wer nicht wolle, sagte ich, bräuchte nicht zur Schule gehen. Sie gingen alle in die Schule.

Leander schlief noch. Ich schlich zu ihm ins Zimmer und blickte ihn an. Wie süß er dalag, mit erhobenen Ärmchen und rosa Bäckchen! Warum musste er so früh seinen Vater verlieren? Gerade ihn hatte Heimrad so inniglich geliebt. Er ahnte schon, dass er Leander nur für kurze Zeit würde aufwachsen sehen. Auch ich kannte ein Leben ohne Vater, aber das war lange, lange her.

Der Tod meines Mannes wurde schnell in der Kunstwelt bekannt. Mich erreichten viele sehr anrührende Briefe von Kunstfreunden, Sammlern, von der Kunstakademie, von Künstlern und Weggenossen. Die Künstlergruppen, speziell die SPUR, hatten einen jahrelangen Mitstreiter verloren.

Einige Tageszeitungen dokumentierten das tragische Ereignis mit einer Kopfzeile. Für manchen, der die Prem-Kunst liebte, war ein aufrichtiger Mensch gestorben und ein unermüdlicher Kämpfer für die moderne Kunst.

Viele Nächte folgten, an denen ich oft erwachte, und immer wieder tauchte der Traum von damals auf. Der Traum, den ich Heimrad nie hatte erzählen können. Ich wünschte, dass Heimrad bei Gott sein würde und der Kampf, den er lebenslang gekämpft hatte, nun ein Ende haben würde. Er wird nun für immer von der Liebe Gottes und den Engeln umgeben sein. Sein zwiespältiger Charakter, sein persönliches Lebensdrama, seine zweifelhaften Beziehungen, alles das, ahnte er, würden unausweichlich zu einem frühen Ende führen. Ossi sagte in Fusch einmal ganz überraschend zu mir: „Heimrad hat immer nur dich geliebt."

Im Nordfriedhof, wo unser Familiengrab ist und der schöne Grabstein steht, den Heimrads guter Freund, der Bildhauer Lothar Fischer, aus Naturstein geschaffen hat, fand die Beerdigung statt. Alle Familienmitglieder, viele Freunde und Bekannte, Künstler, Kunstinteressierte, Professoren der Akademien und viele Gäste haben daran teilgenommen. Frau Johanson, Pfarrerin der Christengemeinschaft und große Verehrerin von Heimrad, hat die Grabrede gehalten. Leander saß im Kinderwagen. Es rührte mich zutiefst, wie er da angetan mit einem roten Anorak in der Kälte saß, umgeben von schneebedeckten Kreuzen und Grabhügeln. Er saß ganz still, bis es zu Ende war. Danach ging es mit vielen schwarzgekleideten Menschen in das urige, große Münchner Gasthaus an der Leopoldstraße 50, Ecke Trautenwolfstraße, das heute „Bachmaier Hofbräu" heißt.

Voraus war eine Bitte gegangen, die Carola, meine Schwiegermutter, an mich gerichtet hatte unterstützt von ihrer Tochter Osanna. Sie wünschten sich, dass Heimrad in seinem Geburtsort Roding im Familiengrab beigesetzt werde. Das wäre für mich ein Alptraum gewesen. Carola gab verständnisvoll nach, mir fiel ein Stein vom Herzen. Ich werde Carola zeitlebens dafür dankbar sein.

Heimrad hatte die Abrechnung der Weißen Feste noch erledigt. Es waren etwa 20.000 DM, die er auf dem Konto hatte. Er hinterließ ein Testament, das im Schreibtisch lag. Darin stand: „Meine Frau Monika Prem ist die Alleinerbin meines gesamten Vermögens usw." Allerdings hatte er das Testament mit der Schreibmaschine geschrieben. Ich musste zum Nachlassgericht und erfuhr, dass es aus diesem Grund nicht gültig sei. Folglich kam nun die gesetzliche Erbfolge zur Anwendung. Unsere sieben Kinder wurden gesetzliche Miterben, denen die Hälfte des Erbes zustand. Natürlich hatte Heimrad mit dreiundvierzig Jahren nicht gewagt, sich nach den Bestimmungen für die Abfassung eines Testaments zu erkundigen. Dadurch hätte er sich verraten.

Welche inneren Kämpfe mussten meinen Mann gepeinigt haben, als er sein Ende so präzise vorbereitete. Er muss vertraut haben auf mein Durchhaltevermögen, meine Kraft und meinen festen Lebenswillen. War das letztendlich sein Trost und seine Hoffnung, dass die Kinder trotz seines Todes durch mich einen festen Halt für die Zukunft haben würden?

Lange Zeit bekam ich noch Kondolenzschreiben, unter anderem von den Wirtsleuten der Max Emanuel Brauerei, Herrn und Frau Langegger. Sie wollten auch wissen, wie es in Zukunft mit den Weißen Festen weitergehen würde. Claus Dittmar, ein junger Mann, der sich schon seit geraumer Zeit bei der Vorbereitung der Feste engagiert, meldete sich bei mir und bekundete sein Interesse, die Feste weiterzuführen.

Willi Bleicher, der Besitzer einer großen Buchdruckerei in der Nymphenburger Straße und ein guter Freund von Heimrad besuchte mich, um mich in der Sache zu beraten. Er war der Meinung, dass die Feste stark an die Person Heimrads gebunden seien und sie daher höchstens noch drei Jahre stattfinden würden. Ich spürte, dass Bleicher, obwohl Geschäftsmann, die Situation falsch einschätzte. Er konnte mich nicht überzeugen, doch letztendlich vertraute ich seiner Berufserfahrung doch. So handelten wir aus, dass ich für lediglich drei Jahre noch so und so viel Prozent von den Einnahmen Claus Dittmars bekommen solle. Damit war Dittmar sofort einverstanden, denn er war sich sicher, dass die Feste noch viele Jahre fortdauern würden. Er behielt Recht, während Bleichers Einschätzung sich als Irrtum herausstellte. Die Menschen wollten einfach feiern und wer die Feste veranstaltete, interessierte sie nicht. Wie es mit den Weißen Festen konkret nun weiterging, wer die künstlerische Gestaltung, falls es eine solche überhaupt noch gab, übernahm, das weiß ich nicht. Nie wieder bin ich dort gewesen. Wer weiß, vielleicht gibt es die Weißen Feste noch heute.

Meine weiteren Texte sind selten in chronologischer Reihenfolge. Die Erlebnisse, die mir ganz unerwartet in den Sinn kommen, sind zeitlich nicht geordnet.

Wie das Leben nach dem Tod von Heimrad weiterging, ist nicht so einfach in Worte zu fassen, da es beinahe gleich blieb und doch für mich und für die Kinder einen herben Einschnitt bedeutete.

Ich war nun als Witwe ledig und wieder ungebunden. Ich war 38 Jahre alt, wirkte noch jung und attraktiv. Das schien einige Männer auf den Gedanken zu bringen, mir den Hof zu machen. Gut, dass ich sieben Kinder hatte. Das brachte manchen natürlich zum Nachdenken oder zum Rückzug.

Wenn sich männliche Bekanntschaften anbahnten, so empfand ich sehr bald Zweifel, die in mir aufstiegen und mich auch belasteten. Woran zweifelte ich? An dem, was Gott für mich vorgesehen hatte, oder an meinem eigenen Unvermögen? Sagte Gott mir nicht, dass ich zu meinem Segen und zu dem meiner Kinder alleine bleiben solle? Aber was hatte Gott mit mir vor, diese Frage war doch bedeutend. Ich besuchte Ausstellungseröffnungen oder andere gesellschaftliche Zusammenkünfte, wo es Menschen gab, die auf mein nun ungebundenes Leben anspielten. Eine neue Verbindung einzugehen, wäre das nicht Verrat an meinen Kindern gewesen, besonders wegen Leander, der noch so klein war? Musste nicht auch ich einen Tribut für Heimrads unglückseliges Ende bezahlen? Sein Tod, hatte der nicht auch mit mir etwas zu tun? War ich nicht mitschuldig an dem für meinen Mann so tragisch endenden Leben? Ich hatte immer noch den Glauben, den ich als Kind empfangen hatte, aber in nicht allzu ferner Zukunft würde ich wissen, was es bedeutet, Jesus Christus kennen zu lernen und im Glauben anzunehmen.

Ungefähr sieben Jahre später, also im Jahre 1985, wir lebten inzwischen am Pachmayrplatz in München, traf mein ältester Sohn Markus, der damals Anfang zwanzig war, jemanden, der von Jesus als Sohn Gottes sprach. Markus war sehr berührt und begann, sich mit dem Wort Gottes und den Schriften der Bibel auseinanderzusetzen. Markus sprach mit seinen Geschwistern und mir darüber und so begannen allmählich auch einige von uns, sich für diese göttliche Wahrheit zu interessieren. Dabei blieb es nicht, sondern der eine oder andere fing an, sich eine christliche Gemeinde zu suchen. Hier war man unter Gleichgesinnten und Suchenden, hörte das Wort Gottes in Predigten von Glaubensbrüdern.

Aus heutiger Sicht, dreißig Jahre nach Beginn meiner Bekehrung zum christlichen Glauben, erlebte ich damals als besonders segensreich die innerliche Veränderung, die mit einem vor sich geht. Der Glaube hilft einem, weniger am Vergänglichen zu kleben, man erlebt eine innere Freiheit, die, glaube ich, nur der verstehen kann, der sie auch erlebt hat. Man verspürt eine stärkere Liebe zu den Menschen und leidet, wenn man ihre Verlorenheit erahnt.

Ich begann in der Bibel zu lesen, die ich zunächst sehr wenig verstand, bis ich merkte, dass man die Bibel nicht wie irgendein Buch lesen kann, sondern dass es der Geist Gottes ist, der einem die Worte aufschließt. Wäre es nicht auch für meine Ehe ein Segen gewesen, wenn ich anstatt über die anthroposophische Lehre zu faseln mehr gewusst hätte über Jesus? Da hätte auch Heimrad leichter wieder Zugang zum Glauben seiner Kindheit gefunden. Den Religionsunterricht in der Schule, den Pfarrer Dr. Horst Lindenberg erteilte, hatte ich zwar sehr, sehr gerne, aber hörten wir Kinder wirklich das wahre Evangelium?

Leander war etwa dreieinhalb Jahre alt. Seine Geschwister waren in der Schule, ich saß am Küchentisch und schrieb in meinem kleinen Buch. Leander lief von Bild zu Bild an den Wänden entlang, schaute jedes an und sagte: „Wenn ich groß bin, mache ich den Papa nach und werde Kunstmaler." Er lief immer weiter im Kreis herum und wiederholte dabei sein Sprüchlein immer wieder. Ich lachte und freute mich über seine Worte, nahm ihn schnell in die Arme und er begann wieder zu laufen.

Einige Jahre später, Leander war vielleicht neun Jahre alt, standen Natascha und ich mit ihm in Schwabing auf der Leopoldstraße herum. Da sah ich, wie Leander rötliche Punkte, die wie Pickel aussahen, im Gesicht bekam. Wie er in seiner sportlichen Jacke und den Jeans so dastand, wirkte er beinahe wie ein pubertierender Jugendlicher. Natascha und ich konnten das Lachen nicht verbergen. Bald stellte sich heraus, dass er die Windpocken bekommen hatte.

Meine Kinder waren alle gleichzeitig an den Masern erkrankt, außer Raphael. Leander war zu der Zeit noch nicht geboren und hat sie viel später, etwa sechs Wochen vor seinem Abitur, bekommen.

Ich war zunächst über die Pusteln überrascht, war Leander doch schon zwanzig Jahre alt, rief aber gleich Herrn Dr. Rosenbruch an, der sehr schnell kam. Er sagte, Leander habe die Masern und werde bis zur Abiturprüfung wieder völlig gesund sein. Er werde auch ein gutes Abitur schreiben. Er ordnete mehrere Tage Bettruhe an, verschrieb verschiedene Globuli und versprach, bald wieder zu kommen. So war er, der liebe Herr Dr. Rosenbruch.

Nachdem ich nun zwar nicht nach Heimrads Willen Alleinerbin seines gesamten Vermögens geworden war, in der Praxis aber doch bis auf weiteres neben seinem künstlerischen Werk auch das Elternhaus in Roding, das er noch zu Lebzeiten geerbt hatte, allein verwalten musste, sah ich mich vor Aufgaben gestellt, die wie alles in meinem Leben unerwartet gekommen waren, nun aber irgendwie bewältigt werden mussten. Ein Haus zu besitzen, hatte ich mir noch nie gedanklich ausgemalt. Da meine Schwiegermutter noch in dem Haus wohnte und genau daneben im anderen Haus ihre Tochter Ossi mit ihrem Mann Walter und den beiden Söhnen Walter und Manolito, war ich nicht nur in meiner Gesinnung, sondern auch räumlich von der Lebens- und Denkweise meiner angeheirateten Verwandtschaft weit entfernt. Mit dem kleinbürgerlichen Besitzdenken, dem nachbarlichen, immer schwelenden Querelen, denen Heimrad schon früh versucht hatte zu entfliehen, war ich somit, Gott sei es gedankt, nur auf die Ferne konfrontiert. Alles, was irgendein Mieter angestellt hatte, ob ein Mieter zu viele Katzen hatte oder Hundekot im Hof lag, wurde mir, meist über meine Schwägerin oder ihren Mann, zugetragen. Meine Schwiegermutter Carola war mit Mitteilungen solcher Art zurückhaltender. Sie hatte mehr Feingefühl meiner Lebensweise gegenüber und hatte über Heimrad gelernt, dass das Leben auch andere Perspektiven haben kann. Die fünfundzwanzig Jahre als Hausbesitzerin würden ein eigenes Buch füllen, aber ein wenig erbauliches. Schließlich habe ich einen Hausverwalter gesucht und gefunden. Er heißt Herr Heinz Möllenbeck, ist Rheinländer und lebt schon lange Zeit in in der Oberpfalz. Das Honorar, das er für seine Verwaltungstätigkeit erhielt, und die laufenden Unkosten für das Haus waren durch meine Mieteinnahmen mal mehr mal weniger gedeckt. Die Mieter konnten ihre Wohnprobleme zwar nun bei Herrn Möllenbeck abladen. Trotzdem hat er mich oft telefonisch kontaktiert wegen für ihn alleine schwer lösbarer Probleme. Oft ging es um den Mietpreis, der ohnehin in einem fairen Bereich lag. Oder um bauliche Erneuerungen und Verbesserungen einer Wohnung. Auch Reibereien zwischen den Mietern und der Verwandtschaft blieben nicht aus und wurden mir weiterhin mitgeteilt. Ich schrieb Briefe an die Mieter, deren Inhalt an ihren guten Willen appellieren sollte oder um Verständnis warb, aber meist reagierten sie mit Hohn und Unverständnis.

Meine Schwiegermutter lebte bis zu ihrem Tod mit fast neunzig Jahren in unserem Haus und wurde von ihrer Tochter betreut und versorgt. Mehr als zwanzig Jahre nach ihrem Tod, im Jahr 2019, machte ich meinen Kindern den Vorschlag, das Haus zu verkaufen, zumal niemand von ihnen Interesse hatte, in Roding zu leben. Alle sieben Kinder waren einverstanden und unterschrieben die schriftliche Einverständniserklärung. Ich fand einen Notar mit Namen Dr. Albert Streber in der Sendlinger Straße in München, der die notariellen Beurkundungen vornahm. Das Haus wurde für 115.000 Euro verkauft. Die gesetzliche Erbfolge kam zur Anwendung. Ich erhielt 57.000 Euro und jedes meiner Kinder erhielt 8.214 Euro. Das Haus gekauft hat Herr Korbinian Preis, der Sohn des im benachbarten Haus wohnenden Zahnarztes Herr Dr. Johannes Preis. Korbinian war noch Student der Zahnmedizin, ein junger Mann, der nach Beendigung seines Studiums und eines Praktikums seine Zahnarztpraxis in dem Haus eröffnen wollte. Ich teilte jedem Mieter meinen Verkauf des Hauses schriftlich mit und Korbinian Preis hatte nun die bestimmt nicht angenehme Aufgabe, sich um einen zügigen Auszug der Mieter zu kümmern. Mein Hausverwalter Herr Möllenbeck verlangte für die Vermittlung der Liegenschaft sowohl von Herrn Preis als auch von mir noch ein bemerkenswertes Vermittlungshonorar von 1000 Euro. Da es das letzte Geld war, das Herr Möllenbeck an dem Haus noch verdienen konnte, wollte er noch einmal ein sattes Honorar einstreichen. Nicht nur ich, auch Korbinian Preis war sehr erstaunt angesichts dieser Forderung. Was hatte Herr Möllenbeck, wenn auch nur geringfügig, dazu beigetragen, dass das Kaufgeschäft zustande kam? Wir wussten es nicht, aber zahlten. Preis Junior hatte die Idee, das alte Haus abzureißen und ein neues, modernes Haus bauen zu lassen, sobald alle Mieter ausgezogen sein würden. Ob das so oder ähnlich inzwischen geschehen ist, entzieht sich meiner Kenntnis. Damit ist meine Geschichte des Geburtshauses von Heimrad zu Ende.

Als Sohn und Künstler der Oberpfalz ist Heimrad in seinem Heimatbezirk bekannt. Im Jahr 2019 war in der Frohnfeste, dem Kulturhaus von Roding, eine Ausstellung, auf der Werke meines Mannes gezeigt wurden. Ein Schüler von Heimrad, Heiko Herrmann, hat vor der Frohnfeste eine von ihm konstruierte rostfarbene Skulptur aus Eisen aufgestellt. Die Stadt Roding hat die abstrakte Skulptur um zwanzigtausend Euro angekauft. Viele meiner Familienmitglieder waren bei der Eröffnungsfeier anwesend. Ebenso meine Schwägerin Ossi und ihr Mann Walter sowie weitere Verwandte. Die Begrüßungsrede und die Einführung hielt Frau Elisabeth Ertl, erste Vorsitzende des Kunst- und Kulturvereins Roding. Die Laudatio sprach Frau Dr. Bärbel Kleindorfer-Marx, Kulturreferentin des Landkreises Cham. Eine kluge Rede über Kunst, geistreich und humorvoll. Der Bürgermeister, Herr Reichhold, ein entfernter Verwandter von Heimrad, sprach ebenfalls.

Bereits 2004 war ich vom Pachmayrplatz in Bogenhausen nach Laim gezogen. Heiko Herrmann hatte dabei geholfen. Vor sehr vielen Jahren hatte er als Kunststudent sich Heimrad als Lehrer auserkoren, da er sich sicher war, von ihm mehr als in der Kunstakademie lernen zu können – was sich Jahre später auch bestätigte. Beim Umzug nun wollte er den meinem Dafürhalten nach unbrauchbaren künstlerischen Nachlass sichten und gegebenenfalls entsorgen: Eingetrocknete Farben, Farbdosen, Malwerkzeug, beschädigte Leinwände u.v.m. Der Hof vor dem Haus war übersät mit all dem, was einst das Dasein von Heimrad bestimmt hatte. Heiko arbeitete ohne Sentimentalität. Mir war es, als ob der gesamte künstlerischen Nachlass, den Heimrad geschaffen hatte, nur mehr auf die Entsorgung wartete. Es war mir bei dem Anblick seltsam zu Mute. Aber Heimrad war selbst ein großer Wegwerfer gewesen. Ich war froh, dass noch genügend Bilder für die Nachwelt übrig bleiben würden. In kurzer Zeit hatte Heiko die Mülltonnen gefüllt und den gebündelten Rest danebengestellt. Doch er fand auch noch genügend brauchbares und verwertbares Material, das er in sein Auto und auf seinen Anhänger lud, um damit nach Pertolzhofen, einem kleinen Dorf in der Oberpfalz, zu fahren. Dort hatte er vor Jahren ein Haus mit viel Platz für seine künstlerische Arbeit gekauft. In München bewohnt er zusammen mit seiner Frau Rosi eine Mietwohnung.

Auch Bärbel Kleindorfer-Marx, die oben erwähnte Kunstexpertin, erschien kurz vor meinem Umzug und sah sich um in meinem umzugsbedingt sehr chaotischen Haus. Sie kam mit ihrem PKW aus Cham. Auch sie entdeckte noch manche für sie schöne und brauchbare Rarität. So erblickte sie mein aus mehreren bemalten Kartons zusammengebautes Puppentheater. Das gefiel ihr so gut, dass sie es gerne haben wollte. Es fiel mir schwer, aber hergeben musste ich es. Auch einige kleine Handpüppchen nahm sie mit. Sie war hocherfreut und trug alles zu ihrem Auto. Nun entdeckte Bärbel auch die von den Kindern bemalten Stühle, die sie so begeisterten, dass ich ihr zwei davon gab. Das Unterbringen all der Dinge in ihrem kleinen Auto erforderte einiges Geschick; es glich beinahe einem Balanceakt. Heute stehen das kleine Theater und die Stühle im SPUR-Museum in Cham, aber es ist auch denkbar, dass sie sich im Cordonhaus derselben Stadt befinden. Sowohl im SPUR-Museum als auch im Cordonhaus finden Ausstellungen mit Arbeiten der Gruppe SPUR statt.

Heimrad hatte, was ich schon erwähnte, in der Winterakademie in Kißlegg Kurse in Kunst für interessierte Laien abgehalten. Eines Tages erschien ein junger Mann bei uns in Moosach namens Alfons Weiß, Sohn einer kinderreichen Familie aus dem Allgäu, der an einem dieser Kurse teilgenommen hatte. Alfons wohnte eine Zeit lang bei uns und bot uns an, als Ersatz für den abgebrannten uns einen neuen Schuppen zu bauen. Er machte das sehr gut und nach kurzer Zeit stand ein sehr schöner aus braunen Holzbrettern gebauter Schuppen in unserem Garten. Dort hinein stellte ich den roten VW-Bus. Nun hatte Alfons eine weitere Idee. Er bot sich an, mit unserer Familie eine Reise zu machen. Ja, reisen, das wäre wirklich schön! Da Leander erst knapp drei Jahr alt war, wäre es mir nicht möglich gewesen alleine mit den Kindern mit dem Auto zu reisen. Alfons könnte chauffieren und ich würde bei Leander sitzen, der ein Bettchen hinten im Auto bekommen sollte. Wir entschieden uns für die Insel Kreta, also eine lange Reise während der Sommerferien: Boris, Fabian, Natascha, Leander, Alfons und ich. Markus blieb mit seiner Omi zu Hause. Elias und Raphael waren auf einem Kinderfreizeitlager während dieser Zeit.

Zuerst ging es nach Ancona. Von dort aus fuhren wir mit dem Schiff nach Iraklion auf Kreta. Das Auto wurde in dem unteren Teil des Schiffes verladen. Oben auf Deck verbrachten wir die Nacht. Wir hatten Schlafsäcke, auch Leander hatte seinen kleinen Kinderschlafsack. Im Schlaf musste ich ihn fest an mich drücken, damit er nicht davon rollte, was einmal beinahe passiert wäre und mir einen Riesenschreck einjagte. Leander war einige Meter weg gerollt. Ich sprang auf, ergriff ihn und trug ihn wieder zurück. In Sitia, ganz im Osten der Insel, hatten wir eine schöne Unterkunft gebucht. Auf der Rückfahrt übernachteten wir zeitweise im Zelt oder einfach am Meer im Sand. Bei Sonnenaufgang und Wind am Strand zu erwachen, welch ein Erlebnis! Kaum beschreibbar, zu schön, aber auch zu selten! Alfons war immer sehr hilfsbereit und ich war froh über diesen aufmerksamen Begleiter. Als wir uns auf dem Schiff nach Brindisi auf dem Oberdeck aufhielten, sah ich plötzlich ein viereckiges Etwas auf dem Wasser schwimmen. Es war der Schlafsack von Fabian. Eine Windböe hatte ihn über Bord getragen. Ein anderes Malheur widerfuhr uns auch noch. Boris stellte seinen Rucksack bei einer Rast in Norditalien hinter das Auto. Wir fuhren los und den Verlust des Rucksacks bemerkten wir erst sehr viel später. Alle seine Sachen, die darin waren, blieben für immer verloren.

Eine weitere Familienreise fand nach Ungarn zum Plattensee statt. Da hatte Markus bereits den Führerschein gemacht und konnte das Auto fahren. Eine Reise auf die Insel Korsika ist mir stark in Erinnerung geblieben. Ich bekam einen so schlimmen Sonnenbrand, dass ich tagelang im Schatten, meist im Auto, bleiben musste. Meine Haut brannte furchtbar, ich schmierte mich dick mit Salbe ein. Trotzdem schälte sich die Haut im Gesicht, aber, Gott sei Dank, ich war nach etwa einer Woche wieder gesund.

Zu meiner Freundin Zsoka, einer Ungarin, die ich aus dem Institut für Bildjournalismus kannte und die mit ihrem Mann Wolfram und ihren fünf Kindern in der Nähe von Kassel lebte, besuchten wir mit dem VW-Bus für einige Wochen in den Sommerferien. Der kleine Ort heißt Altenbrunslar und liegt in einer leicht hügeligen Landschaft zwischen Wiesen und Feldern.

Als wir ganz neu in Moosach eingezogen waren und nach einer Bauernfamilie suchten, die uns Milch verkaufen würde, nannte uns, wie berichtet, der Schuster Karl die Familie Aichinger. Eines Tages wurde uns mitgeteilt, dass Frau Aichinger ganz unerwartet und plötzlich frühmorgens beim Melken gestorben ist. Sie war erst 47 Jahre alt. Das war ein harter Schlag für ihren Mann und die vier Kinder. Im Leben ereignen sich oft Dinge, die der Mensch nicht begreift. Wir müssen sie hinnehmen, weil wir nicht ins Verborgene sehen können, was alleine Gott vorbehalten ist. Nach unserem Wegzug aus Moosach gab Herr Aichinger die Landwirtschaft auf und zog mit seinen Kindern weg. Wohin, das haben wir nie erfahren.

Die Milch? Wo sollte ich die nun herbekommen? Ich suchte und fand einen Bauernhof in Bauhof, oberhalb von Moosach in Richtung des Kieswerkes der Familie Eisenschmid. Er war weit, ungefähr drei Kilometer, und ich musste mit dem Auto dorthin fahren. Die Milch bekam ich, aber wir brauchten damals viel Milch und dazu waren zwei Kannen nötig. Eines Abends auf dem Rückweg, die Milchkannen standen neben mir vor dem Beifahrersitz, fiel eine um und der Inhalt der Kanne ergoss sich über den Boden des Autos. Ich putzte so gut es ging, aber der Milchgeruch hatte sich für lange Zeit im Auto festgesetzt.

Noch eine Geschichte, die sich in Moosach ereignete. Meine Söhne hatten sich bis auf Leander schon dem Jugendalter genähert. Stefan Niederlechner, einige Knaben aus dem Dorf, Markus und Boris hatten vereinbart, gegen Mitternacht ins Kieswerk von Siegfried Eisenschmid einzudringen. Dort stand ein Auto, dessen Türen nicht abgesperrt waren und das sich sogar in Bewegung setzen ließ. Stefan und auch Markus, die beide noch keinen Führerschein besaßen, fuhren mehr als einmal mit diesem Auto auf dem Gelände der Kiesgrube umher. So wohl auch in jener Nacht. Plötzlich aber tauchte Herr Eisenschmid auf und die Jungen mussten fliehen. Spät am Abend läutete es bei uns an der Haustüre und, nachdem ich geöffnet hatte, kamen zwei Polizisten herein. Sie waren beide nett und freundlich, schauten sich aufgrund unseres farbenfrohen Ambientes lächelnd um, berichteten von den Vorfällen im Kieswerk und wiesen darauf hin, dass derartiges verboten sei. Was ich daraufhin sagte, war für die beiden Ordnungshüter überraschend, denn ich zeigte Verständnis sowohl für das Treiben der Buben als auch für das Pflichtbewusstsein der Polizei. Ob Boris und Markus zu dieser Zeit zu Hause waren, weiß ich nicht mehr. Meiner Erinnerung nach kamen sie heim, als die Polizisten noch bei uns waren. Einmal versuchte auch Boris, mit dem frei zugänglichen Auto zu fahren, doch er schaffte nur wenige Meter und fuhr auf einen Felsbrocken auf mit der Folge, dass einer der beiden Vorderreifen einen Platten hatte.

Stefan Niederlechner, Sohn aus zweiter Ehe des Schulleiters der Grund- und Teilhauptschule in Moosach, kam sehr oft, nachdem er eine Elektrikerlehre begonnen hatte, meist gleich nach seiner Arbeit zu uns in den Alten Pfarrhof. Wegen seiner Schuhe, die wohl genagelte Sohlen hatten, hörte man ihn laut durch den Flur stapfen. Schon beim Eintreten machte er seine Witze, wandte sich an Markus und gab allerlei Ungereimtheiten von sich. Die Art und Weise, wie er sich verhielt, war oft amüsant, aber für meine jüngeren Kinder blieb Stefan doch ein Rätsel. Er konnte auch zersetzend und taktlos sein. Sein Vater entschuldigte sich ab und zu bei mir, indem er sagte, dass ich ihm ruhig die Türe weisen solle. Aber das lag mir so gar nicht.

Als ich eines Tages morgens aus dem Haus in den Garten trat, wie überrascht war ich! Die große Wiese war wunderbar fein säuberlich gemäht. Wer hat das gemacht? Es war Herr Niederlechner, der Schulleiter. Ich dachte, welch liebenswürdiger Herr!

Nach einigen Jahren, kurz vor unserem Umzug nach München, heiratete Stefan, erst siebzehnjährig, in voller Pracht und Herrlichkeit Ursula Hulla, eine Klassenkameradin von Boris bis zur fünften Klasse Hauptschule. Wir waren auch geladen zu dem mit Tanz und allem was dazu gehört ausgestatteten berauschenden Hochzeitsfest. Jahre später, um die Jahrtausendwende, erfuhren wir, dass Stefan nicht mehr am Leben war. Ob es ein Gerücht oder ob es die Wahrheit war: Es hieß, er habe sich das Leben genommen.

Die bereits erwähnte Familie Mell, Peter, Gusti und ihre vier Kinder, wohnte in Adling in der Nähe von Glonn. Gusti war Sonderschullehrerin, arbeitete in Piusheim bei Glonn mit milieugeschädigten und schwer verhaltensgestörten Knaben. Peter war Künstler, malte, zeichnete, schrieb, gartelte, molk von Zeit zu Zeit Kühe auf einer Alm in Österreich und führte den Haushalt. Eines Tages bot sich der Familie die Chance, nach München umzuziehen in eine Doppelhaushälfte mit kleinem Garten in Bogenhausen. Dort lebten sie von 1977-1982. Dann kauften sie zusammen mit einem anthroposophischen Arzt die Mothenmühle in Mothen im Allgäu, um dort zu leben. Hier war viel Platz auf einem sehr großen Grundstück. Peter arbeitete im Garten und auf dem Hof. Er backte Brot und kümmerte sich um die Kinder, während Gusti weiterhin als Heilpädagogin tätig war. Ihre Kinder, Jakob, Lina, Sophie und Vinzenz, konnten sie nun in die Waldorfschule nach Wangen schicken, aber allein Sophie hielt bis zur zwölften Klasse an dieser Bildungseinrichtung durch. Jakob wurde später Reporter und arbeitet heute als fester Angestellter für die Bildzeitung in München.

Für das Haus mit Garten in München, so dachten Peter und Gusti, wären wir die richtigen Nachmieter. Der Besitzer des Hauses war die Caritas, also ein sozialer Verein. Dort rief Gusti an und schilderte meine Familiensituation mit der Bitte, uns das Haus zu vermieten. Für mich und auch für die Kinder wurde das zu einer sehr schweren Entscheidung. Ein Schulwechsel für fünf Kinder. Keine Wiesen und Felder mehr, statt dessen nur Großstadt, immerhin gegenüber eine Parkanlage.

Wochenlang befand ich mich in einem Zustand zwischen Bangen und Hoffen. Jeder erklärte sein Für und Wider. Elias zum Beispiel sprach sich vehement gegen einen Wegzug aus. Nur Boris und Natascha waren ohne Wenn und Aber für den Umzug, da sie von einem Gemüt waren, das Veränderungen generell begrüßte. Vielleicht hat das den Ausschlag dafür gegeben, die Offerte letztlich anzunehmen. Eines Tages traf die Botschaft ein, dass wir das Haus in München tatsächlich bekommen würden. Die Würfel waren gefallen und wir zogen in den Sommerferien 1982 von unserem lieben Alten Pfarrhof und unserm Dorf in die Stadt. Markus immerhin hatte noch in Grafing das Abitur machen können, worüber er sehr froh war. Danach absolvierte er den Wehrdienst bei der Bundeswehr in München. Er diente fünfzehn Monate lang in einem Panzergrenadierbataillon als Richtschütze. Später hat er dann den Kriegsdienst verweigert. Leander ging noch nicht zur Schule.

Das Wilhelm-Hausenstein-Gymnasium lag noch nicht einmal fünf Minuten Fußweg von unserem Haus am Pachmayrplatz entfernt. Boris und Elias besuchten nun diese Schule. Nach dem Abitur absolvierte Boris im Bezirkskrankenhaus Haar bei München, einer Einrichtung für psychisch kranke Menschen, den Zivildienst. Nach dem Militärdienst begann Markus sein Studium der Physik an der Technischen Universität in München. Fabian und Natascha kamen zunächst in die Knappertsbusch Schule, wo sie den Hauptschulabschluss machten. Fabian begann eine Ausbildung ganz in unserer Nähe in einer Gärtnerei für Zierpflanzen. Anschließend absolvierte er seinen Zivildienst in einer anthroposophischen Einrichtung im norddeutschen Göhrde. Natascha machte eine Ausbildung als Kinderpflegerin und arbeitete gleichzeitig in einem Blindeninstitut im Stadtteil Neuhausen, wo sie anschließend noch einige Jahre tätig war. Im Umgang mit den dort betreuten sensiblen Menschen hat sie sehr viel gelernt. Nach Beendigung seiner Gärtnerlehre bereitete sich Fabian auf die Mittlere Reife vor. Nachdem er sie bestanden hatte, durchlief er die vierjährige Erzieherausbildung, um anschließend eine Tätigkeit in der Einrichtung SWW (Südbayerische Wohn- und Werkstätten für Blinde und Sehbehinderte) in Giesing aufzunehmen. Hier arbeitete er mit geistig und seelisch kranken Kindern. Zu Besuch in den SWW bekam ich das Angebot, eine Fotoausstellung zu machen. Das Angebot fand ich sehr reizvoll. Ich sollte sehr großformatige Fotos auf Sepia-Papier ausstellen. Thematisch entschied ich mich für Portrait-Fotos einiger der Bewohner der Einrichtung. Die Fotografien hingen lange Zeit in einem Raum und wurden von vielen bewundert.

Raphael hat häufig Schulwechsel erlebt, war zeitweise in der Tagesheimschule in der Hochstraße und verbrachte ein Jahr an einem Gymnasium in Hamburg, um anschließend in Bayern das Abitur zu machen. Täglich fuhr er mit dem Moped in die Innenstadt von Hamburg. Plötzlich ein Unfall! Ich bekam einen Anruf von der Polizei, Raphael sei mit dem Moped verunglückt. Ein großer Schreck zunächst für mich, dann die Nachricht, dass es glimpflich ausgegangen sei.

Auch Liesl, Gustis geschiedene Schwester, lebte einige Zeit mit auf dem Anwesen in Mothen. Später zog sie mit Franziska und Simon, ihren beiden Kinder, nach Lindau an den Bodensee.

Einmal fuhr auch ich mit meinen Kindern zur Mothenmühle. Mir gefiel das urige Leben, der üppige Garten und die gut aufgelegte Gusti, die ein großzügig-tolerantes Wesen hatte. Peter arbeitete draußen, aber auch in seinem Atelier, wo er experimentierte und sehr unterschiedliche Kunstwerke produzierte. Gusti stammte aus einem Oberpfälzer Elternhaus mit zehn Kindern. Peter ist ein Einzelkind und kommt aus Erfurt. Sein Vater war Gymnasiallehrer für die Fächer Englisch und Französisch. Peter Mell ist zu seinen Wurzeln zurückgekehrt. Er lebt heute in einem kleinen Dorf in Thüringen. Eines Tages, kurz nach ihrer Scheidung von Peter, wurde Gusti schwer krank und ist einige Zeit später gestorben.

Unsere Katze Musqui hatten wir nun schon viele Jahre. Ihr den Umzug nach München zuzumuten, war für uns natürlich eine schwere Entscheidung gewesen. Was sollten wir machen? Also hatten wir sie mitgenommen. Sie hat sich indes in der neuen Situation nie richtig zurechtgefunden. Nach einiger Zeit wurde sie krank, hat sich verkrochen und wir haben sie nie wieder gesehen. Es tat uns leid um diese treue und brave Katze.

Eine Fahrradtour, Leander war zehn Jahre alt, machte ich mit ihm alleine durch Bayern. Die Ziele und wie lange wir unterwegs waren, weiß ich nicht mehr. In sehr schöner Erinnerung ist mir die Reise aber geblieben.

Nicht nur Boris und Elias waren auf dem Wilhelm-Hausenstein-Gymnasium, nach Boris' Abitur besuchte auch Leander diese Schule. Nicht nur die Nähe zur Schule, sondern auch das kommunikative Wesen von Lee brachte es mit sich, dass häufig mehrere Buben gleichzeitig bei uns zur Haustüre hereinkamen. Die Türe war nie abgeschlossen, zumindest am Tage nicht, und ich war zu dieser Zeit nach Schulschluss fast immer zu Hause. Die Jungens fragten nach Lee und wo er sei oder wann er käme. So genau konnte ich das auch nicht sagen. Einer der Buben stand noch eine Weile unentschlossen herum, ein anderer ging wieder nach draußen. Solche oder ähnliche Momente wiederholten sich häufig. Wenn es vorkam, dass ich jemandem etwas zu essen anbot, lehnte er mit den Worten ab, dass er zu Hause essen würde. Inzwischen war Leander gekommen und brachte vielleicht noch jemanden mit. Alle johlten, riefen mir noch einen Abschiedsgruß zu und verschwanden wieder. Warum erzähle ich das? Ist es nicht eine ganz belanglose Geschichte? Aber warum ist sie mir so plastisch in Erinnerung geblieben? Vielleicht weil die Jungens von damals heute einen Beruf haben, Ehemänner und Väter geworden sind genau wie Leander. Aber ich habe kaum einen von ihnen jemals wiedergesehen.

Mit Boris, Elias, Natascha und Leander, der damals etwa acht Jahre alt war, verbrachte ich in den Sommerferien mehrere Wochen an der Ostsee. Wir wohnten bei einer Frau mit einigen

Kindern, die auf ihrem Anwesen Räumlichkeiten zur Übernachtung zur Verfügung stellte. Sie hatte in der anthroposophischen Zeitung „Info3" inseriert und wir hatten ihre Anzeige gelesen. Die Fahrt dorthin haben wir als Mitfahrer in einem Auto, das uns von einer Mitfahrzentrale vermittelt worden war, zurückgelegt. Meist waren wir unterwegs zu dem schönen Strand mit weißem Sand, den Klippen, dem endlosen schäumenden Meer. Aber auch die durchsichtigen Quallen zogen unsere Aufmerksamkeit auf sich, die, je nach Windrichtung, mal zahlreicher, mal nur vereinzelt im Wasser herumschwammen. Ihre Anwesenheit hielt mich doch oft vom Schwimmen ab. An manchen Tagen waren die schleimigen Gesellen auch vollends verschwunden. Zu Hause bei unserer Vermieterin und ihren Kindern konnte die Stimmung manchmal spürbar bedrückend oder gereizt sein. Es war eine unsichtbare Last, die auf der Familie lag.

Eine Fahrradtour mit der Familie Walter und Rita Harjung, ihrer Tochter Anita und Leander ist mir noch in sehr lebhafter Erinnerung. Die Familie kenne ich seit sehr vielen Jahren und ich treffe die Eltern heute noch am Sonntag im Gottesdienst. Es ging durch Dillingen und an der Donau entlang, schließlich erreichten wir Rothenburg ob der Tauber. Zeitweise radelten wir an einem kleinen Fluss entlang und da waren Mückenschwärme solchen Ausmaßes unterwegs, wie ich noch keine erlebt hatte. Man war gezwungen mit beinahe geschlossenen Augen zu fahren, da die Biester es besonders auf die Augen abgesehen hatten. Danke Gott, dass die Strecke nicht allzu lange war und wir wieder von dieser Qual befreit wurden. Später gab es eine Panne, verursacht durch ein Loch in dem Schlauch eines meiner Reifen. Wir machten also eine Pause, während Walter Flickzeug und Werkzeug hervorholte und den Schaden fachmännisch reparierte. Meine Dankesworte quittierte er mit einem Lächeln. Abends suchten wir ein Quartier und fanden meist auch eins ohne große Mühe. Manchmal gab es zwischen Rita und Walter kleinere Reibereien aufgrund von Vorkommnissen, die sich tagtäglich ereignen.
Eine andere Radtour machte ich mit Rita alleine. Das war im Frühling des Jahres 2009.
Zuerst nahmen wir die Eisenbahn und fuhren nach Treuchtlingen. Dann radelten wir auf dem Altmühlradweg, wobei wir am Zwölf-Apostel-Felsen, einer zerklüfteten langen Felsengruppe, vorbeikamen. Manchmal kamen wir in den Regen, aber das störte uns nicht sehr, wir hatten für den Fall vorgesorgt. Die Suche nach einem Nachtquartier verlief wiederum meist ohne große Mühe.

Unsere Nachbarn Werner Maciejczyk und Marga Völkl-Maciejczyk hatten sich ein Haus in Lassan in Mecklenburg-Vorpommern an der Ostsee gekauft. Dorthin luden sie uns ein. Zunächst fuhren nur Leander und ich dorthin, um die Ferien zu verbringen. Leander hatte den Führerschein gerade gemacht und ihn an seinem achtzehnten Geburtstag entgegennehmen dürfen. Ein Auto hatte er sich schon gekauft, nun konnte er starten. Im Bewusstsein ungeahnter Möglichkeiten brauste er los. Dieses Hochgefühl totaler Freiheit genoss er spürbar. Nun, da ich mit ihm im Auto saß, konnte ich es erleben, dieses Ausgeliefertsein an die Geschwindigkeit. Rasten wir durch eine Allee, so hatte ich den Eindruck, wir führen zwischen zwei Mauern aus Bäumen hindurch. Die Zwischenräume erahnte ich nur. Schließlich kam auch Markus in Lassan an und besuchte uns. Markus wurde freundlich begrüßt und bekam zum Schlafen ein Bett. Es freute mich, nun einige gemeinsame Tage am Meer verbringen zu können.

Werner und Marga waren kinderlos. Immer mal wieder gab es zwischen den Eheleuten wegen ihrer sehr unterschiedlichen Denkweisen Streit, aber zu uns waren sie meist nett.

Eine Fußwanderung mit meiner Nachbarin Marga und mit ihrer Freundin Helga wurde beschlossen und durchgeführt. Den ganzen Tag, mit kurzen Pausen, wanderten wir. Abends suchten wir uns eine Herberge. Eine Übernachtungsmöglichkeit fanden wir immer, ob in einem Gasthaus, einem Hotel oder einem Privatquartier. Wir gingen an der Isar entlang von Landshut bis Deggendorf, wo wir zur Donau kamen. Es ging weiter nach Passau. Marga hielt nicht durch. Sie hatte zu viel Gepäck und musste aufgeben. Also kehrte sie um und fuhr nach München zurück. Ich hatte einen geschwollenen Fuß, machte mir Umschläge, kaufte mir eine Salbe und betete. Aufgeben wollte ich nicht. Ich war nach zwei Tagen wieder so weit gesund, dass ich weiterwandern konnte. Ich hatte nur Halbschuhe an, Stiefel wären vielleicht vernünftiger gewesen. Marga war nun weg und Helga war nett zu mir. Als Marga noch dabei gewesen war, hatten die beiden mich oft verbal attackiert, was mehr von Marga ausging. Ein Grund war unter anderem mein Glaube an Jesus, mit dem ich mich zum damaligen Zeitpunkt noch nicht sehr lange befasst hatte. Helga und ich erreichten die Grenze nach Tschechien. Der Grenzbeamte konnte nicht glauben, dass wir zu Fuß unterwegs sind. Er lachte, als er es begriff. Nun gelangten wir zur Moldau und zu guter Letzt nach Prag. Einmal waren wir in einer äußerst prekären Lage. Wir hatten den Weg verloren. Ein Wegweiser war nicht da, was in der Tschechei vorkommt. Wir gingen und gingen. Plötzlich sahen wir in der Ferne auf einem schmalen Weg zwischen den Bäumen ein Auto langsam dahinfahren. Der Fahrer hatte uns gesehen, hielt an und ging uns entgegen. Wie froh waren wir, aber erschraken auch, als der Mann uns sagte, dass es auf dem Weg, den wir eingeschlagen hatten, noch sehr, sehr weit zu dem von uns angegebenen Ziel wäre. Womöglich würden wir den Weg dorthin in der Dunkelheit auch gar nicht finden. Meine Trinkflasche war beinahe leer. Helga hatte gar nichts mehr zu trinken. Auch sei es unwahrscheinlich, dass wir eine Quelle finden würden. Schließlich brachte uns der hilfsbereite Mensch mit seinem Auto auf einen Campingplatz, wo wir in einem Bungalow unser Nachtquartier bekamen. Ich dankte Gott von Herzen für das glückliche Ende. Es war als hätte Gott uns einen Retter geschickt. Ihm schuldeten wir unseren vollen Dank. Die wirklich sehenswerte Stadt Prag erreichten wir wenige Tage später. Die tschechische Hauptstadt durchstreiften wir in alle Richtungen und entdeckten immer wieder Interessantes in dieser schönen Stadt. Auch die Innenräume von Kaffeehäusern und Wirtshäusern hatten ein besonderes Flair, was sich auf meinen vielen Fotos widerspiegelt. In einer hübschen Altbauwohnung hatten wir uns einquartiert, verließen aber nach wenigen Tagen Prag wieder und fuhren mit der Eisenbahn nach Deutschland zurück. Werde ich noch einmal an diesen Ort kommen? Meinem Gefühl nach würde ich sagen nein. Aber ein Buch von Franz Kafka, der in Prag aufwuchs, könnte sein, dass ich das noch lesen werde.

Eine Radtour machten die Kinder Boris, Fabian, Natascha, vielleicht auch Markus, Elias und Raphael in den Bayerischen Wald nach Zwiesel und nach Frauenau zur Familie Erwin und Gretel Eisch. Erwin hatte eine Glashütte mit einem immer rot glühenden unglaublich heißen Hochofen. Er fertigte sehr schöne, auch farbige, kunstvolle Glasgebilde, aber auch einfaches Gebrauchsglas. In Frauenau gibt es auch ein Glasmuseum, wo viele der schönen durchsichtigen Gebilde ausgestellt werden. Das Ehepaar hat fünf Kinder, vier Töchter (Katharina, Veronika, Susanne, Sabine) und einen Sohn namens Valentin. Während die übrigen Kinder mit den Rädern unterwegs waren, fuhren Leander und ich mit unserem VW-Bus nach Frauenau, wo wir am späten Nachmittag ankamen.

Nach der langen Autofahrt verspürte ich große Lust zum Wandern. Ich nahm Leander und sagte zu ihm: „Wir gehen jetzt wandern!" Der Berg mit Namen Rachel, ein nicht sehr hoher Berg, lag vor uns und wir machten uns auf den Weg. Leander war etwa drei Jahre alt und schon gut zu Fuß. Es war trockenes Wetter. Es ging leicht, dann steiler aufwärts, aber je höher wir kamen, desto mehr kleine und größere Schneefelder zeigten sich. Allmählich nahmen die Flächen, die mit Schnee bedeckt waren, bedeutende Ausmaße an. Ich hatte einen langen Rock an, was wenig sinnvoll war, da er allmählich begann am Saum feucht zu werden. Leander musste ich immer häufiger aus dem Loch eines Schneehügels heben. Es gelang uns, soweit ich mich erinnere, nicht mehr, den Berggipfel zu erreichen. Der Schnee wurde immer tiefer und mein Rock wurde von der Nässe schwerer. Der Abend war nahe und der Gipfel des Berges nicht sichtbar. Nun musste ich umkehren und auch mein Söhnchen sah das ein. Dadurch, dass wir die letzte Wegstrecke beinahe liefen – Leander trug ich zeitweise auf den Armen – erreichten wir das Dorf noch vor der Dunkelheit. Von Weitem sah ich schon Erwin und Gretel, die mit besorgten Gesichtern auf uns warteten. Es tat mir leid, dass sie sich um uns solche Sorgen gemacht hatten. Aber nun waren wir alle froh. Meine Kinder hatten sich wenig Gedanken gemacht. Ich nahm an, dass sie mich gut genug kannten.

Wenig später erhielten wir ein sehr schweres Paket von Familie Erwin Eisch aus Frauenau. Neugierig waren wir alle, was sich wohl in dem Paket verbarg. Welche Überraschung, als wir das Geschenk öffneten. Es zeigte sich, dass es eine orange-gelbe elektrische Maschine zum Mahlen von Korn war. Ein wahres Prachtstück. Ich schrieb einen herzlichen Dankesbrief. Ich habe die Getreidemühle auch viele Male benützt – bis irgendwann Markus sie haben wollte, nachdem er geheiratet hatte. Er nutzte sie, glaube ich, intensiver als ich das tat. Er hat sie immer noch, worüber ich sehr froh bin.

Erwin war neben seiner Tätigkeit als Glasbrenner auch Maler. In sehr vorgeschrittenem Alter brachten seine Kinder ihn in einem Heim unter, wo er bis zu seinem Tode im Jahr 2022 lebte. Gretel habe ich vor etwa zwei Jahren, im Jahr 2021, im Lothar Fischer Museum in Neumarkt in der Oberpfalz auf der Vernissage zu einer Ausstellung getroffen, in der Werke von ihr und auch ihres Mannes gezeigt wurden. Ich spürte, dass ich Gretel fremd geworden war.

Aber eine ihrer Töchter, die ihrem Vater ähnlich sah, erkannte mich und war auch bei der Vernissage anwesend. Wir sprachen miteinander und sie erzählte mir, dass die letzten Jahre ihres Vaters im Heim eine harte Zeit für Erwin gewesen seien. Er tat mir sehr leid, denn ich habe Erwin in guter Erinnerung als einen lustigen stets interessierten Menschen. Wenige Monate nach Erwins Tod ist auch Gretel gestorben.

Mit meiner Wanderfreundin Helga habe ich noch einmal eine Wanderung unternommen. Wir durchwanderten am Rheinufer flussaufwärts einen Teil des sogenannten Rheinsteigs. In vielen Schleifen führt der Weg mal nach oben, dann wieder nach unten. Nach steilen, dann wieder flachen Wegabschnitten erreichten wir Schlösser und Burgen, die über dem breiten, träge dahinfließenden Fluss emporragen. An der Loreley sind wir auch vorübergekommen. Diese Felswand befindet sich zwischen Rüdesheim und Koblenz. Das war meine letzte Wanderung mit Helga. Jahre später ist sie zurück in ihre Heimat nach Bonn gezogen. Aber gehört habe ich nichts mehr von ihr.

Marga, meine Nachbarin, ist nach lang andauernden gesundheitlichen Problemen mit wechselnden Krankenhausaufenthalten gestorben. Ihr Mann Werner hat das Haus in München verkauft und ist nach Lassan in Mecklenburg-Vorpommern gezogen, wo er, wie ich berichtete, ein Haus hat. Wie sein Leben weiterging, ist mir nicht bekannt. Nach ein oder vielleicht zwei Telefonaten hat er sich nicht mehr gemeldet.

Meine alte Schulfreundin Bärbel Talmon-Gros, mit der ich viele Jahre die Rudolf Steiner Schule besuchte, war einem Verein beigetreten, der einem gegen Honorar an vielen Plätzen in Europa Urlaubsdomizile vermittelt. Bedingung für die Mitgliedschaft ist, dass man mindestens einmal jährlich eine Ferienwohnung bucht. Bärbel hatte schon mit anderen Schulfreundinnen solche Wohnungen geteilt, das Zusammensein war aber nicht immer unproblematisch. Bei mir fragte sie an wegen einer Woche Urlaub in Österreich in einer kleinen Ferienwohnung. Die Kosten würden wir teilen, auch die Benzinkosten, da wir mit ihrem Auto fahren würden. Die Idee war verlockend und ich sagte ihr zu. Das Hochtal war nur mit dem Auto zu erreichen. Es war eine fantastisch schöne Berglandschaft in Kärnten. Bärbel war im üblichen Sinn ungläubig, ihre Mutter hatte aber versucht, ihr anthroposophisches Gedankenmaterial zu vermitteln. Aber dafür hatte Bärbel nie Interesse gehabt. Auch ihr Vater, Filmkritiker und Leiter des Studios für Filmkunst in der Occamstraße in Schwabing, hatte keinen geistlichen Zugang zum spirituellen Leben seiner Frau. Schon in frühen Jahren sah Bärbel unzählige Filme. Das nur zur Erklärung zu dem, was kommt. In unserem Quartier kochten Bärbel und ich unser Essen. Die Zutaten hatten wir auf dem Wege dorthin eingekauft. Wir plauderten, sahen aus dem Fenster auf die wunderbare Bergwelt. Ich hatte mich schon seit einiger Zeit mit den Inhalten der Bibel beschäftigt und besuchte Gottesdienste. Nun gab ich mein noch unzulängliches Wissen aus einer Euphorie heraus an Bärbel weiter. Dadurch entwickelte sich eine Missstimmung zwischen uns, die ich zwar bedauerte, aber die nun nicht mehr rückgängig zu machen war. Wir begannen nutzlose Diskussionen zu führen, die Bärbel noch mehr die Laune verdarben. Hinzu kam, dass meine Freundin Schmerzen in einem Knie bekam und befürchtete, größere Wanderungen nicht mehr machen zu können. Also musste ich alleine losziehen, was Bärbel in Ordnung fand. Nach ein paar Tagen wollte Bärbel dann doch auch wandern, allerdings nur leichte Wege gehen. Mit einer Sesselliftbahn fuhren wir nach oben, wo es felsig wurde und die Aussicht fantastisch war. Das Wetter war traumhaft. Während ich nun eine etwas schwierigere Tour bergan antrat, versuchte Bärbel mit langsamen Schritten und zwei Stöcken den grünen Hang in Serpentinen hinabzugehen. Irgendwo ein Stück weiter unten würden wir uns wieder treffen, sobald ich zurück sein würde. So war es auch, aber mit den Schmerzen in Bärbels Knien war es nicht besser geworden. Ich versuchte meine Worte über Jesus zu drosseln, was ich andererseits bedauerte, denn Bärbel musste doch die Wahrheit erfahren. Am nächsten Tag zog ich alleine los und erkundete viel von der schönen, vielseitigen Gebirgslandschaft. Bärbel salbte ihr Knie ein. Ich half ihr, soweit es möglich war, mit Verbandsmaterial und Besorgungen in einem kleinen Sanitätshaus in dieser Höhe.

Es gab auch ein Schwimmbad hier oben und in das wollte ich gehen. Nachdem ich in dem angenehm warmen Wasser meine Runden gedreht hatte, aus dem Becken gestiegen und auf dem Steinboden um eine Kurve gelaufen war, rutschte ich auf dem glitschigen Boden aus, stürzte und zog mir am Schienbein, das nun stark schmerzte, eine dicke Beule zu. Ich humpelte in die Kabine, zog mich an und schleppte mich zurück ins Ferienhaus. Als ich dort ankam und Bärbel mein Malheur erzählte, bedauerte sie mich zwar, aber vielleicht empfand sie auch eine gewisse Genugtuung. Meine Schmerzen ließen über Nacht nach und am nächsten Tag, unserem letzten, wollte ich wieder wandern.

Bärbel meinte, sie würde nicht mitgehen, aber ich könne ruhig tun, was ich wolle. Wir diskutierten nicht mehr, aber das warf ich mir sogar vor, denn wo würde sie denn die Wahrheit erfahren?

Die Schmerzen in meinem Bein blieben erträglich. Bärbel konnte nurmehr nahe am Haus ein wenig mit ihren Stöcken umherlaufen. Ihr Knie schmerzte beim Gehen zu sehr. Ich unternahm wieder eine ausgiebige Wanderung. Die Zeit war zu Ende. Bärbel und ich tauschten nur noch Belanglosigkeiten aus, wie ich empfand. Meine kleiner werdende Beule am Bein ist erst nach langer Zeit verschwunden. Bärbel habe ich vor einem Jahr besucht, im Jahr 2022. Sie lebt mit einigen Unterbrechungen seit ihrer Kindheit in ein und derselben Wohnung in Schwabing – wie damals schon, als wir beide neun Jahr alt waren. Da gab es noch den dicken, großen Kater.

Ein sehr großes, leerstehendes Gebäude, das sogenannte Sackmannhaus, das an der Straße nach Grafing liegt, war seit einigen Jahren unbewohnt. Heide, die Schwester meiner Schwägerin Ingelore, und ihr Mann Juan, ein Spanier, zeigten Interesse an dem Haus. Sie wohnten damals auf dem Falkenberg zur Untermiete, hatten vorläufig drei Kinder und brauchten mehr Platz. Familienzuwachs stand bevor. Nun wurden weitere wie Heide der Anthroposophie nahestehende Interessenten gesucht, die das Kapital, den Mut und das Durchhaltevermögen besaßen, ein solches Projekt in Angriff zu nehmen. Viele meldeten sich, andere sprangen wieder ab, bis sich schließlich ein harter Kern gebildet hatte. Dazu gehörten auch

Matthias und Martina Hiemer, die sich eine Wohnung in der zweiten Etage ausbauten. Es sollten sechs Wohnungen entstehen, drei kleinere und drei größere. Von den drei größeren hatte jede die Größe von etwa 150 qm, boten also reichlich Platz für große Familien. Hiemers hatten sich für eine kleinere Wohnung entschieden, da sie kinderlos waren. Nach etwa zwei Jahre während Umbau- und Instandsetzungsarbeiten war das Sackmannhaus wieder ein perfekt ausgebautes Gebäude. Die Menschen konnten einziehen. Die Eltern, deren Kinder teilweise schon in der Rudolf Steiner Schule waren, sollten weiterhin diese Lehranstalt besuchen. Also mussten sie, sofern nicht gerade ein Bus fuhr – direkt am Sackmannhaus gab es eine Bushaltestelle – nach Grafing Bahnhof gebracht werden, um von dort mit der S-Bahn nach München zu fahren. Schließlich besuchten alle Kinder und deren waren viele, die Steiner-Schule.

Aufgrund des guten Kontakts zu einem Biokostgroßhändler, den einer der Bewohner des Sackmannhauses hatte, kamen die Menschen dort in den Genuss von großen Mengen an Bioprodukten mit Demeter-Zertifizierung, deren Haltbarkeitsdatum abgelaufen war. Wir wurden auch gefragt, ob wir uns an dieser Lieferung beteiligen wollten. Ich fand es eine gute Möglichkeit, von Zeit zu Zeit Demeter-Produkte zu erhalten. Von nun an bekamen wir allwöchentlich verschiedene Gemüsesorten, die uns in Holzsteigen gebracht wurden.

Martina Hiemer hatte eines Tages, damals wohnte sie noch nicht im Sackmannhaus, aber schon in Moosach, die Idee, einmal in der Woche einen Kinderkreis zu organisieren. Sie und ihr Mann Matthias wohnten „Am Hang" bei einer alleinstehenden älteren Dame mit Namen Frau Geist. Nach ihrem Umzug wurde dieses Treffen im Sackmannhaus fortgesetzt. Ich fuhr mit dem Auto, um mit Leander am Kinderkreis teilnehmen zu können. Wir tanzten im Kreis zu Musik der Leier oder Waldorf-Harfe, die Martina spielte, und sangen dazu. Manchmal tanzte Martina auch mit. Ich hatte am Tanzen Spaß, desgleichen Heide und die anderen Frauen mit ihren Kindern.

Um rechtzeitig das Mittagessens kochen zu können, kehrten wir am späten Vormittag wieder nach Hause zurück. Manchmal wollte Leander nicht dorthin. Dann lag er auf dem Sofa, klagte und irgendetwas tat ihm weh. Dann blieben wir zu Hause.

Das Ehepaar Matthias und Martina Hiemer, das, wie erwähnt, kinderlos blieb, trug sich seit langer Zeit mit dem Gedanken, ein Kind zu adoptieren. Nach schweren Hürden, die sie bewältigen mussten, bekamen sie einen sechs Jahre alten Jungen mit Namen Michael. Was sich zunächst als Glück für die Familie darstellte, entwickelte sich aber allmählich zu einem wahren Drama. Bei Ausflügen mit dem Auto lud Martina gelegentlich Elias und Raphael zur Mitfahrt ein, mit der Hoffnung, dass Michael durch die Gesellschaft der Jungens, die etwa im gleichen Alter waren, von sich selbst abgelenkt ein soziales Verhalten üben würde. Aber das ganze Unternehmen endete beinahe in einem Fiasko. Der Umgang mit Michael wurde immer problematischer, bis die Hiemers keinen anderen Weg mehr sahen, als ihn anderweitig unterzubringen. Inzwischen ist er, vermutlich an der Überdosis einer Droge, verstorben. Noch einmal wagte das Ehepaar eine Adoption, diesmal die eines Mädchens. Sie hieß Renate. Auch mit ihr stellten sich nach einiger Zeit massive Probleme ein. Opfer einer ihrer Untaten wurde ich. Als ich mit Leander bei dem wöchentlichen Kinderkreis war und nach Hause fahren wollte, suchte ich vergebens meinen Autoschlüssel. Martina und alle halfen mit, aber der Schlüssel blieb unauffindbar. Einen Ersatzschlüssel hatte ich nicht. In Moosach gab es eine Autowerkstatt, deren Besitzer und Chef Herr Biber war. Ihn rief ich an. Er kam und riss die gesamte Zündanlage aus ihrer Verankerung. Nur so gelangte er an die notwendige Technik. Tagelang war das Auto in der Werkstatt, bis ich es zurückbekam. Was nach einigen Wochen ans Licht kam, war, dass Renate den Autoschlüssel versteckt hatte.

Renate hat als Teenager immer wieder Männerbekanntschaften gemacht, sich mit ihnen eingelassen und in kurzen Zeitabständen einige Kinder bekommen, die sie nun ihrerseits zur Adoption freigab.

Das Ehepaar Hiemer war verzweifelt und erlebte erneut, in welche Notlage man kommen kann, wenn man Kindern, die aus schlimmen, vernachlässigenden Elternhäusern stammen, ein Zuhause geben will.

Renate zog früh aus und die Hiemers wagten es noch einmal, ein Kind zu adoptieren. Diesmal handelte es sich um einen sehr kleinen Buben, fast noch ein Baby, namens Gabriel. Der Junge gedieh so weit ganz gut. Aber auch diesmal war eine stark verzögerte Entwicklung des Kindes auffällig. Er war nur bedingt lernfähig, brauchte mehr Zeit als andere Kinder und forderte von den Adoptiveltern viel Geduld. Das Aussehen eines Menschen spiegelt meist das innere Wesen wieder. So war es auch bei dem kleinen Gabriel. Sein Äußeres hatte beinahe etwa Beklemmendes. Es war, als hätte seine kleine Seele das traurige Schicksal einer großen Bürde zu verkraften. Später, nach dem Hauptschulabschluss, machte Gabriel eine Lehre in den Hermannsdorfer Landwerkstätten nahe Glonn.

Die drei Beispiele haben mir erneut gezeigt, wie entscheidend und bedeutungsvoll die ersten Jahre im Leben eines Kindes sind. Nicht ein Leben in großen, teuren Wohnungen, verbunden mit vielen Geschenken, Luxusartikeln oder großen Reisen zählt, sondern ein echtes Vertrauensverhältnis der Kinder zu ihren Eltern. Das Kind muss das sichere Gefühl haben, dass die Mutter und auch der Vater immer als liebende Menschen erreichbar sind. Je jünger das Kind, umso wichtiger ist das.

Ist das Los der Kinder so, dass sie auf das Wesentlichste in diesen frühen Jahren verzichten müssen, so sind große Defizite in ihrem späteren Leben die Folge. Sehr traurig ist, dass viele Kinder dieses schmerzliche Los erleiden müssen.

Der bekannte Kinderarzt und Psychotherapeut Dr. Theodor Hellbrügge hat einmal gesagt: „Die Verantwortung für die Zukunft liegt in den Händen der Mütter. Sie sind die Entscheidungsträger für eine ganze Nation. In der Kinderstube entscheidet sich das zukünftige Leben eines Menschen." Dr. Hellbrügge hat einige Bücher zu diesem Thema verfasst.

Die Menschen im Sackmannhaus waren mehr oder weniger alle anthroposophisch orientiert und besuchten im Allgemeinen am Sonntag die Menschenweihehandlung bzw. die Kinderhandlung der Christengemeinschaft in München. Die Anthroposophie von Rudolf Steiner geistert seit meiner Kindheit durch mein Leben. Den Grundstein dafür hat meine Mutter gelegt, und mein Bruder Manfred hat dieses Gedankengut später vehement verteidigt. Ich habe mich vor inzwischen sehr langer Zeit davon entschieden distanziert.

In dem Maße, in dem ich, inzwischen wohnhaft in München, begann, mich mit der Bibel, und dem Evangelien zu befassen, bemerkte ich, dass die Menschen im Sackmannhaus mir fremd wurden. Ich war froh, dort nicht leben zu müssen. Ich wurde mir immer sicherer, dass die Wahrheit in der Bibel zu finden ist und sonst nirgendwo. Der Maßstab ist Jesus.

Meine Mutter wohnte seit 1957 in Schwabing in der Barer Straße. Als meine Kinder erwachsen geworden waren, lebte immer mal eines von ihnen bei ihr. Auch mein Bruder Manfred und seine Frau Ingelore quartierten sich dort ein, wenn sie aus Amerika zu Besuch kamen. Mit zunehmendem Alter wurde für Mutti das Leben immer schwieriger. Ab Ende siebzig konnte sie sich aus mancherlei Gründen immer weniger zurechtfinden. Meine Familie nahm sie im Jahr 1995, vierundachtzigjährig, zu sich. So verbrachte sie ihre letzten Lebensjahre bis zu ihrem Tod im Jahr 2001 bei uns am Pachmayrplatz in München-Bogenhausen, wo wir seit 1982 lebten. Eines Tages stürzte sie und dabei erlitt sie einen Oberschenkelhalsbruch. Sie kam ins Krankenhaus und wurde operiert. Nach ihrer Rückkehr war es ihr nicht mehr möglich, selbstständig zu laufen. Wir bekamen einen Rollstuhl und sie konnte ins Freie geschoben werden. Nun wurde sie des öfteren von einem der Kinder, vor allem von Markus und Fabian, die bis zu ihrer Hochzeit im Jahr 1998 noch am Pachmayrplatz wohnten, spazieren gefahren. Auch ein Krankenbett wurde uns zur Verfügung gestellt. Zur Unterstützung von Muttis Pflege kam täglich eine Schwester von der Caritas-Sozialstation der katholischen Pfarrgemeinde St. Rita in der Daphnestraße zu uns. Aber auch die Kinder trugen viel dazu bei, dass Abwechslung in ihr nun doch stilles Leben kam. Meist saß sie in ihrem bequemen Krankenstuhl am Fenster, sprach selten ein Wort, wenn doch, lautete es oft „Monika" oder es kam etwas wenig Verständliches über ihre Lippen.

Vor dieser Zeit war ich mit Mutti einmal mit dem Zug nach Hamburg gefahren. Sie hatte sich sehnlichst gewünscht, noch einmal ihre Heimatstadt zu sehen, wo sie ihre Kindheit verbrachte. Irgendwie fühlte sie doch, dass ihr vieles vertraut war. In Bremen, der Heimatstadt ihrer Mutter, war Mutti zuvor einige Male gewesen.

Was mir einen Schrecken einjagte, war ein plötzlicher Anfall Muttis, der mit einem kurzen Aufschrei begann. Dann presste sie die Lippen fest zusammen und fiel in einen langen, tiefen Schlaf. Ich bekam einen großen Schreck, rief das nahe gelegene Bogenhausener Krankenhaus an, und sie wurde mit der Ambulanz geholt und in die Klinik gebracht. Ein Arzt oder eine Schwester wussten schnell, dass es ein epileptischer Anfall war. Man sagte mir dies und das und vor allem, dass sie Mutti dort behalten wollten, einerseits zur Beobachtung, andererseits für eventuell notwendige Kopfuntersuchungen und nachfolgend mögliche Eingriffe. Mir schwante nichts Gutes. Ich lehnte ab. Ich dachte, arme Mutti, die sich gegen nichts wehren kann! Also fuhren wir mit dem Krankenwagen wieder nach Hause. Der Sanitäter schien Verständnis zu haben, als er sah, dass meine Mutter aus ihrem Tiefschlaf wieder erwacht war.

Mit den epileptischen Anfälle, die sich nun in unterschiedlich langen Abständen wiederholten, lernte ich umzugehen und Herr Dr. Rosenbruch sagte, dass es nichts Ungewöhnliches sei, dass bei Patienten der Alzheimer-Krankheit, deren Gehirn manche Veränderung erführe, solche Dinge auftreten. Herr Dr. Rosenbruch, unser sehr rühriger, liebenswürdiger Hausarzt besuchte Mutti in regelmäßigen Abständen von ein bis zwei Wochen. Stets war er, auch bei Wind und Regen, mit dem Fahrrad unterwegs. Er setzte sich neben Mutti, nahm ihre Hand und sprach mit ihr. Mutti gab nur wenige Worte von sich.

Eines Tages, es war wohl ein Samstag, war an Muttis Erscheinungsbild etwas, was mich beunruhigte. Ich rief Herrn Dr. Rosenbruch an. Ich spürte, dass Muttis Lebenswille an eine Grenze gekommen war. Der Arzt kam bald und auch er erkannte, dass es mit meiner Mutter zu Ende gehen würde. Er sagte, man solle sie in Ruhe lassen und kein Krankenhaus mehr verständigen. Ich war sehr dankbar dafür, dass Herr Rosenbruch sich auch jetzt so klug verhielt.

Am Sonntag, den 17. Juni 2001, ist meine Mutter gestorben – fünf Monate vor ihrem neunzigsten Geburtstag. Ich rief, soweit es mir möglich war, alle Kinder herbei. Ob es auch allen gelang, zu kommen, das weiß ich nicht mehr. Beerdigt wurde Hermine Dorothea Maier, wie sie mit vollem Namen heißt, in unserem Familiengrab im Nordfriedhof.

Mein Bruder und seine Frau kamen auch. Sie hatten ohnehin für die Woche eine Deutschlandreise geplant. Leider verhinderte mein Bruder eine Erdbestattung. Er pochte auf die zugegebenermaßen auch von Mutti vor ihrer Erkrankung gewünschte Feuerbestattung, und diese wurde dann auch vollzogen.

Nachdem alle meine Kinder nacheinander ausgezogen waren und ich die hohe Miete des Hauses am Pachmayrplatz alleine hätte verkraften müssen, kam mir die Idee, Untermieter einzuquartieren. Über die Zeitung „Kurz und Fündig", die vorwiegend Anzeigen jeglicher Art publizierte, suchte ich gezielt nach Lehrlingen bzw. Schülern und Studenten, also jungen Leuten, die nach einer Bleibe für die Zeit ihrer Ausbildung Ausschau hielten. Der Grund war, dass ich aus irgendeinem Gefühl heraus wusste, dass ich bald selbst umziehen würde. Ich bot die beiden kleinen Zimmer im Dachboden an, wo sich auch eine Toilette befand, und auch ein großes Zimmer im ersten Stockwerk, das vorher abwechselnd einem meiner Kinder gehörte. In dem Zimmer links davon, hatte meine Mutter gelebt, bevor sie starb. Das kleine Zimmer auf der Ostseite war mein Schlafzimmer.

Es dauert nicht lange und ein Amerikaner aus Michigan meldete sich. Er hieß Ray Rowles und wollte Deutschland kennenlernen. Er besuchte das Goethe Institut, um sich Deutschkenntnisse anzueignen. Dabei lernte er Albina, eine Russin, kennen, heiratete sie, fand eine eigene Wohnung, lebte geraume Zeit in München und kehrte mit seiner Frau und ihren beiden kleinen Buben schließlich in die USA zurück.

Es meldeten sich weitere Interessenten auf Grund meiner Anzeige, sodass ich (sieht man mal vom Rodinger Haus ab) vor die für mich neue Aufgabe gestellt wurde, die richtige Wahl zu treffen. Es fiel mir nicht leicht, eine entschiedene Absage auszusprechen, auch dann nicht, wenn mein Gefühl gegen den Bewerber stand. Einige sagten ihrerseits ab, manche bemängelten den geringen Komfort, wieder andere wollten ihre Möbel mitbringen.

Die Küche mit allem, was dazugehörte, das geräumige Esszimmer, die Dusche im Parterre und das Telefon durften die Untermieter mitbenützen. Bald hatte ich das Gefühl, dass das Haus wieder voll war – aber mit zunächst fremden Menschen und unter neuen Bedingungen. Die meisten meiner Untermieter waren nett, freundlich und mit der Bezahlung der Telefon- und Mietkosten ehrlich und korrekt. Aber es gab auch Ausreißer, von denen einer sich lohnt geschildert zu werden.

Er hieß Joseph Rahal und stammte aus Tunesien. Seine Frau, gewiss eine Deutsche, wollte ihn loswerden, las die Anzeige und schickte ihn zu mir. Joseph Rahal war Moslem und durch und durch Araber. Von Beginn an hatte er Ausreden in Bezug auf seine unterlassenen Mietzahlungen. Täglich drückte er mir einen kleinen Zettel in die Hand, auf dem er mir in seiner schwer lesbaren Schrift und in schlechtem Deutsch versprach, seine Mietschulden demnächst zu bezahlen. Manchmal auch bat er mich auf seinen Zetteln, ihn um sieben Uhr oder eine andere Zeit in der Früh zu wecken. Ich schrieb kleine Zettel zurück mit der Frage, ob er, nachdem er bei Allah geschworen hatte, kein schlechtes Gewissen habe wegen der noch nicht erfolgten Bezahlung seiner Miete. Nachts, wenn er zu Hause war, lief er mit Stiefeln, die genagelte Sohlen hatten, in der Küche und im Esszimmer ständig hin und her, sodass der Lärm weit nach oben drang. Dabei kochte er ein Essen, das so widerlich roch, dass es jedem im Haus übel werden musste. Nun kam hinzu, dass Rahal, ohne Rücksicht auf mich oder seine Mitbewohner zu nehmen, stundenlang telefonierte, und das mit Menschen in Tunesien. Er führte also ungehemmt Ferngespräche. Mir flatterte am Monatsende eine Telefonrechnung von 700 Euro ins Haus. Nun war das Maß voll, und ich sah mich gezwungen, einen Rechtsanwalt einzuschalten. Einer, den ich gut kannte, hieß Dietrich Winkhaus. Er hatte in der Sophienstraße seine Anwaltskanzlei und hatte Heimrad über die Kunst gekannt. Er schickte, was man in solchen Fällen tut, ein Schreiben mit allen nötigen Rechtsbelehrungen und Forderungen an Herrn Joseph Rahal. Bevor dieser das Haus schließlich verließ, schrieb er noch einige versöhnliche Worte in mein Gästebuch. Er hatte mir auch gesagt, er werde sich die Hände abhacken, wenn er nicht seine gesamten Schulden bezahlen würde. Das tat er nach vielen Monaten auch und überwies den gesamten Betrag auf mein Konto.

Ein Mädchen mit Namen Nicole kam aus Wien, schien mir unzuverlässig und irgendwie charakterschwach. Einmal verschüttete sie eine Menge Coca-Cola im Zimmer, dann musste sie plötzlich weg, ohne den Fußboden gesäubert zu haben. Da sie immer die Türe absperrte, konnte ich nicht ins Zimmer. Nach einem Jahr hatte sie es plötzlich sehr eilig wegzukommen. Der Grund war, dass ihr der Ausbildungsvertrag in dem Hotel am Hauptbahnhof, wo sie als Lehrling arbeitete, fristlos gekündigt worden war. Die noch unbezahlte Miete hat sie nicht mehr bezahlt. Von dem kleinen Bauernschrank nahm sie den Schlüssel mit. Mein Sohn Markus konnte mit einem anderen Schlüssel die Schranktüre öffnen. Der Schrank war mit Kleidungsstücken vollgestopft, die Nicole vom Dachboden geholt hatte.

Ein Kroate mit Namen Jadranko Orecovic hatte manches an mir zu bemängeln, obwohl er selbst zunächst die beiden Dachbodenzimmer mieten wollte, dann aber nur eines nahm und ich einen anderen Mieter für das zweite Zimmer suchen musste. Als er schon längere Zeit ausgezogen war, rief er eines Tages an, teilte mir mit, er liege in Haar im Krankenhaus für Psychiatrie, und bat mich, ihn zu besuchen. Ich war verwundert, da er nie den Eindruck eines seelisch labilen Menschen gemacht hatte. Eines Tages beschloss ich, ihn zu besuchen, fuhr mit der S-Bahn nach Haar, ein östlicher Vorort von München, und traf ihn gut gelaunt an. Wir setzten uns in die Cafeteria und unterhielten uns. Gewiss habe ich auch meinen Glauben er- wähnt. Wie es in seinem Leben weiter ging, habe ich nie erfahren, da ich nichts mehr von ihm gehört habe.

Alle Mitbewohner haben sich in dem Gästebuch für immer verewigt, das mir der erste Mit- bewohner, Ray, zu dem ich noch immer Kontakt habe, geschenkt hatte.

Als mein Bruder und seine Frau mich gern wiedersehen wollten und in die USA einluden, war mein Gedanke, eine kleinere Wohnung zu suchen. Mit Untermietern im Haus würde ich nicht wochenlang wegbleiben können. Dazu kam, dass meine Nachbarin Frau Dutzi, die im anderen Teil der Doppelhaushälfte wohnte und viel Zeit damit verbrachte, im Liegestuhl in der Sonne zu liegen, meinen Lebensstil immer mehr missbilligte.

Meinen Wohnungseigentümer, die „Caritas" musste ich rechtzeitig verständigen, da der Fortzug mit einer Menge Bürokratie verbunden sein würde. Also stattete ich der Hausverwal- tung in der Straße „Lueg ins Land" im Lehel einen Besuch ab, brachte meinen Entschluss auszuziehen vor und bekam mitgeteilt, dass das Haus demnächst besichtigt werden würde. Es erschienen zwei Damen, die, wie mir schien, mit allerlei Vorurteilen in Bezug auf meine Lebensweise gekommen waren. Aber offensichtlich waren sie von meiner Person überrascht und, nachdem auch einige Kinder da waren, auch von ihnen. Beide Frauen waren freundlich, scherzten und besprachen mit mir all das, was zum Beenden eines Mietverhältnisses von Nö- ten ist.

Nun sah ich, wiederum in der Zeitung „Kurz und Fündig", die Mietangebote durch und hat- te dann nach telefonischen Vereinbarungen etliche Besichtigungen. Ich kleidete mich schick, machte mir die Haare schön und fuhr in die Peripherie, wo es mehr Angebote gab. Aber um meiner abendlichen Bibelstunden und der Nähe zu meinen in München lebenden Kinder wil- len entschied ich mich gegen das Umland. Ich sah viele moderne, schicke Wohnungen, aber teils zu teure, teils zu kleine. Oder der Vermieter lehnte mich ab. Oder ich fand das Angebot doch unpassend für mich. Ein Altbau im Innern der Stadt, so dachte ich mir, wäre das Richti- ge. Mindestens einen Monat oder länger war ich mit der Suche beschäftigt, bis sich in Laim etwas auftat, von dem ich spürte, dass es das war, was ich hoffentlich bekommen würde. Die Besitzerin der Wohnung war eine alte Dame, die mich musterte, mir den Preis nannte und mir sagte, dass ein Ehepaar mit einem Kind noch am Ausziehen sei. Die Wohnung im zweiten Stockwerk in der Agnes-Bernauer-Straße 39 hat drei Zimmer, eine kleine Küche, einen Flur und ein Badezimmer mit Toilette. Keinen Balkon, aber ein kleines Kellerabteil. Hier, dachte ich und freute mich darauf, würde Platz sein für den Besuch meiner Kinder oder Enkelkinder mit der Möglichkeit zum Übernachten. Die Familie Schneeberg, also die Familie meiner Tochter Natascha, sie selbst, Martin, ihr Mann, und die drei Kinder Alex, Levi und Anuschka wohnten nicht weit entfernt im selben Stadtteil. Frau Weiner fand mich vielleicht sympathisch oder hielt mich für ehrlich und zuverlässig. Sie gab mir die Wohnung. Gott sei dafür von Herzen gedankt!

Der Stadtteil Laim war mir zunächst sehr fremd, da ich bisher in Sendling, Schwabing und Bogenhausen gewohnt hatte. Aber nun würde ich eben diesen neuen Stadtteil kennenlernen. Durch die Agnes-Bernauer-Straße fährt die Straßenbahn der Linie 19 von Pasing nach Neuperlach-Süd. Auf der gegenüberliegenden Straßenseite meines Hauses, das vier Stockwerke hat, befindet sich derzeit eine Apotheke, eine Fahrschule und ein Waschsalon. Es gibt zwei Lebensmittelgeschäfte, beide auf meiner Straßenseite: rechter Hand der Penny, linker Hand der Edeka Xpress. Jeweils muss man eine Straße überqueren: die Siglstraße, um zum Penny zu gelangen, die Friedenheimer Straße, um zum Edeka Xpress zu gelangen. Einen Bäcker gibt es Ecke Agnes-Bernauer-Straße Friedenheimer Straße. Zur Haltestelle der U-Bahn-Linie Nummer fünf brauche ich zu Fuß circa acht Minuten. Wenn ich aus dem Fenster schaue, fällt mir immer das heiß geliebte Kinderbuch meiner Kinder von Ali Mitgutsch „So leben wir in der Stadt" ein, das ganz ohne ein geschriebenes Wort auskommt und durch unendlich viele originelle und witzige Bilder und Zeichnungen, die das Leben und das Treiben in der Stadt darstellen, Bewunderung und Freude auslöst.

Der Innenhof des Hauses hat wenig Grün, aber es gibt zum Glück sechs Garagen. Eine davon war momentan nicht vermietet und ich konnte sie bekommen. Wie froh war ich, auch einen Platz für Heimrads Bilder gefunden zu haben! Heiko Herrmann, vor Jahrzehnten ein Schüler von Heimrad, baute aus Brettern und Holzlatten ein Gerüst mit Fächern, in die die Bilder stehend, gut geordnet hineingestellt werden konnten.

Miriam, damals Freundin, heute Ehefrau von Lee, half sehr fleißig beim Aus-dem-Keller-Tragen der vielen Bilder am Pachmayrplatz. Walter Schreiber, ein Bekannter von mir, der einen Kleintransporter besaß, fuhr mehrmals zwischen Bogenhausen und Laim hin und her, um alle Bilder und Papierarbeiten an meinen neuen Wohnort zu schaffen. Auch den sehr schweren Schrank mit vielen Schubladen für die Gouachen transportierte er bis in die Garage. Walter verdiente sich nicht nur mit Transportarbeiten Geld, sondern auch als Alleinunterhalter auf Festen und Veranstaltungen. Er hatte an sein Akkordeon nicht nur eine Mundharmonika befestigt, sondern noch weitere Gegenstände, mit denen er das musikalische Element eines Festes wirkungsvoll bereichern konnte. Auch sein Erscheinungsbild mit üppiger Haarmähne unterstützte wirkungsvoll seine musikalische Darbietung. Wer bei dem Fest tanzen wollte, wurde durch Walters Musik wärmstens dazu eingeladen.

Für den Auszug vom Pachmayrplatz benötigte ich wegen des unglaublichen Arbeitsaufwands die Zeit von drei Monaten: Von Anfang Juni bis Ende August 2004. Wie hätte der Inhalt einer Doppelhaushälfte mit Speicher und Keller in einer 65 qm großen Wohnung Platz finden können? Also musste ich mich von sehr, sehr vielen Dingen trennen. Was ich wirklich für die neue Wohnung benötigte, musste sich aufs Wesentliche beschränken. Das aber zu bestimmen, fiel mir sehr schwer. Ich veranstaltete auf dem Platz vor dem Haus einen großen Flohmarkt und jeder, der zufällig oder, weil er davon gehört hatte, vorüberkam, konnte wühlen und aussuchen, wie es ihm gefiel. Auch ins Haus kamen die Leute. Bücher wurden kistenweise davongeschleppt – teils für einen guten Zweck. Andererseits kamen auch Buchhändler von Antiquariaten, die das aussuchten, was ihnen brauchbar oder verkäuflich erschien.

Eine Firma für Container-Transporte hatte ich beauftragt und es kamen drei Containerfüllungen zusammen. Das Herz wurde mir schwer beim Anblick all dessen, was ich nicht nur zurücklassen musste, sondern was der Vernichtung zum Opfer fiel. Ein Teil nach dem anderen verschwand vor meinen Augen und später auch aus meiner Erinnerung. Es war nicht wie im Krieg, wo einem eine Zerstörung schnell und unerwartet trifft; ich erlebte eine sich hinziehende Auflösung eines Teiles meines augenblicklichen Besitzes.

Zwischen dem dauernden Packen und Räumen wollte ich mir einmal frei nehmen. Ich hatte die Idee, mit dem Rad nach Putzbrunn zu fahren, wo Lena mit ihrer Mutter und ihren Großeltern lebt. Leander hatte mir angeboten, mich mit dem Auto dorthin zu bringen, aber ich dachte, schöner wäre es einfach zu radeln. Also machte ich mich auf den Weg, den ich gut kannte. Auf der mir bekannten Schotterstraße mit den Kurven fuhr ich mit weniger Tempo.

Da geschah das, was mir für kurze Zeit die Besinnung raubte: Ich stürzte mit dem Rad zu Boden, wo ich für kurze Zeit benommen liegen blieb. Ich vernahm um mich herum Stimmen, spürte mein schmerzendes Gesicht und einen brennenden Schmerz am rechten Unterarm. Menschen standen um mich herum. Ein Mann, der besonders umsichtig war und schnell reagierte, kümmerte sich um mein Fahrrad und jemand anderer fuhr mich mit seinem Auto in ein Krankenhaus. Ich hörte, dass es das Krankenhaus Alt-Perlach war. Es war ein Samstagnachmittag und die Frau, die mich empfing, eine Schwester oder Ärztin, war wenig erfreut über mein Erscheinen. Ich betrachtete mein geschundenes Gesicht im Spiegel und mein trocknendes Blut am Arm. Jetzt noch eine Patientin versorgen zu müssen, das passte der Medizinerin gar nicht. Während sie meinen Arm packte und die Steinchen und die Sandkrümel mit Wasser zu entfernen versuchte, jammerte und stöhnte ich laut auf. Sie schrie nur: „Der Dreck muss weg, sonst kann ich den Arm nicht verbinden!" Zuletzt goss sie über den Arm noch eine fürchterlich brennende Säure und wickelte abschließend einen weißen festen Verband herum. Ich war wie erschlagen.

Mir fiel mein Umzug ein. Der sollte in zehn Tagen stattfinden. Mein Fahrrad, wo war das? Der nette Herr hatte es zum Krankenhaus gefahren. Leander hatte Bescheid bekommen. Von wem, das blieb mir verborgen. Plötzlich war er da und fuhr mich nach Hause. Auch mein Rad nahm er mit. Am nächsten Tag ging es mir besser. Trotz meiner blau angelaufenen Gesichtshälfte und dem immer noch schmerzenden Arm besuchte ich den Sonntagmorgengottesdienst. Den Glaubensgeschwistern tat ich aufrichtig leid.

Die Umzugsarbeiten mussten unverzüglich weitergehen, da gab es kein Pardon. In kurzer Zeit musste das Haus leer geräumt sein und die Wohnung in Laim halbwegs bewohnbar gemacht werden. Dorthin nahm ich nur wenig Küchenmobiliar mit, da ich eine sehr kleine Küche haben würde. Das Fehlende wollte die Mutter von Miriam bei Ikea im nicht weit von München entfernten Brunnthal kaufen. Sie konnte so was, war eine tüchtige Hausfrau mit allen dazugehörenden Tugenden.

Mein Sohn Boris lebte zu dieser Zeit mit seiner Familie in der Glaubensgemeinschaft „Zwölf Stämme" in Klosterzimmern nahe Nördlingen im Donau-Ries. Die damals etwa 120 Personen umfassende Gemeinschaft, bestehend aus Familien und Einzelpersonen, pflegt ihren eigenen Lebensstil. Sie führen in ihrem Sinne ein religiöses Leben. Die Kinder werden in der eigenen Schule unterrichtet. Das kleine Dorf ist umgeben von Wiesen und Feldern. Ein weitläufiger Gemüsegarten wurde fleißig bearbeitet. Eine große Ziegenherde tummelte sich im Freien oder im Stall.

Die wenigen Male, die ich dort zu Besuch war, spürte ich, dass für einige Menschen etwas Befremdendes von mir ausging. Man konnte mich nicht einordnen. Mal spürte ich die damit verbundene Distanz stärker, dann wieder weniger. Zum Glück war die Familie von Boris und vor allem die Kinder da, was bewirkte, dass die seltsame Empfindung des Fremdseins immer mal wieder für einige Zeit verschwand.

Dort besaß man einen riesigen LKW, mit dem man Umzüge machen konnte. Dass er auch bei meinem Umzug zum Einsatz kam, das arrangierte Boris. Einige Personen der „Zwölf Stämme" kamen und halfen mit, all das, was nach Laim geschafft werden musste, in den Transporter zu verladen. Zu der Zeit hatte ich erst einige Enkel, aber auch sie halfen schon mit, soweit sie es vermochten.

Veronika Seipold, eine in der Berberstraße mit ihrem Mann Winfried, ihrem gemeinsamen Sohn Manuel und dem angenommenen Mädchen Silvana lebende Frau, kannten wir, seitdem wir am Pachmayrplatz wohnten. Winfried war sechzehn Jahre älter als Vroni. Viele Feiern und Feste haben wir mit der Familie erlebt. Zwischen Leander, der zwei Jahre jünger als Manuel ist, entstand allmählich eine enge, bis heute anhaltende Freundschaft.

Winfried hatte in der letzten Zeit seines Lebens oft mit schweren Krankheiten, wie Depressionen, zu kämpfen. Er starb vor einigen Jahren im Krankenhaus. Einmal habe ich ihn dort besucht.

Meine Erinnerungen an Winfried sind verbunden mit unseren gemeinsamen winterlichen Langlauftouren im Voralpenland. Mit dem Auto fuhren wir durch die weiße Landschaft und hielten dort an, wo wir auf gespurte Loipen stießen. Ein ungewöhnlich schöner Sport, der gerade in der frischen, kalten Winterluft so besonders ist. Viele schöne Fotos sind dabei entstanden.

Zurück zu meinem Umzug: Auch Vroni schaute vorbei, noch bevor ich das Haus endgültig verließ, und nahm noch einige Gebrauchsgegenstände wie Besen und Schaufel oder Ähnliches mit, aber Genaues weiß ich nicht mehr. Bei Frau Dutzi hatte ich mich schon verabschiedet. Vor mir stand die große, leicht nach Alkohol riechende Frau mit dem geröteten Gesicht. Jahre später habe ich erfahren, dass sie gestorben ist.

Das letzte Mal ging ich durch die Gartentüre hinaus, öffnete die Garagentüre, holte mein Fahrrad aus der Garage, bepackte es mit Rucksack und den allerletzten Dingen. Vroni hatte das, was sie noch gefunden hatte, bereits auf ihrem Fahrrad nach Hause gebracht. Es war ein normaler Wochentag, niemand war da, also winkte ich dem Haus zum Abschied zu – für immer. Ich radelte in Richtung Laim, ein im Westen der Stadt liegender Stadtteil. Bis jetzt lebte ich im Osten. Am Hausenstein-Gymnasium, den zwei Hochhäusern und der riesigen Hypobank kam ich vorbei. Den Berg hinunter in der Mongelasstraße ging es, über eine Isarbrücke, durch den Englischen Garten zum Hofgarten. Ich überquerte den Odeonsplatz, radelte durch die Residenzstraße zum Marienplatz. Weiter zum Karlspatz-Stachus. Am Hauptbahnhof vorbei und schließlich durch die unendlich lange Landsberger Straße. Bei der Friedenheimer Brücke bog ich nach links ab, fuhr durch die Lautensackstraße und erreichte, rechts abbiegend, die Agnes-Bernauer-Straße. Nun erblickte ich schon das heute rot angestrichene Haus, in das ich nun einziehen würde. In meinem Herzen empfand ich Wehmut und Freude zugleich, aber ich hatte auch das Gefühl, dass ich von einer Last befreit worden war.

Zum ersten Mal schiebe ich mein Rad in die Garage, die zweite von sechs nebeneinanderliegenden Garagen auf einem gepflasterten Hof. Rechts und links stehen schön aufgereiht die Bilder Heimrads.

Ich schließe im zweiten Stock die rechte Wohnung auf. Links ist auch eine Türe, da wohnt Herr Ahleff. Ab jetzt gibt es kein Zurück mehr. Hier werde ich jetzt leben, vielleicht war es mein letzter Umzug. In der Küche steht der Tisch mit der sehr dicken Tischplatte. Den hat ein Schreiner, Herr Müller, der vor uns in dem Haus in Moosach gewohnt hatte, gezimmert. Eine wahre Meisterleistung des Schreinerhandwerks. Der Tisch ist gewiss fünfzig Jahre alt, wenn nicht älter. Er steht seit meinem Einzug unverrückt an derselben Stelle. Die Küche hatte einen schönen neuen Steinboden bekommen und der Herd steht darin, den ich am Pachmayrplatz wohnend einem Herrn abgekauft hatte. Er war günstig gewesen und funktioniert noch sehr sehr gut. Den hohen Kühlschrank mit zwei integrierten Gefrierfächern, den ich schon für die Wohnung am Pachmayrplatz von Raphael geschenkt bekommen habe, hat nun seinen festen Platz rechts von der Küchentüre. Wegen seines Alters entstehen immer mal wieder Eisablagerungen, die ich mit einem stabilen Metallwerkzeug abhacke.

Mit der Mutter von Miri fahre ich zu Ikea nach Brunnthal, einem riesigen Möbelhaus, gut erreichbar von München aus. Wir kaufen all das, was ich brauche, um die kleine Küche mit allem Notwendigen einzurichten. Ja, das ist neu für mich und sehr ungewohnt, alles millimetergenau zu vermessen. Am Pachmayrplatz war das nicht nötig, man stellte die Möbel da hin, wo es gerade Platz gab.

Zusätzlich zum üblichen Mobiliar benötigte ich für die neue Küche noch Unterschränke und einiges mehr. Angestrichen waren die Möbel in weißer Farbe. Ich bedankte mich herzlich bei Gabi Haas und sie fuhr wieder heim zu ihrem Mann Herbert. Sie lebten in ihrem hübschen eigenen Haus in der Jurastraße in Denning im Osten von München. Außer der Tochter Miriam haben sie noch eine Tochter namens Claudia, die mittlerweile mit Martin, einem Polizisten, verheiratet ist. Sie haben zwei Töchter, Viola und Antonia. Claudia ist ebenfalls Polizistin.

Trotz aller Freude ergriff mich in meiner neuen Wohnung doch eine leichte Depression. Die Jahre, die hinter mir lagen, zogen in meinen Gedanken an mir vorüber. Was würde vor mir liegen? Ja, es würde anders werden.

Im Augenblick stand ich in einer völlig chaotischen Wohnung. Die Möbel, die vielen Umzugskartons standen kreuz und quer überall herum.

Um die Küche benützen zu können, brauchte ich wen, der den Herd, die Spüle, die kleine Waschmaschine, die ich gebraucht gekauft hatte, die Beleuchtung und den Kühlschrank anschließen würde. Da fiel mir ein Mann ein, woher ich den kannte, wusste ich nicht mehr, der in vielen Dingen ein geschickter Handwerker war. Den versuchte ich telefonisch zu erreichen. Das gelang mir auch und ein Tag wurde verabredet, an dem er mit den Arbeiten beginnen sollte. Ein zweiter Tag war noch nötig, bis alles gut funktionierte. Es war wirklich mühevoll und kompliziert, besonders die Elektroanschlüsse hinter den Unterschränken einzubauen. Aber er arbeitete voller Hingabe und mit Verstand. Zwischendurch musste ich Essbares zurechtmachen. Herr Freund, ich glaube so hieß er, hatte Hunger und ich auch. Getränke waren genug da und die Brotzeit, die ich herrichtete, schien ihm zu schmecken.

Wenn ich Zeit hatte, ging ich an meine Arbeiten in den anderen Zimmern. Da läutete es an der Türe und mein Nachbar Jochen Ahleff erschien. Er begrüßte seine neue Nachbarin.

Als ich mit Herrn Freund am Tisch saß, erzählte er aus seinem Leben. Er habe ein Kind, lebe jedoch getrennt von diesem und seiner Frau. Ich fühlte mit ihm und obwohl es eine Geschichte war, die sich hundertfach in unserem Land wiederholt, spürte ich, wie zerrissen sein Kind zwischen seinen Eltern leben muss. Ich kann mich nicht erinnern, ob ich vom Glauben sprach. Damals wusste ich freilich auch erst sehr wenig davon. Aber sicher ist, dass es mir gelang, dem Mann Zuversicht zuzusprechen, als er erwähnte, er hoffe seine neue Freundin, die er kennengelernt habe, heiraten zu können. Dann würde er auch das Kind aus erster Ehe zu sich nehmen. Mich berührte seine Erzählung innerlich. Die Frau, meinte er, sei Russin und sehr kinderlieb.

Jetzt, wo ich das schreibe, liegt mein Umzug nach Laim fast zwanzig Jahre zurück. Was ist aus Herrn Freund geworden? Seine Tochter ist nun erwachsen. Ich erinnere mich, dass er sagte, er würde aus Deutschland weggehen. Aber wie es mit ihm weitergegangen ist, weiß ich nicht. Hat er zum Glauben gefunden? Das würde sein Glück sein und alles würde gut sein.

Vor vielen, vielen Jahren, als meine Kinder noch klein waren, wir aber schon am Pachmayrplatz in Bogenhausen lebten, litt ich für lange Zeit am linken Bein an sehr schmerzhaften Unterschenkelgeschwüren. Mit Bädern, Kräutern, Teewaschungen und anderen Mitteln versuchte ich diesem Leiden Herr zu werden. Wenn die Wunde unter den Verbänden zu sehr brannte, suchte ich nach einem Platz zum Hinsetzen. Da war es ein Glück, wenn Kinder bei einem Großeinkauf, der mit langem Umhergehen verbunden war, dabei waren. Das war einmal im Grosso-Markt der Fall. Boris suchte die Artikel zusammen, während ich eine Weile lang nichts anderes tun konnte als dazusitzen.

Nach einem Aufenthalt im Krankenhaus für Naturheilweisen im Stadtteil Harlaching hat sich alles sehr zum Guten verändert. Später erhielt ich von Dr. Rosenbruch den Rat, mich operieren zu lassen. Ich lehnte das sehr lange Zeit ab, weil ich fand, dass Leander noch zu klein war und ich nicht längere Zeit fort sein dürfe. Herr Dr. Rosenbruch hatte großes Verständnis und versorgte mich weiter mit Streukügelchen. Es erfolgte später doch eine Operation, und zwar von dem Chirurgen Dr. Baco in der Klinik Bogenhausen. Ich wurde geheilt, Gnade Gottes!

Eine Fettgeschwulst im Bauch stellte ein Arzt viele Jahre später fest. Meine Kinder waren so groß, dass ich nun sorglos einem Aufenthalt in einer Klinik entgegensehen konnte. Der Chirurg entfernte die Geschwulst und die größte Freude war, dass mich alle Kinder und Schwiegerkinder besuchten. Mein Bericht über zwei Unterleibsoperationen, denen ich mich im Jahr 2008 im Klinikum Neuperlach unterziehen musste, liegt in Form eines gedruckten Buches vor.

Es war neu und seltsam für mich. Ich lebte das erste Mal in meinem Leben in einer Wohnung ganz alleine. Muttis Rente war nach ihrem Tod weggefallen und ich überlegte, mir Arbeit zu suchen.

In der Süddeutschen Zeitung las ich die Stellenangebote, die in Frage kamen, und da fand ich das Gesuch nach einer Tagesmutter. Ich rief an und es meldete sich ein Rechtsanwaltsehepaar, das für ihren einjährigen Sohn Luis eine Betreuerin suchte. Klaus und Karin Neumann, die Eltern, entschieden, nachdem ich begutachtet worden war, mich zu nehmen. Er war etwas überzeugter, sie zögerte noch ein wenig, aber schließlich bekam ich den Job. Der kleine Luis schaute mich mit seinen großen, braunen Augen interessiert und erwartungsvoll an. Aber am ersten Tag, nachdem die Eltern aus dem Haus waren, brach es aus ihm heraus und er weinte bittere Tränen. Ich versuchte mein Möglichstes, ihn zu beruhigen, was mir nach einiger Zeit einigermaßen gelang. Ich begriff, er litt wegen der Abwesenheit seiner Eltern. Ich kochte ihm zu Mittag ein Essen, dass ihm Gott sei Dank gut schmeckte. Nachmittags wanderte ich mit ihm durch den Park, während er im Kinderwagen seinen Mittagsschlaf machte, und ging mit ihm auf einen Spielplatz. Er gewann Zutrauen zu mir, wir spielten im Sand zusammen und allmählich spürte ich, dass wir einander lieb gewannen.

In dem Haus in der Mozartstraße, ganz nahe an der Theresienwiese, bewohnte die Familie eine riesige, sehr gediegene Altbauwohnung. Das Treppenhaus war mehrere Meter breit. Die vier Zimmer waren sehr groß und etwa vier Meter hoch. Nur die Küche war sehr klein. Zum Esswohnzimmer gelangte man von der Küche aus über einen langen Flur. Der Unterschied zur heutigen engen, niedrigen Bauweise war enorm. Es war wohl die Atmosphäre, die so anders war in diesen luftigen, hohen Räumen. Ich sah Luis an drei Tagen in der Woche und spürte, dass er schon auf mich wartete. Die Eltern freuten sich darüber, aber auch, dass ich zu Mittag kochte. So bekamen sie meist auch am Abend noch etwas von der Mahlzeit. Eines Tages besuchte mich überraschenderweise mein Sohn Fabian. Ich freute mich sehr, zumal ich wusste, dass auch er, was Kinderbetreuung betrifft, schon gute Erfahrungen gemacht hat. Er hat einmal für ein ganzes Jahr einen süßen, blonden kleinen Jungen betreut.

Eines Tages besuchte ich wieder einmal den Westpark. Es war ein schon kühler Herbsttag und Luis hatte ich warm angezogen. Mal saß er im Wagen, dann lief er umher, hob Steinchen auf, zeigte sie mir, lachte und war guter Dinge. Wir standen an einem der beiden kleinen Seen, Luis deutete auf Enten, dann lief er plötzlich auf den See los, blieb aber am Ufer nicht stehen, sondern purzelte kopfüber ins kalte Wasser. Ich fischte den armen, völlig erschrockenen nassen Bub heraus, steckte ihn in den Kinderwagen, wickelte ihn fest ein, deckte ihn mit dem wenigen, was mir zur Verfügung stand, zu und rannte mit ihm los. Er war so verdattert, dass er nur leise Töne von sich gab. Ich betete im Stillen, dass er nicht krank werden möge. Als wir schließlich zu Hause waren, riss ich Luis die nassen oder feuchten Kleider vom Leibe und, nachdem er neu angezogen war, war er wie immer fröhlich, lag auf dem Fußboden und spielte mit seinem neuen, roten Feuerwehrauto. Am Abend erzählte ich Karin unser Erlebnis und sie war nett und meinte, wenn er das Abenteuer schadlos überlebt hat, sei ja alles gut. Er wurde auch nicht krank. Manchmal kam die Mutter von Karin zu Besuch. Eine elegante, blonde, gut gestylte Dame. Sie scherzte mit Luis, brachte ihm Geschenke und verschwand wieder.

Karin war wieder schwanger und es war die Rede davon, dass sie und ihr Mann in Betracht zogen, sich eine andere Wohnung oder ein Haus zu suchen. Auch würde Karin in absehbarer Zeit nicht mehr beruflich tätig sein, sondern wieder zu Hause bleiben. Für mich bedeutete dies, dass die Zeit mit Luis zu Ende gehen würde. Eigentlich schade, ich werde oft zurückdenken, aber es wird was Neues kommen.

Karin bekam wieder einen Sohn, nachdem sie und ihr Mann ein Haus in Farchach, einem Gemeindeteil von Berg am Starnberger See, gekauft hatten und nach vielen Umbauten auch eingezogen waren. Karin hoffte, mich für die Betreuung beider Kinder zu gewinnen. Ich lehnte ab, zwar mit Bedauern, aber mir war der Weg dorthin zu weit, da ich täglich abends zu Hause sein wollte.

Einmal war Klaus bei mir am Pachmayrplatz und holte irgendetwas ab. Das Auto stand vor der Türe und der kleine Sohn Henri presste seinen Kopf gegen die Autoscheibe. Eine merkwürdige Empfindung ergriff mich angesichts des Kindes. Auch ein leises Bedauern verspürte ich, weil ich die Betreuung abgelehnt hatte.

Einige Jahre später wurde ich zur Taufe von Henri nach Farchach eingeladen. Viele Gäste, auch viele Kinder waren gekommen um in der schönen Kirche am Ort die Taufe von Henri mitzuerleben. Luis war nun etwa sechs Jahre alt. Es war zu spüren, dass Henri an einer vielleicht geringfügigen Behinderung litt. Jahre später erfuhr ich, dass Karin vor der Geburt das Kind von einer erfahrenen Hebamme im Mutterleib hatte drehen lassen, weil es noch nicht die richtige Geburtslage hatte. Leider. Es ist nicht ungewöhnlich, dass sich ein Kind erst kurz vor der Geburt in die richtige Geburtslage begibt.

Im Jahr 2022 hat mich die Familie wieder einmal in ihr Traumanwesen eingeladen. Die Mutter von Klaus, Frau Neumann, die in der Nähe eine Wohnung hat, holte mich mit ihrem Auto in Starnberg am S-Bahnhof ab. Ich bin dem zwanzigjährigen Luis begegnet. Ein hübscher junger Mann mit braunen Locken. Er besucht eine Fachakademie in Salzburg. Sein Bruder Henri, ein freundlicher, hochgewachsener, blonder Junge, der Karin ähnlich sieht, besucht eine schulische Einrichtung mit Förderprogramm. Täglich fährt er dorthin. Karin erzählte, als Kind habe Henri immer mal wieder epileptische Anfälle gehabt, die oft sehr dramatisch verlaufen seien.

Nun gab es noch einen dritten Sohn mit Namen Joscha. Ihn kannte ich noch nicht, aber was ich erfuhr, war, dass er ein aufgeweckter, gescheiter Junge ist. Wir machten einen Spaziergang am Ufer des Sees entlang, auch die Oma der Kinder war dabei. Wir gingen bis zu der Stelle am See, wo König Ludwig II. auf mysteriöse Weise ertrunken ist. Dort ist eine Votivkapelle errichtet worden mit einem Kreuz daneben.

Am Abend brachte mich Frau Neumann, die Oma der drei Buben, wieder nach Starnberg zum S-Bahnhof zurück.

Vor etwa einem Jahr hat mich Karin überraschenderweise einmal hier in Laim besucht, brachte mir ein Geschenk mit, ein sogar ungewöhnliches, nämlich einen aus Holz ausgesägten sechseckigen Stern. Er steht nun am Fensterbrett im Schlafzimmer. Das war unsere letzte Begegnung. Auch ein Telefonat gab es seitdem nicht mehr.

Vom Tod von Herrn Dr. Christoph Rosenbruch habe ich leider erst nach seiner Beerdigung erfahren. Zwar wusste ich, dass er sehr schwer erkrankt war. Diesen Menschen und Arzt werde ich niemals vergessen. Seine Schwester Sunhild, eine Klassenkameradin von mir, die ich aus der Steiner Schule kannte und die Sprechstundenhilfe von Herrn Dr. Rosenbruch war, ist auch gestorben. Zeitlich war ihr Tod nicht sehr weit entfernt von dem ihres Bruders. Nun lebt nur noch ein Geschwister, die älteste Schwester der beiden.

Die etwa nach dem zweiten Drittel beschriebenen Erlebnisse und Ereignisse meiner Aufzeichnungen folgen nicht mehr immer der tatsächlichen zeitlichen Reihenfolge. Das gilt insbesondere für Begebenheiten, die zeitlich nahe beieinanderliegen. Auch mag ich Vorfälle, denen ich eine größere Bedeutung beimaß als anderen, vor ihrer Zeit zur Sprache gebracht haben. Dem einen oder anderen Leser mag vieles zu glorifizierend erscheinen. Das ist wegen der langen Zeit, vor der das alles sich ereignet hat. In der Erinnerung verklärt sich so manches, weil man durch den großen zeitlichen Abstand eher das Schöne und Wahre in der Erinnerung behält. Das halte ich sogar für gut, denn einen Groll gegen irgendwen oder irgendwas ein Leben lang im Herzen festzuhalten, das ist nur belastend, nutzlos und zerstörerisch.

Plötzlich besann ich mich auf meine schönen Fotografien und überlegte, ob ich nicht jetzt, nachdem meine Kinder groß waren, versuchen sollte, Ausstellungsräume zu finden, in denen ich Fotos ausstellen könnte, obwohl die große Zeit meines fotografischen Schaffens weit zurücklag.

Karriere habe ich in meinem Traumberuf, dem der Bildjournalistin, nicht gemacht. Fotografieren und schreiben, das wäre es gewesen. Ich hatte jedoch ganz klar gespürt, dass die Familie einen höheren Wert hat. Geistlich wie menschlich gesehen. Gewiss hätte ich damals in den sechziger Jahren des vergangenen Jahrhunderts eine steile Karriere als Bildjournalistin machen können. Aber dann traf ich Heimrad und damit war das Aus für diesen Traum, gewiss zu meinem Glück, besiegelt.

Ich sah mich also um und gewann den Chef des Möbelhauses Böhmler im Tal, nahe dem Marienplatz, für eine Fotoausstellung in seinen großen Verkaufsräumen. Die großen ausgestellten Farbbilder würden, wie ich annahm, nur nebenbei beachtet. Die Leute interessierten die Möbel mehr. Aber der Chef kaufte mir eine ganze Reihe meiner Bilder ab.

Ausgestellt habe ich vor nicht allzu langer Zeit auch im Parkhospital in Bogenhausen. Achim, ein Bruder aus meiner Gemeinde, half mir beim Aufhängen. Hier verkaufte ich an manchen begeisterten Betrachter einige Bilder.

Eine kleine Ausstellung folgte in der Christengemeinschaft in der Leopoldstraße. Lob bekommt man immer, aber ein Kauf ist eine andere Sache. Fotos kann man vervielfältigen. Im Unterschied zu Gemälden sind sie eben keine Unikate. In der Galerie Klaus Lea in der Türkenstraße habe ich sehr viele Fotos und nicht ganz erfolglos ausgestellt. Zur Vernissage kamen viele Besucher und auch echte Interessenten, sodass die eine oder andere Fotografie gekauft wurde.

Mit welchem Enthusiasmus verbrachte ich vor fünfundsechzig Jahren meine Tage, vorwiegend aber die Nächte in der Dunkelkammer! Das Ausarbeiten von Negativen in der analogen Technik hat heute zwar etwas Archaisches, war damals aber behaftet für mich mit einem unvergesslichen Zauber. Der Geruch der Chemikalien! Das Erleben des langsamen Entstehens eines Bildes! Siehe hierzu den Anfang dieses Buches, wo mein fotografischer Werdegang ausführlicher beschrieben wird.

Viele Jahre später kam mir der Gedanke, mit Hilfe der digitalen Fotografie, der ich mich inzwischen auch bediente, Fotobücher herzustellen. Leider habe ich der neuen Technik die analoge Fotografie geopfert. Früher war ich ohne Fotoapparat nicht anzutreffen. Das hatte sich geändert. Jetzt besaß ich eine Digitalkamera und erlebte deren Vorteile.

Vor vier Jahren, zu meinem achtzigsten Geburtstag, bekam ich ein sehr nobles Handy von Leander geschenkt. Das benütze ich nun zum Fotografieren, eine Funktion, die das Smartphone neben anderen Anwendungen bietet. Zweifelsohne fotografisch betrachtet ein enormer Rückschritt. Neuerdings habe ich sogar Fotobücher mit Hilfe des Smartphones hergestellt. Allerdings nicht alleine. Mein Enkel Nathanael, der älteste Sohn von Markus, der sehr schnell die Vorgehensweise begriffen hatte, half mir dabei. Die gesamte Bildgestaltung geschieht digital am Bildschirm, dann wird das Ergebnis online an den Fotodienst im dm-Markt geschickt, wo nach wenigen Tagen das Buch zur Abholung bereitliegt. Ich war Nathanael sehr dankbar, aber irgendwann hörte er damit auf. Ich suchte per Anzeige andere Helfer und fand auch welche.

Dann kehrte Isai und seine Familie aus Russland nach Deutschland zurück. Isai ist der älteste Sohn von Boris und Christine. Nun hilft dankenswerterweise er mir, soweit es seine knappe Zeit erlaubt, bei der Ausarbeitung meiner Fotobücher.

Bisher wurden im Ganzen etwas über fünfzig verschiedene Fotobücher hergestellt. Meist lasse ich pro Titel zwei Exemplare anfertigen. So bekommt derjenige, der für mich der Initiator ist, der, zu dessen Ehren ich das Fotobuch anfertige, ein Exemplar. Das andere behalte ich für mich. Auch Interessenten kaufen meine Fotobücher.

Boris kehrte nach zehnjährigem Aufenthalt mit seiner Familie aus Sibirien zurück. Mit fünf Kindern waren sie nach Malinowka gezogen, direkt an den breiten Fluss Kasyr. Dort fanden sie ein Häuschen. Ein zweites mieteten sie noch dazu. Mit sechs Kindern sind sie 2019/20 zurückgekehrt. Nini wurde in Malinowka geboren.

Die Kinder wurden täglich von den Eltern unter Zuhilfenahme von verschiedenen Unterrichtsmaterialien unterrichtet. Christine und Boris sind von Beruf Lehrer, also kompetent für solche Aufgaben.

Viele Pakete mit Dingen, um die mich die Familie gebeten hatte und die sie sehr gut gebrauchen konnte, habe ich im Laufe der langen Zeit dorthin geschickt. Meist half mir ein Enkel, die schweren Pakete zur Post zu bringen. Die Freude der Kinder und Eltern war groß über all die Sachen, die ich eingepackt hatte. Zu den Einzelheiten siehe mein Buch „Reise nach Sibirien", das als Kindle Ausgabe erhältlich ist.

Leider mussten sie, als sie schließlich nach Deutschland zurückkehrten, vieles in Sibirien zurücklassen oder es ging verloren. Was sie bei jemandem unterstellen konnten, wurde nicht mehr abgeholt. So gibt es gewiss Menschen in Sibirien, die sich freuen konnten über einige schöne oder nützliche Dinge. Nach zehn Jahren schwerster Arbeit, äußerst schwierigen Lebensbedingungen, eisigen Wintern und Krankheiten haben sie sich entschlossen, die Rückkehr nach Deutschland anzutreten. Boris wohnte zuvor zwei Winter bei mir in München, um Geld zu verdienen. Er stellte mit dem Fahrrad Zeitungen zu, trug Werbeblätter aus und betätigte sich als Kurierfahrer. Auch Isai lebte einige Zeit bei mir, bevor der Rest der Familie nach Deutschland zurückkehrte. Inzwischen wohnt er zur Untermiete in Pasing.

Nach ihrer Rückkehr aus Russland fand die Familie zunächst in Donauwörth, wo die Eltern von Christine lebten, eine Wohnung, von wo aus die schulpflichtigen Kinder die Schule besuchen konnten. Da ich sehr gerne zu Fuß gehe und daher kein Fahrrad mehr brauchte, schenkte ich es nun Christine. Es stand ohnehin nur zusammen mit den Bildern in der Garage herum. Ich hatte es vor über zwanzig Jahren von meinen Kindern zum Ostern bekommen. Leander hatte es ausgesucht und die Jungens hatten es in einem hohen, dicht belaubten Baum in unserem Garten versteckt. Es zu finden war nicht sehr einfach gewesen. Wirklich, welch ein Traumrad!

Seit einigen Jahren leben Boris und Christine zusammen mit den beiden jüngsten Töchtern Abischag und Niveschani in Augsburg. Abischag geht auf ein Humanistisches Gymnasium. Nini besucht eine Realschule. Isai macht eine Ausbildung zum IT-Systemelektroniker in Mammendorf zwischen München und Augsburg. Mara studiert in Freiburg Umweltwissenschaften. Ruben macht eine Lehre als Florist, die er bald beenden wird. Er wohnt in einer Kellerwohnung in Trudering. Jael besucht eine Ausbildungsstätte für Erzieherinnen und lebt ebenfalls in München.

Boris hat ein vierzehnbändiges Lehrwerk der vedischen Sprache geschrieben, sein Lebenswerk. Im Internet ist es unter dem Begriff TÍTA'U zu finden. Die vier letzten Bände stellen eine Chrestomathie dar. Zwei von ihnen enthalten ausgewählte vedische Texte, denen ein sprachlicher Kommentar beigefügt ist, mit dessen Hilfe derjenige sie zu verstehen in der Lage sein wird, der das zehnbändige Lehrwerk durchgearbeitet hat. Die zwei anderen Bände enthalten eine Übersetzung der Texte und dazu einen Sachkommentar. Auch anerkennende Rezessionen haben Boris schon erreicht.

Christine hat mehrere Tätigkeiten (Reinigungsarbeiten, Nachhilfeunterricht), wodurch sie zu einem erheblichen Anteil zum Familieneinkommen beiträgt.

Mein letzter Enkel wurde im Jahr 2012 geboren. Es ist Samuel, der jüngste der vier Kinder meines jüngsten Sohnes Leander und seiner Frau Miriam. Die Älteste heißt Lena, die zweite Aliza und die dritte Madlin. Die Familie lebt mit zeitlichen Unterbrechungen in Irland.

Meine übrigen einundzwanzig Enkelkinder verteilen sich in unterschiedlicher Anzahl auf meine übrigen Kinder und Schwiegerkinder. Zählt man nicht nur meine eigenen, sondern auch alle Schwiegerkinder hinzu besteht meine Familie zum jetzigen Zeitpunkt aus einundvierzig Menschen. Ich denke manchmal an die bemerkenswerten biblischen schönen Worte: „Jedes Kind ist ein Geschenk Gottes." und „Die Frau wird selig, indem sie Kinder gebiert." Bemerkenswerte Sätze zu einer Zeit, wo in Europa immer weniger Kinder zur Welt kommen.

Die Bibel enthält viele Verse, die den Segen und das Glück beschreiben, das Kinder für die Frau, aber auch für den Mann und die Familie bedeuten. Wenn Frauen behaupten, das Recht zu haben eigenmächtig über ihr Leben und ihren Körper zu verfügen, schwindet jede, auch die kleinste Gottesfurcht. Es rächt sich oft bitter. Wie oft bleiben Frauen dann ihr Leben lang kinderlos!

Als meine Tochter Natascha den Entschluss gefasst hatte, wieder beruflich als Kinderpflegerin für behinderte Kinder tätig zu sein, verbrachten Levi, der etwa vierzehn Jahre alt war, und Anuschka, die zwölf Jahre zählte, zwei Nachmittage in der Woche bei mir. Sie aßen zu Mittag und machten ihre Hausaufgaben. Manchmal konnte ich beim Lernen behilflich sein oder einen Rat erteilen, beziehungsweise durch Erklärungen etwas ergänzen. Auch ich erlebte die beiden Jahre als eine schöne Zeit. Alex, der Älteste, war schon in einer beruflichen Ausbildung.

Nachdem ich Oma geworden war, erkannte ich manches neu. Man erlebt die unterschiedlichen Eltern und ihren Charakter, der sich in der Art und Weise, wie sie erzieherisch mit ihren Kindern umgehen, zeigt. Kinder, denke ich, sind immer eine Herausforderung, was zur Folge hat, dass Großeltern ganz praktisch im Umgang mit ihren Enkeln Dinge lernen, die nicht nur ihren Horizont erweitern, sondern im Alltag sehr nützlich sein können.

Ich erinnere mich oft mit Freude gepaart mit Wehmut daran, wie die Enkel bei mir zu Besuch waren. Sie holten im Büro, das gleichzeitig Spielzimmer war, aus dem Bauernschrank, den Heimrad bemalt hatte, die unendlich vielen schönen Spielsachen heraus: große Puppen, kleine Puppen, Puppenkleider, kleine Wiegen, Bauklötzchen, Gleise, Züge, eine Kiste mit Autos, Lego, eine Holzbrücke u.v.m. Was haben die Kinder nicht alles damit gebaut! Ich habe immer mal wieder etwas dazugekauft, Fehlendes ergänzt. Nicht zu vergessen: die über alles geliebte Kugelbahn. Welche Begeisterung lösten die rollenden Glaskugeln bei den Kindern immer wieder aus! Die vielen alten Kinderbücher stehen schön nebeneinander im untersten Fach des großen Regals neben dem Schrank, den ein Schreiner in Moosach, wo wir früher lebten, gezimmert hat. Aus ihnen habe ich unendlich viele Male vorgelesen. Das hat mich selbst immer wieder aufs Neue entzückt. Umgekehrt war auch ich unzählige Male zu Besuch bei meinen Kindern und Enkelkindern. Gemeinsame Weihnachten, Geburtstage, Schulfeste, Laternenumzüge, Ausflüge, Biergartenfeste und vieles mehr fand im Laufe der Jahre statt.

Nicht zu vergessen: Anfang November die Sankt-Martins-Laternenumzüge in Neuperlach mit vorwiegend selbst gebastelten Laternen. Ein langer Zug in der Dämmerung mit vielen Kindern und den sich bewegenden Lichtern. Es sah aus, als ob viele in einer Kette fliegende Glühwürmchen einen großen Kreis bilden würden. Manches Jahr war zum Laternenumzug auch ein Reiter erschienen, der auf einem Pferd saß. Das war dann der Sankt Martin. Die Geschichte vom heiligen Martin, der seinen Mantel durchschnitt und die eine Hälfte einem armen Bettler schenkte, wurde den Kindern und den Eltern jedes Jahr in der Kirche erzählt. Als meine Enkel noch klein waren, freute ich mich immer auf dieses Fest und ging mit ihnen und dem singenden Zug mit. Wenn der Umzug zu Ende war, wurde an manchen Jahren auf dem Platz vor der Kirche das Sankt-Martins-Feuer entzündet. Es gab auch einen Punsch zum Trinken und viele aus Hefeteig gebackene kleine Martinsgänse.

Silas war noch sehr klein, als die Familie Markus und Daniela nach Neuperlach zog. Er stand im Treppenhaus und schaute. Auf dem riesigen Areal innerhalb des aus sehr hohen Häusern bestehenden Wohnringes, in dem die Familie wohnt, gibt es sehr viel Platz und Spielmöglichkeiten für Kinder. Ein Sandspielplatz mit Turngeräten, eine Wippe, eine Rutsche und zwei Tischtennisplatten! Überall wachsen Bäume und stehen Bänke. Die sehr große Wiese ist der ideale Spielplatz für die vielen Kinder, die hier leben. Wie oft war ich dort gewesen und wie ausgiebig haben wir dort alle möglichen Spiele gemacht! Oder ich habe beim Spielen zugeschaut. Im Sommer wird der Springbrunnen in Betrieb genommen und die Kinder, die daran Spaß haben, laufen mit viel Geschrei zwischen den Wasserstrahlen hindurch. Ein aus Zement und Stein gebautes Krokodil, das später noch bemalt wurde, liegt inmitten des Sandspielplatzes. Das Tier hat dem Hausmeister die Anerkennung des ganzen Hofrings eingebracht.

Ich war so viele Male in Neuperlach und erlebte die Geburtstagsfeste, die im Freien stattfanden, als besonders schön. Wenn genügend Kinder anwesend waren, spielten sie oft Tauziehen. Zwei etwa gleichstarke Mannschaften werden gebildet und nun wird mit voller Kraft und Ausdauer gezogen. Die Gruppe, welche die andere über die Linie ziehen kann, hat gesiegt.

Wenn ich mit den Kinden draußen war, kamen mir viele Spiele, die ich aus meiner Kindheit kannte, in den Sinn. Zum Beispiel das Ballspiel „Hallihallo", wo einer den Ball in die Luft wirft, während die anderen weglaufen. Hat er den Ball gefasst, müssen alle Kinder stehen bleiben. Nun versucht er, einen mit dem Ball abzuwerfen. Auch „Ball über die Schnur" und „Bäumchen, Bäumchen wechsle dich" sind Spiele, die mir ans Herz gewachsen sind. Aber auch die Feste, die in der Wohnung stattfanden, waren immer kurzweilig und lustig.

Durch Zufall oder durch andere Umstände hatte ich die Idee, eine Parzelle in einem der Münchner Krautgärten zu pachten mit dem Ziel, Gemüse, Salat, und Kräuter zu züchten und zu ernten. Zum Mitarbeiten konnte ich Achim Schäfer und Karl K. gewinnen. Wir bewirtschafteten die Parzelle etwa zwei Jahre lang und ernteten je nach Wetter und Saison unterschiedliches frisches Gemüse. Das war schön, aber auch arbeitsintensiv. Mit dem Fahrrad fuhr ich in einer halben Stunde in den Stadtteil Blumenau, wo der Krautgarten lag. Achim erschien in schöner Regelmäßigkeit, Karl hingegen hatte seinen eigenen Rhythmus. Auch er kam mit dem Fahrrad. Das Werkzeug mussten wir aus einer großen Holzkiste herbeiholen, um damit auf der etwa 25 qm großen Fläche die Arbeit zu beginnen. Zunächst ging es ganz friedlich voran, dann begannen sich Unstimmigkeiten wegen der unterschiedlichen Vorstellungen einzuschleichen.

Bei großer Hitze litt ich unter dem völlig schattenlosen Arbeitsplatz. Nur in der Mitte des großen Gartens waren zwei Bierbänke und ein Sonnenschirm aufgestellt. Nur hier konnte man sich im Schatten aufhalten, Brotzeit machen und Gäste empfangen. Eines Tages schaute Fabian vorbei, mein drittältester Sohn, der selbst vor langer Zeit eine Ausbildung zum Blumengärtner gemacht hatte. Seine drei Söhne, Jonathan, Daniel und Simon, waren dabei. Sie liefen durch die schmalen Wege um die Parzellen herum. Aber am interessantesten war der Brunnen, wo die Gießkannen standen. Clare, die Frau von Fabian, eine Engländerin, war zu Hause geblieben.

Auch Markus mit seinen Kindern und Leander mit Familie besuchten mich im Krautgarten. In einem meiner vielen Fotobücher ist unser Zusammensein bildlich zu sehen.

Allmählich hatte mir die Arbeit bei sommerlich großer Hitze so sehr zugesetzt, dass ich beschloss den Krautgarten aufzugeben. Auch Achim und Karl hatten aus unterschiedlichen Gründen kein Interesse am Weitermachen. Es tat mir leid, aber danach haben andere die Parzelle bekommen.

Die drei Buben Jonathan, Daniel und Simon können und dürfen seit 2021 alleine von Buchloe mit dem Zug nach München fahren. Sie finden auch den Weg zu mir oder ich hole sie am Bahnhof ab. Dann besuchen wir den Westpark, wo sie mit ihren mitgebrachten Fußbällen auf den asphaltierten Plätzen spielen. Sie sind begeisterte Fußballer. Am Abend gibt es das Abendessen und danach fahren sie wieder nach Hause. Als sie noch jünger waren, kam Fabian mit und fuhr nach dem Abendessen mit ihnen mit dem Zug nach Buchloe zurück. Oder Clare kam abends mit dem Auto und holte die Jungens ab.

Clare besucht in regelmäßigen Abständen ihre Mutter in England. Mal nimmt sie den einen, dann den anderen ihrer Söhne mit. Dann freut sich die Oma Barbara immer sehr. Im Sommer nimmt Fabian seinen dreiwöchigen Urlaub und dann fliegt die ganze Familie gemeinsam nach England.

Wir leben im Jahr 2023, ein zeitlicher Sprung nach vorne und es wird in meinem Büro, das gleichzeitig Kinderspielzimmer ist, nicht mehr gespielt, alles steht unberührt an seinem Platz. Auch wenn Abischag und Niveschani mal kommen, so wollen sie lieber draußen etwas unternehmen. Samuel wüsste vielleicht noch mit der einen oder anderen Spielsache etwas anzufangen, aber er lebt in Irland.

Als Miriam nach längerer Pause wieder für zwei Tage in der Woche eine Beschäftigung aufnahm, war Samuel etwas über ein Jahr alt. Einen Tag in der Woche betreute nun Gabi, die Mutter von Miriam, die Kinder und einen Tag machte ich es. Ich fuhr mit der U-Bahn und dem Bus in die Gemeinde Kirchheim, einem kleinen Ort nordöstlich von München, wo die Familie damals wohnte.

Obwohl Samuel mich schon gut kannte, litt er am Anfang doch sehr, als seine Mama plötzlich weg war. Ich versuchte mit allerlei Spielen seinen Kummer zu zerstreuen. Aber das half zunächst wenig. Ich empfand, dass so ein kleines Kind untröstlich sein kann, da es ja noch nicht versteht, warum die Mama plötzlich nicht mehr da ist.

Nachmittags kam zu meiner Freude oft meine Enkelin Anuschka zu Besuch und spielte und scherzte mit Samuel. Seine beiden Schwestern kamen zu Mittag heim. Oft waren noch andere Kinder zu Besuch da, manchmal blieben auch welche über Nacht. Es herrschte ein reges

Besuchsleben, oft kamen einige meiner Enkel, Klassenkameraden, Freunde und Nachbarn. Auch Geburtstage und Feste gab es viele, zu deren Vorbereitung Oma Gabi entscheidend beitrug. Auch Opa Herbert war meist anwesend. Sie lebten in ihrem schönen Haus in Denning.

Wenn Leander sich die Zeit nahm, durchstreiften wir mit den Kindern den nahegelegenen Wald. Diese Spaziergänge mochte ich besonders gerne. Solange Samuel noch ein Baby war, war Miriam nur selten dabei. Als Samuel älter geworden war, schleppte er oft lange Holzteile mit nach Hause. Das sind Erinnerungen, die mir dauerhaft im Herzen bleiben.

Ich habe nicht vergessen, dass meine Mutter vor sehr, sehr langer Zeit, als ich viereinhalb Jahre alt war, wegen meines Bruders eine ganze Woche in der Augenklinik in Innsbruck verbrachte. Ich kam zwar für diese acht Tage zu meiner Tante Lotte, aber obwohl ich mich in die damalige Lage fügte, merkte ich doch, wie anders es ist, wenn ich ohne Mutti bin.

Ich erinnere mich daran, dass Luis, den ich im Jahr 2001 betreute, bitterlich weinte, als seine Mama, die zur Arbeit musste, das Haus verließ. Nur mit Mühe gelang es mir, ihn mit Scherzen und vielen guten Worten zu trösten.

Aus diesen Erlebnissen ist mir immer wieder klar geworden, dass die Beziehung des Kindes zu seiner Mutter eine einmalige und unergründlich starke Bindung ist. Ich glaube, es gibt keine Mutter auf der Welt, die das nicht weiß.

Gedanklich hatten sich Leander und Miriam gewiss schon oft mit ihren Lebensumständen befasst. Endlich beschlossen sie, eine Veränderung, eine durchaus radikale, herbeizuführen.

Es begann damit, dass sie eines Tages zu mir und auch zu Gabi sagten, sie würden für einige Tage verreisen. Wir möchten uns um die drei Kinder kümmern. Ich schlief in Madlins Zimmer und Gabi kam jeden Morgen mit ihrem Auto und blieb bis zum Abend. Im Zimmer von Madlin streifte ein Luftstrom unbekannter Herkunft unmittelbar an meinem Bett vorbei. Ich erlebte diese kleine Windböe als höchst angenehm und verband sie gefühlsmäßig mit Meer, Sand und Wellen. Dabei bedauerte ich, dass dieses kleine Glück nur einige Tage anhalten würde. Die Kinder hingegen schliefen im schönen Dachbodenzimmer im Schlafzimmerbett der Eltern. Morgens sie zu wecken war schwer, weil sie noch sehr müde waren, aber alle drei mussten zur Schule. Bald würden die großen Ferien beginnen, ihr letzter Schultag stand bevor.

Die Würfel waren gefallen. Leander und Miriam verkauften ihr Haus, um in das Land, in das sie verreist waren, nach Paraguay, oder sonst wohin auszuwandern. Das große Sommerfest in der Grundschule in Heimstetten war vorüber. Das schöne Abschiedsfest, zu dem Miriam und Leander Freunde, Verwandte und Bekannte eingeladen hatten, war auch mit viel Händeschütteln und Umarmungen zu Ende gegangen. Die Rucksäcke wurden gepackt, jedes der Kinder sollte nur so viel einpacken, wie es selbst tragen konnte und auch die Eltern hielten sich an diese Regel.

Der große Tag des Abschiedes war gekommen. Ich und andere Familienangehörige begleiteten die Familie zum Münchner Hauptbahnhof. Umarmungen, Küsschen, Winken, die Eisenbahntüren knallten zu, noch ein kurzer Blick durch die Scheiben und der Zug rollte aus dem Bahnhof. Ein Abschied, härter als sonst! Für mich war vieles zu Ende gegangen. Mein wöchentlicher Besuch in Kirchheim würde nicht mehr stattfinden.

Dank technischer Möglichkeiten, die wir der Neuzeit verdanken, konnte jeder, der das wollte, mit dem Handy an Hand von Fotos und Berichten die Reise verfolgen und miterleben. Das war spannend und unterhaltsam zugleich. In unterschiedlich langen zeitlichen Abständen erreichten uns die Berichte.

Leander und Miriam hatten im Jahr 2019, vor ihrer großen Weltreise, nachdem sie es sich reiflich überlegt hatten, beschlossen, ihren ganzen Besitz zu verkaufen: das Haus, die Möbel. Auch mussten sie ihre Arbeitsstellen kündigen und die Kinder aus der Schule nehmen. Es galt, einen Käufer für das Haus zu finden und ein solcher stellte sich auch bald ein. Das Haus war leergeräumt, nur die installierten Küchenmöbel, wie Herd, Spüle, Geschirrspüler und andere fest eingebaute Gegenstände blieben im Haus. Die zukünftigen Besitzer übernahmen noch andere Teile. Vieles wurde verschenkt. Glücklicherweise konnte die Familie ihre Katze mit Namen Beppo den neuen Eigentümern überlassen. Im Haus der Eltern von Miri, vor allem aber auf dem Anwesen ihrer Schwester Claudia und deren Mann Martin nahe Mühldorf wurden Sachen gelagert, die weder verkauft, noch verschenkt werden sollten.

Eine lange, ja zeitlich unbefristete Reise stand bevor mit vielen Abenteuern, vielen neuen Menschen, vielen Städten und Ländern. Zunächst ging es mit dem Flugzeug in Richtung Osten, nach Indien und China. Über Meere, Städte, Flüsse und Gebirgsketten. Später flog die Familie in Richtung Westen, über die Südhalbkugel nach Paraguay, wo sie mehrere Monate blieb. Danach durchfuhr sie weitere Länder Südamerikas.

Was fast gleichzeitig geschah, war die weltweit ausgerufene Corona-Infektion. Den Menschen wurde Angst gemacht vor einer relativ ungefährlichen Infektionskrankheit. Plötzlich lief jedermann mit einer Maske im Gesicht herum. Auch die Familie Lee und Miri haben die neue Angst zu spüren bekommen. Ich und alle meine Familienmitglieder sind überzeugte Impfgegner. Also mussten wir für lange Zeit in der Bahn und anderswo Masken tragen und uns sehr oft testen lassen. Das war zeitraubend und umständlich. Meine vielen Tests verliefen alle negativ. Es sind so viele und nun stecken sie in einem Ordner. Viele Menschen sind an der höchst umstrittenen Impfung erkrankt oder sogar gestorben. Von der obersten Instanz im Bereich der Medizin wird der Zusammenhang zwischen der Corona-Impfung und dem plötzlichen Tod vieler Mensch bis ins kleinste Detail geleugnet. Kaum ein Arzt wagte die Wahrheit sagen, da keiner das Risiko eingehen wollte, seine Approbation zu verlieren.

Genau um diese Zeit erkrankte Boris, der noch nicht lange aus Sibirien zurück war, was mit Corona nichts zu tun hatte. Ich musste die Ambulanz rufen und er wurde ins Pasinger Krankenhaus gebracht. Wirklich helfen konnte man ihm dort nicht. Angesichts der Apparate-

medizin verstand es niemand, sein ganz spezielles Leiden auch nur annähernd zu diagnosti-
zieren. Er lag in der obersten Etage alleine in einem Zimmer. Es war wirklich schlimm, wie
sehr er sich quälen musste. Ich flehte Gott für ihn um Erleichterung an. Er verließ die Klinik
sehr bald wieder.

Boris wohnte zu der Zeit (das Gros der Familie befand sich noch in Sibirien) bei mir in Laim
und unterrichtete am Thomas-Mann-Gymnasium Deutsch und Latein. Das würde für ihn nun,
nach der Krankheit, dessen wurde er sich mehr und mehr bewusst, nicht mehr möglich sein.

Nachdem er mit der Familie nach Augsburg gezogen war, wurde ihm ein weiterer Klinik-
aufenthalt empfohlen, und zwar in der Schmerzklinik in Deuringen, einem Vorort von Augsburg. Es war eine Klinik von anderer Qualität. Hier besuchte ich ihn an einem schönen sonnigen Tag. Am Bahnhof gab mir Ruben ein Paket in die Hand, das ich Boris mitbringen sollte.
Zunächst fuhr ich mit der Augsburger Straßenbahn sehr weit und sehr lange. Nun fragte ich
jemanden nach der Adresse der Klinik. Über das Handy des Angesprochenen bekam ich eine
Auskunft und ich wanderte los. Der Weg zog sich hin, es war Sommer und heiß. Nach längerer Wanderung fragte ich noch einmal. Wieder ein Griff zum Smartphone und wieder eine
Auskunft. Ich ging und ging. Der Rucksack auf dem Rücken, das Paket am Arm, der heiße
Tag. Es kam mir vor, als hätte ich den richtigen Weg verfehlt. Ein weiterer Angesprochener
meinte, ich hätte nach Verlassen der Straßenbahn in die entgegengesetzte Richtung gehen
sollen. Aber nun, da ich schon so lange gelaufen sei, wäre es für eine Umkehr zu spät und
ich käme auch so an mein Ziel. Es war nun schon Nachmittag und Boris würde warten. Endlich stand ich vor einem mittelgroßen villenartigen Haus, das von Bäumen und einem Garten
umgeben war.

Es war in der Zeit von Corona und ich holte meine Maske und den Test aus meinem Rucksack. Boris kam mir entgegen und wir freuten uns beide. Das Paket von seiner Frau drückte
ich ihm in die Hand. An der Pforte war niemand, schließlich kam eine Dame und verlangte
den Corona-Test. Nun durfte ich mit Boris eine Etage höher gehen auf sein Zimmer. Er meinte, eigentlich hätte ich von der anderen Seite kommen müssen. Das wäre ein kurzer Weg gewesen, etwa eine halbe Stunde Fußweg von der Straßenbahnhaltestelle aus. Ich war zwei
Stunden unterwegs gewesen.

Boris erzählte mir von den Leiden einiger anderer Patienten und dass diese Klinik ein Platz
sei für Menschen, die schon viele Heilversuche hinter sich hätten. In seinem Zimmer lag ein
Patient mit Namen Rainer Bauer, der aufgrund einer Fibromyalgie-Erkrankung seit langer Zeit
unter unsäglichen Schmerzen litt, aber bisher nur wenig Erleichterung erfahren hatte.

Das Abendbrot kam, wie in Kliniken immer, sehr zeitig. Boris begann zu essen und meinte,
was das Essen betreffe, würde man hier ganz gewöhnliche Alltagskost bekommen.

Boris hatte die einmal wöchentlich angebotene Maltherapie besucht und zeigte mir nun
zwei Bilder, die er gemalt hatte. Beide waren schön und sehr farbenfroh. Eines der beiden
schenkte er wenige Tage später seinem Bettnachbarn Rainer Bauer, der einen Tag vor ihm
die Klinik verlassen durfte. Das andere würde er zu Hause bei seiner Familie in der Wohnung
in Augsburg aufhängen.

Es ging auf den Abend zu. Boris begleitete mich nach draußen, zeigte mir den Weg und meinte, ich müsse nur die Richtung, aus der ich gekommen sei, zurückgehen. Schon nach wenigen Metern würde ich auf eine Bushaltestelle stoßen. Und er winkte mir hinterher. Den Bus wollte ich aber nicht nehmen und so lief ich den ganzen langen Weg, den ich schon kannte, nun am Abend wieder zurück. Der kurvenreiche Weg schlängelte sich zunächst abwärts und dann war er wieder eben. So kam ich schnell voran. Ich dachte manchmal beim Gehen, was für ein schöner Tag war das heute! Der Marsch kam mir auch gar nicht mehr so lang vor.

An der Haltestelle angekommen, von der ich mittags losgegangen war, und wieder in der Straßenbahn, kam ich mit einem jungen Studenten ins Gespräch. Es ging, wie in dieser Zeit oft, um das Thema Corona. Er sprach von dem Segen und dem Glück, dass es diese Impfung überhaupt gebe. Ich widersprach ihm mit den Worten meiner Überzeugung, dass die Impfung sehr schädlich sei. Es ging zwischen uns hin und her. Beendet wurde unser Disput erst, als der junge Mann aussteigen musste. Wir haben noch gelacht und gewunken.

In Augsburg, wo die Familie Boris und Christine seit Dezember 2020 lebt, wurden in den Jahren 2022 und 2023 wöchentlich Demonstrationen gegen die Corona-Maßnahmen veranstaltet: ein langer Zug, an dem sich viele Menschen beteiligten, die mit Transparenten, Fahnen und Lärm erzeugenden oder aggressiven Gegenständen durch die Stadt zogen. Christine und Boris trugen ein beschriftetes, sehr langes Banner. Einige ihrer kleineren Kinder waren oft dabei. Ich war einmal mit dabei, als auch Mara im Zug mitlief.

Familie Lee und Miri sind vor einiger Zeit von ihrer Weltreise wieder zurückgekehrt. Ihren ersten Wohnsitz haben sie nun in Irland. In den Sommerferien ihrer drei Kinder leben sie in München, mit in dem schmuck eingerichteten Haus von Herbert, dem Vater von Miri. Ihre Eltern sind seit geraumer Zeit geschieden.

Seitdem die Familie in Irland wohnt, habe ich sie schon dreimal besucht. Über meine beiden ersten Irland-Reisen im Jahr 2022 habe ich einen detaillierten Aufsatz geschrieben, der in gedruckter Form vorliegt. Irland ist eine schöne, grüne, für Wanderfreunde abwechslungsreiche Insel. Das Meer ist, wo man sich auch befindet, fast immer sichtbar. Ein Grund dafür, dass immer ein leichter bis starker Wind bläst. Wirklich warme Temperaturen, also große Hitze, ist eher die Ausnahme.

Die Corona-Problematik hat mich auch insofern ungut erwischt, als ich nicht mehr im Alfons Goppel Altenpflegeheim meine geliebten Märchen der Gebrüder Grimm vorlesen durfte. Ich machte das an jedem Mittwochvormittag für Menschen, die ein sichtbares körperliches Leiden hatten und als Folge davon auch geistig beeinträchtigt waren. Viele freuten sich aufrichtig, wenn ich kam. Wir saßen um einen sehr großen Tisch herum, ich packte mein dickes Märchenbuch aus, begann vorzulesen und alle hörten aufmerksam zu. Eines Tages, ich hatte gerade mit Lesen begonnen, stürmte eine Mitarbeiterin zur Türe herein, schrie aufgeregt, dass eine fürchterliche Seuche ausgebrochen sei mit Namen Corona. Kaum eine Sekunde später stand sie neben mir und befahl mir, das Lesen augenblicklich zu beenden und möglichst schnell das Haus zu verlassen. Ich hoffte, das Märchen noch zu Ende lesen zu können, aber das ließ man nicht zu. Es war geradezu eine Hysterie ausgebrochen und alle, die was sagen konnten, fielen sich gegenseitig ins Wort. Ich machte mein Buch zu, packte es ein, zog meine Jacke an, winkte denen, die am Tisch saßen und mich traurig ansahen, verabschiedete mich und verließ den Raum.

Nun war wieder etwas zu Ende gegangen. Ob es nach Beendigung des Corona-Spuks bzw. der Epidemie eine Fortsetzung meines Vorlesens geben würde, wusste niemand, am wenigsten ich selbst. Frau Späth oder so ähnlich, die meine Tätigkeit positiv aufgenommen und das Vorlesen organisiert hatte, tat es sehr leid. Wir telefonierten noch einige Male zusammen. Was dabei herauskam, war, dass ich als Ungeimpfte nicht einmal das Haus betreten dürfe. Frau Späth schätzte mich, war nett und zuvorkommend zu mir, aber meine Einstellung dem Impfen gegenüber stießen auch bei ihr an die Grenzen des für sie Akzeptierbaren.

Nun sind einige Jahre vergangen. Einen Versuch, die Lesetätigkeit wieder aufzunehmen, unternahm ich nicht. Die Luft ist raus, das Feuer ist erloschen.

2015 ist das Jahr, in dem viele Flüchtlinge zu uns nach Deutschland kamen. Auch ich erkannte die Not dieser Menschen und bewarb mich über das Sozialreferat, um im sozialen Bereich ehrenamtlich tätig zu werden.

In der Nähe von Kreuzstraße, einer Endhaltestelle der Münchner S-Bahn, wurde auf einer Wiese ein von allen Seiten eingezäuntes Barackenlager eingerichtet. Dort wurden Menschen, die ihre Heimat verlassen mussten, einquartiert: Familien mit Babys, Ehepaare, Einzelpersonen und viele Kinder. Eine große Küche mit mehreren Herdplatten und einem sehr langen Spülbecken diente der Verköstigung. Das Bad hatte ein halbes Dutzend Duschen, einige Waschmaschinen standen hier und ein großes Waschbecken war installiert.

Als ich zum ersten Mal in dem Lager erschien, wurde ich zunächst mit einer gewissen Skepsis betrachtet. Die Menschen, die aus fernen östlichen Kriegsgebieten stammten und eine gänzlich andere Lebensvorstellung hatten, standen unserem Lebensstil und überhaupt uns Mitteleuropäern zunächst sehr zurückhaltend gegenüber.

Ich wurde einem Jungen namens Farhad zugewiesen, der mit seinem Vater alleine im Lager lebte. Farhad besuchte die Hauptschule und musste täglich mit der S-Bahn in die Stadt fahren. An einem oder zwei Tagen in der Woche sollte ich ihm um 16 Uhr beim Erledigen der Hausaufgaben helfen, mit ihm lesen, rechnen und schreiben üben. Es gab noch andere, meist junge Studentinnen, die ähnliche Aufgaben hatten. In einigen Räumen standen Regale, auf denen Bücher und etliche Gesellschaftsspiele lagen. Bei schönem Wetter waren draußen Tische aufgestellt, an denen Kinder spielen, basteln, malen oder sonst etwas machen konnten. Von den Erzieherinnen, die hier arbeiteten, hatten einige ihre eigenen Kinder mitgebracht.

Zu Beginn war ich in dem Zimmer, das der Vater mit seinem Sohn bewohnte, herzlich begrüßt worden, bekam ein Essen angeboten und Freunde aus den Nachbarzimmern waren zugegen. Das Unterrichten gestaltete sich zunächst einigermaßen problemlos, aber der Junge begann unkonzentriert zu werden und ließ sich mal von diesem, mal von jenem ablenken. Nach etwa sechs Wochen kam Farhad, ohne dass sein Vater davon wusste, leider oft zu spät von der Schule nach Hause, sodass er nicht pünktlich um 16 Uhr mit seinen Hausaufgaben beginnen konnte. Ich redete mit ihm und sagte, dass ich es seinem Vater sagen müsse, denn ich käme ja, um mit ihm zu lernen. Manchmal wartete ich eine halbe Stunde und länger, nützte die Zeit und spielte mit zwei Mädchen, die das auch gerne wollten, entweder Gesellschaftsspiele oder wir unterhielten uns einfach so. Ich ahnte, wie diese Kinder so natürlich und anspruchslos aufgewachsen sein mussten und jetzt, wo sie in der Fremde waren, über den Luxus, den sie außerhalb des Lagers sahen, überrascht sein mussten. Sie freuten sich über kleine bunte Bänder, die sie knüpften, über Knöpfe, die sie auf gehäkelte Deckchen nähten oder über Schleifen, die sie sich in ihre Haare flochten. Auch die Mütter der Kinder kamen mir oft beinahe ehrerbietig und sehr freundlich entgegen.

Farhad kam immer später von der Schule nach Hause und als ich ihn einmal nach seinem Vater fragte, sagte er nur, der sei irgendwo am Hauptbahnhof unterwegs. Ich hatte schon gespürt, dass sein Vater etwas in meinen Augen Zwielichtiges an sich hatte. Nun hatte er ein Leben entdeckt, das ihm ungeahnte Freiheiten eröffnete.

Einmal hatte ich Farhad nach seiner Mutter gefragt und ob sie irgendwann kommen würde. Aber da wich er aus und sagte zögernd, dass er glaube, sie werde irgendwann kommen. Ich spürte die Traurigkeit, die ihn erfasste und fragte nicht weiter. Ich dachte mir, warum muss das Kind sich in einem fremden Land mit Schularbeiten herumplagen, wo es doch lieber in seiner Heimat bei seiner Mama wäre.

Beinahe befürchtete ich, dass seine Eltern geschieden sind. Den Vater von Farhad sah ich noch einmal. Da fragte er mich, wie es mit dem Lernen seines Sohnes vorwärtsginge. Ich entgegnete, dass er nun wieder pünktlicher käme und es ganz gut liefe, aber er müsse lernen sich ausdauernder zu konzentrieren.

Manche der Bewohner sah man häufiger. Viele wahrscheinlich dachten von den reichen Deutschen, denen es so gut geht, dass sie ein belastetes Gewissen haben und darum den ausländischen Flüchtlingen helfen wollen. Aber wer weiß schon, außer Gott, was in dem Menschen vor sich geht? Ich empfand Mitleid mit Farhad und merkte an seinem Verhalten, dass sein Umgang mit unlauteren Kameraden immer mehr auf ihn abfärbte.

Ende Juli, als ich einmal noch Zeit hatte, bis ich zur S-Bahn musste, ging ich zu dem Zimmer von Farhads Vater, um ihm zu sagen, dass die Sommerferien beginnen würden und ich danach wieder kommen würde.

Nun sah ich noch eine Weile den Kindern zu, wie sie mit ihren Stiefeln draußen herumliefen, in die Pfützen stapften, dass es spritzte. Dann versteckten sie sich zwischen die an Leinen zum trocknen aufgehängte Wäsche. Ich merkte, dass mein Kinderleben nach dem zweiten Weltkrieg gar nicht so sehr anders gewesen war.

Nach den Sommerferien, in denen ich bei Dora und Raphael in Sachsen-Anhalt gewesen war, fuhr ich wie vereinbart mit der S-Bahn nach Kreuzstraße und lief die Viertelstunde zu der Unterkunft der Flüchtlinge. Ich betrat die Barackensiedlung, begegnete einigen Menschen und stand vor dem Zimmer von Farhad und seinem Vater. Ich klopfte, aber es rührte sich nichts. Ich klopfte nochmal, aber es blieb still. Ich drückte die Klinke herab, die Türe war verschlossen.

Was war geschehen? Die beiden waren nicht mehr hier! Ich ging den Gang zurück, wo eine Frau vor einer Türe, umgeben von vielen Sachen, stand. Sie war auch gerade am Ausziehen, als ich sie nach Farhad und seinem Vater fragte. „Ja", meinte sie, „der Vater ist mit seinem Sohn ausgezogen." Wohin, das wisse sie nicht. Also hatte sich auch dieser Job für mich erledigt.

Ich sprach noch ein wenig mit der Frau und sie sagte frohgemut, dass sie, ihr Mann und ihre Kinder eine eigene Wohnung bekommen würden. In einem Rollstuhl saß eines ihrer Kinder. Es war behindert.

Schon vor langer Zeit, einige meiner Enkelkinder lagen noch im Kinderwagen, begannen wir in unregelmäßigen Abständen, besonders aber um Ostern herum, Wanderungen zu unternehmen. Inzwischen allerdings ist die Mehrzahl meiner fünfundzwanzig Enkelkinder über achtzehn Jahre alt und kaum mehr zu einer Wanderung mit mir bereit. Sie sind selbstständig, viele schon berufstätig und führen ihr Leben mehr oder weniger unabhängig von ihren Eltern. Einige der Jugendlichen haben sich zusammen getan, eine eigene Jugendwandergruppe gegründet und nun schon einige Bergwanderungen unternommen. Die letzte führte sie auf den Herzogstand. Meist fahren sie mit einem Auto dorthin, wo der Aufstieg beginnt.

Seit Boris' Familie aus Sibirien zurückgekehrt ist, mache ich mit ihr, das heißt meist mit Boris, Christine und Niveschani, Abischag ist nicht immer dabei, aber auch Markus kommt oft, Fabian oder jemand von Schneebergs seltener mit, in schöner Regelmäßigkeit Wanderungen. Ob es kalt oder warm ist, die Sonne scheint, es regnet, ob der Wind weht oder Schnee fällt, ganz egal, wir versuchen in vierzehntägigem Rhythmus unsere Wanderungen zu machen. Mit der S-Bahn oder einem Regionalzug geht es von München und Pasing aus an Flüssen entlang in die Voralpenlandschaft, in Dörfer, Wälder, an einen der bayerischen Seen oder manchmal auf einen mittelhohen Berg. Der Peißenberg war einer der letzten.

Friedebert Hausmann, ein Christ, alleinstehend, der schon viel Erfahrung mit freien christlichen Gemeinden hat, die er freiwillig oder durch Empfehlung anderer wieder verlassen musste, ist, soweit er Zeit hat, auch gerne auf den Wanderungen mit dabei. Früher ist er viel gereist und er hat schon viele ausgiebige Fußwanderungen durch beinahe jeden der fünf Erdteile unternommen. Sein großes Bibelwissen ist enorm, aber sein Wesen ist für manchen, zu Unrecht, nicht immer zu ertragen. Aber das nimmt er mit Gleichmut, ohne gekränkt zu sein, hin. Momentan geht er in eine serbische Gemeinde, wo er freundlich aufgenommen wurde. Seine ältere Schwester lebt in dem Haus in Pfarrkirchen/Niederbayern, das ihre Mutter den beiden vererbt hat. Friedebert ist wie ich als Kriegshalbwaise aufgewachsen. Als Straßenprediger predigt Friedebert den vorbeiströmenden Menschen in Neuperlach und anderswo, manchmal allein, manchmal zusammen mit anderen, das Evangelium von Jesus.

Leander, Miriam und ihr Sohn Samuel nehmen an den Wanderungen teil, wenn sie in den in Irland bereits Anfang Juni beginnenden Sommerferien in Deutschland sind.

Vor etwa einem Jahr, es war wie jetzt im Winter, beschlossen wir, mit dem Zug nach Feldkirchen-Westerham, dem Geburtsort Leanders, zu fahren, um von dort aus nach Aschhofen, einem sehr kleinen Dorf, zu wandern, wo Jana, die Tochter von Heide und Uwe Lausen, die beide längst tot sind, seit ihrer Geburt wohnt. Lea, die ältere Tochter, lebt zurzeit auf einer kanarischen Insel. Johanna, eine weitere Tochter, deren Vater aber nicht Uwe, sondern ein Ire ist, wohnt auch nicht mehr in Aschhofen, sondern seit dem Tod von Heide in Irland.

Wir trafen Jana an, aber nicht allein, sondern mit ihrem zweiten Mann, der Uwe wie ihr Vater heißt.

Sie empfingen uns ein wenig überrascht, aber doch freundlich. Jana stand vor mir und mir fiel sogleich die große Ähnlichkeit mit ihrer Mutter auf. Jana hat ihre Mutter in deren letzter Zeit, bis zu ihrem Tod, gepflegt. Lea hat sich früh von der Familie verabschiedet, war verheiratet, hat zwei Kinder, wurde geschieden. Jana hat vier Kinder aus erster Ehe, drei Jungen und ein Mädchen. Ihr ehemaliger Mann, Herr Huber, kam aus einem von Aschhofen nur wenige Kilometer entfernten Dorf, wo er heute wieder mit seiner Mutter lebt.

Uwe erzählte uns viel aus seiner nicht undramatischen Vergangenheit. Boris, Christine und die Kinder haben den Erzählungen von Uwe sehr aufmerksam gelauscht. Ich hätte gerne noch mehr mit Jana gesprochen, aber es hat sich nur kurzzeitig ergeben.

Ich erinnerte mich daran, dass mir Heide Jana, als wir im Jahr 1967 in Oberholzham lebten, als Kleinkind einige Male zum Aufpassen brachte. Sie ist im Alter von Fabian. Beide saßen auf der Wiese und streckten ihre Ärmchen in die Höhe. Das war so süß, wie beide strahlten! Es gibt auch ein Schwarzweißfoto davon. Heide hatte Eile, stieg in ihr Auto und flitzte davon. Sie musste zum Fotografieren fahren, wie so oft zum Schuttberg auf dem Oberwiesenfeld. Ein Relikt des zweiten Weltkrieges. In Heides Fotobuch „Die inszenierte Provokation" gibt es auch ein Schwarzweißportrait von mir, das Heide vor sehr langer Zeit gemacht hat.

Den Wohnbereich ihres Bauernhofs haben Jana und Uwe verkauft und leben in dem sehr schön ausgebauten ehemaligen Stall. Jana bot uns ein sehr leckeres Früchtebrot an und dazu gab es Tee. Der sehr hohe Stuhl mit den vier dünnen langen Beinen, den ich von früheren Besuchen schon kenne, stand noch immer im Raum. Hat jemals wer darauf gesessen?

Es begann zu dunkeln, schneite noch und wir wollten uns auf den Heimweg machen. Wir bekamen noch ihre Tiere zu sehen und den Garten. Jana sammelt Wildkräuter, lebt sehr naturverbunden und gesundheitsbewusst. Uwe brachte uns auf der schneebedeckten Straße hinunter nach Feldkirchen-Westerham zur S-Bahn.

Ein Teil der Werke von Uwe Lausen und Fotografien von Heide Stolz (ihr Mädchen- und Künstlername) sind im Museum für moderne Kunst in Traunreuth, genannt „Das MAXIMUM", zu sehen.

Neulich habe ich mal wieder das Eis, das immer wieder in meinem Kühlschrank entsteht, mit einem schweren Hammer abgeklopft. Es hat gestaubt: Schneestaub und kleine Eisbröck-chen fielen auf den Boden des Kühlschrankes. Diese Arbeit muss ich etwa viermal im Jahr machen. Der Kühlschrank ist alt, gewiss über zwanzig Jahre, aber ich will ihn weiter benüt-zen. Mir fielen bei diesem Tun die Anfangsworte von Goethes „Osterspaziergang" im Faust ein: „Vom Eise befreit sind Strom und Bäche".
Aber ich erinnerte mich noch an ein anderes Erlebnis. Vor langer, langer Zeit machte ich mit Markus und einigen Enkelkindern eine Winterwanderung. Levi und Anuschka, vielleicht auch die zwei Söhne von Markus waren dabei. Unser Weg führte uns durch einen Wald. Von den Zweigen der Bäume rieselte immer wieder Schnee herab. Die Sonne schien durch das Geäst, wodurch in meiner Erinnerung ein zauberhaftes Gebilde entstand. Zerrte ein Kind an einem Ast, so fiel der Schnee in großen Mengen herab und es staubte gewaltig. Alle kreisch-ten und lachten. Am Abend vor der Rückfahrt lud uns Markus noch in ein Café zum Tortenes-sen ein.
Bei dem Gedanken an Schnee, der immer spärlicher fällt, kommen mir meine Langlaufski-wanderungen in den Sinn. Als wir noch in Bogenhausen wohnten, habe ich am Denninger Anger, oft mit Begeisterung, diese Sportart betrieben. In höhergelegenen Regionen im Voral-penland war ich, wie erwähnt, zusammen mit Winfried Seipold langlaufen.

Die Winter meiner Kindheit, die es so nicht mehr gibt, erinnern mich an rutschige, schnee-bedeckte Bürgersteige. Morgens glänzte der Raureif, wohin man blickte. Viele Wochen hielt dieses wahrhaft winterliche Traumwetter an.
Am Nachmittag ging ich mit meinem Bruder Manfred zu den Hängen an der Theresienwie-se zum Schlittenfahren. Was für herrliche Stunden waren das! Wenn es dunkel wurde, muss-ten wir zu Hause sein. Sonst schimpfte Oma oder wir durften am nächsten Tag nicht mehr raus. Das wollten wir ganz und gar nicht.

Kürzlich sagte eine Mitarbeiterin im Reformhauses am Laimer Platz, eine Französin, dass sie sehr froh darüber wäre, dass es das Christentum gibt. Dieser Glaube sei enorm wichtig für die Menschheit. All das und noch mehr sagte sie in dem schönen Wohlklang, den die deutsche Sprache durch den französischen Akzent annimmt. Sie sei zwar nicht gläubig, von dem jedoch, was sie gesagt habe, sei sie zutiefst überzeugt. Mich überraschten und ermutig-ten ihre Worte.
Eines der kleinen, blauen Neuen Testamente, die ich seit über einem Jahr an Kinder und Erwachsene verteile, wollte sie allerdings nicht haben.

Dieses kleine, blaue Büchlein gebe ich natürlich nicht wortlos an Personen weiter, sondern begleitet von Worten, durch die ich die Botschaft von Jesus Christus weiterzugeben versuche. Es gibt sehr schöne Begegnungen, bei denen ich eine Resonanz erlebe und mir auch echtes Interesse am Wort Gottes bekundet wird.

Es gibt die Ahnungslosen, die nie von Gottes Wort gehört haben: viele Menschen, die der deutschen Sprache nicht oder nur sehr bedingt mächtig sind. Es sind Moslems, Buddhisten, Hindus oder andere. Ich treffe Atheisten, die Gott leugnen oder sogar spöttische und abfällige Bemerkungen über die Autorität Gottes machen. Mir tut es dann sehr leid um sie, weil ich spüre, dass diese Menschen tief in die Verlorenheit hineingeraten sind. Daher empfinde ich vor allem Mitleid und keinen Groll. Wir gehen dann trotzdem freundlich auseinander. Folgendes ist merkwürdig. In der Bibel steht doch der Vers: „Der eine hat es angenommen, der andere hat es abgelehnt." Dieser Vers kommt mir bei meinem Tun häufig in den Sinn.

Erst neulich traf ich ein junges Pärchen. Dem jungen Mann reichte ich nach unserem Gespräch das kleine Neue Testament und er nahm es mit Freuden an. Seine Freundin lehnte kategorisch ab. Kinder nehmen das kleine Büchlein meist sehr erfreut entgegen, aber dann gibt es Eltern, die ablehnend reagieren. Begegne ich Kindern alleine, so ist es ganz einfach. Für Gottes Wort sind sie von Natur aus empfänglich.

Wer in meiner Familie zum Glauben an Jesus Christus gefunden hat, das weiß Gott alleine. Meine Kinder, Schwiegerkinder oder Enkelkinder: ein Segen zweifelsohne. Ein Urenkelchen gibt es noch nicht.

Im Alltag beim Umgang mit den Mitmenschen, also mit meinen Nächsten: Was denke ich über den, der mir, egal wo, gegenübersitzt? Wie dachte Jesus über seinen Nächsten? Überhaupt: Wie handelte Jesus, unser großes Vorbild? Als er auf der Erde wandelte, war er ein Mensch wie wir. Er hat Gefühle gehabt, Freude erlebt, Schmerz erlitten, und das immer in inniger Verbundenheit mit Gott, seinem Vater. Sollten wir nicht auch so leben?

Ob wir nun in der Endzeit leben, ist eine oft gestellte Frage. Jeder der die Zeichen der Zeit betrachtet, wird an dieser Frage nicht vorbeikommen. Dass sich unendlich große Umwälzungen auf dem Planet Erde ereignen werden, ist nicht mehr zu leugnen. Ist das menschliche Herz erkaltet? Angst, wohin man schaut, Kriege, Verwüstungen, Mord und Totschlag. Jeder wird danach trachten, sich selbst zu retten.

Soweit ich meinen inneren und äußeren Beobachtungen trauen kann, wird Gott, der jedes Menschenleben kennt und der Himmel und Erde gemacht hat, die einzige wahre und endgültige Entscheidung treffen.

Es ist der Glaube an Gott, der einem eine neue Sichtweise auf das menschliche Leben offenbart. Man versucht nicht mehr sich so sehr ins Vergängliche einzumischen, sondern das, was für die Ewigkeit Bestand hat, gewinnt an Bedeutung. Ich denke an die Worte Jesu: Glaube, Hoffnung, Liebe. Diese drei sind die Grundlage des menschlichen Lebens. Die Größte unter ihnen ist die Liebe.

Auch die meisten Erwachsenen, also die Eltern meiner Enkelkinder, haben sich zu Jesus Christus bekehrt. Sie besuchen verschiedene christliche Gemeinden und Hauskreise. Andere sind noch auf der Suche nach der ewig gültigen Wahrheit.

Sehr viel Zeit ist vergangen, seitdem Markus, mein Sohn, und Daniela, seine Frau, ihre vier Kinder im Riemer See in der Messestadt-Ost getauft haben. Es waren viele Gäste dabei, die mit Gebet, Fürbitte und Gesprächen den Nachmittag beendeten.

Anuschka, meine Enkelin, hat sich vor einem Jahr entschieden sich taufen zu lassen. Darüber habe ich mich sehr gefreut. Auch darüber, dass ich dazu eingeladen wurde. So habe ich auch einige ihrer Freundinnen kennengelernt. Die Taufe fand in der Freien evangelischen Gemeinde München-Mitte in der Mozartstraße statt, nahe Goetheplatz. Ein kleines Fotobuch habe ich zum Andenken daran gemacht.

Ich habe das sichere Gefühl, dass es ein Gebot Gottes ist, dass ich mit Menschen über den Glauben ins Gespräch kommen soll.

Das ist manchmal ganz einfach und die Person zeigt Interesse. Ein anderes Mal ist es schwer bis unmöglich. Ich versuche, immer gleichmäßig freundlich zu bleiben. Oder ich kann gar nicht anders. Es gibt immer wieder auch großen Widerspruch, Diskussionen, Unverständnis. Kalter Wind schlägt mir bis zu Äußerungen der völligen Ablehnung ins Gesicht. Ich bin dann nicht böse, empfinde eher Mitleid mit dem Menschen.

Bei Kindern ist es, wie gesagt, ganz anders. Sie sind noch ohne Vorurteile und hinterfragen noch nicht die Allmacht Gottes. Wenn Mutter und Vater entweder ungläubig sind oder ein Weltbild haben, das Gott, den Schöpfer von Himmel und Erde, ablehnt, dann versiegt leider auch meist die lebendige Quelle im Herzen der Kinder.

Alois Böck, der bekannte und sehr anerkannte Prediger und Lehrer des biblischen Evangeliums, hat einmal gesagt: „Jedes Kind ist von seiner Natur aus gläubig." Davon war ich schon immer überzeugt.

Nun ein paar Worte zu der Gemeinde, die ich besuche. In der Thalkirchner Straße 7, wo wir uns noch heute treffen, fand bereits die Gründungsversammlung statt. Ludwig Höpfl, Hugo Geyer, Karl Prinz und andere gehörten der Gemeinde von Anfang an als Älteste an. Achim Schäfer gehört der Gemeinde schon sehr lange, noch länger als ich, an, also etwas über dreißig Jahre. Er ist ein Jahr älter als ich. In den ersten Jahren wuchs die Gemeinde, dann wurden es weniger durch Tod oder Alter. Aber auch aus persönlichen oder den Glauben betreffenden Gründen sind innerhalb einer langen Zeit viele Mitglieder weggeblieben. Es trat nach meinem Empfinden nach einer gewissen Zeit eine Art Stagnation ein.

Vor einigen Jahren kam dann unerwartet eine kleine Gruppe Gläubiger zu uns. Ich freute mich über den frischen Wind und bald zeigte sich ein neuer, lebendiger Geist. Klaus, Markus, Claudia und Angi heißen die vier.

Klaus Obersteiner ist der Chef der Firma weekview. Dort werden Kalender in allen erdenklichen Formaten hergestellt. Markus Karbaumer und Claudia sind Mitarbeiter. Angi hat einen anderen Arbeitsplatz.

Klaus begann bald zu predigen und schnell spürte ich die Kraft und den Mut seiner einer fundierten Bibelkenntnis entspringenden Worte. Auch Markus hat nach kurzer Zeit begonnen zu predigen. Auch aus seinem Munde kamen aufrüttelnde Worte. Wirklich sehr bemerkenswert. Unsere alten Brüder wie Otto und Robert hatten natürlich weiterhin ihren Predigtdienst.

Alois Böck und seine Frau Inge wohnen in Schwabing in der Siegesstraße sehr nahe am Nikolaiplatz. Beide sind sie sehr weltoffen und gastfreundlich. Sie haben einen Sohn mit Namen Markus, der seit drei Jahren verheiratet ist, mit seiner Frau einen Sohn hat und nun bald das zweite Kind bekommen wird. In der Thalkirchner Straße 7 lehrt auch Alois, hält Gottesdienste und Bibelstunden ab. Auch im Internet ist er vielseitig als christlicher Missionar unterwegs.

Auf den Münchner Straßen ist er am Tage, aber vor allem in der Nacht anzutreffen. Er führt Gespräche mit jedem, der sich darauf einlässt. Er ist in einem Dorf nahe Burgau in einer Bauernfamilie zusammen mit drei Geschwistern aufgewachsen.

Als junger Mensch lernte er Jesus Christus kennen. Beruflich arbeitete er bis zu seiner Berentung mit behinderten Kindern in einer sozialpädagogischen Einrichtung.

Seit vielen Jahren steigt die Zahl der Geschwister, die seine geistlich sehr starken Predigten hoch zu schätzen wissen. In den Bibelstunden erleben wir immer wieder seine fundamentalen Bibelkenntnisse.

Früher hielt Alois seine Bibelstunden und die Gottesdienste in seinem Haus in der Siegesstraße in Schwabing ab. Nun findet, wie erwähnt, seit einigen Jahren die Bibelstunde am Mittwochabend und auch der Gottesdienst am Sonntagnachmittag in der Thalkirchner Straße 7 statt. Seine Frau Inge ist beinahe immer anwesend. Sie spricht nach der Bibelstunde am Mittwoch und am Sonntag nach dem Gottesdienst mit den Brüdern und Schwestern, wendet sich auch immer Menschen zu, die noch neu in der Gemeinde sind.

Inge und ich gehen meistens am Mittwochabend zusammen zum Karlsplatz. Wir unterhalten uns voller gegenseitigem Verständnis, während sie ihr Fahrrad neben mir her schiebt. Wir verabschieden uns an dem rauschenden, glitzernden Springbrunnenrondell am Karlsplatz. Sie radelt nach Hause und ich steige die Treppe zur U-Bahn hinab.

Es ist über ein Jahr her, dass Alois Böck sehr schwer erkrankte. Er lag im Klinikum Großhadern, wo um sein Leben gerungen wurde. Alle Gemeindemitglieder und Geschwister und alle, die ihn kannten, beteten aus tiefstem Herzen darum, dass der gnädige Gott sein Leben erhalten möge. Tagelang erfuhren wir immer neue Botschaften über seinen Zustand und jeder hoffte, dass Gott Gnade walten lassen möge. So war die Zeit zwischen Bangen und Hoffen immer ausgefüllt mit den aufrichtigsten Gebeten.

Dann trat wirklich eine Besserung ein, wiewohl auch weiterhin medizinische Maßnahmen durchgeführt werden mussten. Beinahe ein Wunder, was Alois widerfuhr, als Gott ihn wieder so weit herstellte, dass er wieder den Gottesdienst und die Bibelstunden abhalten kann. Mit den innigsten Gebeten haben die Geschwister Jesus gedankt für diese wunderbare Heilung.

Bis vor einigen Jahren predigte Alois in der Fußgängerzone in München, wobei er auf einem einige Meter breiten runden Sockel stand. Er verstand es, mit seinen Worten Menschen als Zuhörer zu gewinnen, da er Nächstenliebe ausstrahlte und die christliche Botschaft mit Humor rüberbrachte. Man erlebte ihn nicht als jemanden, der sich über die Leute stellt, sondern er war einer von ihnen.

Inge, seine Frau, ging während seiner Predigten auf den Pflastersteinen der Fußgängerzone umher und verteilte an die Menschen Traktate und Glaubensschriften.

Auf der anderen Straßenseite sah man manchmal Polizisten stehen, herumgehen oder in einem Polizeiauto sitzen. Das war nicht verwunderlich, denn das Münchner Polizeipräsidium befindet sich genau gegenüber in der Ettstraße 2-4. Gewiss hat manch ein Ordnungshüter von den Worten von Alois auch etwas mitbekommen.

Karl Kaczmarczyk, ein Pole, auch ihn habe ich schon erwähnt, lebt seit sehr vielen Jahren in München, war mit einer Italienerin verheiratet, hat eine erwachsene Tochter. Diese hat vier Kinder.

Nach einer schweren Vergiftung vor vielen Jahren, die durch ein verunreinigtes Tryptophanpräparat ausgelöst worden war, erkrankte Karl schwer. In den Medien wurde viel über den Medikamentenskandal geschrieben. Viele Menschen sind gestorben, andere haben furchtbare Folgeschäden davongetragen. Karl erholte sich sehr langsam wieder einigermaßen, konnte seinen Beruf als Eisenbahner jedoch nicht mehr ausüben. Seine Frau hat sich von ihm scheiden lassen und die einzige Tochter zu sich genommen.

Karl schrie zu Gott. Er werde den Glauben an Jesus Christus annehmen, gelobte er, wenn Gott ihm seine Gesundheit zurückgeben wird. Sein Gebet wurde erhört und allmählich hat er bis auf wenige Leiden, von denen Gott ihn nicht befreien wollte, seine Gesundheit wiedererlangt. Karl begann nun nach einer christlichen Gemeinde zu suchen, fand Alois Böck und Inge und besuchte einige Jahre deren Versammlungen. Eines Tages erschien er in meiner Gemeinde in der Thalkirchner Straße. Das liegt etwa eineinhalb Jahrzehnte zurück.

Nach der Bibelstunde pflegten einige wenige aus der Gemeinde, meist Achim Schäfer, Karl und ich, aber auch noch andere in das kleine Gasthaus „Scala" zu gehen. Es lag im ersten Stockwerk eines niedrigen Hauses am Sendlinger-Tor-Platz. Der Gasthausbesitzer kam oft an unseren Tisch, unterhielt sich mit uns und wir sprachen unter vielem anderen auch über unseren christlichen Glauben. Seit Jahren gibt es die Gruppe so nicht mehr und auch die „Scala" ist nicht mehr da. Mit ihr ist auch der Wirt weggegangen.

Karl hat immer wieder gesundheitliche Kämpfe, die ihm noch jahrelang nach seiner Erkrankung zu schaffen machen. Er war immer mal wieder bei unseren Wanderungen dabei und pflegte auch sonst den Umgang mit meiner Familie, also mit meinen Kindern und Enkelkindern.

Nachdem er eines Tages einen Schlaganfall erlitten hatte, begann er sich weitgehend von unserer Gemeinde, aber auch von Alois Böck und den dort stattfindenden Versammlungen zurückzuziehen. Er war im Krankenhaus, bekam von Ärzten Schonung verordnet, die er Angesichts seines Zustandes und aufgrund seines Arztglaubens strickt beherzigt. Nun lebt er zurückgezogen. Außer dass er ab und zu seine Enkelkinder und seine Tochter besucht, pflegt er nur mehr zufälligen Umgang. Er fährt seit Jahren ausschließlich mit dem Fahrrad meist vom Stadtteil Moosach, wo er lebt, in die Innenstadt. Er hat christliche Traktate bei sich, trinkt irgendwo einen Kaffee und kommt mit anderen zeitlosen Existenzen ins Gespräch. Zu sehr später Stunde macht er sich auf den Heimweg. Den nächsten Tag verbringt er dann ausgiebig mit Schlafen.

Schon vor Jahren berichtete Karl Achim und mir von Heinz Wolf und seiner Frau Gerlinde, die in Schachach bei Gerolsbach in der Nähe von Petershausen ein großes Grundstück mit Haus, Garten, Tieren und einigen Mitbewohnern haben.

Eines Tages machten wir drei uns dorthin auf den Weg. Heinz holte uns mit seinem Auto in Petershausen vom Bahnhof ab und wir fuhren nach Schachach. Neben Heinz, der einen langen Bart hat, und Gerlinde leben auf seinem Anwesen meist bis zu zehn Personen in einer Wohngemeinschaft zusammen. Heinz ist von seinem christlichen Glauben zutiefst überzeugt. Oft wird gebetet. Nachmittags findet eine gemeinsame Bibelstunde statt, an der auch nicht Anwesende übers Handy teilnehmen können.

Familie Wolf besitzt zwei Pferde, denen sie das Leben gerettet hat. Beide sind gesund und stark geworden, sodass Nachbarskinder auf ihnen reiten können. Wenn ein gutes Erntejahr ist, dürfen wir eine große Menge an Äpfeln mit nach Hause nehmen. Es stehen viele Apfelbäume im Garten. Der sehr schöne Gemüsegarten hat so viel Ertrag, dass die große Familie meist gut davon leben kann. Reicht es nicht, wird zugekauft. Der gesamte Bedarf an elektrischem Strom wird von einer eigenen Solaranlage erzeugt.

Karl K. hat Schachach vor Jahren kennengelernt: Damals, als er sehr krank war und dort eine längere Zeit leben durfte. Achim und ich fahren zurzeit etwa zweimal im Jahr nach Schachach. Karl kommt nur noch selten mit. Der Grund dafür mag sein, dass wir, was den Glauben betrifft, doch in manchen Punkten ein wenig übereinstimmendes Gedankengut haben. Heinz lebt seinen felsenfesten Überzeugungen und weicht keinen Millimeter davon ab. Kaum jemand wird längere Zeit bei Heinz leben können, ohne sich dessen Überzeugungen zu eigen zu machen. Die Menschen, die er um sich geschart hat, leben in der Erwartung, ja dem festen Glauben, die große geistliche Erweckung werde hier und nur hier bei Heinz Wolf stattfinden.

An das Dorf Moosach, wo wir viele Jahre lebten, werde ich immer dann erinnert, wenn ich das Programm des dort befindlichen Meta Theaters, dessen Leiter Axel Tangerding ist, über das Internet erhalte. Das Theater gibt es seit über dreißig Jahren. Mit seiner Frau Ulrike, von der er geschieden ist, hat er zwei erwachsene Kinder, Tabea und Jonas. Charlotte Tangerding, die Mutter von Axel, ist vor etlichen Jahren gestorben. Nach dem Tod von Dressler und seiner Frau Hildegard wurde ihr Haus – Charlotte, eine Verehrerin von Dressler, hat es auf dem Grundstück direkt neben dem Meta Theater, in dem Axel auch wohnt, bauen lassen, Kinder hatten sie keine – verkauft.

Ein kleines, mich sehr berührendes Erlebnis aufgrund einer kleinen Beobachtung beim Blick aus meinem Schlafzimmerfenster hier in München im Jahr 2023: Ein sehr dunkler, asiatisch aussehender Mann, angetan mit der vorschriftsmäßigen Bekleidung eines Müllmannes, mit den glänzenden Streifen auf seiner Jacke zieht eine volle Tonne hinter sich her, um den Inhalt in das auf der Straße wartende Müllauto zu kippen. Dann zieht er die leere Tonne wieder zurück in den neben unserem Haus liegenden Hof. Dieser Akt muss sich für den aus einem fremden Land kommenden Mann jeden Tag sehr viele Male wiederholen. In dem Land, aus dem er kommt, musste er vielleicht hungern und frieren. Also ist er fortgegangen. Hier lebt er sprachlos in einer Unterkunft mit wenig Kontakt. Zum Überleben genügt es. Seine Heimat hat er verlassen, um einer Hoffnung willen, die es nicht gibt. Ich fühle seine Not und bete für ihn. Ich weiß, solchen Ausgelieferten nimmt sich Jesus an.

Bei unseren häufigen Familienwanderungen, die uns schon einige Male in unsere alte Heimat, nach Moosach bei Grafing, geführt hatten, standen wir bei unserem letzten Besuch vor dem Gasthaus „Neuwirt". An der Eingangstüre heftete ein Zettel mit den Worten „Wegen Todesfall geschlossen". Mutter Angela, die vielleicht noch lebte, konnte sie die Verstorbene sein?
Ihre Tochter Eva führt bereits seit einigen Jahren die Wirtschaft. Wir erfuhren von Dorfbewohnern, dass der Mann von Eva gestorben ist.

Bevor wir nach Moosach zogen, lebten wir, wie ausführlich beschrieben, in Oberholzham im damaligen Landkreis Bad Aibling.
Nun besuchten wir unlängst, im Herbst 2023, im Rahmen einer Familienwanderung Oberholzham. Markus und Boris konnten sich noch bruchstückhaft an das kleine Dorf erinnern. Fabian war damals noch zu klein und Natascha war ein Baby. Wir standen also vor dem Haus von Herrn Stahuber, in dem wir damals gelebt hatten. Im Hof stand ein junger Mann, der mit irgendetwas beschäftigt war. Boris oder Markus oder ich erzählte, dass wir vor sehr, sehr langer Zeit hier gelebt hätten. Etwas später näherte sich Herr Stahuber, der Sohn unseres da-

maligen Hausherrn, und begrüßte uns voller Ehrerbietung. Er bat uns, in das Haus zu kommen, und zeigte uns die auf dem Flur an der Wand hängenden Fotos seiner Familienmitglieder. Er hatte zusammen mit seiner Frau, die wir zuletzt auch noch kennenlernten, viele, ich glaube acht, Kinder. Er führte uns ins Wohnzimmer, das damals Heimrads und mein Schlafzimmer gewesen war, und hier wurde Natascha geboren.

Nun beauftragte er jemanden damit, uns etwas zu trinken zu bringen. Es waren etliche Menschen seiner großen Familie anwesend. Nach wenigen Minuten stand ein Rührkuchen und Flaschen mit Getränk und Gläsern auf dem Tisch. Wir waren überrascht und gerührt angesichts so einer menschlichen Nächstenliebe. Herr Stahuber erzählte einiges aus seinem Leben und wirkte sehr weltoffen und an vielem interessiert. Boris, Markus und ich, wir interessierten uns vor allem für die Ereignisse, die das Dorf betrafen. Es hatte sich wirklich viel verändert. Neue Häuser waren gebaut worden. Aus Viehweiden hat man Golfplätze gemacht. Die Kinder von Boris liefen lieber im Dorf herum und kamen erst später herein. Auch Frau Stahuber zeigte sich erst am späten Nachmittag.

Es erheiterte uns sehr, als Herr Stahuber erzählte, er habe vor wenigen Tagen unseren Mietvertrag in Händen gehalten. Dieser stammte aus dem Jahr 1966. Heimrad und ich hatten ihn in Gegenwart von Herrn Stahuber senior unterzeichnet.

Der Abend rückte näher und wir gingen noch zum Anwesen von Familie Kogler, wo ich damals täglich die Milch holte. Im Haus lebte nur mehr Monika und ihr Lebenspartner. Ihre drei Brüder waren verheiratet und lebten woanders. Auch hier spürte ich die große Veränderung. Aber nicht nur äußerlich, sondern auch inwendig.

Auch die Menschen auf dem Dorf bleiben nicht vom Zeitgeist verschont. Neben Fernseher, Kühltruhe, Handy und anderen Errungenschaften der Neuzeit haben sie noch das schöne beschauliche Landleben mit Dorfkirche und sonntäglichem Gottesdienst. Man kommt aber um die Vermutung nicht herum, dass der christliche Glaube oder die Gottesfurcht auch hier vom Zeitgeist verschluckt wird. Und was die digitale Welt betrifft: Sie hinterlässt auch in der vermeintlichen Idylle ihre nicht zu übersehenden Spuren.

Wieder zurück zur Familie Stahuber. Der Abend war nicht mehr ferne und Herr Stahuber bot uns an, uns mit seinem Auto nach Feldkirchen-Westerham zum Zug zu bringen. Er meinte in seiner umsichtigen Art, der Weg wäre zum Laufen zu weit. Da wir viele waren, wies er seinen jüngsten Sohn an, das zweite Auto zu nehmen. Ich saß neben Herrn Stahuber und wir unterhielten uns. Ich erlebte weiter die feinsinnige und kluge Wesensart dieses einfachen Mannes. Kurz vor unserem Ziel fragte ich ihn, ob ich ihm ein kleines Neues Testament schenken dürfe. Er nahm es mit Freuden an, bedankte sich und wir verabschiedeten uns.

Meine Familie bestieg bald einen Zug, der uns zur S-Bahn brachte, mit der wir nach München fuhren. Boris und seine Familie trennten sich von uns und fuhren weiter nach Augsburg.

Die Gedanken um Moosach, die mich immer wieder bewegen, erinnern mich an eine lange und schöne Zeit. Heimrad war jung, ich war jung, die Kinder waren klein, alles war im Wachsen und wir lebten anhaltend mit Veränderungen.

Umgeben von Wiesen und Feldern erwachte in mir der Wunsch Pflanzen kennenzulernen, natürlich die, welche essbar sind oder eine heilende Wirkung haben. Das Buch von Maria Treben mit dem Titel „Gesundheit aus der Apotheke Gottes" bekam ich in die Hände und so begann ich nicht nur, mir einige Kenntnisse über Pflanzen anzueignen, sondern auch sie zu sammeln. Einige, die bekannteren, wie Löwenzahn, Spitz- oder Breitwegerich und Taub- und Brennnessel kannte ich schon. Auch Heide Lausen, die in Aschhofen von freier Natur umgeben war, hatte begonnen, ihre Salate mit wildwachsenden Kräutern anzureichern. Sie sagte, man könne beinahe alles, was auf der Wiese wächst, essen, auch Gänseblümchen. Einige Pflanzen wären zwar ungenießbar, aber giftig seien nur die Hahnenfußgewächse. Da Heide aus einer Apothekerfamilie stammte, hatte sie vielleicht ein Talent für Kräutermedizin mitbekommen. Aber auch für Drogen.

Viele Jahre später, als ich schon in München wohnte, erinnerte ich mich irgendwann wieder an mein Interesse und hatte Lust, an einer offiziell veranstalteten Kräuterwanderung teilzunehmen. Achim und Karl erzählte ich davon und es ergab sich, dass auch sie daran Gefallen zu finden begannen und wir meldeten uns bei einem geschulten Kräuterfachmann an. Nicht weit vor den Toren Münchens trafen wir uns mit einer Gruppe Interessierter. Den Leiter der Führungen haben wir drei auch persönlich kennengelernt. Einmal trafen wir ihn beinahe per Zufall wieder. Er sagte uns, dass er sich zu dem Glauben an Jesus Christus bekehrt habe. Zu den Gottesdiensten würde er die Gemeinde in der Mozartstraße in München besuchen.

Wie sah Moosach damals, im Jahr 1967, aus, als Heimrad und ich mit vier Kindern in den Alten Pfarrhof einzogen? Es war Winter, es war kalt, es lag viel Schnee und Natascha war wenige Monate alt. Wer viele Seiten zurückblättert, der wird eine Beschreibung der ersten Jahre der langen Zeitspanne finden, die wir in Moosach lebten.

Inzwischen hat sich das Dorf sehr gewandelt, beinahe herausgeputzt. Es wollte sich dem Geist der Zeit anpassen. Das Zentrum bildete dereinst der „Alte Wirt" und der „Alte Pfarrhof". Beide Gebäude wurden abgerissen. Genauer gesagt, sie wurden dem Erdboden gleichgemacht. Eine Wiese hier, einige Sträucher dort. Damit wurde auch der Geist und die Erinnerung an das alte Moosach für die Nachgeborenen ausgelöscht.

Moosach hat außer dem Neuwirt neuerdings noch einige kleine Gasthäuser mit Partyservice. Das Meta Theater von Axel Tangerding im Osteranger mit seinen vielen wechselnden Darbietungen ist sicher die wichtigste Kulturstätte am Ort. Neben Axel leben noch einige andere Kulturschaffende in Moosach.

Seit vielen Jahren feiern wir unser großes Familientreffen am ersten November. Da der erste November in Bayern ein Feiertag ist und meine Mutter an diesem Tag ihren Geburtstag hatte, findet unser Familientreffen jährlich im Nordfriedhof an unserem Familiengrab statt. Wir singen und beten. Danach fahren wir zum Hofbräukeller ins Lehel, um dort zu Mittag zu essen. Pächter des großen Gasthofes ist die Familie Steinberg.

Als meine Mutter in sehr jungen Jahren nach München gekommen war, wunderte sie sich, dass sie nun an einem Feiertag Geburtstag hatte. In Norddeutschland war das nicht so.

Martin Schneeberg, mein Schwiegersohn, der auch aus einer Familie mit sieben Kindern stammt, hat vor einigen Jahren das Haus, in dem er aufgewachsen ist, gekauft. Seine sechs Schwestern haben unter einigen Bedingungen in den Kauf eingewilligt. Nun besucht er sein in Mölln in Nordrhein-Westfalen stehendes Haus ziemlich oft. Er ist mit Renovierungsarbeiten und vielen anderen Tätigkeiten rund um das Haus beschäftigt. Manchmal kommt ihm etwas in die Hände, das er aus seiner Kindheit kennt. Das ist ein Moment, in dem er sich freut und die Zeit längst vergangener Jahre an sich vorüberziehen lässt. Natascha, die oft dabei ist, wenn Martin sich dort aufhält, ist letztes Jahr von Mölln aus alleine mit der Eisenbahn nach Sachsen-Anhalt zur Familie Raphael und Dora gefahren. Raphael hat mir erzählt, welch schönes, erbauliches und geistliches Gespräch er mit Natascha führen durfte. Beinahe zum gleichen Zeitpunkt berichtete mir Natascha im selben Wortlaut und mit eben solcher Freude von ihrem Gespräch mit Raphael.

Die Mutter von Dora, Hildegard, ist vor etwa einem Jahr gestorben. Seitdem kommt Dora nicht mehr nach München. An der Beerdigung ihrer Mutter war es das letzte Mal, dass Dora in München war. Rolf lebt nun alleine, aber er hat viel Unterhaltung und keine Langeweile.

Es ist Herbst, das goldgelbe Laub fällt von den Bäumen. Bei starkem Wind flattern von allen Seiten Blätter auf den Bürgersteig.

Auf der Welt toben Kriege. Einer davon ist der Krieg zwischen Russland und der Ukraine, einen anderen führen die Israelis gegen die Palästinenser. Auch viele weitere kleinere Kriege bedrohen den Erdball und die Menschen. Wer weiß, was uns das weitere Leben auf dem Planet Erde noch bringen wird! Da viele Menschen von Gott abgefallen sind oder nie nach ihm gesucht haben, neige ich dazu, zu glauben, dass aufgrund unglaublicher Erschütterungen ein Leben auf der Erde in der Zukunft nur mehr bedingt möglich sein wird.

Seit Jahrzehnten findet, zuerst mit den eigenen Kindern, später mit den Enkelkindern, etwa zwei Wochen vor Weihnachten mein großes Plätzchenbacken statt. Die große Menge an Teig stelle ich am Tage zuvor her. Inzwischen sind es nur mehr wenige Enkelkinder, die das Backvergnügen mit mir teilen. Diese wenigen haben großen Eifer und akzeptieren auch die Disziplin, die zu dieser Arbeit nötig ist: Den Teig ausrollen, mit den Backförmchen die Plätzchen ausstechen, die Ofenhitze hochfahren oder drosseln. Die Abläufe gehen Hand in Hand. Jeder muss mitdenken und aufpassen. Nach dem Backen werden dann die Butterplätzchen noch unterschiedlich verziert: mit Marmelade, flüssiger Schokolade, Eigelb und Zuckerstreuseln. Aber auch ohne jeden Belag schmeckt das Gebäck sehr gut. Meistens haben wir auch noch Kokosmakronen und Vanillekipferl gebacken. In Keksdosen aus Metall wird das ganze Backwerk fein säuberlich aufbewahrt.

Für das Weihnachtsfest, das sich spürbar nähert, habe ich wie jedes Jahr, so auch heuer, im Jahr 2023, viele Vorbereitungen zu treffen. Alle Familienmitglieder sind eingeladen, und das am 26. Dezember. Die Vorbereitungen sind zeitintensiv. Da ich mich aber auch selbst auf das Fest freue, denke ich, der große Aufwand ist es wert.

Für so viele Menschen wird es richtig eng in meiner Wohnung. Schon vor drei Jahren hat mein Nachbar, Herr Ahleff, sich zum ersten Mal bereiterklärt, mir in seiner Wohnung ein Zimmer für diesen Tag zur Verfügung zu stellen. Dafür bin ich ihm sehr dankbar. Ich stelle ihm jedes Jahr am Abend einen Teller unseres Mittagessens und Kuchen in den Kühlschrank. Herr Ahleff ist auf Besuch bei seinem Bruder, dessen Frau und den beiden Kindern in ihrem Haus in der Nähe von Düsseldorf.

Dieses Jahr ist auch die Familie Leander und Miriam aus Irland zu Besuch, was nicht nur für mich, sondern auch für andere sehr erfreulich ist. Nun sind wir natürlich sehr viele.

Unser Festverlauf: Zuerst, um dreizehn Uhr, gibt es das Mittagessen: Sauerrinderbraten, Semmelknödel, Spätzle, Kartoffelsalat und gemischten grünen Salat. Isai kommt früher und hilft sehr fleißig beim Kochen mit. Ehe wir uns versehen, ist beinahe alles aufgegessen. Achim Schäfer bringt sich auch dieses Jahr Gummihandschuhe mit und erledigt den Riesenabwasch.

Nach dem Essen lese ich die Weihnachtsgeschichte nach Lukas aus dem Evangelium vor und einige Verse von geistlichen Dichtern, etwa von Angelus Silesius. Aus den selbst zusammengestellten Weihnachtsliederblättchen, die wir, auch dank Silas, reichlich besitzen, singen wir die uns bekannten Weihnachtslieder. Danach findet die Bescherung statt. Dieses Jahr gibt es viele Flaschen mit Ingwershot und Knoblauchshot. Die mitgebrachten Kuchen und Torten werden zu Saft und Kaffee verzehrt.

Seit etwa einem Jahr stelle ich selbst Ingwershot (englisch shot – Schuss) her, eine hoch konzentrierte Flüssigkeit bestehend aus Ingwer, Orangen, Zitronen, Honig oder Agavendicksaft, Wasser oder Apfelsaft, eventuell Kurkuma. Mit einem Handmixer wird alles ganz fein zerkleinert, beinahe püriert und bis zum Rand in saubere Flaschen gefüllt. Fest verschlossen wird es in den Kühlschrank gestellt. Was ich noch mache, ist eine Mixtur aus vielen Knoblauchzehen, einigen nicht geschälten Biozitronen und Wasser (Knoblauchshot).

Die Jugendlichen, die das Zimmer in der Wohnung von Herr Ahleff schon eingenommen haben, beginnen nun mit ihren mir unbekannten Spielen. Es gibt viel zu lachen. Die Erwachsenen unterhalten sich in meiner Wohnung sehr angeregt und laut.

Zum Abendessen gibt es eine Unmenge an Wiener Würstchen mit Brot und Aufstrich.

Ich habe eine dicke Tüte mit vielen gesunden Bioprodukten von meinem ältesten Sohn und dessen Frau bekommen. Aber auch andere haben mich sehr freundlich bedacht. Raphael hat einen dicken Brief geschickt, der sehr bemerkenswerte Sätze enthält.

Den Heiligen Abend verbringe ich seit sehr langer Zeit bei Familie Markus und Dany. Vor der Familienfeier besuchen wir den abendlichen Weihnachtsgottesdienst in der freien evangelischen Laetare-Gemeinde in Neuperlach. Leider sind wir nur sehr wenige Menschen.

Vor der Weltreise von Familie Leander und Miriam war ich jedes zweite Jahr an Heiligabend bei ihnen eingeladen. Auch wir besuchten einen Weihnachtsgottesdienst, den in der evangelischen Laetare-Baptisten-Gemeinde in Kirchheim.

Meinen Umzug vom Pachmayrplatz nach München-Laim habe ich ausführlich beschrieben. Wie berichtet, bekam ich eine der sechs zum Haus gehörenden Garagen. Heiko Hermann hat mir für die Bilder, die noch in meinem Besitz sind, sehr stabile Fächer aus Holzstäben gebaut.

Was ich nun nach zwanzig Jahren zu meinem Schrecken festgestellt habe, ist, dass sich an der Garagendecke und einer Wand dunkle und gelbe Flecken gebildet haben. Von der Decke fällt Putz herab und die weißen Krümel liegen auf dem Boden. Mein Schreck war groß. Also ist die Dachpappe, mit der die Garagen gedeckt sind, irgendwo undicht. Es sind sechs Garagen nebeneinander, aber das Problem ist, wie der Hausmeister, Herr Lucic, sagt, nur in meiner Garage aufgetreten. Er sagt, man könne nicht nur eine, sondern müsse alle sechs Garagen neu decken. Herr Lucic ist ein sehr versierter Handwerker. Mein Hausbesitzer, Herr Ziegler, ist informiert. Die Frage ist, ob er die Ansicht von Herrn Lucic teilt. Bisher hat er sich noch nicht gemeldet. Es ist Herbst, in wenigen Tagen beginnt der Dezember. Im Augenblick fällt viel Regen vom Himmel, aber es hat auch schon geschneit.

Es geht um die Bilder von Heimrad, die noch in meinem Besitz sind, und das sind nicht wenige. Was soll ich machen? Lagerraum in München ist knapp und teuer. Einigen meiner Kinder habe ich es schon erzählt. Zweimal in meinem Leben bin ich mit den Bildern umgezogen. Das war jedes Mal eine aufwendige und mühevolle Angelegenheit. Diesmal ziehe ich nicht um, bräuchte aber einen für die Unterbringung der Bilder geeigneten Raum in erreichbarer Nähe.

Meinen Nachbar, Herr Ahleff, in dessen Garage, die neben meiner liegt, er nur seine beiden Fahrräder stehen hat, habe ich gefragt, ob ich die Bilder dorthinein stellen könne. Er meinte, das könne ich ohne weiteres machen.

Das Vermächtnis, das mir Heimrad in Form seiner Kunstwerke hinterlassen hat, bedeutet für mich eine große Verantwortung gegenüber den Entscheidungsträgern der zeitgenössischen bildenden Kunst. Viele Werke befinden sich weit verstreut über den gesamten Globus.

Es wird eine Zeit kommen, die möglicherweise erst nach meinem Tod eintritt, da das Heimrad-Prem-Werk als sehr wichtiger Bestandteil in die Kunstgeschichte eingehen wird.

Klaus Lea, ein Galerist, musste vor einigen Jahren aus der Türkenstraße 96, wo er wohnte und in einer Etage seine Galerie hatte, ausziehen, da das Haus abgerissen werden würde. Einige Jahre sind vergangen, aber das Haus steht noch immer. Nun hat er eine Galerie in der Theresienstraße 96, nahe der Ludwigstraße, gemietet. Ebenerdig, direkt an der Straße. Ein schöner großer Raum. Leider kann Lea dort nicht auch wohnen, musste sich also auch noch eine Wohnung mieten. Klaus ist über alle Probleme hinweg seit Jahrzehnten Galerist und hat, im Vergleich mit anderer Galeristen in München, mit Sicherheit am längsten durchgehalten. Er hatte mit schweren Krankheiten zu kämpfen, aber aufgeben kam für ihn nie in Frage. Bilder von Heimrad und anderen Künstlern, die ich ihm gab, konnte er zum Teil auch verkaufen.

Als ich mit neun Jahren in die Rudolf Steiner Schule kam, musste ich täglich mit der Straßenbahn durch die ganze Stadt fahren. Damals hatten die Kinder auch am Samstag Schule. Der Schaffner, der sich mühevoll an den Menschen vorbeidrängen musste, da die Bahn immer sehr voll war, hatte an einem ledernen Gürtel um seinen Bauch ein glänzendes Gerät hängen, das gefüllt mit Geldmünzen war. Mit den Fingern konnte er die Schieber herunterdrücken. So gelangte er an das Kleingeld, also an die kleinen und großen Pfennige. Das war das Wechselgeld für die Fahrscheine aus Papier.

Der Trambahnfahrer saß vorne im Triebwagen auf einem im Boden befestigen Hocker und lenkte die Straßenbahn. Sein Sitz war nach hinten offen und die Fahrgäste standen hinter oder neben ihm und konnten ihm beim Fahren zusehen. Man konnte mit dem Fahrer sprechen, sollte es aber möglichst nicht, um ihn nicht abzulenken. Aber nicht jeder hielt sich daran.

Heutzutage sitzt der Fahrer in seinem Kabuff, hermetisch abgeriegelt vom Fahrgast. Nur ein sehr kleines Fensterchen, das nur der Fahrer öffnen kann, erlaubt in einem sehr dringenden Fall einen Kontakt zum Fahrgast.

Will der Mensch heutzutage die Isolation? Oder ist er ängstlicher geworden? Damals nach zwei verlorenen Weltkriegen 1945, als ich sechs Jahre alt war, ist man unerschrockener gewesen als heute im Jahre 2023. Das satte, bequeme Wohlleben, die vielen Horrornachrichten, die von außen kommen, erfüllen den Menschen mit Angst. Wovor? Davor, zu vieles oder alles zu verlieren.

Vor einigen Tagen hatte ich ein mich sehr berührendes Erlebnis. Es war ein Mittwochabend im November und schon sehr dämmerig. Ich ging zur Bibelstunde von Alois Böck. Hinter mir näherte sich eine Gruppe von Jugendlichen. Ich stand am Sendlinger-Tor-Platz und wollte über die Straße gehen. Ein Mädchen der Gruppe, die ganz vorne war, sprach ich an. Mein kleines Neues Testament hielt ich in der Hand, redete vom Glauben und fragte sie, ob sie das Büchlein haben wolle. Sie lachte und schon standen alle um mich herum und blickten mich neugierig an. Jeder hatte gehört, worum es ging. Ich erfuhr, dass sie aus Wien kamen und einen Schulausflug machten. Da meldete sich ein Junge und sagte, dass er das kleine Neue Testament gerne haben möchte. Nun hatte ich nur mehr eines und fragte in die Runde, ob dieses jemand haben wolle. Alle sahen mich neugierig an und von den meisten ging etwas Wohlwollendes aus. Ein Mädchen hob den Finger und bat um die kleine Bibel. Ich gab sie ihr. Was mich am meisten rührte, waren die vielen Augenpaare, die mich neugierig, aber auch freundlich ansahen.

Was für eine Jugend wächst heute heran! Äußerliche Not ist den meisten unbekannt. Aber wie sieht es in ihrem Herzen aus? Wer weiß, ob nicht manch einer doch einen inneren Mangel verspürt. Etwas fehlt, dafür aber hat der junge Mensch keine Worte. Ich trennte mich beschwingt von der Gruppe und ging über den mit Baustellen übersäten Sendlinger-Tor-Platz.

Das sehr schöne Fest der Silbernen Hochzeit von Markus und Daniela fand in der jüngsten Vergangenheit, im September 2023, in der Schwaigmühle in Großgmain bei Salzburg statt. Dieses sehr schöne Ferienhaus wurde für zwei Tage und zwei Nächte gemietet. Das Haus liegt umgeben von wunderschöner Natur, in nächster Nähe rauscht ein silbrig glänzender Bach vorüber.

Boris, Christine und Niveschani traf ich am Münchner Hauptbahnhof und auch Anuschka stieg in unseren Zug ein, worüber sich alle sehr freuten. Im Bahnhof von Salzburg sah ich mich mit Anuschka nach einem Café-Shop um und wir nahmen einen kleinen Imbiss zu uns. Rahel, die seit einiger Zeit einen Freund hat mit Namen Yannick, fuhr mit diesem im Auto zu dem Fest ihrer Eltern. Silas und Nathanael kamen auch mit dem Auto zu der Veranstaltung. Verwandte und Freunde von Markus sowie von Daniela sind zahlreich erschienen. Leider war die Mutter von Dany, Christa Thieme, krank und konnte nicht kommen.

Auch weitere Gäste, die ich nicht kannte, waren der Einladung gefolgt. Jeder kam in feiner Garderobe und wurde sehr herzlich begrüßt.

Im Mittelpunkt standen Markus und Daniela. Ihr feierliches Zeremoniell zur Silbernen Hochzeit wurde vom Geist Gottes getragen und war ergreifend und schön.

Zum Abschluss fand ein buntes, heiteres Programm statt. Die Gäste hatten sehr originelle Ideen vorbereitet mit vielen witzigen Beiträgen. So wurde auch noch viel gelacht. Aber das war noch nicht alles. Nun drehten Nathanael und Silas die Musikanlage so richtig auf und der Tanz konnte beginnen. Einige bewegten sich zu der heißen Musik, aber erst als es dann richtig rockig wurde, war ich ganz in meinem Element. Zunächst war es ein Mädchen, dann auch andere, die auch Lust am Tanzen bekommen hatten. Dann aber war es Boris, der meinen Stil kannte und seiner Tanzlust freien Lauf ließ und wir bewegten uns in ausgelassenem Tempo. Nathanael fand am Rekorder was ich wollte: den Rock 'n' Roll aus den fünfziger Jahren des vergangenen Jahrhunderts.

Am nächsten Tag brachte uns Nathanael zum Bahnhof Bayerisch Gmain, von wo aus wir mit dem Zug wieder nach München zurückfuhren. Zu Niveschani und ihren Eltern gesellten sich nun auch Abischag und Isai, die erst Sonntagmorgen in der Schwaigmühle eingetroffen waren. Nun wurde es unterhaltsam, denn durch Isai entwickelten sich interessante Gespräche.

Seit einigen Jahren besuche ich in zeitlich meist längeren Abständen Marianne Schmid in einem Pflegeheim in Geretsried. Mit der S-Bahn Nr. 7 fahre ich von München-Hauptbahnhof nach Wolfratshausen, um dann in den Bus umzusteigen. Eine lange Fahrt, aber schön. Die meiste Zeit fährt man am Isar-Hochufer entlang. Man erahnt, je höher die Wasserhöhe umso mehr, das Rauschen des Flusses. Noch in der Stadt fährt die S-Bahn an der Fuggerstraße vorbei, an dem Haus, wo ich nach dem Zweiten Weltkrieg ab meinem sechsten Lebensjahr in meinen ersten Schuljahren gelebt habe. Das alte Haus wurde nach dem Krieg saniert und sieht heute sehr schön und gepflegt aus. Dort sind wir, mein Bruder und ich, tausende Male die glänzenden Parkettstufen hinauf und hinunter gerannt. Wir wohnten mit unseren Großeltern und unserer Mutter im dritten Stock (s. Monika Prem: Erste Kinderjahre – Zweiter Weltkrieg; erschienen wie dieser Band bei Books on Demand [Bod]).

In Wolfratshausen hatte ich viel Zeit, da der Bus eine ganze Stunde auf sich warten ließ. Sooft ich vorher zur selben Zeit hier war, kam der Bus immer nach sehr kurzer Zeit. Andere Menschen standen auch sehr überrascht an dem Busbahnhof. Ein Jugendlicher setzte sich neben mich und ich nützte die Gelegenheit, ihm ein kleines Neues Testament zu geben. Es kam auch zu einer Diskussion. Mein Eindruck war, dass er sehr intelligent argumentierte und ihm meine christlichen Einwände wenig nachvollziehbar erschienen.

Als ich endlich im Bus nach Geretsried saß, merkte ich, wie viel Zeit ich diesmal später dran war, zumal sich die Zeit durch die vielen Haltestellen, die der Busfahrer anfuhr, noch zusätzlich verlängerte.

Endlich stand ich vor dem großen, gelben Haus, in dem Marianne lebt. Nach dem Läuten musste ich sagen, zu wem ich will. Dann wird die Person geholt. Es war Herbst und ein sehr windiger Tag. Marianne empfing mich, nachdem ich einige Stufen erklommen hatte, an der Eingangstüre. Das Wetter bereitete ihr allerdings solches Missbehagen, dass sie anders als sonst nicht dazu bereit war, mit mir spazieren zu gehen und anschließend ins Café Waldmann einzukehren. Da nützte auch mein ganzes gutes Zureden nichts. Die gelben und braunen Blätter tanzten von den Bäumen herab und die Luft war davon erfüllt. Für mich ist das ein sehr reizvolles Wetter.

Mein Rucksack war schwer. Ich hatte viel christliche Literatur eingepackt und nun gingen wir in eine der oberen Etagen, wo Mariannes Zimmer liegt. Sie freute sich über die vielen christlichen Traktate, Schriften und Bücher. Dann aber überkam mich solch ein Hunger, dass ich nun doch ins Café gehen musste, allein und mit dem Versprechen bald zurück zu sein. Aber vorher wollte ich noch mit Marianne beten. Das heißt, ich bete laut und sie betet leise mit. Manchmal ruft sie mich in München an, wenn sie ihre argen Bauchschmerzen hat. Dann bete ich mit ihr am Telefon.

Als ich aus dem Café zurückkam, war es schon bald Zeit für Mariannes Abendessen. Auch begann es schon zu dämmern. Ich spürte, dass es Marianne nicht gut ging und sie hatte dafür Verständnis, dass ich gehen wollte. Leider hatte ich versäumt, mir die Busfahrzeiten zu notieren. Denn nun stand ich bei kaltem Wind und am Ende noch leichtem Nieseln eine Drei-viertelstunde an der Bushaltestelle.

Marianne lebt nun schon einige Jahre in Geretsried. Ihre Wohnung ganz in meiner Nähe ist seitdem unbewohnt. Ihr Kellerabteil, das sie selbst nie nutzen wollte, hat sie mir zur Verfügung gestellt. So haben Boris und ich dort alles Mögliche untergestellt, für das wir anderswo keinen Platz hatten. Dafür sind wir Marianne sehr dankbar.

Immer bevor ich sie besuche, hole ich die Post aus ihrem Briefkasten und bringe sie ihr mit.

Unser großes Sommergeburtstagsfest feiern wir seit einigen Jahren im Westpark. Dieser Park ist groß und schön und von meiner Wohnung aus auch zu Fuß gut zu erreichen. Früher waren wir immer in dem Biergarten, der zum Gasthaus Rosengarten gehörte. Aber der Pächter hat die Gaststätte aufgegeben und seitdem ist beides geschlossen. Ein kleines Stück Weges davon entfernt steht ein rundes Amphitheater, das vor vielen Jahren für eine Gartenbauausstellung gebaut worden und stehen geblieben ist. Für Kinder ist das Theater mit den vielen Stufen und der kleinen Bühne ein Ort, der unendlich viele Spielmöglichkeiten bietet. Rechts davon, hundert Meter entfernt, ist ein Spielplatz mit zwei sehr langen Rutschen.

Nun haben wir für unser oben erwähntes Sommerfest einen anderen Biergarten im Westpark gesucht und auch gefunden. Er heißt Hopfengarten: Ein sehr großer Biergarten mit vielseitiger Gastronomie und ausreichend vielen Biertischen und Bänken. Dort haben wir nun im zweiten Jahr mit vielen Gästen und mehreren Geburtstagskindern gefeiert. Der ganze Tag war sonnig. Bald standen auf den Biertischen die mitgebrachten Salate, Kuchen und einige Delikatessen. Kaffee und andere Getränke, auch Würstel und ähnliches konnte man sich an den Verkaufsbuden kaufen. Einige Frauen, die ihre Tische in einiger Entfernung von den Buden aufgestellt hatten, boten ihre selbst gestickten oder gehäkelten Westen und Pullover zum Verkauf an. Darunter gab es sehr feine und kleidsame Sachen.

Einige meiner Familienmitglieder begannen später ihre Kraft beim Tauziehen zu erproben oder mit den schweren Metallkugeln Boccia zu spielen. Das kann ich auch und mag es sehr gerne. Ich habe das Spiel schon im Hofgarten mit einigen Enkeln gespielt. Vor sehr, sehr langer Zeit haben wir, Heimrad und ich, am Comer See in Italien von Herrn Marinotti das Spiel gelernt.

Als genug Jugendliche beisammen waren, wurde noch Räuber und Gendarm gespielt. Manuel, der Freund, den Leander aus frühester Kindheit kennt, traf gegen Abend auch noch ein.

Nun schweift meine Erinnerung sehr weit zurück, bis in die früheste Kindheit von Leander.

Den Vater von Manuel, Winfried Seipold, habe ich auf einem großen Waldspielplatz im Ebersberger Forst kennengelernt. Er stand da mit einem etwa vierjährigen blondgelockten Buben an der Hand, der mich mit seinen großen blauen Augen ansah. Leander stand neben mir an meiner Hand. Winfried begann ein Gespräch und dabei stellte sich heraus, dass er die Familie Peter und Gusti Mell kannte, die damals am Pachmayrplatz wohnte – ganz in der Nähe von der Berberstraße, wo Winfried mit seiner Frau Veronika, seiner Tochter Silvana und seinem Sohn Manuel lebte.

Dort und damals war der Beginn von Manuels und Leanders lebenslanger Freundschaft. Inzwischen ist Leander 47 Jahre und Manuel 49 Jahre alt. Nach dem Auszug der Familie Mell zog ich mit meinen Kindern am Pachmayrplatz ein. Nun lebten wir viele Jahre in nächster Nachbarschaft zu Familie Seipold. Leander durfte einige Male mit zu der zu Italien gehörenden Insel Pantelleria fahren, wo Veronikas inzwischen verstorbene Schwester Tina zusammen mit ihrem italienischen Mann Giuseppe ein Ferienhaus nahe am Meer besaß. Das Haus mit großem Garten in Gstadt am Chiemsee, in dem Veronika groß geworden ist, gehört inzwischen ihr zusammen mit ihrem Bruder Wölfi und dessen Familie. Auch dorthin wurde Leander in der Vergangenheit einige Male eingeladen.

Wer die beiden ausführlichen Berichte über mein Leben liest, wird sich manchmal wundern, warum so wenig Dramatisches oder Böses darin vorkommt. Das hat, wie ich denke, mit meinem vor dreißig Jahren angenommenen Glauben an Jesus Christus zu tun. Man begreift, dass keiner gut ist, auch nicht einer. Nur Jesus allein. Ich habe ein größeres Verständnis für das Leid der Menschen bekommen. Einerseits durch das Lesen der Bibel und andererseits durch den Besuch von Bibelstunden und Gottesdiensten. Es schmerzt, die Verlorenheit vieler Menschen zu befürchten. Wir sollen doch ein Segen für den Menschen sein. Wir spüren die Veränderung, die Gott im Laufe unseres Lebens an uns vollzieht und noch vollziehen wird. Dennoch bleibt am Ende ein Geheimnis, das nur Gott alleine kennt.

Es gäbe noch vieles zu erzählen, aber wer weiß, für wen das noch lesenswert wäre.

Episoden mischen sich unter Anekdoten und dann findet sich wirklich Erlebtes. Manches wird reflektiert, anderes bleibt einfach offen.

Viele Menschen kommen oft vor, andere selten und manche so gut wie nie. Das geschieht ganz unabsichtlich, da ich kein vorbereitetes oder durchgängiges Konzept habe.

Es sind häufig Aphorismen, die mit Erinnerungen an bestimmte Begebenheiten oder Personen verknüpft sind. Mein Umgang mit den Mitmenschen war auch von der zeitlichen Länge her sehr unterschiedlich. Namen fehlen oft, weil ich sie einfach vergessen habe. Manche Ereignisse schildere ich sehr detailliert, über andere gehe ich mit wenigen Worten hinweg. Das geschieht ohne jede Absicht. Aber der verehrte Leser wird verstehen, dass während so vieler Lebensjahre und wegen des großen zeitlichen Abstands manches aus der Rückschau gefallen ist. Die Ereignisse werden nicht immer in chronologischer Reihenfolge berichtet. Bei den Menschen, die denken, dass ich sie zu wenig bedacht habe, möchte ich mich mit größter Ehrerbietung vielmals entschuldigen. Manches ist zu lang, anderes kommt zu kurz.

Ich weiß, dass vieles offen bleibt, anderes ist schriftlich nicht wiederzugeben oder es muss Geheimnis bleiben.

München im Januar 2024, Monika Prem

Weihnachten 1939: Ludwig Maier mit seinen Kindern Manfred und Monika (Baby) in der Wohnung in der Mönkebergstraße in Hamburg

Weihnachten 1947: Ludwig sen. und Amalie Maier, die Großeltern, Eltern des Vaters von Monika und Manfred, in München

Monika 1949

Monika bei den Eltern ihrer Mutter Hermine Maier, geb. Steinberg, in Bremen

Berufsschule für das Fotografenhandwerk in der Pranckhstraße 2 in München, rechts Monika

Monika mit der Rolleicord, Spiegel-reflexkamera, im Hintergrund ihr Bruder Manfred

Markus, ältester Sohn von Monika und Heimrad Prem, geb. am 4. März 1963

Eröffnung der Kunst-Biennale im Palazzo Grassi in Venedig, 1963

Heimrad (sitzend) mit seinem Vater Viktor in Fusch an der Großglocknerstraße, Österreich (1963)

Manfred Maier (Monikas Bruder)
mit Markus

Hochzeit von Heimrad
und Monika Prem,
29. Mai 1964, im Stan-
desamt in München-
Giesing

Hochzeit von Monika und Heimrad, links Manfred Maier (Trauzeuge), rechts Paolo Marinotti
(Trauzeuge, italienischer Mäzen aus Mailand) mit Markus, links Manfred

Boris, zweiter Sohn von Heimrad und
Monika, geb. am 5. August 1964

Hermine Maier, Mutter von Monika, mit
Boris bei Fusch

Markus in Fusch, das Erzgräberhäuschen, in dem wir wohnten, links im Hintergrund unser VW-Bus

Markus und Boris im Kavalierflügel des Schlosses Hjelmsjöborg (Schonen/Schweden), in dem Prems im Winter 1965/66 wohnten

Jørgen Nash in Schweden/Drakabygget mit seiner Frau Lis Zwick und zwei Kindern

Gretel und Reimut Jochimsen mit ihren Kindern Maren und Jaspar in Kiel

Heimrad vor seinem Atelier in
in Oberholzham (Landkreis Bad
Aibling)

Fabian in Oberholz-
ham, dritter Sohn,
geb. am 29. Juli 1966

Fabian in Oberholzham bei Bruckmühl in einem Stuhlkreis, den Markus baute, während Monika bei Familie Kogler beim Milchholen war

Heimrad mit Natascha
(viertes Kind, geb. am
8. Oktober 1967)
in Oberholzham

Taufe von Natascha in der Christengemeinschaft in München (Pfarrerin Irene Johanson links neben
Monika, Renate von Richthofen
rechts neben Monika)

Carola, Heimrads Mutter, Heimrad mit seinen vier ältesten Kindern

Heimrads Geburtshaus in Roding/Oberpfalz; später das Wohnhaus von Viktor und Carola Prem

Heimrad in Lenno am Comer See in Italien bei der Villa von Paolo und Gretel Marinotti

Markus, Fabian, Boris, Natascha in Moosach bei Grafing

Monika und Heimrad bei einer Vernissage von Heimrad in der Galerie van de Loo in München

Monika, Heimrad, Horst Knapp, Dorle Kollmann: Taufe von Elias und Raphael in der Christen-gemeinschaft

Elias und Raphael Prem, fünftes und sechstes Kind, geb. am 27. Oktober 1969

Monika und Heimrad in Moosach bei Grafing

Ausstellungseröffnung einer Einzelausstellung von Heimrad (rechts hinten) in der Galerie Vogl in Augsburg (Wolfgang Schmidt hinter seiner Frau Karin)

Leander, sieb-
tes Kind, geb.
am 2. August
1976

Natascha, Fabian, Markus, Raphael, Elias, Boris; unten Monika mit Leander; 1978 nach Heimrads Tod

Boris, Elias, Natascha, Raphael, Fabian als Sternsinger

Fabian, Raphael, Elias, Natascha, Elias, Boris und Natascha brechen auf zu einer Radtour nach Frauenau zur Familie Erwin und Gretel Eisch (Glasbläser)

Nataschas Konfirmation im April (Ostern) 1982; Kinder haben ein orientalisches Theaterstück aufgeführt

Sommer 1982 kurz vor dem Umzug von Moosach nach München (Pachmayrplatz): Alle sieben Kinder dem Alter nach, vierte von links Monika

Monika am Flughafen München;
sie fliegt mit ihrer Tochter Natascha
nach Kreta

Monika beim Wandern
in den Bayerischen Alpen

Manuel, Winfried, Veronika Seipold

Hausarzt Doktor Christoph Rosenbruch

Monika mit Nathanael, Levi, Anuschka und Silas auf einer Berghütte in den Teegernseer Alpen

Eröffnung einer Heimrad-Prem-Lothar-Fischer Ausstellung im Cordonhaus in Cham/Oberpfalz

Heiko Herr-
mann, Schü-
ler von
Heimrad
Prem, vor
dem Kultur-
haus „Fron-
feste" in Ro-
ding, seine
Skulptur
vorstellend
(2019)

Klaus Lea (Galerist) und Walter Schreiber (Musiker, Transporteur)

Monika am Pachmayrplatz, kurz vor ihrem Umzug in die Agnes-Bernauer-Straße in Laim (2004)

Im Hof der neuen Woh-nug in der Agnes-Ber-nauer-Straße: Alex, Levi, Nathanael, Silas (En-kelkinder)